勳老 徐正淇 先生 儒教大全 卷7 哲

道 學 統 論

훈로 서정기 선생 유교대전 권7 철

道 學 統 論

徐 正 淇 先生 著

한국학술정보[주]

머 리 말

　道學은 사람의 온전한 모습을 찾아서 밝히는 正統儒學이다. 道學으로 몸과 마음을 닦은 사람은 날이 밝기 전에 일어나 맑은 정신을 기르며 衣冠과 신발을 갖추어 祠堂에 가서 절하고, 책상 앞에 나아가 書籍과 用器를 整理한 다음에 글을 읽으며, 때가 되면 밥과 반찬 및 수저가 모두 제자리에 놓인 식탁에서 가지런히 음식을 들고, 鄭重한 걸음 거리로 천천히 걸어가며 얼굴모습은 莊敬하며 말은 힘차며 行動은 자연스러우면서 恭遜하고 앉은 자세는 端正하면서도 똑바르며 일은 부지런히 하며 피곤하면 눈을 감고 생각하며 밤중에는 잠자리에 들고, 잠이 깨면 이불을 개고 앉아서 새벽을 기다리는데, 그 거동과 모습이 어려서부터 늙을 때까지 비가 오나 눈이 오나 한 순간도 흐트러짐이 없다.

　그 집안을 경영함에는 어버이를 奉養하는데 孝誠을 다하고 아랫사람을 보살핌에 慈愛를 다하며, 집안팎이 가지런하고 恩義가 두터워 온 식구가 즐겁게 사는데, 자기 스스로를 위해서는 검소한 의복 질박한 음식 조그만한 방 한 칸으로 흡족하게 여기면서도, 賓客을 맞이할 때에는 盛大한 禮服으로 기쁨을 나누고, 喪事에는 슬픔을 다하면서도 禮를 지키며, 그 祭祀에는 일의 크고 작음에 관계없이 精誠을 다하여 조금이라도 儀禮를 어기면 종일토록 편치 못하고, 禮法을 모두 갖추어 祭祀를 마치면 환하게 즐거워하며, 吉凶慶吊에는 두루 禮를 빠트리지 아니하며 불쌍하고 가난한 이를 도와줌에는 골고루 빠짐없이 恩德을 베풀며 널리 사람을 사랑한다.

 '官·公의 일에는 기꺼이 義務와 責任을 다하며, 만일 官·公의 職을 맡으면 國法을 지키고 良心을 쫓아서 責務를 完遂하고, 言論·經綸·規模 등을 公明正大하게 하여 위로 하늘의 뜻을 이어받고 아래로 人情에 和應하여 天下의 萬善을 集約하여 아름다운 人類의 理想을 實現하는데 功獻한다. 이 책은 道學으로 知性과 仁德과 勇氣를 涵養하려는 初學者로 하여금 그 日常生活에서부터 條理를 밝히고 體系를 갖추어 人道를 實踐하므로서 마침내 宇宙의 眞理를 모두 具現하는데 까지 나아가게 하는데 조그마한 보탬은 있으리라.

檀紀4337年 冬至 東洋文化研究所에서

躍淵 徐 正 淇 題

目　　次

序　論

　聖人의 학문은 性理를 밝히고 倫理를 바로 잡으며 道德을 세우는데 있었다.

　性理를 밝히는 것은 修身을 하기 위함인데 먼저 자기 자신을 修養하여 완전한 人品을 이루지 않고서는 인간다운 생활을 할 수 없고, 인생의 本分을 다 할 수 없으며, 人道의 아름다움을 定立할 수 없기 때문에 반드시 먼저 사람의 근본을 연구하고 자기의 主體를 깨달으며 한 몸의 능력과 한계를 밝게 살펴야 하는 것이다. 그래서 사람의 근본에 대한 尊嚴性을 밝히고 자기 主體에 대한 高貴性을 느끼며, 한 몸의 능력과 한계에 대한 嚴肅性을 깨닫고 그것이 행동으로 나타나 가정과 사회에서 調和하여 文彩가 나타날 때에 마을과 사회가 아름다워질 수 있는 까닭에 性理를 밝혀 倫理를 바로 잡아야 된다고 하는 것이다.

　倫理를 바로 한다는 것은 天倫을 損傷시키지 아니 하는 것인바, 인간관계를 밝게 드러내어서 아름답게 하여 秩序를 이루는 것이다. 분수를 지키고 條理를 따라서 자기의 本分을 실천하여 나아갈 때에 조화가 이루어지고 道理가 서는 것이다.

　道德이란 말은 人類전체의 紀綱을 말하는데 道德을 세운다는 것은 사회의 正義를 세운다는 뜻이요, 곧 天道를 흐트러뜨리지 않는다는 말이다. 人類전체로서의 道德이 무너질 때 人間의 性理

나 人生의 倫理도 온전할 수 없는 까닭에 天性과 人倫을 아름답
게 간직하기 위하여서는 반드시 天道를 바르게 하지 않을 수 없
는 것이다. 이와 같이 天性에 근원하는 참된 인간성을 밝히고,
天倫에 淵源하는 善의 人倫을 바르게 하며, 天道에 바탕하는 아
름다운 人道를 세우는 것이 옛 聖人의 한결같은 뜻이었다.

　孔子께서 말하기를 "무릇 大人은 天地와 더불어 그 德을 합하
고 해와 달과 더불어 그 밝음을 합하여, 四時와 더불어 그 차례
를 합하고, 鬼神과 더불어 그 吉凶을 합하여, 하늘보다 앞에 나가
도 하늘을 어기지 아니하고, 하늘보다 뒤에 따라가도 天時를 받
드나니 하늘도 또한 어기지 아니한데 하물며 사람에게 일까보냐.
하물며 鬼神에게 일까보냐?"[1]라고 하였다. 大人은 완전한 性理를
밝힌 聖人을 가리키고 있는 것이요, 이와 같은 사람은 德과 明과
序와 吉凶에 있어서 天地·日月·四時·鬼神과 合一하게 됨을 말
한 것이다. 여기에서 지적한 『德』은 인간의 純粹性을 말하고 있
는바, 곧 仁이며, 이 仁이 天地의 盛大한 德과 渾然合一하는 것이
요, 『明』은 인간의 剛健性을 말하고 있는바, 곧 義이며 이 義는
日月의 廣大한 밝음과 完然히 合一하는 것이요, 『序』는 인간의
中正性을 말하고 있는바, 곧 禮로서 이 禮가 四時의 悠久한 秩序
와 자연히 合一하는 것이요, 『吉凶』은 判斷力을 意味하는바, 즉
인간의 精密性을 말하는 것으로 곧 智이며 이 智가 鬼神의 高明
한 判斷과 완전히 合一하는 것이다. 이와 같은 인간의 本性속에
內在하여 있는 仁、義、禮、智의 德性을 남김없이 밝힘으로서 天
理에 順할수 있으며 人心에 應할 수 있고 동시에 鬼神을 便安히

---

1) 「夫大人者는 與天地合其德하고 與日月合其明하며 與四時合其序하고
　　與鬼神合其吉凶하야 先天而天不違하고 後天而奉天時하나니 天且不
　　違은 而況人乎아 況於鬼神乎아.」(周易 乾文言傳).

할 수 있는 것이나, 仁·義·禮·智의 人性을 밝히지 않을 때에
는 天道와 人倫과 義理가 모두 온전할 수 없는 것을 뜻하고 있다.
그래서 天理를 밝히려 함이 곧 『性理學』이요, 人倫을 밝히려함이
즉 『倫理學』이며, 正義를 밝히려 함이 이에 『道德學』이다.

　性理學이란 보통 宋代의 周濂溪, 邵康節, 張橫渠, 明道선생, 伊
川선생, 朱子에 의하여 이루어진 學問내용을 指稱하고 있으나,
先秦儒學에 없었든 바를 새로이 論究하는 것이 아니라 본래 孔
子, 曾子, 子思, 孟子에 의하여 이미 儒學의 根本내용으로 規定
되고 講述되였던 문제를 더욱 발전시키고 具體化한 것이다. 性理
學에서 가장 중심이 되는 經典은 「周易」인데 「周易」은 天理를
근본적으로 밝힌 經典인 까닭이다. 「周易」은 한사람의 힘에 의하
거나 또는 한 世代에 이루어진 것이 아니라, 上古시대의 伏犧씨
에 의하여 卦畫이 그어지고 堯·禹·舜·湯을 거쳐 文王이 卦辭
를 쓰고, 周公이 爻辭를 씀으로써 「周易」이라 이름하게 되었으
며, 孔子가 十翼을 씀으로써 『易經』이 되었는데, 伊川은 傳을 쓰
고, 朱子가 本義를 씀으로써 「周易傳義大全」이 완성됨과 동시에
義理가 뚜렷이 드러났다.

　「易」은 東洋人文史에 있어서 가장 親近한 經典인바 伏犧씨가
圖書을 그으므로서 人文이 밝혀지기 시작하였고, 禹임금이 洛書
를 얻으므로서 洪範사상과 교육이 일어났고, 文王 周公이 後天八
卦圖를 그으므로서 禮法이 이루어 졌으며, 孔子가 繫辭를 쓰므로
서 人道가 환연히 밝혀졌고, 伊川이 傳을 쓰므로서 義理가 뚜렷
이 드러나게 되었으며, 朱子가 本義를 쓰므로서 그 大義가 남김
없이 드러났다고 할 것이다. 실로 참여한 聖人이 十餘분이요, 내
려온 시간이 三~四千餘年이다. 따라서 宋代 性理學이란 「周易」
을 비롯하여 春秋·書傳·詩傳·禮記와 四書의 근본 義理를 밝

혀낸 학문이요, 절대로 異端에서 영향을 받은 것이 아니다. 세상
이 異端에 의하여 混亂하게 될 때는 반드시 明哲한 君子가 이를
연구하여 天地를 바로 잡고 日月을 씻으며 鬼神을 편안하게 하
였던 것이다.

　孔子는 평생 네권의 經典을 엮으셨는데, 「周易」과 「書經」과 「詩
經」과 「春秋」이다. 康節邵선생이 일찍이 말하기를 "孔子는 伏犧씨
와 黃帝로부터 시작하는 易經을 解說하였고, 堯舜으로부터 내려온
書傳을 記述하였고, 文武王으로부터 내려오는 詩를 엮었고, 桓文
公으로부터 일어난 春秋를 編修하였다고 하였다."2) 「周易」은 哲
學書인데 그 起源은 上古의 文字發明이전으로부터 圖書으로 人類
의 智慧를 다하여 이루어진 思想書요, 「書經」은 中古(BC 2537年
傾)부터 施行된 聖人의 政治 行蹟을 記述한 聖王 政治書이며, 「詩
經」은 近古(BC 1115年頃)부터 내려오는 文化사회의 人心感發의
詩를 主軸으로 한 것으로서 禮樂書이다. 그런 까닭에 孔子는 "詩
經 三百篇은 한마디로 말하여 생각에 邪惡함이 없다"고 하였고 동
시에 "關雎는 즐거워 하면서도 淫亂하지 아니하고, 슬퍼하면서도
몸을 상하시는 아니한다."3)고 한 것이다. 즐거워도 淫亂하지 않은
것은 正樂이요, 슬퍼도 몸을 손상치 아니한 것은 禮이다. 「春秋」는
當時(BC 658年頃)에 일어난 실상을 기록한 春秋時代 歷史를 編修
한 것인데 公明正大한 道理를 밝히는 批判書이다.

　이 네 가지 經典은 모두 天理의 公仁을 밝히고, 天命의 大義
를 밝히며, 天序의 儀禮를 밝히고, 天意의 叡智를 밝히는 것으로

---

2) 「孔子替易自犧軒而下요 序書自堯舜而下요 刪詩自文武而下요 修春秋
　自桓文而下라.」(皇極經世 觀物內篇).
3) 「子曰詩三百에　一言而蔽之曰思無邪니라. 子曰關雎는　樂而不淫하고
　哀而不傷하니라.」(論語).

곧 仁·義·禮·智를 밝이는 것이요, 즉 性理를 드러낸 것이다.
그러므로 康節邵선생은 "「周易」은 사람을 生育하는 範疇요, 「書
經」은 국민을 成長하는 범주며, 「詩經」은 民意를 收斂하는 범주
이고, 「春秋」는 人心을 貯藏하는 범주인데, 民生의 全體를 논한
다면 만 가지라고 하겠지만 비록 만 가지에 또 만 가지가 있다
고 할지라도 그 全體가 이 聖人의 四範疇에서 나올 수 있는 것
이다. 하늘의 네 범주는 四時라고 하겠고, 聖人의 네 범주는 四
經이라고 할 것이다."4)라고 하였다.

　孔子의 "仁"을 기록한 글이 「論語」요, 曾子가 "德"을 밝혀놓은
글이 「大學」이며, 子思가 "道"를 敍述한 글이 「中庸」이요, 孟子가
"性"을 드러낸 글이 「孟子」인데, 이것을 『四書』라고 하는바 「四
書」도 또한 聖人의 四範疇의 논리와 사실을 더욱 究明하여 친절
하게 指南하고 있는 것이다.

　「中庸」은 「周易」과 짝하여 天道와 人性을 남김없이 窮理하였
고, 「大學」은 「書經」과 짝하여 天命과 人德을 남김없이 盡性하였
고, 「論語」는 「詩經」과 짝하여 天意와 人心을 남김없이 至命하였
고, 「孟子」는 「春秋」와 짝하여 天理와 人智를 남김없이 極論하였
다. 그런 까닭에 「四經」이 古가 되고 內가 되며 「四書」가 今이
되고 外가 되어 四書·三經으로 古今內外를 망라하여 收斂하면
方寸之間에 蘊縮되고, 開放하면 天地間에 가득 하게 되는 것이
다. 이와 같은 千聖傳授心法을 千餘年뒤에 正統으로 이어 받아
渙然히 드러낸 이가 宋代 道學者이다.

_____

4) 「易爲生民之府요 書爲長民之府요 詩爲收民之府요 春秋爲藏民之府라
　號民之庶謂之萬이니 雖日萬의又萬이라도 其庶能出此聖人之四府乎인
　저 昊天之四府者는 時也요 聖人之 四府者는 經也라.」(皇極經世 觀
　物內篇).

濂溪 周선생의 「太極圖說」 橫渠 張선생의 「西銘」 康節 邵선생의 「先·後天圖」 明道선생의 「定性書」 伊川선생의 「易傳序」와 「春秋傳序」 朱子의 「小學題辭」와 「大學序」와 「中庸序」는 千聖의 心法을 粲然히 밝히는 至論이요, 또한 그들의 學問과 思辨을 담은 「近思錄」 「心經」 「小學」 「濂洛風雅」의 『四傳』은 또 다시 聖學에 들어가는 入門인 것이다. 「心經」은 「中庸」에 들어가는 門이요, 「小學」은 「大學」에 올라가는 사다리이며, 濂洛風雅는 「論語」를 찾아가는 舟車요, 「近思錄」은 「孟子」를 열어보는 열쇠이다. 이와 같은 『四經』 『四書』 『四傳』의 心法이 우리 朝鮮王朝의 靜庵 趙선생, 花潭 徐선생 退溪 李선생, 栗谷 李선생, 牛溪 成선생, 龜峰 宋선생, 沙溪 金선생, 宋子에 의하여 高明博厚하게 究明되었으니 실로 孔子 이후 二千餘年이요, 數萬里밖의 一代盛事인 것이다. 聖人의 시대가 그와 같이 오래되고 鄕里가 이와 같이 멀어도 聖人의 心法은 오히려 이와 같이 가까이 있고 그와 같이 가까이 있으니, 그것은 道와 善과 性이 萬古不易의 眞理요, 東西不變의 事實인 까닭인 것이다.

先王의 시대에는 道로서 세상을 다스렸고 法을 앞세우지 않았으며, 善으로 人倫을 바르게 하고 刑을 앞세우지 않았으며, 性으로 人心을 밝혔고 힘(力)을 앞세우지 아니 하였다. 孔子께서 말하시기를 "한번 陰하였다가 한번 陽하는 運行을 道라 하고, 그것을 이어 나가는 것을 善이라 하며, 그것이 이루어지는 것을 性이라"[5]고 하였다. 한번 陰하였다가 한번 陽한 것은 곧 動靜屈伸의 원리인데, 動靜屈伸은 즉 行動居止를 말하는바 이 말은 行動居止를 至公無私의 자연스런 道로서 바탕하여 天下의 萬民이 模

---

5) 「一陰一陽之謂道요, 繼之者善이요, 成之者性이라.」(周易 繫辭傳).

範으로 사는 길을 뜻한다. 그것을 이어 나간다는 것은 天道의 流行을 끊임없이 성실하게 따라가는 것으로 곧 順天하는 것이다. 이것을 善이라고 한 것인데 따라서 인간의 倫理는 順天할 때에 善의 文理가 이루어지고 逆天할때 惡의 混亂이 일어남을 말한다. 그것을 이룬다는 것은 天道를 바르게 定立하여 渾然敦化하는 것으로 彼此의 간격이 없는 것을 말하고 있는바, 곧 개체가 天道에 中正하는 것이요, 邪妄이 없는 것을 말한다.

옛 聖人은 천하를 다스리고 人倫을 바로 잡으며 人性을 밝히는데 바로 이와 같은 大公無私한 道와 至善無惡한 善과 中正無邪한 性으로 하였을 뿐이었다. 道・善・性은 가장 보편적이고 근원적이며 일반적인 원리인 까닭에 高明하고 悠久하여 無疆한 眞理라고 하였다. 그래서 聖王의 道를 天下의 普遍的인 道라고 하며, 聖人의 德을 天下의 근원적인 德이라고 하는바 보편적이라는 뜻은 천하 萬民은 물론 온갖 사물에 모두 통하여 一物一事도 例外가 있지 아니함을 말하며, 근원적이라는 뜻은 枝葉末端的이거나 특별하고 一時的인 것이 아니라 悠久히 不變하는 太初의 본래적이라는 뜻이다. 따라서 聖王의 道보다 더 높은 道가 있지 않은 까닭에 "中正의 道"라 하고, 聖人의 德보다 더 앞선 德이 없는 까닭에 "仁義의 德"이라고 한다.

中・正・仁・義의 道德은 天地人物 가운데의 事物에서 眞實을 분석하여 利害를 가리고, 자기의 自覺속에서 義理를 窮理하여 是非를 밝히며, 사물과 자기의 天命속에서 性理를 體得하여 善惡을 보고, 사물과 자기의 一體속에서 正邪를 살피며, 사물과 자기의 無限속에서 公私를 깨닫는 것이다. 利害를 잘 가려서 得失을 確信하고, 是非를 밝혀서 進退를 밝히고, 善惡을 보고서 吉凶에 敬虔하며, 正邪를 살펴 成敗에 떳떳하고, 公私를 깨달아 存亡에 達

觀하는 것이다.

　부질없는 害를 버리고 참된 利를 얻으려는 것이므로 事物의 實道요, 구부러진 非를 버리고 곧은 是를 밝히려는 것이므로 義理의 正道요, 어그러진 惡을 버리고 아름다운 善을 따르려는 것이므로 性理의 中道이며, 일그러진 邪를 버리고 온전한 正을 드러내려는 것이므로 心理의 公道이며, 망령된 私를 버리고 全體의 公을 세우려는 것이므로 天地의 大道이다. 害와 非와 惡과 邪와 私를 억제함과 동시에 더 나아가 超越하여 利와 是와 善과 正과 公을 일어나게 하고 북돋아서 완성하는 道인 까닭에 "大中至正의 道"이다. 이와 같은 大中至正의 道를 具顯함에 있어 天賦的인 자기의 內在的 原理로 하는 것이요, 바깥의 事物에 의지하지 아니한 까닭에 "仁義禮智의 德"이라고 하는 것이다. 利害가 나누어지는 所以然은 나의 信念에 있는 것이요, 是非가 나누어지는 所必然은 나의 知性에 있는 것이며, 善惡이 나누어지는 所本然은 나의 禮敬에 있는 것이요, 正邪가 나누어지는 所當然은 나의 義氣에 있는 것이며, 公私가 나누어지는 所自然은 나의 仁心에 있는 것이다. 그러므로 利害는 事物의 機能에 있는 것이지만 이것을 얻고 버리는 기틀(機幾)은 자기意志의 眞實에 있는 것이며, 是非는 事物의 관계에 있는 것이지만 이에 나아가고 물러나는 기틀은 자기 感情의 正直에 있는 것이며, 善惡은 事物의 構造에 있는 것이지만, 이에 막고 트이는 기틀은 자기의식의 誠實性에 있는 것이며, 正邪는 事物의 姿勢에 있는 것이지만 일그러지고 온전한 기틀은 자기 마음의 敬虔性에 있는 것이며, 公私는 事物의 位置에 있는 것이지만 그 사사롭고 公正한 기틀은 자기 性命의 充實性에 있는 것이다. 利害와 是非와 善惡과 正邪와 公私가 분별되어 害와 非와 惡과 邪와 私를 막고 또한 버려서, 利와 是

와 善과 正과 公을 찾아서 북돋아 成就시키는 것이 자기 內在의
本性인 仁·義·禮·智·信으로 하는 것이며, 동시에 자기 자신
의 意志와 情과 性과 心과 命에 달린 것이요, 또한 자기 자신의
眞實·正直·誠實·敬虔·公明에 있는 것이므로 수수한 仁, 정밀
한 義의 德인 것이다. 聖王의 道가 그와 같고 聖人의 德이 이와
같은 까닭에 普遍天下의 理를 망라하고 人物의 性을 總括하였다
고 하는 것이다.

　物理의 利害와 得失의 所以然을 分析한 이후에 義理의 是非와
進退의 必然性을 窮理할 수 있고, 義理의 是非와 進退의 必然性
을 窮理한 이후에 性理의 善惡과 吉凶의 本然性을 다 드러낼 수
있으며, 性理의 善惡과 吉凶의 本然性을 모두 밝힌 뒤에 心理의
正邪와 成敗의 당연성을 다 이룰 수 있고, 心理의 正邪와 成敗
의 당연성을 다 이룬 뒤에 道德의 公私와 存亡의 자연성은 達觀
할 수 있는 것이다. 따라서 道德을 알기 위하여 먼저 心理를 알
아야 하고, 心理를 알기 위하여 먼저 性理를 알아야 하여, 性理
를 알기 위하여 먼저 義理를 알아야 하고, 義理를 알기 위하여
먼저 物德을 알아야 한다. 그러므로 物理를 알기 위하여 格物하
는 것이며, 義理를 알기 위하여 致知하는 것이고, 性理를 알기
위하여 誠意하는 것이며, 心理를 알기 위하여 正心하는 것이요,
道理를 알기 위하여 修身하는 것이니, 格物·致知·誠意·正心·
修身은 聖學의 큰 방법이다.

　物理란 무엇인가? 確信할 수 있는 것이다. 事物의 確實性은
事物자체에 있는 것이지만 나의 信念이 받아 들임때에 그것을
物理라고 하는 것이다. 그러므로 자신에게 信實이 없는 사람은
物理가 보이지 않는 것이며, 物理를 연구하지 못한 것이다. 義理
란 무엇인가? 正直할 수 있는 것이다. 事物의 正直性은 事物자체

에 있는 것이지만 나의 知覺이 없는 사람은 義理가 보이지 않는 것이며, 마음 편한데 멀출줄을 알지 못하는 것이다. 性理란 무엇인가? 誠實할 수 있는 것이다. 사실의 성실함은 事物자체에 있는 것이지만 나의 성실이 그것을 받아들일 때에 性理라고 하는 것이다. 그러므로 자기 자신에게 敬虔한 마음이 없다면 性理가 보이지 않는 것이요, 事物의 公正性은 事物자체에 있는 것이지만 나의 公正이 없다면 心理가 보이지 않는 것이요, 따라서 마음이 바르게 될 수가 없는 것이다. 道德란 무엇인가? 中和할 수 있는 것이다. 事物의 調和性은 事物자체에 있는 것이지만 나의 仁德이 이것을 받아들일 때에 비로소 道德이 있는 것이다. 따라서 자기 자신에게 仁德이 없다면 道德가 보이지 않는 것이요, 修身할 수가 없는 것이다.

오직 聖人만이 物理·義理·性理·心理·道理를 남김없이 밝힐 수 있는 것이다. 天理가 저와 같이 높고 人事가 이와 같이 넓은 까닭에 그 道가 크고 그 德이 높으며 그 業이 넓다고 하는 것이며, 子思子는 "오직 天下에 지극한 聖人이어야만 聰明叡知함이 넉넉히 道德을 살필 수 있으며, 寬裕溫柔함이 넉넉히 性理를 包容할 수 있으며, 發强剛毅함이 넉넉히 心理를 固執할 수 있으며, 齊莊中正함이 넉넉히 義理를 恭敬할 수 있으며, 文理密察함이 넉넉히 物理를 分別할 수 있는 것이라고 하였다."[6]

먼저 자기의 德性을 存養하고서 事物의 眞理를 바르게 이루는 것이 바로 聖學인 까닭에 「論語」에서 爲己·爲人을 말하고 「大學」에서는 修己·治人을 말하며, 「中庸」에서는 尊德性·道問學을

---

6) 「唯天下至聖이어아 爲能聰明叡知 足以有臨也니 寬裕溫柔가 足以有容也며 發强剛毅가 足以有執也이며 齊莊中正이 足以有敬也이며 文理密察이 足以有別也이니라.」(中庸).

말하고, 「孟子」에서는 正己・物正을 말하였는바 곧 內外를 아울러 세우고 本末을 함께 이루는 眞理이다

안과 밖이 일치하고 처음과 끝이 한결같은 眞理인 까닭에 父子가 親하는 것이며, 上下가 義로운 것이며, 夫婦가 분별 나는 것이요, 長幼가 秩序있는 것이며, 朋友가 信任하는 것이라 할 것인데 이것은 아버지는 子息을 慈愛하고 자식은 어버이에게 孝道하여 서로의 사이에 親愛의 道理를 지극히 하면서도 公私의 分別을 지키는 것은 서로 사이에 모두 있는 것이요, 윗자리에 있는 사람은 아랫자리에 있는 사람을 仁愛하고 아랫자리에 있는 사람은 윗자리에 있는 사람을 恭敬하여 相互正義의 義理를 극진히 하면서도 正邪의 分別을 지키는 것은 서로의 사이에 모두 있는 것이며, 남편과 부인은 서로 分別있게 사랑하여 相互間에 和樂을 지극히 이루면서도 善惡의 分別를 지키는 것은 서로 사이에 모두 있는 것이요, 어른은 어린이를 사랑하고 어린이는 어른을 尊敬하여 서로 사이에 秩序를 지켜 義理를 다하면서도 是非의 分別를 지키는 것은 서로 간에 모두 있는 것이며, 친구 간에 信義를 지켜서 義理를 다 하면서도 利害의 分別를 지키는 것은 서로의 사이에 모두 있는 것이니, 父子, 上下, 夫婦, 長幼, 朋友의 五倫관계가 成立함에 있어서는 완전한 自由性과 平等性을 바탕으로 하여 맺어짐과 동시에 그 道德이 이루어지기 위하여서는 두 사람이 다같이 自發的인 誠實性을 요구하고 있는 바로서 곧 이는 한편만의 犧牲을 강요한 差別的인 禮節이 아닌 것이다. 五倫관계는 人倫의 綱常인 까닭에 大舜과 申生같은 大孝子가 있는 것이요, 圃隱 鄭선생과 李舜臣장군 같은 大忠臣이 있는 것이니, 이것은 어떤 강요에 의하여 그리하는 것이 아니라 각각 자기의 義理를 다할 뿐인 것이었다.

道理는 無窮하고 義理는 無限한데 知・仁・勇의 知能이 아니고서는 다 할 수 없는 것이다. 知者는 理性이 純粹하여 疑惑이 전혀 없는 知慧있는 사람이며, 仁者는 心性이 中正하여 憂患이 완전히 없는 賢哲한 사람이며, 勇者는 氣品이 剛健하여 恐懼가 안전히 없는 용기 있는 사람이다. 이러한 純粹性과 中正性과 剛健性을 겸비하지 아니하면 無窮無盡한 道理를 남김없이 실천할 수가 없는 까닭에 곧 知・仁・勇 세 가지는 천하의 最高 德目이라 하는 것이요, 사람은 누구나 다 五倫을 實踐하여야 되는 당위성이 있는지라 君臣・父子・夫婦・長幼・朋友의 五常관계는 천하의 보편적인 道理라 하였으며 동시에 누구나 이 세 가지 德目은 없을 수 없는 까닭에 天下의 보편적인 德이라 하였다.

聖人은 말하시기를 "天下에 가장 原初的이고 보편적인 道德은 다섯 가지 관계에서 맺어진 五倫인데 그것을 實行자는 原理는 세 가지 德目이니 곧 君臣과 父子와 夫婦와 昆弟와 朋友의 사귐이다. 이 다섯 가지 관계가 天下의 가장 기초적이고 보편적인 道德이며, 知慧와 仁愛와 勇氣의 세 가지는 천하의 가장 근원적이며 보편적인 德目인데 그것을 實行하는 원리는 오직 하나이다."7)라고 하였는바 이에 하나라는 것은 誠을 말한다. 自强不息하는 誠實性이 없이는 純粹한 知性이 無限할 수 없게 되고, 中正한 心性이 無窮할 수 없게 되며, 剛健한 勇氣가 無盡할 수 없는 까닭에 하나의 誠實性으로 集約하여 一貫하는 원리를 定立하여 가지고 中心에 하나의 人極을 세워서 세 가지 德을 이루어 다섯 가지 道理를 實現하므로서 온갖 事理를 모두 具現하고 至

---

7) 「天下之達道五에 所以行之者는 三이니 曰君臣也 父子也 夫婦也 昆弟也 朋友之交也 五者는 天下之達道也오 知仁勇 三者는 天下之達德也니 所以行之者는 一也니라.」(中庸).

善에 到達하는 眞理인바 안으로는 나 자신에게 疑惑의 煩惱가 없고, 憂患의 苦憫이 없으며, 恐懼의 絶望이 없는 것이요, 밖으로는 富貴에 대한 誘惑이 없고, 貧賤에 대한 憂患이 없으며, 威武에 대한 屈服이 없는 眞理인바 富貴貧賤 生死存亡에 모두 窮理 盡性·至命하여 安命樂道하는 眞理이다.

남의 아들이 되어서는 孝道를 다하고, 남의 아버지가 되어서는 慈愛를 다하며, 남의 아랫자리에 있으면 恭敬을 다하고, 남의 윗자리에 있으면 仁愛를 다하여, 다른 사람들과 사귈 때에는 信義를 다하여 아버지는 아버지답고 아들은 아들다우며 윗사람은 윗사람다웁고 아랫사람은 아랫사람 다우며 남편은 남편답고 아내는 아내다우며 선생은 선생다웁고 학생은 학생다워서 天下의 모든 이가 각각 自體의 本分을 自覺하여 다 이룰때에 지극한 善이 그 가운데 있는 것으로 무슨 疑惑과 憂患과 恐懼가 그 속에 있으랴!

꾸준한 誠實속에 빛나는 知慧와 敬虔한 心性과 確固한 勇氣를 이루어 "임금이 되어서는 仁에 머무르고, 臣下가 되어서는 敬에 머무르고, 아들이 되어서는 孝에 머무르고, 아버지가 되어서는 慈에 머무르고, 나랏 사람과 사귐엔 信에 머무르는 것"8)인데 어디에 煩惱와 苦憫과 絶望이 있을 것인가?

天地人物이 모두 각각 자기본연의 자리를 찾아 머물러 자기의 職分을 다하고 善을 이루는 道德이 바로 聖人의 無上絶對의 大道이다. 隱微한 性理를 밝혀서 인간의 太極을 定立하고, 平常한 倫理를 찾아서 인생의 아름다움을 세우며, 쉽고 간단한 道理를

---

8) 「詩云穆穆文王이여 於緝熙敬止라하니 爲人君엔 止於仁하시고 爲人臣엔 止於敬하시고 爲人子엔 止於孝하시고 爲人父엔 止於慈하시고 與國人交엔 止於信이러시다.」(大學).

본받아 人類의 偉大함을 이루는 眞理이니 聖人의 心法이 崇高함
이다. 性理를 아는 君子가 아니면 누가 이것을 지킬 것이며, 말
을 아는 선비가 아니면 누가 이것을 밝힐 것이냐.

  偉大하도다 聖人의 道여! 이 道가 끊어진지 이미 오래되었는
데 이 道를 復興시키지 않고 무엇을 할 수 있으랴.

第1篇 性　理

第1章 總　論

　　사람은 누구나 자기를 발견하고, 자기 몸을 修養하며, 자신의 德性을 높이고, 人格을 完成하기 위하여서는 學問과 思索을 하지 아니할 수 없는 것인데 곧 天命을 알고 本性을 알며 言語를 알아야 하는 것이다. 言語文辭가 表現하고 있는 것은 槪念과 論理인바 즉 言語, 文辭를 통하여 心志를 파악하여야만 情感이 통하여 천하의 物情을 두루 통할 수 있는 것이요, 本性의 內包하고 있는 것은 個體의 能力인데 즉 本性의 實體를 깨달아 天理를 인식하여야만 마음이 고요하여 천하의 大本이 固定될수 있는 것이며, 天命이 規定하고 있는 것은 개체의 限界인데, 즉 天命의 限界를 알아야만 道德을 判斷하여 천하의 大事를 成就할수 있는 것이다.

　　天命을 알지 못하면 思慮가 번거로워 事業을 迅速하게 計劃할 수 없고, 本性을 알지 못하면 性情이 산란하여 事業을 正確하게 계속할 수 없으며, 言語를 알지 못하면 意志가 연약하여 事業을 완전하게 主宰할수 없으므로 깊은 言語의 意味를 알아야 하고, 隱微한 本性의 기틀을 알아야 하며, 厖大한 天命의 神聖함을 알아야 한다. 孔夫子는 "天命을 알지 못하면 君子가 될 수 없고 天道의 條理를 알지 못하면 설수가 없으며 言語를 알지 못하면 사람을 알 수 없는 것이라고 하였다."1) 言語의 槪念과 論理와 機能을 學習하여 視聽言動을 고상하고 아담하게 하는 공부는 먼저 應對를 節度있게 하는 것으로부터 시작하여야 한다. 참된 것은 본래 節度있게 하는 것인바 곧 "예"와 "응"의 진실과 허위의 차이는 尺度로 測定할 수 없는 것으로 그 사람의 생각은 千里의 간격이 있는 것이다. 또한 말은 밖으로 드러나니 잘못한 말은 곧 고칠 수 있지마는 그 잘못된 마음의 狀態는 보이지 않으니 곧바로 고칠 수 없는 것이므로 어찌 珍重치 아니 할 수 있으랴.

本性의 能力과 形式과 원리를 思辨하여 心性情意를 純善하게 하는 공부는 灑掃를 법도 있게 하는 것으로부터 시작하여야 한다. 善은 본래 井華水와 같은 것이요, 惡은 混濁한 물과 같은 것이라 비록 善한 心性이라 할지라도 汚濁한 환경에서는 깨끗하기 어려우니 身體와 衣冠과 居處를 깨끗하게 하지 않으면 안 된다. 하물며 身體는 精神이 常住한 聖地요, 心性의 靈臺이니 어찌 씻고 닦는 것을 게을리 할 수 있으랴! 天命의 限界와 內容과 功效를 判斷하여 孝悌忠信을 아름답게 하는 공부는 進退를 禮度있게 하는 것으로부터 始作하여야 한다. 아름다움은 넉넉하고 힘찬데 있는 것이니 예로부터 貧弱하고 無氣力한 孝悌忠信은 아름답지 못하였고 반드시 進退에 넉넉하고 힘찬 것으로부터 使命을 다해 나아가는 것이다.

學問의 길이 이와 같으므로 깊은 말의 뜻을 과악함도 참된 對話로부터 시작하며, 降密한 本性을 認識함도 부지런한 御掃로부터 비롯하고 偉人한 天命을 이룸도 아름다운 進退로부터 着手하는 것이다. 높은 것을 追求하면서도 얕은 데로부터 말미암고 어

---

1)「子曰 不知命이면 無以爲君子也요 不知禮면 無以立也요 不知言이면 無以知人也니라.」(論語).

려운 것을 찾으면서도 쉬운 데로부터 비롯하며, 넓은 것을 생각
하면서도 가까운 것으로부터 착수하는 合理的인 과정이다. 朱子
는, "옛날의 小學校에서는 사람을 灑掃·應對·進退의 節度와 어
버이를 사랑하고 어른을 존경하며 스승을 높이고 벗과 친하는
道理로서 교육하였으니 修身 齊家 治國 平天下의 기본이 되는
원리이었다."2)고 하였다.

　灑掃·應對·進退의 節度는 小學의 기본인바 灑掃는 混亂한것
을 쓸어버리고 본래의 淸淨한것을 드러내는 공부이다. 자기 몸을
깨끗이 하여 참모습을 드러내며 마음속의 本性을 맑고 고요하게
하여 眞面目을 드러내는 일로 모름지기 初學者는 이것으로부터
시작하여 자기 자신을 새로이 하며 나아가 남을 새롭게 하는 데
까지 이르는 것으로, 마침내 모두가 새롭게 되는 데까지 나아가
는 것이다. 應對는 거짓이 없는 참된 誠實性에서 바탕 하는 것이
므로 안으로 항상 敬虔하면서도 밖으로 나타남을 곧게 하려는 공
부이다 中心을 誠實하게 간직하고 동시에 確固하게 蘊蓄하면 자
연히 視聽言動이 愼重하여 지는 것이다. 처음에는 存心을 위한
警戒와 愼重함으로부터 시작하고 言行을 禮度에 맞게 하려는 恐
懼의 노력을 하게 되면 자연히 內外 上下에 두루 準則이 설 것이
요, 나아가 자기 한 몸을 타락 시키지 아니하고 남도 타락시키지
아니하는데 이르게 되는 것이다. 進退는 집에 들어오고 사회에
나가는 행동으로서 人事로부터 시작하는바, 집에 들어와서는 孝
道하고 나아가서는 忠誠하는 道理이다. 집에서 孝道를 못하는 사
람은 나아가서 忠誠하기 어려운 것인데, 왜냐하면 忠과 孝는 두
가지 별개의 일이 아니요 忠誠心은 孝心의 延長인 까닭이다. 天

---

2) 「古者小學에 教人以灑掃 應對 進退之節과 愛親 敬長 隆師 親友之
　道하니 皆所以爲修身 齊家 治國 平天下之本이니라.」(小學書題).

道는 한번 나아가면 반드시 한번 돌아오는 것이다. 나아갈 줄을 알고 물러갈 줄도 아는 것이 出處의 義理이다. 그러므로 君子는 나아가서 忠誠하고 물러와서 孝道하나니 나아가거나 물러가거나 반드시 해야 할 일이 있는 것이며 事理가 이런 까닭으로 나아가거나 물러가거나 힘써야 될 마음도 하나뿐인 것이다. 灑掃·應對·進退의 禮節은 인간생활의 기초가 되고 人類文化의 起源이 되며, 人類形成의 시작이 되는 까닭에 「小學」의 三大節度가 되는 것이다. 이와 같이 「小學」의 三大節度가 나아가 곧 「大學」의 三剛領과 一致하는 것이니, 程子는 "灑掃應對와 盡性至命이 또한 하나의 일이다"[3]라고 하였다. 그러므로 어린이에게는 灑掃·應對·進退의 節度를 익혀서 어버이를 사랑하고 어른을 공경하며 스승을 높이고 벗과 친하는 道理를 가르쳐 가지고 大學에 들어가게 하는 것이다.

學問의 길에는 躐等이 없는 것이니 물이 웅덩이를 채운 뒤에 흐르는 것이라 억지로 해서는 아니 되고, 助長해서도 안되는 것이다. 그러므로 栗谷선생은 "먼저 「小學」을 읽고, 다음 「大學」을 읽고 다음 「論語」를 읽고, 「孟子」를 읽고, 그다음 「中庸」을 읽고, 그다음 「詩經」을 읽고, 그다음 「禮經」을 읽고, 다음 「書經」을 읽고, 그다음 「易經」을 읽고, 그다음 「春秋」를 읽어서 五書五經을 循環해서 熟讀하여 깨달을 때까지 중지하지 말아서 義理로 하여금 날로 明哲하게 하고, 나아가 「近思錄」, 「家禮」, 「心經」, 「二程全書」, 「朱子大全」 및 「語錄」 其他性理의 說을 精讀하여야 된다."(擊蒙要訣 讀書章)고 하였고, 尤庵선생은 "初學者가 몸을 檢束하고자 하면, 마땅히 먼저 「家禮」와 「小學」을 읽고, 義理를 알

---

3) 「灑掃 應對 與盡性 至命이 亦一統底事이니 無有本末이요, 無有精粗라.」(二程全書 卷十八第五十七版).

고자 하면, 마땅히 먼저 「心經」과 「近思錄」을 읽어야 하는 것이니, 이 네 가지 책은 반드시 먼저 읽어야 한다."4)고, 하였다. 또한 朝鮮王朝의 碩學 高節은 대체로 小學을 尊信하였던바, 尤庵선생은 다음과 같이 말하였다. "우리나라 어진 선비로 말하면 寒暄선생은 「小學」을 尊信하였고, 靜庵선생은 「近思錄」을 尊信하였고, 退溪선생은 「心經」을 尊信하였고, 栗谷선생은 「四書」를 尊信하였고, 沙溪선생은 「小學」과 「家禮」를 尊信하였다."5)

「小學」은 「대학」에 올라가는 사다리이지만 동시에 「大學」의 原理를 實踐하는 방법이 되는 것이므로 學問의 차례와 學究의 방법에 있어서 內外本末을 다같이 始終하지 않을 수 없는 것이나. 「大學」공부는 「小學」공부에서 개발된 知能과 純粹한 마음가짐을 바탕으로 天道와 人事의 原理를 體得하여 四端을 擴充하고 浩然한 氣像을 길러 性情에 中和를 이루려는 공부이다.

이러한 것을 이루려 할 때 그 방법이 없을 수 없는바 朱子는 學問하는 방법을 다음과 같이 提示하였다. "대개 學問하는 길은 窮理(思惟 및 硏究) 보다 먼저 할 것이 없는데 窮理의 要法은 반드시 讀書에 있고, 讀書의 방법은 차례를 따라서 精密함을 이루는 것보다 귀중한 것이 없다. 精密함을 이루는 근본은 곧 또한 敬虔함이 있어가지고 뜻을 간직하는데 있으니 이것은 바꿀 수 없는 理致다."6) 學問을 하는 길은 먼저 理致에 밝아야 하는

---

4) 「初學은 欲檢身則當先家禮 小學하고 欲知義理則又當先心經 近思錄이니 此四書는 不可不先讀云이니라.」(宋子大全 附綠卷十四語錄 李喜朝錄條).

5) 「先生曰 以我東儒賢言之則 寒暄尊小學하고 靜菴尊近思錄하고 退溪尊心經하고 栗谷尊四書하고 沙溪尊小學家禮하니라.」(宋子大全 附錄 卷十五 語錄鄭纘輝錄).

6) 「蓋爲學之道는 莫先於窮理하고 窮理之要는 必在於讀書하고 讀書之法은 莫貴於循序而致精하고 致精之本은 則在於居敬而持志니 此는 不易之理라.」(行宮便殿奏剳).

데 理致에 밝아지기 위하여서는 먼저 옛사람의 글을 읽지 않을
수 없는바 人生은 有限하지만 理致는 無限하니 先人들의 理性과
經驗을 蘊蓄한 진리가 옛사람의 글속에 담겨져 있는 까닭이요,
또한 人生이 사는 것은 現實을 바탕하여 지난 것을 추구하는 것
이 아니라 지난 것을 바탕하여 現實을 수놓고 이 현실을 잘 엮
어서 미래를 이룩하려는 까닭에 반드시 옛사람들의 知慧와 業蹟
을 알지 않으면 아니 된다. 그러므로 事物의 이치를 연구함에
있어 聖賢의 言行과 君子의 業蹟도 돌아보고 마음속에서 뚜렷이
얻은 바를 敬愛하여 확고한 바탕을 세울 때에 반드시 현실에서
해야 할 일이 있게 되는 것이다. 過去를 확실하게 알지 못하는
사람은 現實에서 해야 할 일이 없게 되고, 미래에 반드시 完遂
하여야 될 일이 없는 까닭에 못하는 짓이 없고 아니하는 일이
없게 되는 법이다. 사람은 누구나 반드시 하여야 될 일이 있는
까닭에 아니하는 말이 있고, 아니 가는 곳이 있고, 아니하는 일
이 있는바, 하고 싶은 말을 다하고 가고 싶은 곳을 다가고, 하고
싶은 일을 다하려 한다면 장차 어느 겨를에 반드시 해야 할 말
과 가야 할 곳과 이루어야 할 일을 하겠는가?

學者는 반드시 하지 아니할 일로서 뜻을 세워야 하나니 禮法
에 맞지 아니한 것은 사랑하지 아니하고, 禮法에 맞지 아니한
것은 간직하지 아니하고, 禮法에 맞지 아니한 것은 恭敬하지 아
니하고, 禮法에 맞지 아니한 것은 알려고 하지 아니 할 것으로
뜻을 세운 뒤에야 참으로 道理에 맞는 것을 지극히 사랑할 수
있고, 義理에 맞는 것을 지극히 간직할 수 있고, 禮節에 맞는 것
을 지극히 공경할 수 있으며, 知性에 맞는 것을 지극히 알 수
있는 것이다. 따라서 비록 萬卷의 書籍을 읽었다고 할지라도 天
命을 두려워하지 아니하고, 大人의 行蹟을 두려워하지 아니하며,

聖人의 말을 믿지아니 한다면 마음에 얻는 바가 없게 될 것이니 무슨 보탬이 있겠는가!

讀書를 하는 것은 반드시 마음속에 얻는바가 있어야 하는바 마음속에 얻은바가 있기 위하여서는 반드시 하지 아니할 일로 뜻을 세워야 하는 것이다. 丈夫도 남을 속이는 일은 하지 아니하는 법인데 하물며 聖人의 말씀일까 보냐. 淑女도 자기 功績을 자랑하지 아니하는데 하물며 君子의 行蹟일까 보냐. 天命은 嚴肅한 것이요, 大人은 偉大한 것이며, 聖人의 말씀은 明確한 것이다. 그러므로 君子가 되거나 小人이 되는 것은 하지 않은 것이 있느냐, 없느냐에서 갈라지는 계기가 되는 것이므로 孔子는 다음과 같이 말하였다. "君子는 세 가지 두려움이 있으니 天命을 두려워하고 大人을 두려워하며, 聖人의 말씀을 두려워한다. 小人은 天命을 알지 못하여 두려워하지 아니하고 大人을 없수히 여기며 聖人의 말씀을 얕보는 것이다."[7] 天命을 안다면 어찌 일을 살피지 않을 수 있을 것이며, 大人을 보면 어찌 몸가짐을 신중히 아니할 것이며, 聖人의 말씀을 들으면 어찌 말을 삼가지 아니할 수 있을 것인가? 그러므로 學者는 한 순간도 誠敬을 떠날 수 없는 것으로 어느 때나 誠實하고 어디서나 敬虔한 것이다.

어느 때나 誠實한 까닭에 古今의 理致를 알지 못함이 없게 되는 것이요, 어디에서나 敬虔한 까닭에 東西의 事物을 이루지 못함이 없게 되는 것이다. 따라서 「中庸」에서 말하기를 "마땅히 넓게 배우고, 자세히 물으며, 신중하게 생각하고, 밝게 判斷하여, 敦篤하게 實行하여야 할지니, 배우지 아니함이 있을지언정 배울 것 같으면 잘하지 못한 것을 버려두지 않으며, 묻지 아니함에

---

7) 「孔子曰 君子有三畏하니 畏天命하고 畏大人하며 畏聖人之言하나니 小人은 不知天命而不畏也하고 狎大人하며 侮聖人之言하나니라.」(論語).

있을지어정 물을 것 같으면 알지 못한 것을 버려두지 않으며, 생각하지 아니함이 있을지언정 생각할 것 같으면 얻지 못한 것을 버려두지 않으며, 辨別하지 아니함이 있을지언정 分析하면 明確하지 못한 것을 버려두지 않으며, 實行하지 아니함이 있을지언정 實踐할것 같으면 敦篤하지 못한 것을 버려두지 아니해서 다른 사람이 한 번 잘하면 나는 백 번을 하고, 남이 열 번 잘하면 나는 천 번을 해야 하니 과연 이러한 道理를 잘한다면, 비록 어리석은 사람이라도 반드시 賢明하여질 것이며 비록 柔弱한 사람이라도 반드시 힘차게 될 것이다."8)고 하였는바, 學問 思辨은 知性을 밝게 하는 것이요, 篤行은 仁心을 두터이 하는 것이며, 百倍의 功을 쌓음은 勇氣를 모으는 것으로 意志를 굳건히 하여 氣質을 變化시켜 本性의 精粹를 뚜렷히 드러내므로서 氣質의 才能을 부드럽게 발휘시켜 가지고 天地健順의 道와 인간仁義의 德을 닦고 밝혀서 性情의 中和를 이루어 마침내 天地가 제자리에 서고 萬物이 生育하도록 하며, 心志에 浩然한 氣像을 길러 천하의 理致를 밝히고 천하의 倫理를 세우며 천하의 道德을 實踐케 하는 것이다. 知와 仁과 勇을 實踐하는 원리는 하나인데 곧 誠이라고 하였는바, 즉 이 하나의 誠이 없으면 知性을 밝힐 수 없고 仁心을 두터이 할 수 없으며 勇氣를 모을 수 없고 또한 混濁雜駁한 氣質을 清明湛一한 氣質로 變化시킬 수도 없는 것이요, 中和의 義理와 浩然한 義氣도 이룰 수 없는 것이다.

---

8) 「博學之하며 審問之하며 愼思之하며 明辨之하며 篤行之니라 有弗學이언정 學之인댄 弗能을 不措也하며 有弗問이언정 問之인댄 弗知를 弗措也하며 有弗思이언정 思之인댄 弗得을 弗措也하며 有弗辨이언정 辨之인댄 弗明을 不措也하며 有弗行이언정 行之인댄 弗篤을 弗措也하야 人一能之어든 己百之하며 人十能之어든 己千之니라 果能此道矣면 雖愚나 必明하고 雖柔나 必强이니라.」(中庸).

中和의 원리란 흐르는 時間 속에서 영원히 바뀌지 않는 絶對의 天理를 한 몸의 性情속에 確立함을 말한다. 따라서 그 원리는 고요할 때에 오르지 한결같고, 움직일 때 正直·方正한 것이며, 思慮함이 없이도 天地·鬼神·萬物의 實體를 열어 통하는 원리다. 浩然한 正氣는 우주의 空間속에서 영원히 不變하는 最高의 元氣를 한 몸에 가득 채움을 말한다. 따라서 그 義氣는 고요할 때 엉기고, 움직일 때 펴지며, 作爲함이 없이도 鬼神과 萬物의 정신을 통하여 이루어 주는 義氣이다. 그래서 이 원리가 아니면 이 義氣를 이룰 수 없고, 이 義氣가 아니면 이 원리를 지킬 수 없는바 이 원리와 이 義氣를 남김없이 갖춘 뒤에야 천하의 道를 自任할 수 있는 것이다. 天地·鬼神·萬物의 實體와 作用도 열어 주는데 하물며 萬民의 同類 同氣者일까보냐! 고요할 때는 思慮를 그치고 心性을 한결같게 하여 誠에 머무르고, 움직일 때는 感覺을 열어 情意를 正直하게 하고 敬에 머무르는바, 어느 때나 誠하지 아니함이 없고, 어느 것이나 敬하지 아니함이 없는데, 하물며 萬民의 同老 同少者일까보냐! 誠實하면 늘 새로워져서 쉽게 天下를 새롭게 하고 恭敬하면 가는 곳마다 밝아져서 간단히 국가를 盛大하게 하는데 하물며 萬民의 同病 同弱者일까보냐!

萬民의 同類 同氣者를 열어주고 이루어 주며, 萬民의 同老 同少者를 사랑하고 恭敬하며, 萬民의 同病 同弱者를 새롭게 하고 흡족하게 하여 준다면 참으로 聖人이 아니랴.

誠實하려는 것은 뜻을 세우는 것이 근본이요, 知·仁·勇은 德性의 근원이며, 博學·審問·愼思·明辨·篤行은 學習의 原則인 동시에 또한 學習차례의 순서이기도 한 것인바, 知·仁·勇은 먼저 알고, 그 다음은 實踐하고, 그다음 더욱 노력하여 이루는 차례가 되는 것이며, 넓게 배우는 것이 먼저 할 일이요, 그다음 알 수 없는 것을 살펴 물으며, 그래도 알 수 없는 것은 신중히 생각하고 밝게 辨別하여서 確固한 信念을 가지고 敦篤하게 실천하여 나아가는 순서도 되는 것이다.

學者는 所已然의 事物에 대하여 널리 배우고 硏究하여 利害를 分析하지 않으면 안 되는 것이니 앞으로 올 일에 대하여 確信을 가지게 하기 위함이다. 그러나 利害를 막론하고 자기 자신에게 살펴서 물어야 할 것이 있는바 그것은 所當然의 事實에 대한 使命이 있는 까닭이다. 비록 損害를 勘當하면서도 당연히 하여야 할 일이 있는 까닭에 利害를 막론하고 是非를 찾아보는바, 天理를 파악하는 知性을 흐리지 아니하려 함이다. 그러나 是非를 막론하고 善惡을 생각하지 않을 수 없는바 所本然의 動機가 어떠하였느냐가 더욱 根本的인 문제가 되는 까닭이다. 動機가 善하였느냐 惡했느냐 하는 것은 나타난 결과보다도 때로는 더욱 중대한 것으로서 앞으로 일어날 모든 일에 대하여 막대한 影響이 있는 까닭이다. 그러나 善惡을 不問하고 正邪를 忖度치 앓을 수 없는 것이니 개체能力의 偏全을 辨別하지 아니 하고서는 그 개체의 當·不當을 알 수 없기 때문이다. 그러나 또한 正邪를 넘어서서 公私를 區別하지 않을 수 없는바, 大體의 자연성과 小體의 당위성이 동일하지 아니함이 있는 까닭이다. 이와 같이 반드시 살펴야 될 일이 있는 까닭에 事物의 理致를 끝까지 硏究하여 天道·地道·人道의 三才의 道를 모두 豁然히 貫通하지 아니할 수 없으며, 자기의 知性을 끝까지 넓혀서 天文·地理·人事의 本質을 英明하게 認識하지 아니할 수 없으며, 자기의 知覺을 無限히 精密하게 다듬어서 天意, 鬼信, 人情에 모두 感應하도록 뜻을 誠實하게 가지지 아니할 수 없으며, 자기의 마음을 지극히 온전하고 한결같이 닦아서 天地의 中心과 合一하도록 敬虔하게 바로 잡지 아니할 수 없는 것이며, 자기의 몸이 지극히 純潔하도록 닦아서 天地의 本質과 一致하도록 氣體를 닦지 아니할 수 없는 것이다.

첫째는 天地萬物에 대한 본질을 알려는 공부다. 즉 천하萬物은 모두 命이 아님이 없는 것인데 命이란 天理가 賦與한 個體의 本質的 限界이다. 모든 개체가 天理의 밖에서 存在할 수는 없고 天理의 制約속에서의 存在인 만큼 命이 없을 수 없는 것이다. 따라서 命은 論理的 槪念에서 外延을 뜻하는 것으로 絶對 벗어날 수 없는 限界이다. 그러므로 事物의 命을 모두 배우는 것은 곧 모든 事物의 개체가 存在하는 원리를 연구한다는 말이요, 事物의 本質을 窮究한다는 말이다.

둘째는 天地萬物에 대한 자기 本性을 다하려는 노력이다. 곧 天地萬物은 天理를 天命으로 稟賦받아서 存在하는 까닭에 모든 개체는 자기의 本性이 있지 않음이 없는바, 이 本性을 充實하게 하려는 必然性이 있으므로서 存在하게 되고 또 生成하는 것이다. 이와 같이 개체가 生成하려는 必然性이 곧 性인데 즉 論理的 槪念의 內包를 뜻하는 것으로 必然的으로 生成變化하지 않을 수 없는 能力이다. 그러므로 自體의 性을 살펴보는 것은 곧 個體 스스로가 生成하는 必然性을 觀察한다는 말이며, 자기의 本性을 다한다는 말이다.

셋째는 天地萬物의 存在原理인 外在的인 命과 자기내면의 生成原理인 內在的인 性이 交通하여 存在함에 있어서 德性을 속이지 않으려함이다. 天地萬物은 命아님이 없고 同時에 性이 아님이 없는바, 命과 性과의 函數관계 속에서 本然의 德性이 반드시 있게 되는 것으로 이 개체의 本然한 德性을 속임 없이 드러내려는 强한 意志의 작용이다. 그러므로 愼重하게 생각하는 것은 자기의

德性을 속이지 않으려 한 것이다.

　넷째는 天地萬物의 生成원리인 全體性과 자기 스스로의 存在원리인 正命의 관계에서 마땅히 해야 할 道理가 있는바, 이 當爲의 道理를 邪惡하게 하지 아니하는 것이다. 그러므로 明確하게 區別하는 것은 天地만물의 生成원리인 全體의 本然性 가운데서 자기가 마땅히 하지 않으면 아니 될 당연한 道理를 遂行함에 있어서 邪惡함이 없고져 하는 것이다. 마지막으로 다섯째는 萬物의 存在와 生成의 원리 속에서 萬物의 性命을 이루어 주는 가운데 자기의 性命을 이루고 동시에 자기를 바르게 하여 一物一事도 敬虔하지 아니함이 없는 것이니, 本性이 中을 이루고 感情에 和를 이루는 것이다. 本性이 中을 이룸에는 誠으로 하는 것이요, 情感에 和를 이루는 것은 直으로서 하는 것이니, 意를 誠實하게 하고 情을 正直하게 하는 것은 마음의 敬이 있어야 하는 까닭에 敦篤하게 行함은 곧 敬虔하지 아니함이 없는 것을 말한다.

　一切가 命이 아닌 것이 없는 것을 알고, 萬物이 性을 다 하지 아니한 것이 없는 것을 깨달으며, 자기 자신을 속이지 아니하여 생각에 邪惡함이 없어서 어느 때나 어느 곳에서나 敬虔하려는 것이 斯道의 心法이다. 그러므로 學者는 格物하여 命을 알아서 理에 밝아지고, 致知하여 性을 自覺하여 善을 恢復하며, 誠意하여 자기를 속이지 아니하여 情을 곧게 하며, 正心하여 本心을 간직하며, 修身하여 敬에 居하고 行動을 敦篤하게 하나니 學問의 길이 이속에 있는 것이다.

　格物이란 무엇인가, 萬物의 理致를 끝까지 硏究하는 것이다. 이 物體가 있으면 이 物理가 있는 것이요, 그 物質이 있으면 그 物性이 있는 까닭에 이 事物과 그 物質을 觀察하여 物理와 物性을 분명하게 알아나가는 것이 格物이요, 분명하게 남김없이 알아버린 것이 物格이다. 物體란 現象界에 나타난 萬物의 形體요, 物理란 本體界에 숨어있는 萬物의 原理이며, 物質은 現象界에서 이루고 있는 萬物의 原質이요, 物性은 本體界에서 規定되고 있는 萬物의 原性이다. 따라서 物質로 이루어져서 物體로 나타난 現象界는 形而下인 器의 世界요, 物性으로 規定되고 物理로 숨어있는 本體界는 形而上인 道의 世界인데, 形態로 나타난 萬物의 體質을 觀察하여 形態가 없는 萬物의 性理를 認識하는 것이 곧 格物이다. 그러므로 格物은 卽物 또는 接物이라고도 하는데, 事物에 卽接함을 말한다. 안으로 主觀的 先入觀이나 忘想이 없어야 하며, 밖으로 不完全한 感官이나 道具가 아니어야하니, 가장 中正公平한 자리에서 완전萬能의 機官을 가지고 事物을 觀察, 分析, 比較, 綜合하여 論理를 推究함을 말한다.

안으로 가장 中正公平한 자리란 無思 無慮요, 思慮가 없는 것은 主觀을 없게 하는 것으로 無我, 無私이다. 밖으로 완전 萬能의 機官을 가진다는 것은 無爲 不作이며, 作爲가 絶對로 없는 것은 耳目口鼻舌의 感覺情意가 없게 하는 것이다. 왜냐하면 귀의 聽覺과 눈의 視覺, 코의 嗅覺과 舌의 味覺및 몸의 觸覺은 모두 感覺能力의 限界가 있는 것들인바, 이는 限界밖의 事實을 認識할 수 없게 하는 까닭에 眞實을 파악할 수 없게 된다. 따라서 事物자체의 眞實을 온전하게 認識하기 위하여서는 五官의 感覺을 통해서만 얻을 수가 없는 것이요, 도리어 五官의 感覺과 情意의 作爲를 떠나서 卽接貫通하여 推究하지 않을 수가 없다. 卽接貫通이란 物로서 物을 觀察하고 心으로서 心을 觀察하고, 理로서 理를 觀察하여 豁然히 主體와 客體가 卽接하여 貫通함을 말한다. 따라서 主體와 客體는 둘이면서 하나요, 하나이면서 둘이 되는 것이니, 하나인 까닭에 一貫할 수 있는 것이며 둘인 까닭에 通

達할 수 있는 것이다. 天地의 理致는 歸納하면 오직 하나의 理致일뿐이니 말하는바 天理요, 곧 太極이다. 이 하나의 至上 원리의 太極이 造化할 때에 둘, 넷, 여덟의 偶數的 分列變化를 거쳐 萬象이 生成하는바, 億萬의 個體로 特殊性을 形成하여 存在, 生成하는 것이다. 그러므로 孔子는 "宇宙가 變易하는 속에 太極이 있으니 이것이 두 가지 모습으로 生成하고, 이 두 가지 모습이 네 가지 모양으로 化生하며 이 네 가지 모습이 여덟 가지의 卦象을 化成하여, 이 여덟 가지 卦象이 吉凶을 定하고 吉凶이 大業을 낳으니라."9)고 하였다. 主體와 客體가 하나라는 것은, 곧 하나의 동일한 太極의 原理를 共有하고 있는 것이므로 卽物에 곧 一貫할 수 있는 것이요, 主體와 客體가 둘이라는 것은, 즉 하나의 太極에서 萬까지로 다르게 分化되었으므로 서로 다르면서도 하나의 根源인 까닭에 接物에 達通할 수 있는 것이다. 따라서 格物은 事物의 동일한 바와 다른 바를 모두 認識하는 공부이다. 이와 같은 공부를 꾸준히 하여 物格이 될 것 같으면 동일한 事物가운데서도 다른 것이 있음을 알 것이요, 서로 틀린 사물가운데서도 동일한바가 있는 것을 알지니, 萬物이 貴하다고 하여 모두 간직할 것이며 萬物이 賤하다고 하여 모두 아끼지 아니 하랴! 따라서 世俗이라고 하여 모두 無常한 것이 아님을 알 것이요, 또한 眞境이라고 하여 모두 無窮한 것이 아님을 알 것이다.

　致知란 무엇인가? 나의 知能을 밝고 넓게 開發하여 知覺을 明澄하게 하는 것이다. 사물의 好惡 是非를 분별할 수 있는 知能은 나면서부터 주어진 本能이며 良知이지만 이것을 開發하고 明澄하게 하는 공부를 하지 않을 때에는 한 個人의 私私로운데로

---

9) 「易有太極하니 是生兩儀하고 兩儀生四象하며, 四象生八卦하니 八卦定吉凶하고吉凶生大業하니라.」(周易 繫辭傳上).

局限하여 버리고, 內外와 彼此間에 서로 相通할 수가 없게 되는
것이다. 따라서 모든 사람의 耳目口鼻와 知覺은 본래 동일하나
이 사람이 보는 것과 저 사람이 보는 것이 다르며, 여기서 듣는
것과 저기서 듣는 것이 다르며, 그때의 냄새와 이때의 냄새가
다르며, 그것의 맛과 이것의 맛이 다르며, 나의 판단과 너의 판
단이 달라지게 되는 것이다. 이와 같이 자기 자신의 知能과 知
覺을 개발하고 明澄하게 하지 아니할 때는 萬人이 萬가지의 서
로 다른 耳目口鼻와 心志를 가지게 되는바, 서로의 사이에 말을
理解할 수 없게 되며, 마음이 통할 수가 없게 될뿐 아니라, 자기
자신의 귀와 눈을 의심하는데 이를 것이며, 자기의 마음을 자기
가 모르는 데까지 이르는 것이다. 形勢가 이와 같으므로 聖人은
거듭 거듭 練習하여(學而時習) 완전히 本性으로 化成할 것을 강
조하는 것이요, 知覺을 明澄하게 이루어서 자기한 몸의 耳目口鼻
가 天下共公의 이목구비와 通達하도록 本能과 知覺을 높고 넓게
익혀야 한다고 하는 것이다.

　孟子는 말하기를 "사람이 배우지 아니하고 잘 할 수 있는 것
은 그 본래의 能力이요, 생각하지 아니하고도 잘 아는 것은 그
본래의 知覺이다. 어린아이가 그 어버이를 사랑하는 것을 알지
못함이 없으며, 자라서는 그 형을 공경할 줄을 알지 못함이 없
느니라, 어버이를 친하는 것은 "仁"이요, 어른을 공경하는 것은
"義"이니 이것은 다른 것이 아니라, 本然의 知와 能이 천하에
通達함이니라."[10]라고 하였다. 어버이를 사랑할 줄 알고 兄을 공

---

10) 「孟子曰人之所不學而能者는　其良能也요　所不慮而知者는　其良知也
　　니라　孩提之童이　無不知愛其親也며　及其長하야　無不知敬其兄也니
　　라　親親은　仁也요　敬長은　義也니　無他라　達之天下也니라.」(孟子　盡
　　心上).

경할 줄 아는 本然의 知覺과 能力을 더욱 賢明하게 分別하고 힘차게 發揮하여 天下의 아버지를 사랑하고, 천하의 형을 공경하는데 이르러 나아가는 것은 자기 한 몸의 知覺과 知能을 天下共公의 知覺과 知能으로 調和成熟시키는 것임을 말한다. 따라서 본래의 知能을 恢復하여 완전히 擴充시키는 공부를 다 할때, 눈은 天下의 色相을 모두 볼 수 있는 것이며, 귀는 천하의 聲音을 모두 들을 수 있는 것이며, 코는 천하의 냄새를 모두 느낄 수 있는 것이며, 입은 천하의 말을 모두 할 수 있는 것이며, 생각은 천하의 뜻을 다 할 수 있는 것이다. 이것은 先天的으로 타고난 자기의 本然性을 다하는 것이다. 즉 孟子는 "形色도 天性이니, 오직 聖人이 된 이후에 踐形할 수 있다."[11]고 말하였는바, 모든 個體의 五官百體를 그 본래의 機能대로 活用할 것을 주장한다. 五官의 感覺器官은 五官본래의 機能대로 作用시켜야 하는 것이요, 性情도 본래의 原理대로 발휘시켜야 하는 것이며, 인간은 인간본래의 性理대로 살아야 하는 것이므로, 이 機能을 混亂시키지 아니하고 天然의 條理를 찾아서 事理에 당연하게 運用되어야 무궁무진한 能力을 남김없이 發揮하여 天下共公의 原理와 혼연하게 일치할 수 있는 것이다. 따라서 致知는 자기가 자신의 內部構造를 말없이 깨닫는 공부요, 본인의 性을 찾아서 간직하고 기르는 학습이며, 天理를 밝혀서 主見을 세우는 노력이다. 그러므로 남의 눈으로 보지 않고 자기의 눈으로 보며, 남의 귀로 듣지 않고 자기의 귀로 들으며, 남의 말로 하지 않고 자기의 말로 하며, 남의 뜻으로 하지 않고 자기의 뜻으로 하는 것이다.

　誠意는 생각을 誠實하게 하는 것이다. 생각이란 意·念·思·慮

---

11) 「孟子曰 形色은 天性也니 惟聖人然後可以踐形이니라.」(盡心上).

를 總稱하는 것인바, 이것은 情感에 緣由하여 헤아려서 뜻을 결정하는 作爲인 것이다. 따라서 意·念·思·慮에 털끝만치의 私欲이라도 있으면 心志전체가 邪惡하게 되는 것이므로 바야흐로 意念에 毫釐의 差異가 있으므로 해서 志와 行에 千里의 間隔이 벌어지는 까닭에 警戒하고 愼重하지 아니할 수 없는 것이다. 인간은 先天的으로 하늘로부터 仁·義·禮·智의 本性을 타고 낳는바, 이 四德은 純善無惡하여 萬善을 俱有한 固有의 德性으로 모든 사람이 동일하게 所有하고 있는 것이다. 이 本性에서 本原하여 情이 되는 것인데 곧 喜·怒·哀·懼·愛·惡·欲의 七情이다. 따라서 四德의 性이 本來的으로 善한 까닭에 意·念·思·慮가 없이 直發하는 七情은 역시 善할 뿐인 것이다. 그러므로 孟子가 말하기를 "이에 그 本性은 곧 善하나니 이래서 일컫는바, 性은 善하다고 하니라, 만약에 善하지 않게 되는 것은 才質의 罪가 아닌 것이다. 惻隱한 마음은 사람에게 모두 있는 것이며, 부끄러워 하고 미워하는 마음은 사람에게 모두 있는 것이며, 恭敬하는 마음은 사람에게 모두 있는 것이며, 옳은 것을 옳다하고 그른 것을 그르다하는 마음은 사람에게 모두 있는 것이니, 자신이 困難하면 가련하게 느끼고 남의 困窮한 것을 불쌍하게 여기는 마음은 仁이요, 자신이 잘못한 것을 부끄럽게 느끼고 남의 잘못한 것을 미워하는 마음은 義이며, 자신을 恭遜히하여 아끼고 남을 恭敬히하여 높이는 마음은 禮요, 옳은 것은 옳다하고 그른 것은 그르다고 하는 마음은 智이니, 仁·義·禮·智는 밖에 있는 것을 말미암아서 나를 녹혀 改造하는 것이 아니라, 나에게 본래부터 있는 固有한 것임에도 생각하지 아니했을 뿐이니, 그런 까닭에 말하기를 찾으면 얻고, 버려두면 잃어버린다고하는 것이다. 혹시 本性의 善을 저버리고 惡으로 멀리 떨어져 다 헤아릴 수 없는 것은 그 才質을 다하지 못한 사람이라 詩

經에 이르기를 하늘이 民衆을 냄에 物이 있으면 法則이 있으니, 사람이 잡은 것이 떳떳한 것이므로 이 아름다운 德을 좋아하도다 하였거늘 이에 대하여 孔子께서 말하기를 이 詩를 지은 사람은 그 道를 아는도다. 그러므로 物이 있으면 반드시 法則이 있는 것이니 모든 사람이 잡은 것이 떳떳한 것이므로 이 아름다운 德을 좋아한다."[12]라고 하였다.

本性은 말할 것도 없거니와 思慮가 없이 直出하는 情도 善하다고 함은 五官과 知覺에 意識的인 造作이 없이 感應하게 하는 것으로서 本來的인 五官의 感覺과 知能의 感應은 어둡고 둔하지 않다는 말이다. 그러므로 惡의 起源은 인간性情 자체에 있는 것이 아니라, 이 情感을 因緣하여 思慮하고 想念하는 意의 作用에서 비롯한다는 말이요, 따라서 이와 같은 惡意는 格物과 致知를 완전하게 이루지 못한데에서 淵源함은 말할 것도 없다. 사람의 行爲動作은 뜻(志)의 指向하는 바로 일어나는 것인데 이 뜻(志)을 확립하는 것은 생각(意)의 결과이다.

생각을 잘하여야 힘찬 뜻이 나오는 것이요, 생각을 粗雜하게 하면 뜻이 惡한데 떨어지게 된다. 따라서 性과 情과 才質이 모두 본래 善하지만 동시에 志와 行까지 善하기 위하여서는 意를 精密하고 高明하게 살펴서 誠實하게 하지 않으면 안 되는 것이

---

12) 「孟子曰乃若其情을 則可以爲善矣니 乃所謂善也니라 若夫爲不善은 非才之罪也니라 惻隱之心을 人皆有之하며 羞惡之心을 人皆有之하며 恭敬之心을 人皆有之하며 是非之心을 人皆有之하니 惻隱之心은 仁也요 羞惡之心은 義也요 恭敬之心은 禮也요 是非之心은 智也니 仁義禮智는 非由外鑠我也라 我固有之也언마는 弗思耳矣니 故로曰 求則得之하고 舍則失之라하니 或相倍蓰而無算者는 不能盡其才者也니라 詩曰 天生蒸民에 有物有則하니 民之秉彝라 好是懿德이라 하야늘 孔子曰 爲此詩者는 其知道乎인저 故로 有物必有則이니 民之秉彝라 故로 好是懿德이라 하시니라.」(孟子 告子上).

며, 私欲과 僞善이 모르는 사이에 들어가게 될 때는 純情을 막아 놓기도 하고, 이미 결정된 뜻도 變改하게 되는 것이다. 이와 같이 조그마한 私意가 크게 몸을 더럽히고 일을 그르치게 되는 까닭에 君子는 항상 이것을 戒愼하는 것이다. 栗谷선생은 말하기를 "情이란 것은 마음이 感하여 動하는 바이다. 바야흐로 움직임은 모두 이 情이니 자기 마음대로 자유스럽게 할 수 없는 것이 있다. 편안히 머물러 涵養·省察의 노력을 지극히 할 것 같으면 자연히 理致에 適中하고 또한 節度에 的中할 것이나, 만약에 마음을 잘 다스리는 노력이 없을 것 같으면 的中하지 아니함도 있을 것이다. 뜻은 마음이 指向해서 가는바가 있는 것을 말하니, 情이 이미 發動하여 그 나아가는 방향이 정하여 진 것인데 善으로 나가고 惡으로 나가는 것이 모두 뜻(志)이다. 意는 마음에서 計算하고 比較함이 있는 것을 말하니, 情이 이미 發하여 생각하며 運用하는 것이다. 그러므로 朱子가 말하기를 情은 舟車와 같고, 意는 마치 사람이 이 舟車를 부리는 것과 마찬가지라고 하였다. 念과 慮와 思의 세 가지는 모두 意의 別名인데 思는 생각함이 깊은 것이요, 念과 慮는 생각함이 가벼운 것이다. 意는 虛僞로서 할 수 있으나 情은 僞善으로 하지 못하는 까닭에 생각을 誠實히 하라고 하는 것이요, 情을 誠實히 하라고는 않는 것이다."라고 하였고 또한 "志는 意가 決定한 것이요, 意는 志가 定하여지지 아니한 것이다. 志는 意의 뒤에 있는 것 같지만, 그러나 간혹 志가 먼저 서고 意가 따라서 생각하는 것도 있고, 간혹

意가 먼저 經營하여 志가 따라서 確定된 것도 있다.”13)라고 하였다. 이와 같이 모든 邪惡의 起源은 意에서 비롯하므로 意에 一毫의 私欲도 없게 해야 함과 동시에 意가 없으면 心志가 또한 薄弱하게 되어 힘차고 충실하게 나아갈 수 없는 것이므로 意를 誠實히 하여 天理를 直透하도록 하지 않을 수 없는 것이다. 그러므로 君子는 생각함에 一毫의 邪惡함이 없으며, 자기 자신을 속이지 않는다. 하물며 다른 사람에게 일까보냐. 하물며 鬼神일까보냐, 하물며 하늘을 속일까보냐.

正心은 마음을 바르게 하는 것인데 마음이란 理性과 情感, 知覺과 思慮, 精神과 感覺, 意志와 想念을 總攝함과 동시에 그것들을 統率하는 것이다. 그러므로 마음은 한 몸의 主宰者요, 神明한 主體인데, 先天的으로 사람에게 주어진 것이다. 한 몸의 主宰者란 主는 自主獨立한 위치에 있어서 그보다 높은 命令者가 없다는 뜻이요, 宰는 自由스럽게 能動的으로 運營하는 處地에 있어서 그보다 높은 干涉者가 없는 것을 말한다. 그러므로 마음은 獨立하여 자유스럽게 한 몸을 主管하는 최고 主宰者인 동시에 이 마음은 神明한 것으로 하나이면서도 多衆을 統御할 수 있는 神妙함이 있고, 고요히 있으면서도 모든 것을 알 수 있는 明覺力이

---

13) 「栗谷曰情者는 心所感而動者也라 纔動便是情이니 有不得自由者라 平居涵養省察之功至하면 則情之發이 自然中理中節이요 若無治心之力이면 則多有不中者矣이라. 志者는 心有所之之謂니 情旣發하야 而定趨向也니 之善之惡이 皆志也며 意者는 心有計較之謂也니 情旣發하여 而商量運用者也라 故朱子曰 情如舟車요 意如人使那舟車一般이라하니라 意慮思三者는 皆志之別名으로 而思는 較重이요 意慮는 較輕이라 意는 可以僞爲이나 情不可以僞爲라 故有曰誠意요 無曰誠情이라…………志者는 意之定者也요, 意者는 志之未定者也라, 似乎志在意後이나 然或有志先立하여 而意隨而思者하며 或有意先經營하여 而志隨而走者이라.」(栗谷全書 卷二十 聖學輯要 二).

있는 것이다. 神妙明覺안 絶對自主者인 하나의 마음이 바르게 있을 때에 五官百體가 固有의 機能을 發揮하여 한 몸이 안정되고 主體가 확립되는 것이다. 이 마음은 未發의 性에 근본한 까닭에 天理에 通達하여 萬德을 俱有하고, 己發의 情에 作用한 까닭에 事理에 順應하여 萬善을 完成하는바, 古今의 千聖이 하나의 마음이며, 하늘과 사람이 오직 한 마음이다. 뜻을 정하여 멈추고, 精神을 고요하고 깨끗이 하여, 몸을 편안하게 하여야 이 마음을 바르게 얻을 수 있는 것이다. 이 마음을 간직하여 움직일 때에나 가만히 있을 때나 한결같이 存養하여야 한다. 이 바른 마음이 있으면 四海同胞도 능히 사랑할 것이요, 鬼神도 섬기고, 하늘도 받들 수 있을 것이나, 이 마음이 없다면 자기 한 몸도 주체할 수 없는 것이니 어버이를 섬기고 형제를 사랑할 수 있으랴!

이 바른 마음을 찾아 功夫할 때에 즐거움이 있는바, 善을 찾아 學習하여 하나하나 얻어 밝혀나가는 과정에 즐거움이 솟아나오게 되는 것이며, 모든 善이 자기 자신의 心性속에 온전히 갖추어져 있는 것을 깨달아 스스로 만족할 때에 한 몸에 가득찬 즐거움이 어린것이며, 天地의 變化와 萬物의 生理는 모두 善의 俱現임을 알고, 그 속에서 造化하여 生成할 때에 그 가운데 즐거움이 있게 되는 것이다. 學習의 즐거움은 찾는 즐거움이요, 自得하는 즐거움은 行하는 즐거움이요, 化成하는 즐거움은 그속에 있는 즐거움이다. 天地萬物과 더불어 進退存亡하는 속에 즐거움이 있는 것이니, 天地와 더불어 머물고, 해와 달과 더불어 행하며, 四時와 더불어 이루고, 鬼神과 더불어 즐기는바, 어찌 참으로 즐겁지 아니하랴.

第2章 小 學

「小學」은 모든 어린이의 보편적인 教育을 말하는바, "教"는 精神의 知覺을 開發하는 것이요, "育"은 身體의 能力을 養成하는 것이다. 인간은 萬物의 靈長인 까닭에 어린이를 교육하여야 됨을 알고 있어서, 처음에는 家庭교육을 시키고 다음 學校교육을 시키며, 그 마음 社會교육을 시키는바, 가정교육의 始源은 太初에 人類가 同居共生하던 때부터라는 것을 짐작할 수 있다. 沐浴시키고 젖먹이며, 옷 입히고 덮어주며 말과 글을 가르쳐 주고, 옛이야기를 하여주며, 생각하고 일하는 것을 가르쳐 주는 것 등의 일체가 모두 가정교육이라고 하는 바요, 文學을 닦고, 武藝를 기르며, 技術을 읽히는 모든 科目은 학교교육이며, 어른을 높이고 朋友와 和親하는 것 등은 사회교육인 것이다. 이와 같이 가정교육, 학교교육, 사회교육을 總稱하는 것이 小學 인데 가정교육은 父母兄弟가 담당하는 것이요, 학교교육은 教師가 담당하는 것이며, 사회교육은 地域사회의 君子가 담당하는 것이다. 그러므로 父母兄弟가 먼저 模範을 보여야 하는 것이며, 教師에게 맡겨야 하는 것이요, 環境을 좋게 하여야 하는 責任이 한편으로 어른에게 있는 것이다.

純粹한 仁·義·禮·智의 本性이 先天的으로 모든 사람에게 주어져 있어서 어린이에게도 착한 赤子之心이 있을 뿐 아니라, 良知와 良能이 나면서부터 주어졌다고 할지라도 그것을 啓發시켜 주지 아니하고 養育시켜 주지 아니했을 때, 오히려 禽獸와 다름이 없게 되는 것이다. 根源的으로 人類와 禽獸와의 差異는 仁・義・禮・智의 本性을 고루 갖추어 온전하게 있느냐, 또는 偏狹하고 粗雜하게 갖추어 불완전하게 있느냐의 差別에 불과한 것인데, 사람이 자기의 온전한 本性을 저버리고 私欲에 이끌릴 때에는 禽獸와 다름이 없게되는 것이므로, 교육의 기본적 使命은 사람을 禽獸로부터 구별하여 人類의 尊嚴性을 드러내는데 있는 것이다.

　가정에서는 倫理를 바르게 하여 禽獸의 亂雜함이 없어야 하는 것이요, 學校에서는 精神을 맑게 하여 禽獸의 賤薄함이 없어야 하는 것이며, 사회에서는 道德이 있어서 禽獸의 醜惡함이 없게 하는 것이 어린이 敎育의 第一要訣인 것이다. 따라서 小學은 가정이 바탕이 되고 학교가 主管이 되며 사회가 이루어 주는 것인바, 가정에 倫理가 있고 학교에 知性이 있으며 사회에 道德이 있으므로서 完成된다고 하겠다. 그러므로 聖賢은 敎學을 重視하는바, 『四書』의 開卷劈頭에는 반드시 敎學을 强調한 것이다. 「論語」에서는 "배우고 늘 익히면 또한 기쁘지 아니하랴! 벗이 있어 멀리서 찾아오면 또한 즐겁지 아니하랴! 남이 알아주지 아니하여도 성내지 아니하면 또한 君子가 아니랴!"14)하였고, 「大學」에서는 "大人의 學問은 밝은 德性을 밝히는데 있고, 백성을 새롭게 하는데 있으며, 至極한 善에 머무는데 있다."15)라고 하였으며, 「中庸」에서는 "하늘이 命令한 것을 일컬어 性이라 하고 性을 따라가는

---

14) 「學而時習之면 不亦說乎아 有朋이 自遠方來면 不亦樂乎아 人不知而不慍이면 不亦君子乎아.」(論語 學而).
15) 「大學之道는 在明明德하며 在親民하며 在止於至善이니라.」(大學).

것을 道라하며 道를 닦는 것을 敎라한다.”16)하였고, 「孟子」에서
는 “小學校(庠序)의 교육을 愼重히하고 篤實하게 하여서 孝悌의
本義로서 着實히 교육하면 頒白의 老人이 길에서 지거나 이고 다
니지 아니 하리라.”17)라고 하여 한결같이 교육으로 시작하지 않
음이 없는 것이다.

　「論語」의 學習, 「大學」의 學, 「中庸」의 敎, 「孟子」의 謹庠序가
모두 교육인바 學習은 被敎育者의 本分이요, 學은 學習의 內容이
며, 敎는 敎育者의 職分이요, 謹庠序는 교육의 機構인데 이 네
가지 要素를 모두 갖추었을 때에 교육이 완전하게 이루어질 수
있는 것이다.

　사람은 하늘로부터 先天的으로 완전한 本性을 받았고, 나면서
부터 타고난 良知와 良能이 있지만 하늘이나 神과 같이 全知,
全能한 것은 아닌 것이다. 인간은 形體와 氣質이 있는 하나의
個體인 까닭에 時間과 空間을 超越하여 無聲 無臭하고 영원무궁
한 絶對의 知能을 가진 神과는 嚴然히 分別되는 것이다. 그러므
로 內在하여 있는 本性을 길러주고 타고난 知能을 開發시키는
노력을 하지 않을 수 없는 까닭이 여기에 있는 것이다. 또한 사
람은 하늘로부터 平等한 性理를 받았고 아울러 父母로부터 均等
한 形體를 타고 나왔다고 할지라도 모든 사람이 동일한 것은 아
닌바, 賢明하고 愚鈍함의 차이가 있고, 淸純하고 濁駁한 차별이
있는 까닭에 機械처럼 한 가지로만 가르칠 수 없는 바가 있다.
따라서 어린이의 교육은 禽獸와 구별하여 인간의 尊嚴性을 가르
치고, 天神과 구별하여 人間의 平等性을 가르치며, 機械와 구별
하여 인간의 自由性을 가르쳐야 하는 것인데, 尊嚴性은 眞理를

---

16) 「天命之謂性이요 率性之謂道요 修道之謂敎니라.」(中庸).
17) 「謹庠序之敎하야 申之以孝悌之義면 頒白者 不負戴於道路矣리라.」(孟子).

알므로서 우러나는 것이요, 平等性은 仁愛를 느끼므로서 이루어
지는 것이요, 自由性 勇氣를 기르므로서 얻어지는 것이다. 그러
므로 尊嚴性은 참된 사람에게 있는 것이며, 平等性은 善한 사람
에게 있는 것이며, 自由性은 아름다운 사람에게 있는 것이다. 그
러니 尊嚴한 참된 사람이 되고, 平等한 착한 사람이 되며, 自由
스럽고 아름다운 사람이 되는 것이 小學의 內容이 되는 것이다.

朱子는 「小學」을 編輯할 때에 이것을 三大綱目으로 하였는바,
곧 立敎・明倫・敬身으로 分類하였다. "立敎"는 眞實하게 가르침
을 확립하는 것이요, "明倫"은 人生의 착한 倫理를 밝혀주는 것
이며, "敬身"은 자기의 몸을 아름답게 處身함을 가르치는 공부이
다. 그러므로 立敎는 가정교육으로부터 시작하고, 明倫은 학교교
육에서 着手하며, 敬身은 사회교육에서 비롯한다.

이와 같은 敎育은 三代(夏殷周)로부터 起源함을 朱子는 말하고
있다. "옛날 小學에서는 사람을 灑掃・應對・進退의 節度와 어버
이를 사랑하고, 어른을 恭敬하며, 스승을 높이고, 벗과 和親하는
道理로서 가르쳤으니 모두 몸을 닦고 집안을 바르게 하여 天下
를 和平하게 하는 근본원리였다."18) 또한 「周禮」에 "文敎의 長은
地方마다 세 가지 것으로 萬民을 가르쳐서 어진이를 賓師의 禮
로 일으켰으니, 첫째는 여섯 가지 德인데 知慧와 仁慈와 神聖과
正義와 忠信과 和平함이요, 둘째는 여섯 가지 行動인데 어버이에
게 孝道함과 兄弟사이에 友愛함과 氏族間에 和睦함과 他姓과의
和親함과 朋友間에 信任있음과 어려운이에게 矜恤히 하는 것이
요, 셋째는 여섯 가지 技藝이니 禮法과 音樂과 활쏘기와 말달리

---

18) 「古者小學에 敎人以灑掃應對進退之節과 愛親敬長隆師親友之道하니
皆所以爲修身齊家治國平天下之本이니라.」(小學書題).

기와 글씨쓰기와 數學이니라."19)라고 하였는데, 灑掃·應對·進退의 節度는 가정교육의 主軸이요, 禮·樂·射·御·書·數는 학교교육의 기본敎科이며, 愛親敬長, 隆師親友의 道德은 사회교육의 原則이라고 하겠다. 이와 같은 교육을 통하지 아니하고서는 인간의 本然性을 밝혀 자기의 本分을 지킬 수 없는 까닭에 어리석은 이는 自暴自棄하여 禽獸와 다를 것이 없게 되고, 怜悧한 사람은 驕慢하게 天神과 같이 되려하며, 平凡한 사람은 因習에 젖어 機械的으로 움직이게 되어 버리니 인간다움을 찾을 수 없게 되는 것이다. 이와 같은 인간성의 喪失을 聖人은 걱정하여 일찍부터 교육진흥에 힘을 썼는바, 孟子는 다음과 같이 말하였다.

"사람은 道가 있는데 먹는 것을 배불리 하고, 옷을 따뜻하게 입고, 평안히 살면서 가르치는 것이 없으면 禽獸에 가까워지나니, 聖人이 그것을 걱정하여 설(契 : 人名)로 하여금 司徒(文敎行政官)가 되게 하여 人間 倫理로써 교육하게 하였으니, 아버지와 자식은 親함이 있고, 임금과 臣은 義가 있으며, 남편과 부인은 分別이 있고, 어른과 어린이는 차례가 있으며, 벗에게는 信義가 있는 것"20)이라고 하였으며 「書傳」에서는 舜임금이 설(契)에게 命令하여 말하기를, "百姓이 親하지 않으며 父子·君臣·夫婦·長幼·朋友의 五品이 不遜하려 하니, 너는 司徒가 되었는즉 敬虔

---

19) 「周禮에 大司徒는 以鄕三物로 敎萬民而賓興之하니 一曰六德이니 知仁聖義忠和요, 二曰六行이니 孝友睦婣任恤이오, 三曰六藝니 禮樂射御書數이니라.」(小學).

20) 「人之有道也에 飽食煖衣하야 逸居而無敎면 則近於禽獸이니 聖人이 有憂之하야 使契로 爲司徒하사 敎以人倫하시니 父子有親하며 君臣有義하며 夫婦有別하며 長幼有序하며 朋友有信이니라.」(孟子 滕文公章句下).

하게 五倫의 교육을 베풀되 寬大함을 있게하라."21)라고 하였는
바, 이와 같은 史實은 인간교육의 歷史가 매우 오래 되었음을
알 수 있게 하는 것이다.

사랑하는 마음은 모든 사람에게 있지마는 교육을 받지아니하
면 무엇을 사랑할줄 모르고, 곧은 마음은 누구에게나 있지마는
교육을 받지아니하면 어떻게 恭敬할줄 알지 못하며, 좋아하는 마
음은 누구에게나 있지마는 교육을 받지 아니하면 어떤 것이 좋
은 것인 줄 알지 못한다. 그래서 교육을 받지 아니하면 禮義와
廉恥가 없게 되는바, 禮義와 廉恥가 없다면 禽獸와 다른 점을
찾기 어려운 것이다.

사회에 禮義와 廉恥가 없어질 때에 人心이 亂暴하여지게되고,
風俗이 亂雜하여 지는데, 世態가 이와 같이 된다면 인간 본래의
姿態를 잃게 되는 것인지라, 先王은 교육을 통하여 그것을 未然
에 防止함과 동시에 人間性을 恢復시키려는 것인바 그 방법은
교육보다 더 좋은 것이 없는 것이다. 그러므로 小學教育에서는
차별이 있을 수 없는데, 어느 사람인들 사람이 아니며, 어떤 사
람인들 동포가 아니랴! 男女의 구별이 있을 수 없고, 疾孤의 차
이가 있을 수 없는 까닭이 인간 自體속에 있는 것이므로 孔子는
"有教無類"라고 하는 것이다.

小學교육에 있어서 사람을 貴賤貧富로 分類하여서는 絶對로
옳지 못한 까닭은, 첫째, 인간의 尊嚴性을 해치게 되어 正道가
무너지게 되는 까닭이며, 다음은 人生의 平等性을 어그러뜨려서
德이 이루어질 수 없게 되는 까닭이며, 끝이로 人類의 自由性을
拘束하여 法이 施行될 수 없는 까닭이다.

---

21) 「舜命契曰 百姓이 不親하고 五品이 不遜하리니, 汝作司徒하야 敬敷
   五敎하되 在寬하라.」(書傳 卷一 舜典).

尊嚴性을 認識하지 아니한 사람은 힘을 行使하려하여, 道를 돌아보지 아니할 것이며, 平等性을 알지 못한 사람은 恩慧만을 알고 德을 알지 못할 것이며, 自由性을 拘束당한 사람은 被動的인 屈從은 있을지언정 能動的으로 法을 본받으려 하지는 아니할 것이다. 따라서 差別교육은 인간을 해치고 나라를 망치며 天理를 거역하는 行爲인 것이다. 道의 偉大함은 자기본연의 尊嚴性을 인식함으로부터 이루어지는 것이요, 偉大한 道는 자기의 밖에서 따로 찾아가지고 얻어지는 것이 아니다. 또한 德의 盛大함도 모든 사람이 根源的으로 平等한 가운데에서 부지런히 쌓아올리므로서 이루어지는 것이요, 不平等한 관계에서는 惠者와 恩者는 있어도 德者는 있을 수 없는 것이다. 惠와 恩은 너와 나의 차이를 前題로해서 나오는 情理요, 德은 너와 내가 본래 하나인 까닭에 그가 남이 아니라는 원리를 바탕하여 나오는 心理인 것이다. 그러므로 恩惠는 有限한 것이요, 德은 無限한 것이다.

法의 高貴함은 人類의 자유스러움을 基礎로 한 것이라. 각각 서로 다투어 法을 본받으려 하므로서 法의 고귀함이 나타나는 것이다. 아무리 法을 고귀하고 아름답게 본받으려하여도 自由를 喪失한 사람은 법을 본받을 수 없게 되는바 이렇게 된다면 법이 오히려 무섭고 두려운 것이 되어서, 그것을 피하려고 할 것이요, 사람이 법을 外面하려 한다면 교육은 있을 수가 없게 된다. 결과가 이와 같은 까닭에 小學敎育은 貧富貴踐이 없이 모두 한결같이 인간으로서의 尊嚴性을 認定받아야 되고 평등하고, 자유스럽게 교육시키지 않으면 안 된다.

小學교육은 모든 어린이에게 道를 배울 수 있도록 가르쳐 주어야하고, 德을 깨닫게 할 수 있도록 알려주어야 하며, 法을 본받을 수 있도록 보여 주어야 하는바, 가르쳐주어야 배울 수 있고, 배워야 알 수 있으며, 알아야 깨달을 수 있고 깨달아야 볼 수 있으며, 보아야 본받을 수 있는 것이니, 먼저 가르치는 사람이 愼重하지 않을 수 없는 것이다.

敎育精神을 확립하는 것이 이와 같이 중요한 까닭에 「中庸」에서 하늘이 命한것을 性이라하여, 人間性은 하늘로부터 주어진 것으로서 剛健하고 中正하며 純粹한 精髓임을 말하였고, 이 固有한 자기의 性을 따라가는 것을 道라고하여, 道는 다른 곳에 있는 것이 아니라, 바로 자기의 本性을 말미암아 살아가는데 있는 것을 말하였으며, 이 道를 닦는 것을 敎라고 하여 사람이 道를 닦아 人格을 완성하는 방법은 교육하는 것 보다 더 좋은 길이 없는 것을 말하였다. 天命을 實現하기 위하여 率性을 하여야 되고, 率性을 하기 위하여서는 修道를 하여야 되며, 修道를 하기 위하여서는 立敎를 하여야됨을 말하였다고 할 것인데, 결국 사람은 立敎를 통하여 學習을 할 수 있고, 學習을 통하여 窮理할 수 있고, 窮理를 통하여 致知를 할 수 있으며, 致知를 통하여 居敬할 수 있고, 居敬을 통하여 心正할 수 있고, 心正을 통하여 至命할 수 있으며, 至命을 통하여 天道에 合一할 수 있는 것이라 天命을 다하고 天道에 合致하는 데는 교육을 진흥하여 배우고 읽히는 것이 가장 먼저 하여야 할바임을 밝혀주고 있는 것이다.

立敎는 어른이 하여야 할 일이요, 學習은 어린이가 하여야 할 일인바, 그러므로 敎學은 모든 사람이 다같이 하여야 될 必須的인 일이다. 先王은 學習보다도 교육을 먼저 실시하였는데 즉 어린이가 배우려고 할 때에 가르치는 것이 아니라, 배울 줄을 알지 못할 때에 먼저 가르치는 것을 힘썼다.

朱子는 「大學」序文에서, 옛날 三代시절부터 사람이 나서 여덟살이 되면 小學교육을 시켰고, 열다섯 살이 되면 大學에 넣었다

고하여 학교교육을 강조하였을 뿐만 아니라, 「小學」 첫머리부터
「列女傳」에 있는 말을 인용하여 胎兒교육까지 강조하고 있는 것
이다.

「列女傳」에 말하기를 "옛날에 婦人이 妊娠하여서는, 잘 때 옆
으로 눕지 아니하며, 앉을 때에 한편으로 치우치게 앉지 아니하
며, 설 때 한발로 서지 아니하며, 야릇한 맛이 있는 것을 먹지
아니하며, 자른 음식이 바르지 아니한 것을 먹지 아니하며, 앉은
자리가 바르지 아니 한데는 앉지 아니하며, 눈은 邪惡한 색갈을
보지 아니하고, 귀는 음란한 소리를 듣지 아니하며, 밤이면 樂師
로 하여금 名詩를 외우게 하며, 훌륭한 歷史를 말하더니라. 이와
같이 하면 子息을 낳음에 形容이 端正하고, 재주가 뛰어나리라
."22)라고 하였다. 이어서 朱子는 「禮記」 內則에 있는 말을 인용
記錄하여 자식을 낳으면 반드시 性品이 寬裕하고 慈惠하며 溫良
하고 恭敬하며 愼重한 사람으로 돌봐주게 할 것을 말하였는바,
이것은 乳兒교육으로서 성품을 온전히 하려함이다. 대개 胎兒교
육은 氣質을 맑고 純粹하게 이루고자 함이요, 乳兒교육은 성품을
온전히 한결같이 形成시키려 함인데, 氣質이 濁駁할때는 변화시
키기 어려운 일이요, 성품이 粗雜할때에는 醇化시키기 어렵기 때
문이다.

어린이가 스스로 밥을 먹게 될 때는 小兒교육을 실시하는바
밥 먹는 법, 말하는 법, 옷 입는 법을 가르치는 것으로 習慣과
風俗을 익혀서 몸과 생각을 아름답게 하여 준다. 그러므로 몸을

---

22) 「列女傳에 曰古者에 婦人이 妊子에 寢不側하며 坐不邊하며 立不蹕
    하며 不食邪味하며 割不正이어든 不食하며 席不正이어든 不坐하며
    目不視邪色하며 耳不聽滛聲하고 夜則令瞽로 誦詩하며 道正事하더
    니라 如此則生子에 形容이 端正하며 才過人矣리라.」(小學卷一).

깨끗하게 하여주고, 생각을 아름답게 하도록 어버이가 힘써야 하는 것이니, 세 번 집을 옮게 三遷하는 교육이 바로 이러한 까닭이라고 하겠다. 만 일곱살이 되면 학교에 보내는바 학교교육은 集團교육으로서 文學·武藝·技術을 가르치는 것이다. 그러므로 小兒교육은 觀念을 바르게 形成하도록 하는 것이요, 학교교육은 人格을 온전히 이루려는 것인데, 小兒때 잘못 이루어진 觀念은 잠재의식으로 남아있게 됨으로 이러한 잘못된 自意識을 떨쳐버리기가 어려운 일이며, 人格을 온전히 이루지 못하면 人間의 尊嚴性과 人生의 平等性 및 人類의 自由性을 찾을 수 없기 때문이다. 그러므로 사람은 마땅히 언제나 어느 곳에서나 교육精神과 學問자세를 떠나지 아니할 때에 道를 떠나지 아니할 수 있는 것이며, 德을 저버리지 아니할 수가 있는 까닭에, 어느 때 어느 곳에서나 가르쳐야 하고 어느 때 어느 곳에서나 배워야 하는 것이다. 氣質을 變化시켜주고, 性品을 醇化시켜주며, 觀念을 바로 잡아주고, 人格을 이루어 주는 일은 미리미리 예측하여 자연히 化成시켜 줄수록 좋은 것이다. 때늦게 굳어버린 이후에 억지로 注入시키려 한다면 일만 많아지고, 效果가 적어질 것이니 어찌 무심히 뒷날을 기약할 것이랴! 만약 배불리 먹이고 싫것 놀리는 것으로 일을 삼거나 또는 雜多한 技藝만을 複雜하게 注入시키려 한다면 조그마한 枝葉末端만을 다투게 되며, 사람의 근본을 잃어버리고, 자기의 본분을 忘却하게 될 것이다. 그렇다면 그것은 교육이 아니라 訓練이요, 學問이 아니라 習作인 것이다.

교육과 훈련이 구별 되여야 하고, 學問과 習作은 辨別되여야 한다. 교육은 잘 알지 못할 때에 잘하도록 깨우쳐주는 것이요, 訓練은 잘할 수 있는데도 잘하지 못할 때에 熟達하도록 지도하는 것이다. 그러므로 교육이 먼저요, 訓練이 나중인바, 교육은

아니시키고 訓練만 시키면 발전이 있을 수 없는 것이다. 또한
學問은 모르는 것을 알려고 하는 것이요, 習作은 아는 것을 익
히는 것이다. 그러니 學問이 먼저요, 習作이 나중인바, 學問을
아니시키고 習作만 시킨다면 進步란 있을 수 없는 것이다. 교육
과 學問은 無限한 것이요, 訓練과 習作은 有限한 것인데, 무한한
根幹本源을 간단하게 가르치지 아니하고 有限한 지엽말단만을
복잡하게 가르친다면 이것은 인간을 한 부분 속에 局限시켜 버
리는 것이다. 사람을 어느 틀 속에 局限시켜버리는 訓練과 習作
으로 일을 삼는다면 이것은 벌써 교육이 아닌 것이며, 非情이요
滅性으로 세상을 속이고, 하늘은 속이는 것이다. 氣質을 흐리게
만들고 성품을 殘惡스럽게 하며, 觀念을 固定시켜 버리고, 人格
을 無視하여 버리는 愚民교육은 곧 欺世罔民이니 災禍가 반드시
그 몸에 미치게 되는 것이다. 그런 까닭에 聖人은 天地의 가장
純粹한 氣運으로서 氣質을 變化시켜주고, 天理의 가장 中正한 理
性으로서 성품을 醇化시켜 주며, 天下의 가장 精密한 義理로서
觀念을 바로 잡아주며, 세상의 가장 剛健함으로서 人格을 세워주
는바, 자기에게서 먼저 찾은 다음에 남에게 찾아주며, 자기에게
먼저 없게한 뒤에 남에게도 없게 하나니, 자기가 이루고 싶으면
먼저 남을 이루게 하는 道理로서 가르치고, 자기가 먼저 바르게
된 뒤에 남을 바르게 하는 德性으로서 배우는 것이다. 자기에게
서 찾아 남을 먼저 이루어 주는 것은 仁이요, 자기에게서 없게
하여 자신부터 바르게 하는 것은 義이니, 오직 仁과 義로서 敎
學을 이루는 것이라 이 仁義를 저버린다면 驕慢하거나 吝嗇한
사람이 될 것이니 天下에 驕慢하고 吝嗇한 사람을 무엇에다 쓸
것인가? 驕慢한 이는 인간의 倫理를 어지럽히는 것이며, 吝嗇한
이는 인간의 高貴함을 忘却하는 것이다. 倫理를 생각하지 아니하

면 無禮不遜하게 될 것이요, 道德的인 體面을 돌아보지 아니하면
不義 無恥하게 될 것이니, 無禮 不遜하고 不義 無恥한 이가 장
차 무슨 일을 할 수 있을 것이며, 무슨 짓을 못할 것인가?

騈慢한 것은 粗雜한 성품을 醇化시키지 못했기 때문이요, 吝嗇
한 것은 濁駁한 氣質을 변화시키지 못했기 때문이다. 교만한 성
품을 仁으로 바로 잡아주고, 인색한 氣質을 義로 지키게 하여 주
는 것이 교육의 本質이 되는 것이다. 따라서 識仁·知義보다 더
큰 교육은 있지 아니한 것이다. 또한 觀念을 바르게 가지지 못하
면 禮法을 알지 못하여 阿諛苟容하게 될 것이요, 人格을 온전하
게 이루지 못하면 知性을 알지 못하여 巧邪하여질 것이니, 阿諂
하고 巧邪하면 무엇을 지킬 것이며, 무슨 짓인들 안할 것인가?

몸으로 지키는 것이 없는 것은 觀念이 없는 것이고, 뜻에 못
하는 것이 없는 것은 人格이 없는 것이니, 阿諂하는 것은 인간
本有의 觀念을 善化시키지 못하였기 때문이며, 巧邪한 것은 인간
고유의 知性을 美化시키지 못했기 때문이다. 따라서 巧邪한 觀念
을 禮로 바로잡아 주고, 阿諂한 버릇을 智로 지키게 하여 주는
것이 訓育의 본의이다. 그러므로 知禮·認智보다 더 큰 訓育은
있지 아니한 것이니, 識仁·知義와 知禮·認智는 敎學과 訓育의
大義인바 古今에 不變의 道요, 內外에 不易의 德이다. 모든 君子
는 騈慢하고 吝嗇한 것을 없게 하여야 되며, 모든 小人은 巧邪
하고 阿諂하는 것을 없게 하여야 되는데 이 네 가지 惡德은 천
하의 大敵이 되는 것이다.

자기 자랑을 하는 것은 粗雜한 사람이요, 옹고집을 부리는 것
은 濁駁한 사람이며, 귀를 맞대고 수군거리는 것은 輕妄한 사람
이요, 눈웃음 속에 교태부리는 것은 賤薄한 사람이니, 이러한 인
간이 나오게 되는 것은 「小學」을 輕視함으로부터 비롯된 것이다.

어린이 보는데서 殺生하지 아니하며, 어린이 있는데서 성내지 아니하며, 어린이 옆에서 귓속말을 아니하며, 어린이 앞에서 비굴하지 아니하는 「小學」의 교육은 그 생각함이 깊고 걱정함이 먼 데서 나온 것인데, 이제 사람들이 이를 尊信하지 않는다면 장차 무엇으로 사람을 기르고, 世代를 일으킬 것인가?

小學 교육은 父兄과 師友에게서 배우고 익히는 것이다. 따라서 먼저 어진 父兄과 엄격한 師友가 없어서는 아니 된다. 어린이는 어른들에게 배워가지고 사람이 되는 것이니, 주위의 環境이 큰 影響을 주게 되는 것은 말할 것도 없다. 그러므로 孔子는 말하시기를 "人間性品은 서로 비슷하지만 學問과 習俗에 따라 서로 멀어진다."[23]라고 하였다.

學習의 敎化와 習俗의 感化는 주위환경에서 직접 영향을 받게 되는 것으로 感覺으로 느껴서 精神을 해치게 하고, 몸으로 익혀서 마음을 어그러지게 하며, 한 가지를 본받아 백 가지 일을 그르치고, 열 가지를 익혀서 천 가지 功을 무너뜨리나니, 父兄은 안으로 賢明하게 살피지 아니할 수 없고, 師友는 밖으로 엄격하게 밝히지 아니할 수 없는 까닭이 여기에 있다. 모든 사람은 어린이에게 사람다운 法을 직접 간접으로 보여주고 있는 것인바, 사회에 아름다운 德風을 이루고, 鄙陋한 賤俗을 뽑아 버려야하는 까닭도 그 가운데 있다. 사람으로서 사람을 가르쳐야 하고, 사람에게 배워서 사람이 되어야 하는 것은 敎學의 限界能力이다. 한계란 교육의 不可超越性이요, 能力이란 學問의 不可避性인바, 사람으로서 사람을 가르칠 수밖에 없는 것은 天命인데 다른 超越者이거나 絕對者에 의하여 교육을 시킬 수 없다는 사실이 교육

---

23) 「子曰 性相近也나 習相遠也니라.」(論語 陽貨).

의 限界인 것이다. 그러므로 伊尹은 말하기를 "하늘이 이 백성을 낳으심은 먼저 아는 사람으로 하여금 뒤에 아는 이를 가르쳐주고, 먼저 깨닫는 사람으로 하여금 나중에 깨닫는 사람을 깨우쳐 주게 하는 것이니, 나는 天民의 먼저 깨달은 사람이라 나는 장차 이 道로서 이 백성을 깨우치려 함이니, 내가 그들을 깨우치지 아니하고 누가 할 것이랴."24)라고 하여 사람은 마땅히 後生을 가르쳐주고 깨우쳐 주어야만 하는 當然性이 하늘로부터 주어진 것을 말함과 동시에 學問의 不可避性까지를 말하였고, 孔子는 말하시기를 "道는 사람을 멀리하는 것이 아니니 사람이 道를 실천하면서 사람을 멀리하면 道가 되지못할지니라."25)라고 하여, 인간의 모든 道理는 사람을 떠날 수 없는 不可超越性이 있음을 말하고 또한 인간 속에서 이루어야만 하는 不可避性이 있음을 말하였다. 이것은 인간을 교육함도 또한 人間과 人間의 관계 속에서 이루어지는 것이요, 인간세계를 超越하거나 外面하고서 얻어지는 것이 아님을 말하고 있는 것이다. 그러므로 「中庸」에서는 "君子는 사람으로서 사람을 다스리다가 고쳐지면 그치나니라."26) 하는 것이니 근본적으로 사람을 떠나서는 教學이 있을 수 없는 것임을 지적하고 있다.

　사람으로서 사람을 가르치는 것이므로 허물을 잘 용서하여 주어야하고, 또 어린이가 改過遷善할것 같으면 그의 自發的인 能力에 맡기는 것이요, 끝까지 간섭하지 아니하는 지능 개발교육인 것이다. 이것은 教育者 자신이 보편적인 인간임을 自覺하여 本來

---

24) 「天之生此民也는 使先知覺後知하며 使先覺覺後覺也이니 予는 天民之先覺者라 予將以斯道覺斯民也니 非予覺之오 而誰也리오.」(孟子 萬章上)
25) 「子曰 道不遠人하니 人之爲道而遠人이면 不可以爲道니라.」(中庸)
26) 「君子는 以人治人하다가 改而止하니라.」(中庸)

的으로 被敎育者와 동일한 사람임을 認識하므로서 얻어진 교육
姿勢이다. 그러므로 곧으면서도 따뜻하게 대하며 寬大하면서도
莊敬하게 대하며, 剛直하면서도 暴虐하지 아니하게 대하며, 簡潔
하면서도 傲慢함이 없게 대하여야 하는 것이 敎育者의 基本姿勢
이다. 교육자가 곧기만 하고 따뜻하지 아니하면 師弟間에 사랑하
는 마음이 끊어질 것이요, 寬大하기만 하고 莊敬함이 없으면, 師
弟間에 禮法이 무너져 恭敬心이 없어질 것이며, 剛直함이 지나쳐
暴惡한데 이르면 師弟間에 義理가 끊어져 마음을 합할 수가 없
을 것이며, 簡潔함이 지나쳐 傲慢함에 이르면 師弟間에 知性이
없어져서 調和가 없어질 것이니, 이 네 가지 가운데서 한 가지
만 없어도 교육은 圓滿하게 이루어질 수 없게 되는 것이다.

圓滿한 교육을 이루기 위하여서는 먼저 훌륭한 人格의 교육자
가 요청되는 까닭은 바로 사람이 사람을 가르쳐야 하기 때문에
가장 模範的인 사람으로 하여금 가르치게 하지 않을 수 없는 까
닭이요, 동시에 어린이는 사람에게 배워서 사람이 되는 것이기
때문에 항상 先生을 본받게 되는 것이므로, 또한 가장 모범적인
敎育者가 요청되는 것이다. 敎育者는 천하의 가장 高明한 知慧를
가진 인격자이어야 하며, 천하의 가장 廣大한 도량을 닦은 修道
者이어야 하며, 天下의 가장 博厚한 精神을 기른 先覺者이어야
하는바, 교육자의 偉大함이 여기에 있고, 교육정신의 崇高함도
여기에 있는 까닭에 이와 같이 偉大한 교육자보다도 尊嚴한 이
는 天下에 있지 아니한 것이며, 崇高한 교육정신보다도 貴重한
것은 천하에 있지 아니한 것이다.

세상에서 가장 高貴한 것은 곧 萬物의 靈長인 인간인 것이요,
교육자는 人間의 스승인바 바로 人類의 師表인 것이니, 인간의
스승보다 偉大한 이는 있지 아니한 것이며, 사람을 아름답게 길

러서 자기의 本性을 다하게 하고 자신의 道理를 다 成就할 수
있게 열어주는 교육정신보다 貴重한 것은 있지 아니한 것이다.
그래서 옛날에는 官職에서 은퇴한 道德君子로 하여금 小學 교육
을 擔當하게 하였었다. 君과 師와 父는 그恩惠와 尊嚴性에 있어
서 똑같은 까닭이 바로 이러한데 있는 것이다.

　가정에서는 아버지가 가장 尊嚴한 것이요, 사회에서는 老人이
가장 尊嚴한 것이며, 나라에서는 임금이 가장 尊嚴한 것이며, 天
下에서는 스승이 가장 尊嚴한 것이다. 孟子는 말하기를 "天下에
는 最高普遍的인 尊貴함이 세 가지이니, 官等이 하나요. 年齒가
하나며, 道德이 하나다. 朝廷에서는 官爵과 같은 것이 없고, 사
회에서는 나이와 같은 것이 없으며, 世上을 도와주고 사람을 長
育시키는데는 道德과 같은 것이 없는 것이다."27)라고 하였다. 天
下의 모든 사람은 집에서는 어버이를 높이고, 사회에서는 나이가
많은 노인을 높이며, 나라에서는 임금을 높이고, 천하에서는 스
승을 높이는 것은 인간의 倫理임과 동시에, 어버이를 높이지 아
니하고서는 자신이 貴重할 수가 없고, 노인을 높이지 않고서는
자기가 嚴格할 수 없으며 임금을 높이지 않고서는 자기가 尊嚴
할 수 없고, 스승을 높이지 않고서는 자기가 高貴할 수 없는 까
닭에 어버이와 老人과 임금과 스승을 높여서 자기의 本分을 다
함과 동시에 자신을 高貴하고 嚴格하게 이루어 나가는 것이다.

　스승이 이와 같이 尊貴하므로 교육자는 항상 즐거움이 솟아나
는바, 孔子는 배우기를 게을리 하지 않으시고, 가르치시기를 싫어
하지 않으셨다고 하며, (吾學不厭 敎不倦) 孟子는 天子의 英才를
얻어서 교육시키는 것이 즐거움의 하나라고하여 교육자는 人材를

27)「天下에 有達尊이 三이니 爵一 齒一 德一 이니, 朝廷에 莫如爵이요,
　　鄕黨에 莫如齒요, 輔世長民에 莫如德이니라.」(맹자 公孫丑章句下).

養成하는 즐거움이 스스로 있음을 강조하고, 또한 이러한 즐거움
속에서 끊임없는 誠實性이 있게 되어 가르치기를 게을리 하지 않
게 된다고 할 것이다. 사람으로서 사람을 가르치지 않을 수 없는
교육의 不可避性과 사람에게 배워가지고 사람이 될 수밖에 없는
限界性때문에 의무교육이 요청된다. 즉 朋友와 더불어 講習하므
로서 인간관계를 올바르게 맺어나감과 동시에 벗과 더불어 知慧
를 닦으므로서 人格을 修養하는데 도움이 되도록 하는 것이니,
스승에게 배워서 朋友와 더불어 익혀보고, 스승에게 들어서 벗과
더불어 찾아보아, 자연스럽게 學問을 익히고 能動的으로 自覺을
기르려함이라고 하겠다. 집단교육은 반드시 講堂인 학교가 있어
야 하는 것인데, 학교의 歷史는 매우 古代로부터 비롯하였음을
알 수 있다. 孟子는 "庠과 序와 學과 校를 設置하여서 가르치니
庠은 老人을 奉養함을 本義로 함이요, 校는 民衆을 敎養함을 本
義로 함이며, 序는 習射로 武術을 익힘을 本養로 함이니, 夏나라
때는 校라하고, 殷나라때는 序라 하고, 周나라때는 庠이라고 하였
는데 國學은 三代가 한 가지로 하였는바, 모두 人倫을 밝히는 原
理로 하였으니 人倫이 위에서 밝혀지면, 小市民은 아래에서 和親
할 것"[28]이라고 하였다. 朱子는 이 註에서 庠과 序와 校는 모두
地方의 小學校이고, 學은 國家最高敎育機關인 國學 또는 大學이
라고 하였다. 地方의 小學校인 庠은 어린이를 교육한다는 意義뿐
만 아니라, 學德이 있는 老人으로 하여금 스승이 되게 하여 餘生
을 뜻있게 바치도록 하는 育人材와 養老人의 두 가지 목적을 모
두 실현하려는 데서 비롯하였음을 알 수가 있는 것이요, 또한 庠

---

28) 「設爲庠序學敎以敎之하니 庠者는 養也요 校者는 敎也요 序者는 射
也니 夏曰校요 殷曰序요 周曰庠이요 學則三代共之하니 皆所以明人
倫也라 人倫明於上하면 小民 親於下하리라.」(孟子 滕文公章句上).

은 知能啓發교육에 중점이 있고 校는 敎導注入으로 知識 또는 技術傳達敎育에 중점이 있으며, 序는 訓練을 통한 武藝를 읽혀 體力을 鍛鍊하는데 중점이 있는 것을 알 수 있는 것이다. 이것은 小學의 基本敎科가 『六藝』라고 하는 「周禮」의 기록과 비교하여 보면 사실이 더욱 分明하게 되는바 『六藝』란 禮樂射御書數로서 禮樂은 知能開發敎育으로서 文科에 속한 것이며, 射御는 武藝를 鍛鍊하는 訓練으로서 武科에 속한 것이요, 書數는 知識傳達敎育으로서 기술분야에 속한 것으로 文科의 德育과 武科의 體育과 技術科의 知育을, 모두 합쳐서 小學校의 기본과목으로 하였음을 알 수 있다. 이와 같이 德性교육으로 인간의 天性이 善함을 밝혀주고, 武藝訓練으로 자기의 氣質을 아름답게 變化시켜주며, 技術講習으로 事物의 진리를 인식시켜 주는 종합적인 敎科로서 小學 교육의 내용으로 한 것은 調和있는 인간品格을 이루려는 聖人의 깊고 먼 뜻이 숨어있는 것이다. 그러나 大學에서는 人倫道德을 밝히는 기본敎科로 하였다는 事實에도 注目하여야 한다. 大學은 국가 最上의 人材를 기르는 곳이므로 그 사람들에 의하여 장차 국가사회가 運營되어 나아갈 것이기 때문에 무엇보다도 人倫에 밝아야 하고, 道德에 徹底하여야 되는 것이다. 국가와 사회를 지도하는 이가 人倫과 道德에 어둡다면 무엇을 잘 할 수 있을 것이며, 또한 어떤 잘하는 일이 있다한들 무슨 소용이 있겠는가! 비록 금방 현란함이 있다고 하더라도 곧 없어져 버리는 것이다.

옛날 교육기관에 대한 기록으로는 「禮記」의 學記 등에서도 보이는바 "옛날의 교육은 마을에 塾이 있으며, 邑에 庠이 있으며, 州에 序가 있으며, 國에 學이 있었다."29)고 하는 것을 보면 집단

---

29) 「古之敎者는 家有塾하며 黨有庠하며 術有序하며 國有學이니라.」(學記).

교육제도가 人類史에 매우 일찍부터 시작되었고, 또 그 規模와 차례가 整然하였음을 알 수 있다. 마을과 邑과 州와 國에 고루 小學校와 中學校 그리고, 大學校가 있으므로서 나라의 모든 어린이를 가르치고, 人材를 養成하여, 人文을 밝힐 뿐만 아니라, 인간의 倫理와 사회의 禮法이 여기로부터 새로워지게 되어서 京鄕 各地에 德風善俗이 이루어지게 하는데도 그 機能이 있다. 따라서 學校는 全國에 걸쳐 골고루 均衡있게 設置되여야 하는 것이다.

학교는 知性의 殿堂이요, 德風의 源泉이며, 元氣의 發祥인 까닭에 학교가 없는 곳에서는 知性이 닦일 곳이 없고, 德風이 우러날 데가 없으며, 元氣가 자랄 곳이 없게 되는데 비록 仁政, 德治가 위에 있다고 할지라도 人倫이 바로 잡아지지 아니하고 德風이 이루어 지지 아니하는 것이다. 그러므로 明王은 반드시 民本 政治를 실시함에 있어서 학교교육으로부터 시작하는 까닭이 여기에 있다. 外來의 文化와 文明이 학교로부터 먼저 받아들여져서 研究되고, 發展된 뒤에 사회로 敎化될 때는 이것을 敎化 또는 開化라고 하는 것이며, 外來思潮가 학교를 거치지 아니하고, 곧바로 世間에 傳播되는 것을 流行이라고 하는바, 流行이 많으면 敎化는 없어지고, 동시에 학교기능도 弱化되여 師道의 敬畏와 學者의 雅致가 드러나지 못하여 국가사회에 開化가 이루어 질 수 없는 것이다. 그러므로 世間에 流行하는 輕妄한 風潮를 抑制하기 위하여 학교의 사회적 機能을 다하게 하여서 師道를 높이고, 학자를 端雅하게 하여 주는 政治가 있어야만 된다.

明王은 民本政治를 實施함에 있어서 반드시 학교를 일어나게 하는 政治로부터 시작하였고, 따라서 나라가 오래 될수록 국가는 더욱 새롭게 발전할 수가 있었던 것이다. 敎化가 있으면 사회는 발전하여 더욱 維新되지만 流行이 빠르면 사회가 病들어 停滯되고 말기 때문이다. 또한 教師와 行政官은 구별 되어야 하는바 教師는 行政官이 아니요 研究人이다. 研究人은 學問의 自由와 思索의 시간과 身分의 保障이 있어야 하는 것이요, 또한 人格을 尊重받아야 하는 특수성이 있는 것이다. 그래서 옛날 明王은 학교행정을 법으로 하고 命令으로하지 아니 하였으며, 地方官은 학교에 협조하는 것이요, 官廳에 協力하도록 요청하지 아니하였던 것이다.

法으로 하지 아니하고, 命令으로 하는 것은 教師의 자발적 誠實인 仁德을 해치게 되어 배우는 사람이 先生을 고맙게 생각하지 아니하므로 사랑이 메마르게 될 것이며, 학교에 협조를 하지 아니하고 오히려 官廳에 협력을 요청하면 학교의 전통적 權威인 義氣를 해치게 되어 사회의 사람들이 학교를 嚴肅하게 생각지 아니하므로 教化가 이루어질 수 없게 되는 것이다.

舜임금은 학교행정을 폄에 있어서 "오직 너그러움이 있게 하라."고 하였는데 밖으로 教育法이 너그러워야하고, 안으로 學則이 너그러워야 한다는 것은 천하의 모든 너그러움이 學校로부터 나오기 때문이다.

학교의 학습분위기를 造成하기는 어렵고, 破壞하기는 쉬운 것임을 明察한다면 감히 가볍게 명령하거나 쉽게 動員할 수 없는 것임을 알 수 있을 것이다. 더욱이 集團교육은 人格이 學習의 雰圍氣에서 感化되고, 학교의 傳統속에서 成熟되는 것이므로 누구도 學習의 분위기를 어지럽혀서는 안되고, 무엇도 학교의 傳統을 허물어서는 아니 되는 것이다.

小學은 教師의 人格에서 풍기는 嚴肅한 분위기가 있어야하고, 학교의 精神에서 쌓인 崇高한 전통이 있으므로서 배우는 사람이 마음속에 敬虔한 觀念을 가지게 되어, 비로소 자기의 尊嚴性을 알게 되는바, 나아가서 自重自愛하여 몸을 아름답게 간직하고, 마음이 착하게 될 것이다. 사람은 자신의 高貴함을 느낀 이후에 남을 高貴하게 여길 수 있고, 자신을 사랑한 뒤에 남을 사랑할 수 있는 것이다. 자기의 몸이 高貴함을 알지 못하는 사람은 그 어버이도 高貴하게 알지 아니하고, 자신을 사랑하지 아니한 사람은 天下사람을 사랑할 수 없는 것이다. 반드시 자기가 자신을 恭敬한 다음에 남이 자기를 恭敬하고, 자기가 지신을 지킨 뒤에 남이 자기를 지키어주는 것이다. 小學은 인간의 尊嚴性을 느끼게 하고, 자기의 高貴함을 가르쳐야 하며, 人生의 嚴肅性을 보여야 한다.

　小學 교육의 本質은 朱子의 「小學題辭」에 잘 集約되어 있는 바 이제 그 全文을 옮겨 精義를 밝힌다.

　　『元亨利貞은 天道의 法則이요, 仁・義・禮・智는 인간본성의 綱領이니라. 무릇 이 天性은 그 처음에 善하지 아니함이 없어 가득히 四端의 感動을 따라서 나타나니라. 어버이를 사랑하고, 형을 恭敬하며, 나라에 忠誠하고, 어른에게 恭遜하는 이것을 일컬어 사람이 잡은 떳떳함이라 하나니, 順應함에 있는 것이요, 억지로 하는 것이 없느니라.

　　오직 聖人은 本性대로 하시는지라. 넓고 넓은 저 하늘과 같으시니, 티끌만치의 노력을 보태지 아니하여도 모든 善이 豊足하니라. 大衆은 어리석어서 物欲이 서로 가리어 이에 그 綱領(仁・義・禮・智)을 무너뜨리고 自暴自棄하는데서 편안히 여기니라. 오직 聖人이 이것을 불쌍히 여겨 학교를 建立하고 師道를 세워 교육하여, 그 뿌리를 북돋우며 枝葉을 通達되게 하시니라. 小學의 방법은 물 뿌리고 쓸며 應對 잘하며 들어와서는 孝道하고, 나아가서는 恭遜하야, 行動함에 어느 때나 거슬림이 없게 할지니 자기 할 일을 다 하고, 남은 힘이 있거든 詩를 외우고 글을 읽으며 노래 부르고 춤을 추어서 생각에 혹시 넘어감이 없

게   할지니라. 理致를 끝까지 硏究하고 몸을 닦는 것은 斯學의
큰 일이다. 밝은 天命은 빛나고 뚜렷해서 안과 밖이 있지 않으
니, 德이 崇高하고 業이 廣大하여야 이에 그 처음 本性을 回復
하리니, 옛날에도 그 本性이 不足함은 아니었으니, 이제 어찌
남음이 있으리오. 世代가 멀어지고 聖人이 없어서, 經典이 쇄잔
하여지고, 敎育이 해이하야 어린이가 端正치 아니하고, 자라감
에 더욱 불량하여, 시골에 善俗이 없고, 세상에 人材가 말라,
利欲이 어즈러이 이끌며, 異言이 시끄럽게 공격하니라. 다행이
이에 사람이 잡은 떳떳함(本性)이 하늘을 다할 때까지 떨어짐이
없는지라. 이제 옛날 들은 것을 編輯하여 거의 後生을 깨우치려
하노니 아! 어린이들아 敬虔하게 이 글을 받아 배워라. 나의 말
이 老昏하여서가 아니라. 오직 聖人의 가르치신 것이로다」30)

---

30) 「元亨利貞은 天道之常이요, 仁義禮智는 人性之綱이라, 凡此厥初에
無有不善하야 藹然四端이 隨感而見이니라, 愛親敬兄과 忠君弟長이
是曰秉彝라 有順無彊이니라, 惟聖性者라 浩浩其天이시니 不加毫末
이라도 萬善足焉이니라, 衆人蚩蚩하여 物欲交蔽하야 乃頹其綱하야
安此暴棄니라, 惟聖斯惻하사 建學立師하사 以培其根하며 以達其支
하시니라, 小學之方은 灑掃應對하여 入孝出恭하야 動罔或悖니, 行
有餘力이어든 誦詩讀書하여 詠歌舞蹈하야 思罔或逾니라, 窮理修身
은 斯學之大니 明命赫然하여야 罔有內外하니 德崇業廣이라야 乃復
其初니 昔非不足이어니 今豈有餘리오, 世遠人亡하야 經殘敎弛하야
蒙養弗端하고 長益浮靡하야 鄕無善俗하고 世乏良材하야 利欲紛挐
하며 異言喧豗니라, 幸玆秉彝는 極天罔墜라 爰輯舊聞하야 庶覺後
裔하노니 嗟嗟小子야 敬受此書하라 非我言耄라 惟聖之謨이니라.」
(朱子小學題辭, 小學).

第3章 立　志

　　絶對의 道德을 밝히고, 廣大한 事業을 이루어, 끊어진 學問을
이어 주고, 잃어버린 本心을 찾아 주며, 高尙한 人格을 쌓아 雅
致있는 人生을 살려고 하는 사람은 먼저 자기의 뜻을 固定하지
않으면 아니 된다. 뜻(志)을 고정하여 確固하게 定立하는 것을
立志라고 하는바, 곧 宇宙觀을 定立하여, 人生觀을 確立하는 것
이다. 宇宙觀을 定立하는 것은 天道를 떠나지 아니하려 함이요,
人生觀을 確立하는 것은 本性을 해치지 아니하려 함이니, 뜻을
세우는 것은 곧 天道에 渾然히 調和하여 綱常을 어기지 아니하
려는 決斷과 本性을 粲然히 發揮하여 倫理를 해치지 아니하려는
主張을 세우는 것이다. 天道에 渾然히 調和하는 것은 仁이요, 本
性을 粲然히 發揮하는 것은 義이다. 仁에서 살고, 義에서 지킬
것으로 뜻을 確立하는 데서부터 聖凡과 賢愚가 나누어지는 것
인바, 仁에서 사는 사람이 聖人이요, 義에서 지키는 사람이 賢人
이며, 仁에서 살지 아니한 사람이 凡人이요, 義에서 지키지 아니
한 사람이 愚者인 것이라, 聖賢의 길을 갈 것인가? 凡愚로 살
것인가? 하는 기틀이 立志에서 나누어지게 된다. 그러므로 立志
는 上達의 발판이 되는 것이요, 修道의 첫걸음이 되는 것이며,
明德의 關門이 되는바, 知慧와 仁愛와 勇氣가 없는 사람은 疑惑
과 憂患과 恐懼속에 挫折되어 立志를 할 수가 없는 것이다. 천
하에 가장 精密한 智慧가 있어야만, 煩惱를 헤쳐서 疑惑을 풀어

自暴하지 아니할 수 있고, 세상에 가장 純粹한 仁愛가 있어야만, 憂患을 막아 苦憫을 털어 自棄하지 아니할 수 있으며, 천하에 가장 剛健한 勇氣가 있어야만, 恐懼가 없어 絶望하지 않고 自棄하지 아니할 수 있는 것이니, 精密한 知慧는 넉넉히 자기 스스로를 尊重히 하는데 미쳐야 하고, 純粹한 仁愛는 넉넉히 자기 스스로를 愛護하는데 미쳐야 하며, 剛健한 勇氣는 넉넉히 자기스스로를 尊信하는데 미쳐야만 뜻을 세울 수가 있다.

自重하는 知慧가 없다면 배울 바가 없고, 自愛하는 仁愛가 없다면 깊이 실천할 수가 없고, 自信하는 勇氣가 없다면 두텁게 지킬 수가 없는 까닭에, 知慧가 舍己從天하는 데까지 나가지 못하고, 仁愛가 殺身成仁하는 데까지 다다르지 못하며, 勇氣가 舍生取義하는 데까지 이르지 못하나니, 知慧가 자기의 옹고집을 버리고 天理를 따라가는 데까지 나아가지 못하고, 仁愛가 한 몸을 희생하여 仁을 이루는 데까지 이르지 못하며, 勇氣가 생명을 버리고 正義를 골라잡는 데까지 이르지 못한다면 뜻을 세웠다고 할 수가 없는 것이요, 동시에 節操가 있다고 할 수도 없는 것이다. 그러므로 立志를 한 사람을 志士, 仁人이라하고, 또 義士, 君子라고 하는 까닭이 여기에 있다. 立志를 한 사람은 세 가지를 超脫하여야 하는바, 貧富를 超越하여야 되고, 生死를 達觀하여야 되며, 名利를 脫皮하여야 된다. 만일 貧富에 얽매이면 學問이 純粹치 못하게 될 것이요, 生死에 拘束되면 행동이 中正치 못할 것이며, 名利에 빠지면 功績이 剛健치 못할 것이니, 動機가 純粹치 못하고, 방법이 中正하지 못하며, 結果가 아름답지 못하면, 이것은 시작하는 저의가 참되지 못하고, 繼承하는 방법이 착하지 못하며, 끝맺는 法度가 아름답지 못한 것이라, 節度가 없는 것이요, 義理도 없는 것이며, 道德도 없는 것이니, 근본적으로 立志

라고 할 수 없는 것이다.

貧寒하여서는 鄙屈하게 阿諂하고, 富貴하여서는 輕妄하게 驕慢하며, 庸劣하게 살기만을 圖謀하여 苟且하게 죽음을 回避하고, 醜惡하게 名利만을 낚시질한다면 어느 겨를에 節介를 지킬 것이며, 어디에서 義理를 세울 것이며, 어떻게 立志라고 할 수가 있을 것인가?

옛날 선비와 君子는 寬大하고 醇厚한 敎學으로서 法度를 잃어버리지 아니하여, 私欲을 버리고 天理를 따라 살며 志操를 죽을 때까지 變節하지 아니하였으니, 마침내 뜻을 참되게 간직하는 哲人이 되었고, 옛날 선비와 君子는 中立하고 方正한 言行으로서 義理를 잃어버리지 아니하여, 私心을 버리고 倫理를 따라 살며, 道德을 죽을 때까지 떠나가지 아니하였으니, 마침내 끝을 착하게 간직하는 賢人이 되었으며, 옛날 선비와 君子는 剛健하고 오랜 誠敬으로서 義氣를 잃어버리지 아니하여, 私情을 버리고, 道理를 따라 살며, 節義를 죽을 때까지 背信하지 아니하였으니, 마침내 뜻을 아름답게 간직하는 大人이 되었다. 이와 같이 세상에는 守節을 하고, 執德을 하며, 信義가 있으므로서 비로소 哲人, 賢人, 大人이 있는 것이다. 人類가 태어난 이후로 變節한 哲人은 없는 것이며, 悖德한 賢人이 없는 것이며, 背信한 大人이 없는 것이다. 그러므로 立志는 마땅히 變節하지 아니할 것으로 세워야하며, 悖德하지 아니할 것으로 세워야하며, 背信하지아니할 것으로 세워야하는바, 모름지기 선비와 君子는 죽어도 하지 않는 일이 있는 것이다. 인간의 道理가 이와 같은 까닭에 孟子는 말하기를 "사람은 하지 아니한 일이 있는 뒤에 하는 일이 있는 것"31)이라고 하였다.

---

31) 「孟子曰 人有不爲也而後에 可以有爲니라.」(孟子 離婁下)

　무릇 선비가 못하는 말이 없고, 아니 하는 짓이 없다면, 이것
은 뜻에 지키는 바가 없는 것이니, 곧 凡愚와 다를 것이 없게
될 것이다. 그렇다면 무엇 때문에 선비라 할 것인가? 못하는 말
이 없는 것은 自暴한 사람이요, 못하는 짓이 없는 것은 自棄한
사람이며, 못하는 것이 없는 것은 自欺한 사람이니, 自暴한 사람
과 무슨 말을 할 수 있을 것이며, 自棄한 사람과 무슨 일을 할
수 있을 것이며, 自欺한 사람과 어떤 것을 위할 수 있을 것인가?
자기 스스로를 暴棄하고, 欺罔한 사람은 絶對로 선비가 될 수
없는 것이다. 선비와 君子가 되려고 하는 사람은 반드시 생각을
誠實하게 가지고, 마음을 바르게 가질 것으로 뜻을 세우지 아니
할 수 없는 것이다. 孔子는 말하시기를 "나는 열다섯 살에 學問
에 뜻을 두었고, 삼십에 몸이 섰으며, 사십에 疑惑이 없었고, 오
십에 天命을 알았으며, 육십에 귀로 듣는 것이 마음에 順하였으
며, 칠십에 마음에 하고자 한 바를 따라도 法度를 넘어가지 아
니 하였다."[32]하였는바, 이와 같이 聖人의 一生도 學問에 뜻을
定하는 것으로부터 시작됨을 깊이 깨달아야 한다. 聖賢의 一生도
또한 뜻을 정하며, 뜻을 넓히고, 뜻을 세워서, 때를 만나 뜻을
얻으면 그것을 실천하고, 때를 만나지 못하면 더욱 뜻을 篤實하
게 하여 그것을 지킬 따름이니, 언제 어디서나 그 뜻을 떠날 수
가 없는 것이다. 무릇 선비와 君子는 언제나 어디에서나 뜻을
굽힐 수가 없는 까닭에, 항상 뜻을 高尙하게 가지는 것으로 일
을 삼는바, 孟자는 선비가 꼭 하여야 할 일을 尙志뿐이라고 다
음과 같이 말하였다. "齊나라 王子 점(墊)이 선비는 무슨 일을

---

32) 「子曰吾十有五而志于學하고　三十而立하고　四十而不惑하고　五十而
　　知天命하고　六十而耳順하고　七十而從心所欲이라도　不踰矩하니라.」
　　(論語 爲政).

합니까라고 물은대, 孟子 말하시기를 뜻을 高尙하게 하니라. 무엇을 일컬어 뜻을 高尙하게 하는 것입니까? 仁과 義일 따름이니, 하나의 罪없는 이를 죽이는 것은 仁이 아니며, 그 정당함이 있지 아니한 것을 가지는 것은 義가 아닌 것이다. 사는 곳이 어디에 있는가? 仁이 여기요, 가는 길은 어디에 있는가? 義가 이것이다. 仁에서 살고 義에서 말미암으면 大人의 일이 갖추어질 것이다.”33) 이에 선비는 仁에서 살고 義에서 말미암아야 되는 것을 기본 姿勢로하여 人生觀을 確立하여야만 될 것을 말하고 있다. 仁에서 살고 義로 가는 길은 뜻을 高尙하게 하지 않으면 살 수 없는 길이요, 갈 수 없는 길인 까닭에, 반드시 뜻을 정하여 廣大한 仁에서 살고, 高明한 義로 갈 것을 결단확정 하는지라, 선비는 언제나 어디에서나 반드시 하여야 할 일이 있게 되는 것이다.

대저 선비가 항상 뜻을 高尙하게 기르지 아니하면 言行이 輕妄하여지고 言行이 輕妄하면 名實이 相符하지 아니하며, 名實이 相符하지 아니하면 事業을 이루지 못하는 것이다. 선비가 항상 뜻을 高尙하게 가지지 아니하면 心術이 偏僻하여 朝變暮改하게 되고, 朝變暮改하게되면 政事가 베풀어지지 못한다. 선비가 항상 뜻을 高尙하게 가지지 아니하면 한 몸에 줏대가 없게 되고, 몸에 樞機가 없으면 朝三暮四하게되고, 朝三暮四하게 되면 功績을 거둘 수가 없는 것이다. 선비가 一生에 이루어진 事業이 없고, 베풀어진 政事가 없으며, 얻어진 功績이 없다면, 그것은 言行이

---

33) 「王子墊이 問曰士는 何事이니잇고 孟子曰尙志니라, 曰何謂尙志니잇고 曰仁義而已矣니 殺一無罪非仁也오 非其有而取之非義也니 居惡在오 仁이 是也오 路惡在오 義가 是也니 居仁由義면 大人之事備矣니라.」(孟子 盡心上).

輕妄하였기 때문이요, 心術이 偏僻하였기 때문이며, 몸에 줏대가 없었기 때문이니, 根本的으로 이것은 뜻을 崇尙하지 아니한 까닭이다. 대저 뜻을 崇尙하는데 방법이 세 가지가 있는 바, 첫째는 自重할 것이요, 둘째는 自愛할 것이며, 셋째는 自信할 것이다. 自重하지 아니하면 言行이 輕妄하게 되고, 自愛하지 아니하면 心術이 偏僻하게 되며, 自信하지 아니하면 몸에 줏대가 없게 되나니, 선비는 항상 뜻을 崇尙하되 이 세 가지로부터 시작하지 아니하면 안 된다.

뜻(志)은 本性에서 말미암아 나타난 人情을 因緣하여서, 計較商量하는 생각(意)의 작용을 거쳐, 마음이 主管하여 選擇決定된 바이다. 따라서 뜻은 마음의 나아갈 바요, 곧 言行으로 表出될 바이다. 그러므로 뜻은 마음의 表象이요, 생각의 決定인지라, 神妙明覺한 絶對自主의 마음이어야만, 高明光大한 생각으로 참되고, 착하고, 아름다운 뜻을 세울 수가 있다. 마음이 明澄하지 못하면 뜻이 참되지 못할 수 있고, 마음이 中正하지 못하면 뜻이 善하지 아니할 수 있으며, 마음이 神妙하지 못하면 뜻이 아름답지 아니할 수 있나니, 이러한 마음이 있어야만 이러한 뜻이 있는 것이요, 그러한 뜻이 없다면 그러한 일이 없는 것이다.

뜻은 心性이 言行으로 나타나는 關門이요, 나타난 言行을 通하여 心術을 드려다 보는 거울이다. 그러므로 뜻이 없으면 心性이 떳떳하게 나올 길이 없고, 마음이 없으면 뜻도 없게 되는 것이며, 동시에 뜻이 없다면 사업도 없게 된다. 선비가 自重하지 못하는 것은 생각을 깊이하지 못하여 마음에 安靜이 없어서 뜻이 鞏固하지 못한 까닭이요, 自愛하지 못한 것은 생각을 넓게 하지 못하여 마음에 中心이 없어서 뜻이 圓滿하지 못한 까닭이며, 自信하지 못하는 것은 생각을 높이 하지 못하여 마음에 定見이 없어서 뜻이 透徹하지 못한 까닭이다. 鞏固한 뒤에 事業이 이루어지고, 圓滿한 뒤에 政事가 베풀어지며, 透徹한 뒤에 功効를 이루나니, 自重·自愛·自信의 세 가지는 마음에서 選擇決定되는바 愼重하고 明晳하게 분별하지 아니할 수 없으며, 생각을 두루하기 위하여는 넓게 배우고, 살펴서 묻지 아니할 수 없는바 반드시 敎學을 쌓아서 몸을 닦되 自重·自愛·自信의 세 가지로부터 着手하여야 되는 것이다. 孔子는 이 세 가지를 지극히 강조하였는바 말하시기를 "君子가 珍重하지 아니하면 威嚴이 없나니, 學問을 하여도 곧 堅固하지 아니 하니라, 忠信을 主體로 하여, 자기와 같지 못한 이를 벗하지 말며, 잘못하거든 고치는 것을 꺼리지 말지니라."[34] 君子가 珍重하지 아니하면 事業은 말할 것도 없거니와, 學問까지도 크게 이루어질 수 없는 것을 말하였고, 또한 自重하는 방법으로는 天理의 眞實性을 바탕하는 叡智가 있어야 하고, 벗으로서 仁을 북돋우려는 誠實이 있어야 하며, 허물을 반드시 고치는 勇斷이 있어야함을 말하고 있다. 즉 知慧와 誠實과 勇氣가 있어야 만이 珍重할 수 있고, 나아가서 學問과 事業도 이룰 수 있음을 말하고 있다고 하겠다. 이 말의 중요성은 이 글의 註에서 程子가 말한 "君子가 자신을 修養하는 道理는 마땅히 이와 같이 하여야 된다."고 하는 것을 보더라도 잘 알 수 있는 것이다.

다음은 仁愛에 對한 聖人의 뜻을 볼 수 있는바 "子路가 말하기를 원컨대 夫子의 뜻을 듣고자 하나이다. 孔子께서 말하시기를 늙은이를 편안하게 하며, 朋友를 믿게 하며, 어린이를 사랑하게 할지니라."[35]라고 하였는데, 이것은 자기의 本性에 갖추어 있는

---

34) 「子曰君子가 不重則不威니 學則不固니라 主忠信하며 無友不如己者하며 過則勿憚改니라.」(論語 學而).
35) 「子路曰願聞子之志하오이다. 子曰 老者를 安之하며 朋友를 信之하며 少者를 懷之라.」(論語 公冶長).

仁을 擴充하여 나아가는 것으로서, 人類愛의 사랑하는 마음을 넓
혀서 위로는 어른을 편안하게 奉養하고, 옆으로는 朋友사이에 信
義가 있도록 하며, 아래로는 어린이를 사랑으로 養育하는 데까지
미치게 하는 것이다. 仁愛는 밖에 있는 것이 아니라, 자기의 內
部構造에 있는 것으로 자기의 內面원리를 공경하지 아니하고서
는 仁愛가 밖으로 나올 수 없는 까닭에 스스로 공경하여 넘치도
록 仁愛하지 못한 사람은 노인을 편안히 받들지 못하며, 벗을
信義로서 대접하지 못하며, 어린이를 사랑으로 감싸주지 못하게
되는 것이다. 仁愛는 우물과 같아서 자기 자신에게 먼저 가득히
넘쳐가지고, 가까운 데로 흘러가는 것이며, 가까운 데를 적시고
채운 뒤에 멀리까지 다다를 수 있는 것이므로, 源泉자체가 말라
버린다면 절대로 넘쳐흐를 수가 없는 것이다. 大地에 물이 없다
면 살아남을 草木이 없는 것이요, 政治에 사랑이 없다면 살아남
을 人物이 없는 것이니, 선비가 인류를 사랑하지 아니하고 어찌
政事가 베풀어지기를 바랄 것인가?

다음은 信念에 대한 聖人의 말을 볼 수 있는데 "冉求가 말하
기를 夫子의 道를 좋아하지 아니하는 것은 아닙니다마는 能力이
부족하나이다. 孔子께서 말하시기를 能力이 不足한 사람은 中途
에서 쓰러지나니, 이제 너는 스스로 限定하는 것이로다."36)라고
하였는데, 선비는 마땅히 힘이 다할 때까지는 아름다운 길을 따
라서 나아갈 것으로 期約하여야 되는 것이요, 미리부터 두려워하
여 자기 자신을 속이고 살 수는 없는 것을 말한 것이다.

存心 養性하여 仁・義・禮・智・信을 擴充하는데 자기의 능력
을 남김없이 발휘하려는 勇氣가 있다면, 자기의 한평생을 걸고

---

36) 「冉求曰非不說子之道언마는 力不足也로이다. 子曰力不足者는 中道
   而廢하나니 今女는 畫이로다.」(論語 雍也).

가는데 까자는 가야하는 것이요, 그 길이 비록 아득히 멀다고
하더라도 天理를 欺罔하고, 本性을 閉塞할 수는 없는 까닭에 더
욱 發憤忘食하여 나아가지 아니치 못할 것이다. 그러므로 聖人이
말하시기를 "선비가 道에 뜻을 두고서도, 남루한 옷이나 거친 밥
을 부끄러워한다면 족히 더불어 이야기할 바도 못된다."[37]고 하
였다. 선비는 德을 밝히는 사람이요 道를 닦는 사람인 까닭에,
學問을 精密히 할 뿐이며, 心性을 오로지 할 뿐인 것이니 責任
이 무겁고, 갈 길이 먼 사람이다. 그런 까닭에 仁・義・道・德만
을 推究할 뿐이며 다른 일에 눈을 돌릴 겨를이 없는 것이다. 오
직 仁・義・道・德만을 알 뿐이요, 인의도덕으로 좋아하며, 인의
도덕에서 즐거워 할 뿐인지라, 이 길을 버리고 어데로 갈 수 있
겠는가 이 길에서 쓰러지지 아니하고 어디에서 쓰러질 것인가?
"孟子는 人間의 本性이 善한 것을 말하시되 말마다 반드시 堯舜
을 일컬으시다."[38]라고 하였는바, 堯와 舜은 上古시대의 聖人이
지만, 처음에는 보통사람과 조금도 다름이 없었던 것이다. 그러
나 마침내 本性의 純善함을 밝혀 한 털끝만치도 私欲이 없게하
여, 하늘과 같은 道德을 이루어 萬世에 빛나는 聖人이 되었는바,
그것은 밖에서 빌려가지고 이룩된 것이 아니라, 자기內面의 心性
에서 發露된 것이었으니, 누구든지 힘써 뜻을 세워 堯舜이 되려
고 한다면, 아니 될 理由가 없다는 것이다. 또다시 孟子는 말하
였는바 "成覵이 齊나라 景公에게 일러 말하기를 그도 丈夫이며
나도 丈夫인데, 내가 어찌 그를 두려워하리오! 라고 하며, 顔淵
이 말하기를 堯은 어떤 사람이며, 나는 어떤 사람인가? 함이 있
는 사람은 또한 이와 같을 것이라고 하며 公明儀는 말하기를 文

---

37) 「子曰 士志於道 而恥惡衣惡食者는 未足與議也니라.」(論語 里仁).
38) 「孟子 道性善하시되 言必稱堯舜이러시다.」(孟子 滕文公上).

王은 나의 스승이라고 하시니 周公이 어찌 나를 속이리오!"39)라
고 하였다. 이것은 인간이 나면서부터 하늘이 준 善性을 모든
사람이 똑같이 받았기 때문에, 누구든지 자기의 존재원리인 本性
을 길러 확충할 때에 다같이 聖賢이 될 수 있는 것이요, 또한
聖賢이 되는 길이 어떤 外的 요소에 매달린 것이 아님을 밝히고
있는바, 곧 信念을 어떻게 가졌고, 노력을 어떻게 하였느냐에 있
음을 말하고 있는 것이다.

　聖賢도 丈夫요 나도 丈夫이니, 그와 같은 공부를 하면 나도
聖人이 될 수 있는 것으로 두려워 할 것이 없는 것이며, 舜은
어떤 사람이며 나는 어떤 사람인가? 그와 같이 자기의 본성을
남김없이 발휘하면 곧 聖人이 되는 것이다. 이미 나에게 모든
善性이 갖추어 있으므로 걱정할 것이 없는 바요, 周公은 文王이
나의 스승이라 하여, 배워가지고 聖人이 되었으니, 나도 聖人을
스승으로 받들고 배우면 곧 聖人이 될 수 있는 것을 의심할 것
이 없다고 한 것이다. 두려워하지 아니함은 勇氣요, 걱정하지 아
니함은 仁愛이며, 疑心하지 아니함은 知慧인바, 知慧와 仁愛와
勇氣가 있는 사람은 聖人이 될 수 있음을 보여주고 있는 것이다.

　사람은 태어날 때부터 타고난 良知와 良能이 있어서, 이 知能
을 學習啓發하여 넓게 이루면 知慧는 그 가운데에 있고, 또한
하늘로부터 받은 仁・義・禮・智의 本性을 存養擴充하면 仁愛는
그 속에 있으며, 父母로부터 타고난 氣質을 淸明純一하게 變化시
키면 勇氣는 그 안에 있는 까닭에, 모든 것이 자기에게 있는 것

---

39) 「成覵이 謂齊景公曰 彼丈夫也며 我丈夫也니　吾何畏彼哉리오하며,
　　顔淵이曰 舜何人也며 予何人也오 有爲者는 亦若是라하며, 公明儀
　　가 曰文王을 我師也라 하시니 周公이 豈欺我哉시리오 하니이다.」
　　(孟子 滕文公上).

이요, 다른데서 찾는 것이 아니라고 하며, 聖賢이 되지 못하는 것도 자기가 하지를 아니한 것이요, 될 수가 없는 것은 아니라고 하였다. 不爲와 不能은 分明하게 구별되는데, 不爲는 할 수가 있는데도 하지를 않는 것이요, 不能은 하려고 하여도 될 수가 없는 것이다. 그러므로 不爲는 能力이 있어도 힘쓰지 않는 것이며, 不能은 힘써도 能力이 모자라는 것인바, 能力이 있으면서도 하지를 아니한 사람을 盜賊이라 하는 것이요, 能力이 없으면서도 하려고 하는 사람을 狂悖라 하는 것이다. 盜賊도 되지 아니하고, 狂悖도 되지 아니하여, 할 수 있는 것을 힘쓰고, 할 수 없는 것을 아니하는 것이 聖人의 學徒이다.

聖人의 學徒는 말을 사실에 符合되게 하고, 行動을 形色에 합당하게 하는바, 言語가 事物의 實相에 符合되게 하는 것이 孔子의 正名思想이요, 行動이 形體의 機能에 適合하게 하는 것이 孟子의 踐形思想인데, 正名, 踐形하는 것은 하지 아니한 것일 뿐이요, 할 수 없는 것은 아니다. "子路가 말하기를 衛나라 임금이 夫子를 대우하여 政治를 한다면, 夫子께서는 장차에 무엇을 먼저 하시겠습니까? 孔子께서 말하시기를 반드시 名分을 바로 할 것이로다."[40] 이것은 名號를 얻었으면, 그 名號의 槪念에 充實하게 實質을 갖추어야 함을 말하고 있다. 곧 사람이란 이름을 얻었으면 사람이라고 하는 名詞의 槪念에 相符한 내용을 갖추어야 됨을 말한다. 그러므로 孔子는 다시 말하시기를 "임금은 임금다워야 되고, 신하는 신하다워야 하며, 아버지는 아버지다워야 되고, 아들은 아들다워야 한다.[41]"고 하셨다. 만일에 사람이 사람답지

---

40) 「子路曰 衛君待子而爲政하시면 子將奚先이니 있고 子曰必也 正名乎인저.」(論語 子路).
41) 「孔子對曰 君君 臣臣 父父 子子.」(論語 顔淵).

못하다면 사람이라 할 수 없는 것이요, 임금이 임금답지 못하고, 신하가 신하답지 못하다면, 그것은 이미 엄격한 의미의 임금이나 신하가 아니라고 할 것이다.

언제나 이름이 있으면 반드시 그 名實이 相隨하여야 하나니, 內實을 外名에 符合되게 갖추지 못할 때에는 虛名이 될 뿐이라 破格이 되는 것이므로 君子가 항상 지나친 名聲을 固辭하는 까닭이 여기에 있다. 孔자는 또 말하시기를 "만일 모서리 있는 그릇이 모서리지지 않았다면 모서리진 그릇이랴, 모서리진 그릇이랴!"[42]라고 하였다. 즉 正四角形은 네 모서리의 角이 각각 直角이 되어야 하는 것인데, 만일 이에 角들이 直角이 되지 않았다면 이것을 正四角形이라고 할 수 있겠느냐고 하는 뜻인바, 正四角形이라고 이름 하였으면 그 實質도 四角이 모두 直角이 되어야 함을 말하는 것이다.

踐形思想은 사람이 天地 正氣를 받아 耳目口鼻와 五藏六腑 및 四肢百體를 갖추어서 태어났으면, 각각의 機官을 본래의 원리에 알맞게 작용시켜야 하는 것이요, 본래의 기능에 어그러지거나 해치게 사용되어서는 아니 됨을 말한 것이다. 즉 원래 正四角形의 形體를 가졌으면 正四角形으로 쓰여야 하는 것이요, 모서리를 일그려뜨려서 圓이나 三角形으로 이용 되어서는 아니 됨을 말한다. 그러므로 踐形思想은 원래에 갖추어진 實體를 정당하게 그 機能을 발휘 시키고, 그 機官을 작용시키는 것인바, 곧 正形思想이다. 또한 孟子는 말하시기를 "사람이 이놈 저놈하는 상소리를 듣지 아니하려는 實情을 擴充한다면, 나아가서 義를 하지 않음이 없을 것이라."[43]고 하였다. 사람이 天地의 正氣를 받아 萬物의

---

42) 「子曰 觚가 不觚면 觚哉觚哉아.」(論語 雍也).

43) 「人能充無受爾汝之實이면 無所往而不爲義也리라.」(孟子 盡心下).

靈長으로 태어나서 짐승처럼 이놈 저놈 하는 賤惡한 소리를 듣는 것은, 사람으로서의 본질과 形體를 바르게 하지 아니한 까닭이니, 마땅히 그와 같은 소리를 듣지 아니하도록 實體를 아름답게 간직하여야 됨을 말하였다.

孔子의 正名思想은 定義된 名號를 바르게 하여 概念에 充實한 것이요, 孟子의 踐形思想은 타고난 本質을 바르게 하여 天理를 俱現하려는 것이다. 밖으로 이름이 있고, 안으로 實體가 있으면, 그 이름을 바르게 하고, 그 實體를 바로 하여야 하는 것이 天理의 正道임을 밝힌 것이다.

이름을 바르게 하고, 容貌를 바로 하는 것은 자기가 할 것이요, 밖에서 얻는 것이 아니므로 할 수 없는 일은 아니며, 누구나 하려고 뜻을 세워 노력하면 할 수 있는 것임과 동시에 聖賢이 되는 것도, 正名과 踐形을 다함으로서 되는 까닭에 누구나 聖賢이 될 수 있다 하였다. 사람이면 사람답게 살고, 學者면 學者답게 살며, 선비면 선비답게 사는 것이 正行이다, 절대로 할 수 없는 것이 아니며, 사람의 입은 사람다운 말을 하고, 學者의 입은 學者다운 말을 하며, 선비의 입은 선비다운 말을 하는 것이 正形이니, 절대로 할 수 없는 일이 아니므로 不可能한 일이라고는 하지 않는 것이다. 따라서 聖人의 學問을 배워 聖人의 말을 하고, 聖人의 옷을 입고, 聖人의 하신 일을 하면 바로 聖人이 되는 것이요, 따로이 지름길이 있지 아니함을 孟子는 말하고 있다.

"曹交가 묻기를 사람은 모두 堯舜이 될 수 있다고 하니 事實입니까? 孟子께서 말하시기를 그러하다. 交는 들으니 文王은 十尺이요, 湯은 九尺이라 하나이다. 이제 交는 九尺四寸으로 자랐으되 밥만 먹을 뿐이오니 어찌하면 좋겠읍니까? 말하시기를 어찌 이에 있으리오, 또한 할 따름이니라, 만일 사람이 여기에 있

어가지고 힘이 한 마리의 병아리도 이길 수 없다면, 힘이 없는
사람이 되지만, 이제 말하기를 삼천 근을 든다고 하면 힘이 있
는 사람이 되는 것이니, 그렇다면 烏獲의 任務를 遂行하면, 이도
또한 烏獲이 될 뿐이다. 사람이 어찌 잘하지 못한 것을 근심하
리오. 하지 아니할 따름이니라. 천천히 걸어서 어른을 뒤따르는
것을 恭遜이라 일컬으고, 빨리 걸어서 어른을 앞서는 짓을 不遜
이라 일컬으니, 대저 천천히 걸어가는 것을 어찌 사람이 할 수
없는 바이리오. 하지 않은 바이니, 堯舜의 道는 孝悌일 뿐이다.
그대가 堯의 옷을 입고, 堯의 말을 외우고, 堯의 行實을 하면,
堯일 따름이요. 그대가 桀의 옷을 입고 桀의 말을 외우고, 桀의
行動을 하면, 이는 桀일 따름이니라."44)

　順天하는 길을 갈 것인가? 逆天하는 길을 갈 것인가? 이는 오
직 자기의 생각에서 헤아려 뜻으로 결정할 일이니, 事物의 이치
를 관찰하여 興亡盛衰의 道를 살피고, 古今의 人物을 詳考하여
窮達成敗의 理를 보고 자기의 心性을 밝혀 進退去就의 禮를 알
고, 東西의 歷史를 읽어 治亂得失의 法을 들어서, 倫理와 禮法에
맞게 살아야함을 안다면, 天理에 和順하고 人事에 相應하는 聖人
의 길을 가지 않을 수는 없는 것이다.

---

44) 「曹交가 問曰人皆可以爲堯舜이라 하니 有諸이까 孟子曰然하다. 交
　는 聞文王은 十尺이요 湯은 九尺이라하니 今交는 九尺四寸以長이
　로대 食粟而已로니 如何則可니 있고 曰奚有於是리오 亦爲之而已矣
　니라. 有人於此하니 力不能勝一匹雛면 則爲無力人矣오 今日擧百鈞
　이면 爲有力人矣니 然則擧烏獲之任이면 是亦爲烏獲而已矣니 夫人
　이 豈以不勝爲患哉리오 弗爲耳니라 徐行後長者를 謂之弟요 疾行先
　長者를 謂之不弟니 夫徐行者를 豈人所不能哉리오 所不爲也니 堯舜
　之道는 孝弟而已矣이라 子服堯之服하며 誦堯之言하며 行堯之行하
　면 是堯而已矣오 子服桀之服하며 誦桀之言하며 行桀之行이면 是桀
　而已矣니라.」(孟子 告子下).

聖人의 길을 가려한다면 聖人의 道德을 밝히고, 聖人의 事業을 이루어야 하며, 聖人 마음을 가져야 하는 바, 뜻을 敦篤하게 하지 않을 수 없으며, 힘은 극진히 하지 않을 수 없는데, 생각만 하고 뜻을 세워 힘쓰지 아니하면서, 하늘을 怨望하고 세상을 恨歎한다면 이것은 자기를 欺瞞하는 짓이요, 하늘을 欺罔하는 것이다.

君子는 마음을 오로지하여 뜻을 확고하게 이루려 할뿐이니, 聖人과 같이 되기를 期約한 때문이다. 聖人과 같이 되기를 期約하지 아니하고, 學者가 되는데 만족한다면 한갓 적은 것을 얻는데 自慰하여 큰 것을 잃어버리게 될터인즉, 良心을 팔아 名利를 追求하게 된다면, 몸을 辱되게 하는 데 이를 것이다. 이것은 前功이 도리어 大惡이 되는 것이니, 어찌 學者로서 참아 한 자를 구부려서 여덟 자를 얻는 짓을 할 것인가? 대저 學者는 向上이 있을 뿐이라 困窮할 수록 뜻을 더욱 篤實하게 가져 몸을 지키나니, 그 光彩가 더욱 粲然하며, 小人은 困窮하면 하지 못하는 짓이 없는바, 어찌 學者로서 小人의 짓을 할 것인가? 그러므로 學者는 마음이 움직이지 아니함을 배우나니, 源泉을 채운 이후에 나가는 물과 같이 飛躍을 하지 아니하는 바, 그 根源이 깊으므로 쉬지 아니하며, 그 바탕이 넓으므로 움직이지 아니하며, 그 몸이 높으므로 물들지 아니한다. 쉬지 아니한 것은 뜻이 敦篤하기 때문이요, 움직이지 아니한 것은 뜻이 確固한 때문이며 물들지 아니한 것은 못이 高尚하기 때문이다.

뜻이 敦篤하면 坐折하지 아니하며, 뜻이 確固하면 降伏하지 아니하며, 뜻이 高尚하면 變節하지 아니하므로, 學者는 모름지기 뜻을 세우되 하늘처럼 敦篤하게 가지고, 天地처럼 確固하게 가지며, 聖人처럼 高尚하게 가져야 할 것이다.

濂溪선생이 말하기를 "聖人은 하늘과 같이 되기를 希望하고,

賢人은 聖人되기를 希望하며, 선비는 賢人되기를 希望하나니, 伊尹과 顔淵은 大賢이다. 伊尹은 그가 섬긴 임금이 堯舜이 되지 못한 것을 부끄러워하였고, 한 남자라도 제자리를 얻지 못하면 市場에서 매 맞는 것 같이 수치스럽게 알았으며, 顔淵은 노여움을 옮기지 아니하고, 허물을 두 번하지 아니하며, 三個月間 仁을 어기지 아니하였으니, 伊尹의 뜻한 바를 뜻으로 세우고, 顔淵의 學問한바를 배우면, 지나가면 聖人이 될 것이요, 거기에 미치면 賢人일 것이며, 거기에 이르지 못할지라도 또한 아릿따운 이름은 잃어버리지 아니할 것이라고 하였다.[45]

뜻을 세웠으면 學問을 하여야 하는데, 뜻만 높고 學問이 없다면, 나아갈 방법이 없는 것이다. 방법이 없으면 손발을 꼼짝할 수 없는 것이고, 손발을 꼼짝 할 수 없다면 功效가 나올 수 없다. 그래서 名匠은 반드시 規矩準繩을 가지고 方圓平直을 이루는 바와 같이 선비도 仁·義·禮·智를 가지고 道德中正을 이루는 바 禮義法度를 배우지 아니할 수 없는 것이다. 따라서 뜻을 세우되 널리 學問을 하여야하고, 넓게 배우면서 뜻을 篤實하게 하여야 되는바, 學問이 넓지 아니하면 集約하여 主體를 바르게 지킬 수 없고, 뜻이 篤實하지 아니하면 彌綸하여 事理를 바르게 實踐할 수 없기 때문이다. 學問을 넓게 하기위하여서는 格物 致知하여야하고, 뜻을 篤實하게 하기위하여서는 誠意 正心하여야한다.

格物致知와 誠意正心을 하려면 定·靜·安을 하여야만 되는 것인데 定이란 뜻을 定하는 것이요, 靜은 마음이 고요한 것이며, 安은

---

45) 「聖은 希天하고 賢은 希聖하고 士는 希賢하나니, 伊尹과 顔淵은 大賢也라 伊尹은 恥其君不爲堯舜하고 一夫不得其所하면 若撻于市하며, 顔淵은 不遷怒하며 不貳過하며 三月不違仁하나니, 志伊尹之所志하고 學顔淵之所學하면 過則聖이요 及則賢이며 不及이라도 則亦不失於令名이리라.」(通書 志學).

몸이 편안한 것이다. 뜻이 固定되고, 마음이 虛靜하며, 몸이 平安하
여야만, 格物 致知와 誠意 正心이 이루어질 수 있는 까닭에 「大學」
에서는 "머무를 것을 안 이후에 固定함이 있고, 固定한 이후에 虛靜
할 수 있으며, 虛靜한 이후에 平安할 수 있으며, 平安한 이후에 思
慮할 수 있고, 思慮한 이후에 얻을 수 있다46)"고 하였다.

知止는 最善에 머무를 것을 아는 것인데, 最善은 곧 天理에
順應하는것 인바, 至善의 天理에 順應하여 喜怒哀樂을 마음에 남
기지 아니 하야 本心을 간직할줄 아는 이후에 뜻이 定立됨이 있
는 것이다, 뜻이 定立되어야만 私欲을 막아 마음이 虛靜하게 하
여 偏僻됨이 없을 수 있고, 마음이 虛靜하여 私欲이 없어야만,
몸이 떳떳하여 평안할 수 있으며, 몸이 떳떳하여 평안하여야만,
細密하게 살필 수 있고, 精密하게 생각하여야만, 天性을 얻을 수
있는 까닭에, 定, 靜, 安은 仁・義・禮・智의 天性을 얻을 수 있
는 必須과정이 되는 바, 자기本性의 仁・義・禮・智를 찾아 擴充
하므로 부터서 學問을 하지 않으면 안 된다. 工匠이 矩規準繩을
사용하는 法부터 배우는 것처럼, 學者도 仁・義・禮・智를 밝히
는 法부터 배우지 아니할 수 없는 것이다. 仁・義・禮・智는 인
간의 本性인데 곧 仁으로 集約되고, 仁은 孔子의 中心思想으로서
天理의 大道요, 人性의 全德이니, 萬物이 함께 生成하여도 서로
해침이 없는 것이요, 사람이 같이 살아도 막힘이 없는 絶對의
眞理이며, 無双의 純善이며, 最高의 아름다움인데, 천하만물의
모든 행위는 바로 이러한 仁을 기준으로 하여 眞僞, 善惡, 美醜
가 判斷된다. 그러므로 仁은 모든 價値觀의 그본 尺度가 된다.
따라서 工匠이 矩規準繩이 없으면 方圓平直을 判斷하지 못함과

---

46) 「知止而後에 有定이니 定而後에 能靜하고 靜而後에 能安하며 安而
後에 能慮하며 慮而後에 能得이니라.」(大學 經一章).

같이, 사람이 仁이 없으면 行動準則이 없게 되어서, 價値觀을 定
立하지 못하므로, 視聽言動에 取舍選擇이 없을 것이다. 만일 뜻
을 세우려한 사람이 視聽言動에 取舍選擇이 없다면 장차 무엇으
로 敦篤하게 할 것인가?

　모든 事物을 하나의 尺度로 잴 수 있는 基本的인 道德律이 바
로 仁인까닭에 孔子는 仁道를 一貫한 道라고 하였으며, 하나로
궤뚫는 道理인 까닭에 眞理의 尺度요, 倫理의 法則이며, 道理의
標準으로서, 천지만물과 천하만사를 一貫하는 尺度로 評價하는
까닭에 세상에서 가장 高貴한 價値基準이 되는 것이다. 모름지기
사람은 本性의 仁을 바탕으로 하여야만 視聽言動에 取舍選擇이
있을 수 있고, 視聽言動에 取舍選擇이 있어야만 뜻을 敦篤하게
이룰 수 있고, 뜻을 敦篤하게 이루어야만 仁을 推究하여 얻을
수 있나니, 學者가 學問을 함에 어찌 視聽言動을 取舍選擇하는
價値觀을 定立하는 것으로부터 시작하지 아니 할 것인가? 仁에
依據한 확고不變하는 價値觀을 定立하는 것이 바로 立志이며, 視
聽言動에 分明한 守則이 있어 절대不易하는 것이 篤志이며, 義理
를 實踐함에 간단明白하여 푸른 하늘의 太陽과 같은 것이 尙志
이다. 范文正公이 일찍기 말하기를 "선비는 마땅히 天下의 근심
은 가장 먼저 근심하고, 천하의 즐거움은 가장 뒤에 즐거워하여
야 할 것이라."[47]고 하였으며, "明道先生이 終日 端正히 앉아 계
심에 마치 石膏像같으시더니, 사람을 接見하심에는 곧 渾然히 圓
滿한 和氣가 나타나더라"[48]라고 하였으니 천하로 걱정하고 천하
로 즐거워하는 것은 仁義에 뜻을 세운 것이며, 홀로 있을 때 端

---

47) 「士當先天下之憂而憂하고 後天下之樂而樂也라하니라.」(小學 卷六).
48) 「明道先生이 終日端坐에 如泥塑人이러시더니 及至接人하여서는 則
　　渾是一團和氣러시다.」(小學 卷六).

正히 앉아 있는 것은 敬이요, 사람을 對함에 和氣가 있는 것은 誠이다. 이것은 언제 어느 때나 誠敬으로 存心하는 修身의 學問을 하는 것이다.

仁義에 뜻을 세우고, 誠敬으로 學問을 닦는 것은 天下의 선비들이 모두가 힘쓸 바이니 대저 仁義에 바탕하여 誠敬으로 지키지 아니한다면, 向上이 있을 수 없는 까닭이다.

靜庵 趙선생은 臨命詩에서 "임금 사랑하기를 아버지 사랑하는 것 같이 하고, 나라 걱정하기를 집 걱정하는 것 같이 한다."[49]고 하였으며, 尤庵 宋선생은 "學問의 길은 네 가지인데 格致와 存養과 省察과 力行이니라."[50]고 하였다. 國民을 사랑하는 것은 仁이요, 나라를 걱정하는 것은 義로서, 이것은 仁義에 뜻을 세운 것이요, 物理를 硏究하고 良心을 간직하여 힘차게 하는것은 公明正大한 眞實性이니 곧 正直이다, 이것은 仁義에 뜻을 세우고, 正直으로 實踐하는 正己의 學問을 한 것이다. 그러므로 范文正公과 靜庵 趙선생의 뜻을 자기의 뜻으로 하고, 明道선생과 尤庵선생의 學問을 한다면, 지나가면 聖人이요, 미치면 賢人일 것이며, 미치지 못할지라도 아름다운 선비는 될 것이다.

仁義에 바탕하여 人間性을 성실하게 기르고, 마음가짐을 敬虔히 하여서, 情意를 곧게 하는 學問을 하여 나갈 때에, 眞理를 찾을 수 있을 것이요, 善에 밝아질 것이며, 아름다움을 깨달을 수 있을 것이기 때문에, 뜻을 세우되 반드시 그와 같이 하여야 하며, 學問을 하되 반드시 이와 같이 하여야 될 것이다. 立志의 條目과 방법은 伊川 先生의 「四勿箴」에 그 精義가 잘 갖추어져 있

49) 「愛君如愛父 憂國若憂家.」(靜菴集 附錄 洪恥齋所作行狀草本).
50) 學問之道有四니 格致와 存養과 省察과 力行이니라.(宋子大全 附錄 卷14 語錄).

는바 이제 그 全文을 옮겨 本義를 밝힌다.

『伊川선생이 말하기를 顔淵이 私欲을 克服하고, 天理를 回復하
는 조목을 물은대, 孔子 말씀하시기를 禮가 아니면 보지 말며,
禮가 아니면 듣지 말며, 禮가 아니면 말하지 말며, 禮가아니면
움직이지 말라 하시니, 이 네 가지는 몸의 作用이라, 속에서 말
미암아 밖으로 應하나니, 바깥을 制御하는것은 그 안을 기르는
방법이다. 顔淵이 이 말을 섬긴 것은 聖人에 나가는 까닭이다.
후세에 聖人을 배우려는 사람은 마땅히 가슴속에 간직하여 잃어
버리지 말지니라. 그러므로 箴을 지어서 스스로 警戒하노라.

그 보는 것을 경계하는 말에 이르기를 마음이란 본래 虛明하
여, 事物에 應함이 자취가 없는지라, 操存하는데 要締가 있으니
보는 것이 그 準則이 되나니라. 隱蔽物이 눈앞에서 어른거리면,
그 속마음인즉 옮기나니, 그것을 바깥에서 制御하여 속을 편안
케 하므로서 私欲을 克服하고, 天理를 回復하여 오래되면 참될
지니라.

그 듣는 것을 경계하는 말에 이르기를 사람이 떳떳함을 잡음
이 있는 것은 天性에 根本한 것이나 知性이 誘惑되어 物化되면
드디어 그 바른 것을 잃어버린다. 卓越한 저 先覺者는 最善에
머무를 것을 알아 뜻을 定함이 있는지라. 邪妄함을 막아서 誠
實을 保存하야 禮가 아니면 보지 아니하니라.

그 말을 경계하는 말에 이르기를 사람의 마음이 움직임은 말
을 因緣하여 드러나나니, 發言함에 조급하고 망령됨을 금지하여
야 속이 고요하고 한결 같으니라. 하물며 이것(言語)은 선비의
中樞기틀이라 戰爭도 일으키며, 좋은 일도 나오나니, 吉과 凶,
榮華와 侮辱이 오직 그 부르는 바이다.

하기쉬움에 다치면 속이고, 煩雜에서 다치면 支離하며, 몸이
방사하면 事物이 거스리게 하고, 나가는 말이 어그러지면 오는

말도 어기나니, 法言이 아니면 말하지 아니하야, 가르쳐 타이르
는 말을 공경하라.

　그 行動을 경계하는 말에 이르기를 哲人은 幾微를 알아 생각
에서 성실하고, 志士는 행실을 힘쓴지라 일하는데서 지키나니,
理致에 順應하면 편안하고, 私欲을 좇으면 오직 위태하다. 순간
에라도 잘 생각하야 두려워하고 조심해서 스스로 保持하라, 學
習이 性品과 더불어 이루어지면, 聖賢과 같은데 돌아가리라.51)

---

51) 「伊川先生이 曰顏淵이 問克己復禮之目한대 孔子曰非禮勿視하며 非
禮勿聽하며 非禮勿言하며 非禮勿動이라하시니 四者는 身之用也라,
顏淵이 事斯語는 所以進於聖人이니라 後之學聖人者는 宜服膺而勿
失也니 因箴以自警하노라.

　視箴에 曰 心兮本虛하니 應物無迹이라 操之有要하니 視爲之則이
라 蔽交於前이면 其中則遷하나니 制之於外하야 以安其內니라 克己
復禮하야 久而誠矣리라.

　聽箴에 曰 人有秉彝는 本乎天性이나 知誘物化하면 遂亡其正하나
니 卓彼先覺은 知止有定이라 閑邪存誠하야 非禮勿聽하나니라,

　言箴에 曰 人心之動이 因言以宣하나니 發禁躁妄이라사 內斯靜專
하니라 矧是樞機라 興戎出好하나니 吉凶榮辱이 唯其所召니라 傷易
則誕이요 傷煩則支하여 己肆物忤하고 出悖來違하나니 非法不道하
야 欽哉訓辭하라.

　動箴에 曰 哲人은 知幾하야 誠之於思하고 志士는 勵行이라 守之
於爲하나니 順理則裕요 從欲惟危니 造次克念하야 戰兢自持하라 習
與性成하면 聖賢同歸하리라.」(二程全書 近思錄卷五, 小學卷五. 論
語 克己復禮章朱子集註).

第4章 格　物

天下事物의 보편적인 원리를 남김없이 認識하여 豁然히 貫通하는 것을 物格이라고 하는 것이요, 客觀세계에 사물의 理致를 卽하여 觀察하고, 接하여 學習하는 것을 格物이라고 하는 바, 格物은 學問을 시작하는 과정이요, 物格은 博學을 완성하는 경지이다. 格物을 하는 까닭은 장차 物格이 되려함에 있는 것이다. 客觀세계의 事物의 理致를 通達하여, 外物의 자연법칙을 인식하지 아니하고서는 天道에 承順할 수가 없는 것이요, 地道를 發揮할 수도 없는 것이며, 大道를 定立할 수도 없는 까닭에, 道學은 반드시 事物에 接하여 이치를 관찰하고, 事物에 接하여 원리를 학습하는 것으로부터 공부를 시작하는 것이다. 그러므로 朱子는 格物을 自覺과 夢昧의 갈림길이라고 하였다.

인간사회에서 眞實을 推究하기 위하여 個體當爲의 道德律을 확립하는 근원은, 결국 宇宙의 자연법칙의 窮極的인 원리에 있는 것이요, 인간만사가 인간사회에만 局限된 문제가 아니라, 인간사회의 外的要素인 天道流行의 시간변화와, 地道變化의 현상계 생태와 같은 자연법칙의 기초 위에서 이루어진 종합사회인 까닭에, 인간의 事業을 남김없이 원만하게 實現하기 위하여서는 반드시 宇宙의 자연법칙을 통찰하여 깨달아야만 되는 것이다. 事物자체의 원리를 純粹하게 認識하여야만 個體의 物性을 알 수 있으며, 物性을 알아야만 事物의 正道를 밝힐 수 있는 것이요, 事物의

正道가 밝혀져야만 崇德廣業을 이룩할 수가 있는 것이다. 더욱이 자기가 存在하는 까닭을 밝혀서 存在의 당위성을 확립하기 위하여, 그 淵源을 遡及하여 索原 求本하게되면, 반드시 所自出에 이르는바, 바로 이 所自出은 만물의 근원이요, 造化의 主宰者이며, 義理의 絶對者인 天에 歸一한다. 따라서 天理의 流行으로 나타난 자연법칙을 인식함이 없이는 자기의 存在원리를 알 수가 없고, 자기가 存在하는 까닭을 확인하지 못하면, 자기의 性分을 알지 못하며, 자기의 本分을 모른다면 반드시 하여야 할 일이 없게 되는 것이고, 반드시 해야 될 일이 없게 되면 사회관계가 이루어질 수 없는 것이다.

學者는 반드시 사물의 이치를 硏究하는 것으로부터 學問에 나아가는바, 「大學」의 八條目에서 知致는 格物에 있다고 하였으며, 또다시 物格이후에 知全라고 하여 修己 治人하는 道와 正己 物正하는 德을 바르게 이루기 위하여서는 반드시 먼저 格物로부터 시작됨을 밝히고 있다. 格物이라고 할 때에 格은 至요, 物은 事와 같은 것이라고 朱子는 「大學」 格物註에서 말하였는바, 곧 事物에 이르러 간다는 의미라고 하겠다. 自己意識이 五官의 感覺器官을 통하여 事物을 追跡하여서, 事物의 眞相에 이르러 도달하는 것을 의미하는 바, 따라서 항상 사물에 대하여 關心을 가지고 留意하여 관찰하는 자세가 요구되는 것이다. 本末, 上下, 內外, 前後, 左右의 관계와 大小, 多少, 長短, 輕重, 剛弱의 機能 등 크고 작은 萬物을 汎然히 看過하거나, 凡百事를 소홀하게 관찰한다면, 사물의 진리를 터득할 수는 없는 일이다. 그러므로 格物이라는 말은 나의 意識이 感覺器官이나 또는 그 延長機能을 통하여 事物에 卽接 관계하므로서 사물의 眞相을 窮究하여 진리를 인식하는 것을 뜻하는바. 이에 卽이란 인식主體와 對象의 客體 사이의 관계에서 시간적으로 斷絶이나 先後의 蹉躓이 없는 것을 말하며, 接은 認識主體와 對象의 客體사의의 공간적으로 間隔이나 內外의 障壁이 없는 것을 말한다. 따라서 卽接관계는 物我一體로서, 先人觀이나 妄想 또는 偏見 등이 없고, 동시에 感覺器官의 傳達錯誤나, 延長機能의 誤差가 없는 純粹精一한 관계를 말한다.

客觀世界의 사물과 純粹精一한 관계에로 이르러가야만 비로소 사물의 진리를 온전하게 인식할 수 있는 것인데, 바로 이러한 狀態에서 사물의 理致를 窮究하는 것을 窮理라고 하는바, 따라서 「大學」에서 말한 格物이란 「周易」에서 말한 窮理를 具體的으로 規定한 것으로 보아도 될 것이다. 즉 『周易』 說卦傳에서 作易의 動機와 목적에 대하여 말하는 가운데 "道德에 和順하여 本義에 條理 있게 하며, 理致를 窮究하고 本性을 모두 밝혀서 天命에 이르러 합한다"[52]고 하였으며, 그 다음에 또다시 "옛날에 聖人이 易을 著作한 것은 장차 性命의 理에 承順하려 함이니 이래서 하늘의 道를 定立하여 陰과 陽이라하고, 大地의 道를 定立하여 剛과 柔라하며 사람의 道를 定立하여 仁과 義라고 하였다"[53] 여기서 말한 窮理, 盡性, 至命에 있어서 性, 命, 理의 세 가지 공부 대상은 斯學에서 매우 중요한 體系를 가지고 있는바, 특히 窮理는 『易』에서도 가장 먼저 공부하여야 할 것으로 규정하고 있다. 따라서 朱子는 「大學」 格物致知補註에서 다음과 같이 格物과 窮理의 관계를 規定하고 있다.

"文句사이에 일찍이 程子의 뜻을 그윽히 취하여 補完하여 說

---

52) 「和順於道德而理於義하며 窮理盡性하여 以至於命하니라.」(周易 說卦傳 第一章).

53) 「昔者聖人之作易也는 將以順性命之理니 是以立天之道曰 陰與陽이요 立地之道曰 柔與剛이요 立人之道曰仁與義이라.」(說卦 第二章).

明하건대, 소위 致知가 格物에 있다고 하는 것은 나의 知性을 완전히 이루고자 할진대, 事物에 卽하여 그 理致를 窮究함에 있는 것을 말하는 것이다. 대개 사람들 마음의 靈明함은 알고 있지 않음이 없고, 동시에 천하만물이 理致가 있지 않음이 없건만은, 오직 이치에 있어서 완전히 窮究하지 못함이 있는 까닭에 그 知性을 모두 밝히지 못함이 있는 것이니, 이래서 大學을 처음 가르칠 때에 반드시 學者로 하여금 온천하의 事物에 卽接관계하여 이미 있는 理致를 因緣하여서 더욱 窮究하야 그 극진한 데 이르도록 추구하지 않음이 없게 하나니, 힘을 씀이 오래 되여서 하루아침에 환하게 꿰뚫는데 이를 것 같으면, 모든 事物의 것과 속, 精髓와 粗略이 이르지 아니함이 없고, 내 마음의 모든 本體와 큰 作用이 밝지 아니함이 없을 것이니, 이것을 物이 格함이라 하며, 이것을 知性이 이르름이라 하니라."54)

朱子는 格物과 致知를 聯關시켜서 설명하고 있는바, 곧 窮理를 하므로서 格物과 致知가 相互補完및 相乘方法에 의하여 通達됨을 말하고 있다. 따라서 格物은 窮理의 具體的인 방법으로서 쉬운 데로부터 어려운 데로, 가까운 데로부터 먼 것에로, 밝은 것으로부터 어두운 것으로, 硏究하여 나가는 學問의 방법과 차례로서 규정하고, 致知는 窮理의 所得的 結果로서 관찰하고, 비교하고, 판단하여 익히는 知能개발 및 氣質변화를 이루는 功能으로

---

54) 「間에 嘗竊取程子者意하야 以補之日 所謂致知在格物者는 言欲致吾知인댄 在卽物而窮其理也라 蓋人心之靈이 莫不有知요 而天下之物이 莫不有理언만 惟於理에 有未窮하니 故로 其知에 有不盡也라 是以로 大學始敎에 必使學者로 卽凡天下之物하야 莫不因其已知之理해서 而益窮之하야 以求至乎其極하나니 至於用力之久하야 而一旦에 豁然貫通焉하면 則衆物之表裏精粗가 無不到하고 而吾心之全體大用이 無不明矣리니 此謂物格이며 此謂知之至也니라.」(大學 朱子格物致知補註, 大學章句傳第五章).

규정하였다고 하겠다.

朱子가 나의 知性을 이루고자 할진대 事物에 卽하여 그 理致를 窮究함에 있다고 하는 말은, 지능개발이나 또는 氣質변화를 이루고자 하는 사람은 사물에 卽接 關係하여 그 진리를 남김없이 규명하여야 한다는 것이다. 그러므로 格物은 窮理의 始條理가 되는바, 「大學」의 格物과 致知는 「周易」의 窮理를 具體的으로 분석 규정한 것으로 이해 할 수 있다. 따라서 格物은 日用平常한 사물을 관찰함으로부터 시작하여, 마침내 사물의 隱微한 理致를 인식하는데 이르는 것인바, 사물의 存在원리를 먼저 파악해야한다.

事物의 存在는 그 形體나 狀態등의 外形的인 情狀은 인간의 五官을 통하여 識別할 수 있으나, 평소에 식별한 外形的인 情狀만으로서 사물의 全體를 남김없이 인식하였다고는 할 수 없는바가 있다. 왜냐하면 事物로 나타난 現象界는 그 內面에 있는 本體界의 原理가 顯在한 所産인 것이며, 그 本體界의 원리는 소리도 없고, 냄새도 없는 無形의 이치로서, 至隱至微한까닭에 인식하기에 어려움이 있다. 그러므로 「詩經」에서 "하늘이 만백성을 탄생시킴에 事物이 있으면 法則이 있나니 사람이 떳떳한 本性을 잡은지라 이 떳떳한 德을 좋아하느니라55)고 하며, 「中庸」에서는 "하늘이 命한 것을 性이라고 하며, 性은 따라가는 것을 道라고 한다"56)고 할 뿐만 아니라 "君子의 道는 넓게 나타나면서도 隱微하니라"57)고 하며, 이어서 "「詩」에 이르기를 소리개는 날아서 하늘에 이르고, 고기는 연못에서 뛴다고 하니 그 위아래에 나타

---

55) 「天生烝民에 有物有則이니 民之秉彛라 好是懿德이니라.」(詩經 卷十八 大雅蕩烝民之篇).
56) 「天命之謂性이요 率性之謂道요.」(中庸 首章).
57) 「君子之道는 費而隱하니라.」(中庸章句 第十二章).

남을 말하느니라"58)고 하며, 「周易」에서는 "形狀으로 나타난 而
上(以前)의 원리를 道라고 하며, 形狀으로 나타난 而下(以後)의
形體를 器라고 한다"59)고 하여, 物이나 器의 世界는 現象界로서
著象하니 見聞이 어렵지 않지마는, 則이나 道의 世界는 本體界로
서 隱微한 까닭에 알기가 어려움이 있는바, 그러나 顯著하게 나
타난 形狀은 隱微하여 나타나지 아니한 원리의 작용이므로 또한
이를 窮究하지 아니할 수 없는 까닭이 있다. 道의 세계와 器의
세계 卽 則의 境地와 物의 境地가 斷絶이나 間隔이 없는 것이므
로, 「周易」에서 "나타난 것을 더듬어 숨어 있는 것을 찾고, 깊은
것을 끌어당겨 먼 것을 이룬다"60)고 하며 濂溪 선생은 애당초
"萬物이 生成할 때에 無形의 眞理와 陰陽五行의 精氣가 妙하게
結合하여 엉기어가지고 男性과 女性이 化成된다"61)고 하여, 眞
理와 現象이 원래 함께 있음을 말하고, 程子는 "形而上의 원리는
道가 되고, 形而下의 現象이 器가 된다는 것은 모름지기 이와
같이 나타내어 말할지라도, 器가 亦是 道요, 道가 역시 器인 것
이라, 다만 道를 體得하면, 현재와 미래의 시간이나, 자기와 他
人의 공간의 制約에 매이지 아니한데 있게 될 것이다"61-1)고 말
함과 동시에, 또한 "道를 떠나서 物이 없는 것이요, 物을 떠나서

---

58) 「詩曰鳶飛戾天하고 魚躍于淵이라하니 言其上下察也니라.」(中庸章句
    第十二章).
59) 「形而上者를 謂之道요 形而下者를 謂之器라.」(周易 繫辭上第十二章).
60) 「探賾索隱하고 鉤深致遠하야.」(周易 繫辭上第十一章).
61) 「無極之眞과 二五之精이 妙合而凝하야 乾道成男하고 坤道成女하니
    라.」(太極圖說).
61-1) 「形而上爲道요 形而下爲器는 須著如此說이나 器亦道오 道亦器라
     但得道면 在不繫今與後와 己與人이니라.」(性理精義 卷九辨論經書
     名義 程子曰).

道가 없는 것이니, 天地間에 가서 道아닌 것이 없다"62)고 하여
現象의 事物界와 形而上의 道의 세계가 둘이 아님을 말하고 있
는 것이며, 伊川선생은 「易傳序」에서 "지극히 隱微한 것은 理요,
至極히 顯著한 것은 象이니 本體와 作用이 한뿌리요, 顯著한 現
象界와 隱微한 本體界가 틈이 없다"63)고 하였으며, 朱子도 "天
地의 사이에 理와 氣가 있으니, 理라고 하는 것은 形而上의 道
요, 만물을 生成하는 뿌리이며, 氣라고 하는 것은 形而下의 器인
바 萬物을 生成하는 質料이다. 이래서 사람과 萬物이 生成함에는
반드시 이 理를 받은 뒤에 性品이 있는 것이요. 반드시 이 氣를
받은 뒤에 形體가 있는 것이라"64)고 하여 理氣의 원리를 각각
分析하여 설명하고, 또다시 "理는 일찌기 氣를 떠나서 아니한
다"65)는 것을 말하였으며, 理는 스스로 理요, 氣는 스스로 氣이
라 서로 混雜한 것은 아니지만, 그러나 서로 떨어져 있는 것도
아님을 말하고 있다.

栗谷선생은 "理는 氣의 主宰者요, 氣는 理의 탄 바이니, 理가
아니면 氣는 뿌리 할 곳이 없고, 氣가 아니면 理는 依着할바가
없다. 이미 두 물건이 아니면서, 또한 한 물건도 아니니, 한 물건
이 아닌 까닭에 하나이면서 둘이요, 두 物件이 아닌 까닭에 둘이

---

62) 「道之外無物이요 物之外無道니 是天地之間에 無適而非道也.」(性理
　　大全 卷三十四性理六 道 程子曰).
63) 「至微者는 理也요 至著者는 象也니 體用이 一源에 顯微無間이라.」
　　(周易傳義大全 易傳序).
64) 「天地之間에 有理有氣하니 理也者는 形而上之道也라 生物之本也요
　　氣也者는 形而下之器也라 生物之具니 是以로 人物之生에 必稟此
　　理然後에 有性이요 必稟此氣然後에 有形이니라.」(性理精義 卷十理
　　氣朱子曰).
65) 「理未嘗不離乎氣.」(同上).

면서 하나라"66)고 함과 동시에 "理氣는 원래 서로 떨어진 것이
아니라 마치 한 물건인 것 같으면서도, 그 다른 까닭은 理는 無
形인데 氣는 有形이며, 理는 無爲인데 氣는 有爲한 것이니, 無形
無爲하면서도 有形有爲의 主體가 되는 것은 理요, 有形有爲하면
서도 無形無爲의 器具가 되는 것은 氣이다. 理는 無形하고 氣는
有形한 까닭에, 理는 通達하고 氣는 局限되며, 理는 無爲하고 氣
는 有爲한 까닭에, 氣는 發動하고 理는 乘機하는 것이라"67)고 하
여 本體界과 現象界가 '하나이면서도, 둘이요, 둘이면서 하나'라
고 하는 不相雜과 不相離의 妙를 말하고 있는 것이다. 이상과 같
이 本體界의 絶對的 진리가 現象界의 相對的 사물과 斷絶되거나
間隔이 있는 것이 아닌 까닭에 現實의 사물을 卽接관계하여 그
이치를 연구할 수 있는 것이요, 格物 窮理를 통하여 나의 知性을
개발하여 원칙에 근거한 판단을 明哲하게 할 수가 있는 것이다.

程子는 "萬物은 각각 하나의 理致를 具備하고 있는데, 동시에
모든 理致를 하나의 根源에서 같이 나왔으니 推究해서 通達하지
못함이 없는 까닭이라"68)고 하여 하나의 사물을 卽接관계하여
이치를 남김없이 연구한다면 바로 그 個體의 特殊한 원리는 全
體의 普遍的 원리와 連續되어 있는 까닭에 全體까지도 貫通할

---

66) 「理者는 氣之主宰也요 氣者는 理之所乘也니 非理則氣無所根□□요
    非氣則理無所依著이니 旣非二物이나 又非一物이라 非一物 故一而
    二요 非二物이라 故二而一也라.」(栗谷全書 卷十 答成浩原 壬申條).

67) 「理氣는 元不相離라 似是一物이나 而其所以異者는 理는 無形이요
    氣는 有形也며 理는 無爲也요 氣는 有爲也니 無形無爲하야 而爲有
    形有爲之主者는 理也요 有形有爲하야 而爲無形無爲之器者는 氣也
    라 理는 無形하고 而氣는 有形하니 故理通而氣局이요 理는 無爲하
    고 而氣는 有爲하니 故氣發而理乘이라.」(上揭書答成浩原).

68) 「萬物이 各具一理하고 而萬理가 同出一源하나니 所以可推而無不通
    也라.」(性理精義 卷九 雜論經書名義 程子曰).

수 있는 所以가 있다고 한 것이다.

伊川선생은 窮理의 방법을 더욱 具體的으로 말함이 있는 바, "대저 하나의 사물에는 하나의 이치가 있는 것이니, 반드시 이에 그 이치를 窮究하여 이루어야한다. 窮理의 방법은 또한 多端하니 혹 讀書를 통하여 義理를 講論하여 밝히고 혹 古今의 人物을 討論하여 그 옳고 그름을 辨別하며, 또는 事物을 應接하여 그 마땅함에 머무르는 것이 모두 窮理이다."69)라고 하여, 窮理의 방법은 대체로 分類하여 첫째 讀書講義, 둘째 討論是非, 셋째 應事接物 등으로 제시하였는바, 讀書講義는 學問이요, 討論是非는 思辨이며, 應事接物은 篤行인 것이니, 「中庸」에서 말한 博學・審問・愼思・明辯・篤行의 五大學問體系를 바로 窮理의 방법으로 규정하고 있는 것이다.

朱子도 學問의 시작은 窮理요, 窮理의 시작은 讀書임을 강조하고 있는데 "대개 學問을 하는 道理는 窮理보다 앞선 것이 없고, 窮理의 要諦는 반드시 讀書에 있으며, 讀書의 방법은 차례를 따라서 精密함을 이룬 것 보다 중요함이 없고, 精密함을 이루는 根本은 곧 또한 敬에 머물러서 뜻을 간직함에 있으니, 이는 바꿀 수 없는 이치라"70)고 하였다.

이와 같이 事物의 理致를 窮理함에는 곧 거기에 따른 學問의 방법과 體系가 있는바, 이것이 바로 學問의 차례가 되는 것인데, 格物 讀書 窮理가 가장 기본이 됨을 말하고 있는 것이다. 그러

---

69) 「凡一物上에 有一理하니 須是窮致其理하니라 窮理亦多端하니 或讀書하야 講明義理하고 或論古今人物하야 別其是非하며 或應接事物하야 而處其當이 皆窮理也니라.」(近思錄 卷三 伊川先生曰).

70) 「蓋爲學之道는 莫先於窮理하고 窮理之要는 必在於讀書하고 讀書之法은 莫貴於循序而致精하고 致精之本은 則又在於居敬而持志니 此는 不易之理也라.」(朱子大全・行宮便殿奏劄).

므로 事物은 學問의 對象이 되는 것이고, 讀書는 誠敬을 이루는 방법이 되는 것이며, 窮理는 思惟의 내용이 되는 바, 格物・讀書・窮理는 博學을 이루려 함이니, 博學을 이루지 아니 하고는 천하의 이치를 모두 貫通할 수가 없는 까닭이다.

비록 萬物에 각각 하나의 이치가 있고 모든 이치는 하나의 뿌리에서 나온 것인 까닭에, 하나의 이치를 窮究하여 全體의 보편적 원리를 꿰뚫을 수가 있다고 하더라도, 평범한 인간으로서는 지극히 어려운 일인 까닭에 널리 배우고 익히지 않으면 안 되는 것이다. 伊川선생은 다음과 같이 그 점을 지적하고 있다. "어떤 사람이 묻기를 格物은 모름지기 物物마다 이르러가야 합니까, 아니면 다만 한 물건에만 이르러 가면, 萬物을 모두 通達하여 아는 것입니까? 말하기를 어찌 문득 모아 貫通할 수 있으리오, 만약에 한 事物을 이르러가서 문득 모든 원리를 貫通하는 것은 비록 顔子라도 또한 감히 이와 같은 방식을 아니 한 것이다. 모름지기 이것은 오늘에 一件을 이르러가고, 내일에 또 一件을 이르러가서, 學習을 쌓음이 이미 많아진 뒤에 확 풀어져서 스스로 貫通하는 곳이 있는 것이다."71)라고 하여 꾸준한 格物法을 통하여 漸進하는 학문태도를 밝히고 있다.

讀書講義를 하는 것은 차례차례 順序가 있게 나아가야 하고, 討論是非도 하나씩 하나씩 조리 있게 들어가야 하며, 應事接物도 한가닥 한가닥 체계가 있게 이루어야만 하는 것이므로 "萬物에는 뿌리와 끝이 있고, 萬事에는 終結과 시작이 있으니, 먼저 할

---

71) 「或이 問格物은 須物物格之아 還只格一物하야 而萬理皆知아 曰怎得便會貫通이리오 若只格一物하야 便通衆理는 雖顔子라도 亦不敢如此道니 須是今日에 格一件하고 明日에 又格一件하야 積習旣多한 然後에 脫然自有貫通處이니라.」(近思錄 卷三 伊川先生曰).

바와 나중에 할 바를 알면, 道에 가까우니라."72)라고, 한 것이다. 따라서 格物을 함에는 사물의 本末과 終始를 파악하는 것으로부터 시작하여, 窮理를 통하여 先後를 認識하는 것이야 되는바, 사물의 本末·終始·先後의 인식은 어떻게 可能한가? 本末은 시간 流行속에서 파악될 수 있는 것인데 천하만물은 變易하는 과정 속에 있는 것이요, 그 變易하는 과정은 過去로 말미암아서 현재가 있게 되는 것이고, 현재를 말미암아서 미래가 이루어지는 까닭에 한 時點의 이전이 뿌리가 되고, 그 이후가 끝이 되는 것이다. 따라서 한 事物을 어느 時點에서 관찰할 때에 그때의 모습만으로 物象이 規定될 수는 없는 것이며, 그 이후에 이루어질 미래의 像까지도 포함되어야만 그 사물에 대한 완전한 개념이 규정되었다고 할 수 있다. 本末을 認識한다는 것은 사물의 限界인 命을 파악한다는 말인 것이다. 즉 배나무가 봄에 아름답게 꽃이 피어 있는 것을 보고, 이것을 觀賞樹로 규정하면, 완전한 개념규정이 될 수 없는바, 그것은 앞으로 가을이 되면, 배가 익어서 果實이 되는 것인데 果實樹란 개념이 포함되어 있지 아니한 까닭이다. 이와 같이 生成하는 과정에 있는 사물이 마침내 어떻게 되는가? 하는 限界性, 또는 天命을 觀察하지 아니하고서는 그 事物의 本末을 認識할 수가 없는 것이다. 따라서 과거의 像을 남김없이 관찰하고 그것의 限界性인 天命을 인식하여야만, 비로소 物象이 온전히 파악되는 것이며, 바른 개념도 규정할 수가 있는 것이다.

始終는 공간의 存在속에서 파악될 수 있는데, 천지萬物은 공간속에서 存在한는 법칙이 있다. 그것을 個體의 存在能力이라고도

---

72) 「物有本末하고 事有終始하니 知所先後면 則近道矣리라.」(大學).

할 수 있는 바, 곧 그 能力이 있으면 存在하고, 그 能力이 없으면 存在하지 못하는 것이다. 따라서 모든 사물은 자기 스스로의 能力을 發揮하면서 存在하고 있는데, 終始란 어느 基點에서 자기 능력이 발휘되어 나아가는 것이 시작이요, 자기 능력이 消耗되어 사라지는 것이 끝이다. 그런데 發揮란 消耗를 同時에 隨伴하는 바, 現在 發揮되고 있는 것은 그 瞬間 또는 그 이전에 消耗되는 것이 있음을 意味하게된다. 그러므로 한 사물을 어느 基點에서 관찰할 때에 그때의 性能만으로 그 物性을 규정할 수는 없는 것이요, 그 이전에 消耗된 사물의 性能까지도 包含되어야만 그 사물에 대한 완전한 性能이 규정될 수 있다. 따라서 終始를 인식한다는 것은 사물의 固有能力인 性을 파악한다는 말이다.

즉 말(馬)의 走行能力을 관찰할 때에 현재에 달릴 수 있는 能力만으로 評價하여서는 그 말의 참 能力을 알 수 없는 것이다. 좋은 飼料를 먹이고, 訓練을 시킨 뒤에, 그 말의 能力을 관찰하여야만, 참 能力을 알 수 있는 것이다. 따라서 말의 本性을 알려면 먼저 飼料와 訓練에 대한 연구도 아울러 하지 않으면 말의 本性을 규정할 수 없는 것이다. 그 이전에 消耗되었든 사물의 性能과 현재 나타난 사물의 성능을 남김없이 관찰하고, 그것의 능력인 本性을 인식하여야만 비로소 본래의 物性이 파악되는 것이며, 바른 性能을 규정할 수가 있는 것이다.

先後는 변화하는 관계 속에서 파악될 수 있는데, 宇宙만물은 시간의 변화하는 과정과, 空間의 存在하는 원래 속에 있어서 對外物과 관계하면서 변화하여 나아가는 것이다. 즉 시간의 流行속에서 자기의 存在원리와 對外物의 存在원리가 相應하여 相生 또는 相剋의 관계를 이루는 造化에 얽히게 되는 것이다. 이와 같은 관계를 맺음에 있어 시간적으로 앞서고 공간적으로 가까운

것이 先이요, 시간적으로 뒤지고 공간적으로 먼 것이 後가 되는
바, 천하에서 자기에게 가장 가까운 것은 마침내 자기 자신이요,
자기 자신 이외에는 對外物인 까닭에 窮極的으로 자기가 먼저가
되는 것이며, 對外物이 뒤가 되는 것이다. 父子의 관계에서는 父
는 앞선 까닭에 先이요, 子는 뒤따르는 까닭에 後가 되는 것이
니, 따라서 孝가 先이며, 慈가 後이다.

한 事物을 어느 原點에서 관찰할 때에 그 事物의 작용만으로
그 物理를 규정할 수는 없고, 오히려 對外物의 反作用까지도 파
악하지 아니하면 안 된다. 즉 많은 量의 물은 약한 불을 끌 수
있지마는 적은 量의 물은 큰 불에 오히려 蒸發하여 버리는 까닭
에 一方的으로 물은 불을 꺼지게 한다고 규정할 수는 없는 것이
다. 따라서 先後를 認識함에는 本末, 上下, 內外, 前後, 左右의
관계와 大小, 多少, 長短, 輕重, 剛弱의 질량을 모두 파악하여 거
기에서 나타난 작용을 비교 검토하여야만 비로소 그 원리를 알
게 되는바, 物理를 규명할 수가 있다. 事物의 이치를 연구함에도
시간상의 限界인 命을 인식하여야 되고 공간상의 能力인 性을
인식하여야 되며, 時空上의 작용인 理를 인식하여야 되는바, 命
은 사물에 卽하여 그 本末을 파악한 뒤에 알 수 있고, 性은 사
물에 接하여 終始를 파악한 뒤에 알 수 있으며, 理는 事物에 應
하여 先後를 파악한 뒤에 알 수 있는 것이다.

命이란 宇宙의 變易속에서 벗어날 수 없는 限界인바, 곧 자연
히 그렇게 되어 끝나는 자연법칙의 한계를 말하는 것이요. 性이
란 天地間에 個體로 存在하면서 本來的으로 그렇게 하지 않을
수 없는 自體機能인바, 곧 당연법칙을 말하는 것이며, 理란 보편
적인 자연법칙과 개체적인 당연법칙의 관계 속에서 그렇게 되지
않을수 없는 必然법칙을 말한다. 따라서 命을 아는 것은 物象과

物數의 자연법칙을 분석 연구하여야 可能하고, 理를 아는 것은
物情과 物勢의 필연법칙을 종합 연구하여야만 可能한 것이다.

物象・物數란 무엇인가? 物象은 命의 同一性이요, 物數는 命의
異質性이다. 곧 物象은 槪念인바 자연적으로 分類된 같은 種類의
物은 같은 象을 가지고 있다. 사람이라고 할 때에 모든 사람은
공통적인 象을 槪念으로 규정하여 사람이라고 하는 것이므로, 따
라서 사람은 공통적인 天命의 象을 가지고 있는 것이다. 그러나
萬物은 동일한 공간에 동일하게 位置할 수 없는 까닭에, 비록
시간적으로 동시에 存在한다고 하더라도 差別象이 있게 되는 것
이다. 같은 물건이라 할지라도 이 물건과 저 물건의 位置가 같
을 수는 없는 까닭에 分數가 달라지는바, 이것이 個體마다 命이
다른 物數이다. 따라서 象만으로 命을 관찰해서는 부족하고, 數
까지 반드시 관찰하여야만 비로소 命말을 알 수 있는 것이다.
康節邵선생이 말하기를 "뜻이 있으면 반드시 말(言)이 있는 것이
요, 말이 있으면 반드시 象이 있는 것이며 象이 있으면 반드시
數가 있는데, 數가 확립되면 象이 나오고, 象이 나오면 말이 나
타나고, 말이 나타나면 뜻이 드러나는 것이다"[73]라고 하였는바,
즉 個體의 限界性인 分數를 확인하여야만 전체의 共通分母인 最
大公約數를 찾을 수 있고, 共通數의 개념이 규정되어야만 名詞로
表現될 수 있으며, 言語로 表現되여야만 本義를 나타낼 수 있는
것인 바 즉 物數의 界限을 관찰하지 아니하고서는 事物의 命에
이르러가지 못함을 말하는 것이다.

物主・物權이란 무엇인가? 物主는 性의 普遍性이요, 物權은 性

---

73) 「有意면 必有言이요 有言이면 必有象이며 有象이며 必有數라, 數立
하면 則象生하고 象生하면 則言著하고 言著하면 則意顯이라.」(皇極
經世 觀物外篇).

의 特殊性이다. 곧 物主는 本義인바 個體가 당연히 存在하여야만 되는 근본원리이다. 따라서 이것은 主體性, 또는 자기 主宰能力이라고도 할 수 있는데, 천하 萬物은 당연히 存在하여야만 되는 원리가 스스로 있는바, 이 원리를 찾아 규정하는 것이 곧 그 事物의 本意가 되는 바이다. 그런데 個體가 存在하는 本義는 窮極的으로 天理, 또는 太極에 歸着되는바, 「周易」에 말하기를 "森羅萬象이 變易하는 가운데 太極이 있나니, 이것이 兩儀(陰과 陽)를 낳고, 兩儀가 四象을 낳으며, 四象이 八卦를 낳으니, 八卦가 吉凶을 定하고, 吉凶이 大業을 낳으니라"74)라고 하여, 宇宙萬物의 원리에 의하여 宇宙가 存在하는 것이며, 個體의 存在理由도 窮極的으로 太極에 歸着되지 않을 수 없다.

太極은 宇宙의 絶對普遍者로 규정되는 바인데, 朱子는 이 太極이 宇宙의 絶對普遍者로서 오직 하나의 太極이 있을 뿐만 아니라, 萬物도 하나의 존재원리로서 太極을 각각 가지고 있다고 하였다. "太極이란 다만 천지만 물의 原理인데, 천지에서 말하면 天地가운데 太極이 있고, 萬物에서 이야기하면 萬物가운데도 각각 太極이 있다. 이것은 천지보다 앞서서 있는 것은 아니나, 마침내 먼저 이 원리가 있는 것이다."75)라고 하여 萬物이 存在하는 理由는 普遍的 絶對者인 太極을 하나씩 가지고 있는 까닭에 자기主體의 원리를 具現하기 위한 것임을 말하고 있다. 個體는 하나의 太極이 있는 까닭에, 자기의 內部構造에 普遍性과 絶對性을 스스로 가지고 있게 되는바, 보편성이란 個體는 자기 홀로

---

74) 「易有太極하니 是生兩儀하고 兩儀生四象하며 四象生八卦하니 八卦定吉凶하고 吉凶生大業하니라.」(周易 繫辭上 第十一章).

75) 「太極은 只是天地萬物之理니 在天地言하면 則天地之中에 有太極이요. 在萬物言하면 則萬物之中에 各有太極하니 未有天地之先이나 畢竟是先有此理니라.」(朱子語類 卷一).

存在하는 것이 아니라, 全體와 不可分의 관계를 가지고서 存在하는 까닭에 個體는 全體와 평등한 관계에 있음을 뜻하는 것이요, 絶對性은 자기가 稟賦받은 存在원리를 實現하기 위하여서 마땅히 누려야하는 自由를 뜻한다. 따라서 太極의 普遍性이 物의 主體가 되는 까닭에 이것을 物主라고 하는 것이며, 太極의 絶對性은 物의 權能이 되는 까닭에 物權이라고 하는 것이다. 事物의 實體 또는 主體는 모두 본래적으로 비슷한 바가 있지마는 그 權能은 때에 따라 곳에 따라 相異하게 發揮되는 것으로 곧 個體의 獨立性이 된다. 그러므로 物性의 普遍性은 物의 主體에 있고, 特殊性은 物權에 있는 것이다. 따라서 物權의 能力을 追究하지 아니하고서는 事物의 性을 다할 수 없는 까닭에 반드시 權能의 전부를 알지 않으면 안 된다.

　物情・物勢란 무엇인가? 物情은 物의 對內的 情狀이요, 物勢는 物의 相對的 形勢이다. 物情은 사물自體의 必然性인 內的變化로서 이것은 同類의 事物에는 一般的인 屬性이 있게 되고, 또 一般的인 屬性에 의하여 事物의 種類가 구별될 수 있는 것이다. 그러나 事物의 對內的情狀은 밖으로 관계되는 對象의 強弱, 大小 등에 의하여 차이가 있는 까닭에, 반드시 外的對象의 變化에 의하여 나타나는 物勢를 파악하지 아니하면 안 된다. 물은 소금을 녹이지마는 돌을 녹이지는 못하고, 불은 나무를 태우지마는 쇠를 태우지는 못한다. 물이 소금을 녹이는 관계와 불이 나무를 태우는 관계는 물이나 불의 物情이 그런 것이요, 물이 돌을 녹이지 못하고, 불이 쇠를 태우지 못하는 관계는 물이나 불의 物勢인바, 이 物情은 자기스스로 가지고 있는 一般的인 功能이 되는 것이요, 物勢는 特殊對象과의 관계에서 자기功能 곧 본래의 屬性이 抑制되는 것을 말한다. 따라서 物情만을 알고, 物勢를 알지 못하면 物理를 남김없이 알았다고 할 수는 없는 것이다. 物勢의 작용을 판단하지 아니 하고서는 사물의 理를 다 알 수 없는 까닭에 반드시 작용의 先後를 알지 않으면 안 된다.

格物을 함에는 사물이 生成함에 있어서 시간적 限界의 命과, 存在함에 있어서 공간적 能力의 性과, 變化함에 있어서 時空的 작용의 理를 모두 인식하여야 되는데, 이 理와 性과 命을 파악하기 위하여서는 物象과 物主와 物情을 연구하지 않으면 아니되고, 物象과 物主와 物情을 남김없이 알려고 하면, 物數와 物權과 物勢를 정확하게 관찰하지 않으면 안 된다. 數란 하려고 하여도 자연히 할 수 없는 것을 말하는 것이요, 權이란 할 수 없더라도 당연히 하여야 함을 말하는 것이며, 勢란 할 수 있어도 必然的으로 하지 못함을 말한다. 그러므로 하려고 하여도 자연히 할 수 없게 되는 것을 알아서 分數를 지키고, 象을 온전히 하여 命에 편안할줄 알아야 하는 것이요, 할 수 없는 것일지라도 당연히 하려고 노력하여 자기의 權利를 찾아 主體를 바르게 하여 性을 밝힐 줄 알아야 하는 것이며, 할 수 있는 것이 있더라도 반드시 삼가하여 하지 아니 함으로서 形勢를 따라 實情을 알아가지고 理에 順應할줄 알아야만 物格에 도달할 수 있는 것이다. 모름지기 命을 아는 것은 象數를 觀察함에 있고, 性을 아는 것은 主權을 찾음에 있고, 理를 아는 것은 情勢를 判斷함에 있다고 하겠거니와, 象數를 관찰하는 방법은 物의 本末을 分析하여야 되고, 主權을 찾는 방법은 物의 終始를 종합하여야 되며, 情勢를 판단하는 방법은 物의 先後를 忖度하여야 된다고 하겠다.

孟子는 終始의 權과 先後의 勢와 本末의 數를 「離婁章句上」에서 차례로 다음과 같이 말하고 있다.

"순우곤이 말하기를 男女가 주고받는데 손을 직접 하지 아니

한 것이 禮입니까? 孟子 말하시기를 禮이니라, 말하기를 兄嫂가
물에 빠지면 그를 손으로 건저 주어야 합니까? 말하시기를 兄嫂
가 물에 빠졌는데 건저주지 아니하면 이것은 짐승(豺狼)이니, 男
女가 주고받음에 손을 직접 하지 아니한 것은 禮요, 兄嫂가 물
에 빠졌을 때 그를 손으로 건져 주는 것은 權이니라. 말하기를
이제 천하가 물에 빠졌거늘 夫子께서 救援하지 아니하심은 무엇
때문입니까? 말하시기를 천하가 물에 빠졌거던 道로서 救援하여
야 하고, 兄嫂가 물에 빠지거든 손으로 救援하는 것이니, 그대는
손으로 천하를 救援하고자 하는가?"76)

　여기에서 權은 할 수 없는 것일지라도 當然히 해야 하는 것을
말하고 있는데, 만약 할 수 없는 일이라고해서 하지 아니한다면,
그것은 자기主權을 포기한 것이요, 따라서 사람의 主體와 權能을
포기한 것이므로, 사람이 아니라 짐승이 되는 것이다. 더욱이 천
하가 물에 빠졌을 때 道로서 救援하려하는 것은 인간의 主體와
權能을 온전히 하여서 仁의 人間性을 밝히려 함이요, 無道하게
손으로 천하를 건지려고 하다가는 오히려 자기의 人間性을 害치
게 되는 까닭에 하지 아니하는 것이니, 이것은 分數를 지키는
것이다. 그러므로 權은 자기의 象을 온전히 하려는 태도이며, 자
기의 性을 밝히려는 能力인 것이다. 萬物은 하늘로부터 주어진
權能이 있게 되는데, 이 天權을 發揮하여야 할 곳에서 發揮하지
아니한다면 자기破滅이 있게 될 것이다.

　다음에는 勢에 대한 규정을 볼 수 있다. "公孫丑가 묻기를 君

---

76)「淳于髡이 曰男女授受不親이 禮與잇가 孟子曰 禮也니라, 曰嫂溺則
援之以手乎잇가 曰嫂溺不援이면 是는 豺狼이니 男女授受不親은 禮
也요 嫂溺이어든 援之以手者는 權也니라. 曰今天下溺矣어늘 夫子之
不援은 何也고 曰天下溺이어든 援之以道요 嫂溺이어든 援之以手
니 子欲手援天下乎아.」(孟子 離婁上).

子가 그 아들을 가르치지 아니한 것은 무엇 때문입니까? 孟子가
말하시기를 勢가 行하지 못함이니라, 가르침은 반드시 바른 것으
로 하나니 바른 것으로 하되 行하지 못하면 이어서 성냄으로서
하게 되고, 이어서 성냄으로서 하게 되면, 도리어 그 아들을 다
치게 될 것이며, 선생님이 나를 바른 것으로 가르치시되 선생님
도 바른데 나아가지 못한 것이라 하면 이것은 아버지와 아들이
서로 損傷하는 것이니, 아버지와 아들이 서로 損傷되면 惡한 것
이다. 옛날에는 자식을 바꾸어서 가르쳤느니라, 父子사이는 善도
다투지 아니하니, 善을 다투면 멀어지는 것이고, 멀어지면 祥端
롭지 못함이 이보다 큰게 없는 것이다"77)

여기에서 勢란 할 수 있어도 하지 아니한 것을 말한다. 만일
할 수 있다고 하게 되면 잘못하다가는 관계를 그르치게 되어,
天倫을 해치는데 이르게 되는 까닭에 오히려 자식을 바꾸어 가
지고 교육하는 것이다.

이와 같이 남의 자식은 가르칠 수가 있고 자기자식은 가르칠
수 없는 必然的인 관계가 있는 까닭, 그 情勢를 판단하지 아
니할 수 없는바, 잘못 판단하면 天理를 逆行하게 되는 것이니,
先後가 뒤바뀌게 되어버려 調和가 깨어지고 관계가 이루어지지
아니하게 됨을 말하고 있다.

다음 本末의 數에 대한 규정을 볼 수 있는바 "孟子 말하시기
를 섬기는 것은 무엇이 큰가? 어버이 섬기는 것이 크니라. 지키
는 것은 무엇이 큰가? 자기 몸 지키는 것이 크니라. 그 몸을 잃

---

77) 「公孫丑曰君子之不敎子는 何也이고 孟子曰勢不行也니라, 敎者는 必
   以正이니 以正不行이어든 繼之以怒하고 繼之以怒則反夷矣며 夫子
   敎我以正하시되 夫子도 未出於正也라하면 則是夫子相夷也니 父子
   相夷則惡矣니라 古者에 易子而敎之하니라. 父子之間은 不責善이니
   責善則離하고 離則不祥이 莫大焉이니라.」(孟子 離婁上).

어버리지 아니하고서 그 어버이를 잘 섬기는 사람을 내가 들었지만, 그 몸을 잃어가지고서 그 어버이를 잘 섬기는 사람을 나는 듣지 못했다. 무엇을 섬기지 않으리오마는 어버이 섬김이 크고, 무엇을 지키지 않으리오마는 몸을 지키는 것이 지킴의 근본이니라"78)라고 하였는바, 事親과 守身이 자기의 職分의 큰 것이다. 먼저 守身을 하지 아니하고서는 事親도 잘 할 수 없음을 말하고 있다. 즉 근본을 먼저 바르게 하지 않고서는 末端을 가지런히 할 수 없는 自然的인 因果를 밝히고 있는 것이다. 이 말은 「大學」에서 "그 뿌리가 어지러워 가지고서는 그 끝을 잘 다스릴 사람이 없다"79)는 말과 같은 것으로, 먼저 그 根本을 잘 닦고, 잘 지켜야만 거기에서 우러나오는 일들이 참되게 다스려 질 수 있음은 물론이요, 만일 끝에 나타난 일들이 가지런하지 못하다면, 이것을 미루어 그 根本이 참되지 못함도 짐작 할 수 있게 되는 것이다. 이러한 자연적 因果는 한 치도 어길 수가 없는바 안할래야 아니 할 수도 없고, 할려고 하여도 할 수 없는 天數가 이미 定하여 있는 것이다.

數와 權과 勢를 觀察함에는 방법이 중요한데 數는 사물의 자연적인 象數를 인식하여야만 참된 命을 알 수 있는 까닭에 以物觀物하여야만 된다. 즉 物자체의 實相을 파악하는 데는 主觀이 介入되어서는 아니 되며, 완전히 客觀的인 관찰이 요구되는바 사물자체의 실정으로서 사물자체를 관찰하여야 한다. 그래야만 자연적 數를 인식하여 天命을 다 할 수가 있는 것이요, 人爲的인

---

78) 「孟子曰事孰爲大오 事親이 爲大하니라 守孰爲大오 守身이 爲大하니라 不失其身而能事其親者는 吾聞之矣이어니와 失其身而能事其親者를 吾未之聞也로다. 孰不爲事리오마는 事親이 事之本也요 孰不爲守리오마는 守身이 守之本也니라.」(孟子 離婁上).

79) 「其本亂而末治者는 否矣라.」(大學 經一章).

數이거나 造作的인 數는 의미가 없을 뿐만 아니라, 오히려 物象을 그르치게 되어버린다.

權은 사물의 당면한 主權을 인식하여야만, 착한 性을 다 할 수 있는 까닭에 以我觀我하여야 한다. 즉 物자체의 성격을 파악하는 데는 客觀이 介入되어서는 아니 되며, 완전히 主觀的인 認知가 요구되는바 자기 자신의 處地로서 자기를 體察하여야 된다. 그래야만 당연한 權을 미루어 알아가지고 天性을 다 할 수가 있는 것이요, 忘想的인 權이거나 通念的인 權은 무의미할 뿐 아니라 物의 主體를 誤認하게 되는 것이다.

勢는 사물의 必然的인 情勢를 인식하여야만 아름다운 理를 이룰 수 있는 까닭에 以我觀物하여야 된다. 즉 사물의 원리를 파악하는 데는 主觀的인 자기物情의 反省과 客觀的인 對象物을 觀察하여야함이 요구되는 까닭에, 자기자체로서 對象物을 관찰하지 않으면 아니 된다. 그래야만 必然的인 勢를 알아가지고 天理를 다 할 수 있는 것이요, 我執으로 관찰된 勢이거나, 皮相的으로 판단된 勢는 무가치할 뿐 아니라 오히려 物情을 막아버리게 되는 것이다.

以物觀物은 誠實이 없으면, 不可能하고, 以我觀我는 敬虔이 없으면 不可能하며, 以我觀物은 正直이 없으면 不可能한 것인데, 誠과 敬과 直은 자기에게 있는 것이니, 자기의 格物자세가 中正하지 아니하면 않되는 것이다. 따라서 命과 性과 理를 환하게 깨달아 貫通하는 物格은 자기內面의 인격修養과 並進하면서 이루어지는 것임을 알아야 한다.

천하에서 가장 참된 天命에 이르러가고, 천하에서 가장 착한 天性을 밝히며, 천하에서 가장 아름다운 天理를 다 하려면, 천하에서 가장 훌륭한 人格을 기르지 아니하면 아니 되나니, 千年의 뒷세상에 살지라도 한 치의 다름이 없는 것을 보아야 되며, 萬

里의 밖에 있을지라도 털끝만큼의 어그러짐이 없는 것을 들어야
하며, 때와 장소를 함께하고 있을지라도 하늘과 땅의 차이가 있
음도 알아야 된다. 어찌 순간인들 眞理를 잊을 것인가?

　學者는 마땅히 宇宙觀과 人生觀을 定立하기 위하여 格物을 하
여야 되고, 훌륭한 人格을 닦기 위하여 格物을 하여야 하는바,
宇宙의 生成論과 人生論은 周濂溪선생의 「太極圖說」에 잘 定立
되어 있으니, 이제 그 全文을 옮겨 本義를 밝힌다.

　　『無極이면서 太極이니, 太極이 움직여서 陽을 낳고, 움직임이
　지극하여서는 고요하나니, 고요다면 陰을 낳는다. 고요함이 지
　극하여서는 다시 움직이나니, 한 번 움직이고 한 번 고요함이
　서로 그 뿌리가 된다. 陰으로 나누고 陽으로 나누어 兩儀가 成
　立되나니, 陽이 變하고 陰이 合하여 水火木金土를 낳는데, 이
　五行의 氣質이 차례로 分布되어 四時가 運行하니라. 이 五行은
　하나의 陰陽이요, 陰陽은 하나의 太極이며, 太極은 본래 無形이
　다. 五行이 生成함에 각각 性을 하나씩 하나니, 無形의 眞理와
　二氣五行의 精氣가 妙하게 합쳐 엉켜서 乾道는 男을 이루고, 坤
　道는 女를 이루나니, 陰陽의 두 精氣가 사귀어 感應하여 萬物을
　化生하므로 萬物이 낳고 낳아서 變化가 끝이 없다.

　　오직 사람은 그 빼어난 것을 얻어서 가장 靈明하나니, 形體가
　이미 탄생함에 精神이 知覺을 發揮하고, 仁・義・禮・智・信의
　五性이 感動하여 善惡이 나뉘이며, 萬事가 나오는 것이다.

　　聖人이 그것을 中正仁義로서 確定하여 靜에 主張해서 人極을 確
　立하였노라. 그러므로 聖人은 天地와 더불어 德을 합하고, 日月과
　더불어 그 밝음을 합치며, 四時와 더불어 그 차례를 합하고, 鬼神
　과 더불어 그 吉凶을 합쳤나니, 君子는 그것을 닦아 吉하고, 小人
　은 그것을 어그려뜨려 凶하니라. 그러므로 말하기를 하늘의 道를

定立하여 陰과 陽이라 하고, 땅의 道를 定立하여 剛과 柔라고 하
며, 사람의 道를 定立하여 仁과 義라고 한다. 또 말하기를 本始를
推究하면 終末에 돌아가니 그런 까닭에 죽고 사는 理致를 안다고
하나니, 偉大하도다. 周易이여! 이것이 그 지극함이로다」[80]

---

80) 「無極而太極이니 太極動而生陽이라 動極而靜하고 靜而生陰하며 靜
極復動하니 一動一靜이 互爲其根이라 分陰分陽하여 兩儀立焉하니
陽變陰合하야 而生水火木金土하니 五氣順布에 四時行焉이라 五行
은 一陰陽也요 陰陽은 一太極也며 太極은 本無極也라 五行之生也
에 各一其性하나니 無極之眞과 二五之精이 妙合而凝하야 乾道成男
하고 坤道成女하니 二氣交感에 化生萬物하고 萬物生生에 而變化無
窮焉이라. 惟人也는 得其秀而最靈하니 形旣生矣에 神發知矣라 五性
感動하야 而善惡分하며 萬事出矣로다. 聖人이 定之以中正仁義하야
而主靜에 立人極焉하니 故로 聖人은 與天地合其德하고 日月合其明
하며 四時合其序하고 鬼神合其吉凶하나니 君子는 修之吉이요 小人
은 悖之凶이라 故曰立天之道曰陰與陽이요 立地之道曰 柔與剛이요,
立人之道曰仁與義라하며 又曰原始反終이라 故知死生之説하나니 大
哉라 易也여 斯其至矣로다.」(性理大全).

第5章 致　知

　　致知는 사람의 知性을 개발하여 자기의 性理를 自覺시켜서 사물의 이치를 記憶, 推理, 判斷하여 外物에 感應할 수 있는 스스로의 能力을 涵養하는 것이다. 事物에 있는 근본 理致를 남김없이 硏究하엿을때, 마땅히 자기의 마음에 얻은바가 있게 되는데, 즉 자기가 사물에 處함에 있어서의 當爲律이 마음속에 自覺되어 나오는 것이다. 이것은 곧 사물에 대한 感應能力이라고도 할 수 있는바, 이 感應能力이 있어야만 사물의 고유한 이치가 價値있게 발휘되어 生命力을 가질 수가 있는 것이요, 만일에 個體가 自覺能力이 없다면 周圍의 事物과 자기사이에 관계가 끊어져 버릴 것이며, 관계가 없는 세계의 物體라면, 그것은 槁木과 같은 것이라 生命力이 없는 死灰에 불과할 따름이다. 그러므로 사물에 있는 이치를 연구하여 物理를 널리 밝히는 格物도 중요하지만 事物에 處하는 當然한 原理를 自覺하고 涵養하는 致知도 더욱 重大한 공부가 아닐 수 없다. 興亡盛衰하는 이치에 밝게 통하였다고 할지라도, 자기 자신이 그 理致에 感應하여 處理하지 못한다면 그것은 價値를 나타내지 못하는 것이니, 결국 아무 의미가 없는 것이다. 자기가 만물의 興亡盛衰하는 원리를 알았을 때, 곧 거기에 따라서 마땅하게 出入 去就하는 義理를 알아서 실천할 때에만 비로소 進退存亡의 道理에 通達할 수가 있다.

　　天道의 興亡盛衰란 사물의 生死存亡이요, 사물의 生死存亡에 따라 利害得失의 物理가 있는 것인데, 이와 같은 物質의 利害得失은 最高의 판단원리가 되지 못한다. 즉 利得과 害失만이 천하 사물의 判斷尺度가 되는 것이 아니라, 主體의 內面에서 우러나오는 是非의 感應能力이 있는 바, 오히려 이것이 사물에 있는 利害得失보다 次元높은 판단基準이 되는 것이다.

사람은 利得을 취하면서도 不快한 것이 있고, 損害를 보면서도 유쾌한 것이 있는 바, 이와 같은 快, 不快는 마음에서 나오는 까닭에 오히려 物理보다 上位의 판단기준이 된다.

利物인가 害物인가, 또는 得事인가 失事인가, 하는 것은 事物의 客觀的이고 자연적인 원리에 있는 까닭에, 物理를 연구하면 스스로 利害得失은 뚜렷하게 밝혀지는 것이지만, 그러나 자기가 그 사물에 어떻게 관계하는 것이 옳은가? 하는 문제까지 해결된 것은 아니다. 언제나 利得만을 관계하고, 害失은 관계하지 않겠다는 方式만으론 완전한 판단이 되지 못하는 것이다. 사람은 利得이 있어도 관계하지 아니 하는 것이 있고, 害失이 있어도 감수하는 것이 있게 되는데 그것은 사람의 內面에서 發源하는 德性을 말미암아 辨別되는 價値觀이 있는 것을 意味한다.

이 德性을 自覺한데서 말미암은 판단원리를 倫理라고 하는데, 倫理의 판단기준이 옳으냐 그르냐? 하는 것이 是非의 當然律이 되는 것이다. 이러한 是非를 辨別하게 하는 當然律인 倫理는 오직 사람에게만 있는 것이요, 짐승에게는 없는 것이므로 인간이 인간다운 所以가 바로 여기에 있다고 할 것이다. 禽獸는 먹을 수 있는 것을 보면 무엇이든지 가리지 않고 먹어버리지만, 인간은 먹을 수 있는 것이 있을 지라도 먹는 것이 옳으냐 먹지 않는 것이 옳으냐를 判別해서, 배가 고파도 먹지 아니한 것이 있고, 배가 불러도 먹는 것이 있는바, 어른이 생각하여 주신 음식은 배가 불러도 그 앞에서 먹는 것을 보여드려야 되고, 남을 위하여 만든 음식은 배가 고파도 먹어서는 안 되는 것을 알고 있다.

사람은 먹어야만 健康을 維持할 수 있다는 것은 음식에 있는 物理이지만, 그 음식을 먹어야 할 것인가 안 먹어야 할 것인가 하는 판단기준은 자기에게 있는 것이다. 즉 자기가 그 음식을 어떻게 할 것인가에 있는 것이므로, 오로지 자기의 德性에서 當, 不當을 自覺하는 까닭에 인간의 倫理가 여기에 있게 되는 것이다.

倫理는 利害得失을 판단한 이후에 그 處理에 있어서 是非를 가리는 것이므로 物理보다 次元이 높은 意識體系이며, 禽獸草木에는 없고 인간만이 가지고 있는 德性인 까닭에 物理보다 高貴한 判斷원리이다.

致知란 이와 같은 倫理를 스스로 自覺하는 能力과 倫理的 판단원리를 개발하는 것인데, 이 機能을 涵養하여 精神을 다하고, 造化를 아는 것을 知至라고 한다.

致知의 방법은 자기의 知能을 꾸준히 涵養하는 것이며, 致知의 目標는 자기知能이 神妙함을 모두 알고, 萬化를 主宰할 수 있는 知覺을 스스로 이룩하게 되는데 있다고 하겠다. 인간의 知能이 이와 같이 되어야만 천하의 가장 옳은 것을 알 수 있는 것이요, 동시에 천하에서 가장 옳은 길로 나아 갈 수 있는 것이다. 만일 精神을 모두 갖추고 造化를 主宰할 수 있게 되지 못하였을 때는 處事의 當, 不當에 대한 판단이 錯誤가 있을 수 있는 것이며, 錯誤가 있다면 賢明하지 못한 것이 되는 어리석음을 犯하게 된다. 그러므로 學者는 마땅히 知能의 本質을 밝혀서 그 根據를 찾고, 涵養의 방법을 따라 공부하지 아니할 수 없는 것이다.

知能의 源泉은 물론 인간의 本質에 있으며 그 本質은 하늘에 의하여 나면서부터 주어진 것이라, 사람에게 普遍的으로 갖추어

있는 것인 바, 孟子는 이와 같은 知能이 모든 사람에게 있음을
다음과 같이 밝히고 있다.

"사람이 배우지 아니하고도 잘하는 바는 그 본래 能力이요,
생각하지 아니하고도 아는 바는 그 본래 知性이다. 어린아이가
어버이 사랑함을 알지 못함이 없으며, 그 자람에 미쳐서는 그
兄을 恭敬함을 알지 못함이 없는 것이다. 어버이를 親(敬愛)하는
것은 仁이요, 어른을 恭敬하는 것은 義이니, 다름이 없는지라 천
하에 通達하는 것이다."81)

배우지 아니하고도 어버이를 사랑하고, 兄을 恭敬하며, 생각하
지 아니하고도 어버이를 사랑할줄 알고, 兄을 恭敬할 줄 아는
것은 良能 良知라고 하는 바 이러한 어진 知能은 虛靈不昧한 인
간의 마음에서 淵源한 것이며, 虛靈不昧한 사람의 마음이 있음은
明通公溥한 本性의 智에서 말미암은 까닭에 致知공부는 먼저 知
性을 涵養하고, 마음을 公明하게 하지 않으면 안 된다. 만일 心
性을 닦지 아니하면 知能이 개발될 수 없고, 滅性 放心한다면
知能이 나올 데가 없는 것이다. 따라서 良知良能은 인간性에서
나타나는 것이요, 公明한 마음에서 發揮되는 것이므로 盡心·知
性하지 아니한다면 개발을 할 수가 없는 것이다.

어린아이가 어버이를 사랑하고 兄을 恭敬함은 그 어린아이에
게 純粹한 心性이 있는 까닭이다. 이 純粹한 心性을 害치지 아
니하고 涵養하면, 장차 어버이에게 孝道하고 어른에게 恭敬하는
仁과 義로서 "옳고", "그름"을 辨別할 것이요, 仁義의 倫理的 當
爲性을 저버리고 오로지 利害得失로만 事物을 처리하지는 아니

---

81) 「孟子曰人之所不學而能者는 其良能也요 所不慮而知者는 其良知也라
孩提之童이 無不知愛其親也하며 及其長也에는 無不知敬其兄也니라
親親은 仁也오 敬長은 義也니 無他라 達之天下也니라.」(孟子 盡心上).

할 것이다. 그러므로 倫理的 當爲性을 自覺하는 能力은 知性을 涵養하는데 있는 것이요, 物理의 利害得失에 밝은데 있지 아니하다. 學者는 마땅히 자기 內部원리를 反省하여 관찰하지 아니할 수 없게 된다. 孔子는 知의 對象을 外的 事物로만 규정하지 아니하고, 오히려 自我로 규정하고 있다. "孔子께서 말하시기를 由(子路)야 너에게 안다고 함을 가르쳐줄까? 알면 안다고 하고 모르면 모른다고 하는 것 이것이 아는 것이다."[82]

이와 같이 자기스스로의 아는 것과 모르는 것을 識別하는 能力을 知라고 하는바, 이것은 累積的인 博識을 통하여 얻어지는 것이 아니라, 心性의 神明한 洞察力에서 나오는 까닭에 知性이라고 한다. 이에서 識과 知가 구별되는데 識은 格物, 窮理를 통하여 事物의 理致를 認識하는 것이다. 따라서 이때에 認識된 바를 知識이라 하는 바 그것은 記憶된 것만을 알 뿐이다. 그러므로 아직 記憶되지 아니한 것은 知識이 될 수가 없는 바이기 때문에, 庶民은 항상 그 記憶되어 있는 것만을 알고, 記憶되지 못한 것이 있는 줄은 알지 못하게 된다.

知는 致知涵養을 통하여 자기의 天性을 自覺하는 것이다. 따라서 이때에 깨달은 것을 知性이라 하는바 즉 알지 못한 것이 있다는 것 까지도 推理하여 아는 能力이다. 그러므로 知性은 자기의 知識에 대하여 眞僞邪妄을 評價할 뿐만 아니라, 知識의 限界까지도 明確하게 分別하는 것이다.

知識은 넓게 알아서 많이 累積하는 것을 追求하게 되지만, 知性은 높게 알아서 純粹하며 精密하고 簡明함을 追求하게 된다. 知性이 純粹하지 아니하면, 內面의 善한 本性을 해치게 되어 판

---

82) 「子曰由야 誨女知之乎아 知之爲知之하고 不知爲不知가 是知也니라.」 (論語 爲政).

단이 殘忍하게 될 것이며, 知性이 精密하지 못하면, 內面의 眞實을 찾아내지 못하여 판단이 疏漏하게 될 것이며, 知性이 簡明하지 못하면, 內面의 造化에 充實하지 못하여 판단이 低俗하게 될 것이다. 아는 것은 안다하고 모르는 것은 모른다고 할 때에 虛僞나 曖昧나 散亂한 前提가 있어서는 아니 된다. 왜냐하면 아는 것과 모르는 것을 分別함에 있어서 虛僞造作과 曖昧模糊와 複雜散亂한 前提가 있다면, 그것은 아는 것과 모르는 것을 辨別하는 것이 아니라, 오히려 識別을 못하게 하려는 反知性의 巧智가 있기 때문이다. 君子는 마땅히 아는 것과 모르는 것을 判斷할 때에 虛心坦懷하여야 하며, 精密專一하여야 하여, 明明白白하게 하여야 하는 바, 그래야만 아는 것과 모르는 것이 明若觀火하게 나타내어 질 수 있는 것이요, 동시에 知性의 價値가 드러날 수 있는 까닭이다. 知性은 이와 같이 純粹性과 精密性과 充實性의 基礎위에서 이루어지는 것인데, 그 까닭은 知性이 본래 心性의 德에서 發源하기 때문이다. 따라서 知性과 德性은 동일한 體系위에서 함께 存在하는 것이다.

「中庸」에서 천하의 보편적인 德은 知·仁·勇이라고 하였는데, 즉 知·仁·勇의 德性을 涵養함으로서, 知性의 純粹 精密 充實함이 나오는 것을 볼 수 있다.

"천하의 最高普遍的인 道는 다섯인데 그것을 實行하는 원리는 셋이니, 말하면 君臣·父子·夫婦·昆弟·朋友의 사귐 등의 다섯은 天下의 最高普遍的인 道요, 知仁勇 세 가지는 천하의 最高普遍的인 德이니, 그것을 實行하는 원리는 하나의 誠이니라."[83] 여

---

83) 天下之達道는 五인데 所以行之者는 三이니 曰君臣也 父子也 夫婦也 昆弟也 朋友之交也의 五者는 天下之達道也오 知仁勇三者는 天下之達德也니 所以行之者는 一也니라.」(中庸集註 第十二章).

기에서 말하는 君臣·父子·夫婦·昆弟·朋友의 다섯 가지 道는 物理的 관계가 아니라 바로 倫理的 관계이다.

孟子는 이것을 父子有親, 君臣有義, 夫婦有別, 長幼有序, 朋友有信의 人倫이라고 規定하였다.(孟子 滕文公上) 즉 親·義·別·序·信은 物理的 條件關係가 아니라, 倫理的 當爲의 관계인 까닭에 知識에서 얻어진 것이 아니요, 知性에서 나오는 것임을 말하고 있다. 이와 같은 道理를 分別하는 能力은 知·仁·勇의 德性을 涵養하였을 때 비로소 마음속에 깨닫고 알게 되는 것이다.

德性을 涵養하는 방법은 禮와 義를 集約하는데 있는 바, 孔子는 約我以禮(論語 卷九子罕)를 말하고, 孟子는 集義를 말하였다. 朱子는 禮란 天理의 節度있는 文彩요, 人事의 儀表가 되는 법칙이라고 註하면서 인간 心性의 內在的秩序임을 말하였고, 義는 事理의 當然이요 人心의 裁制라고 註하여 (孟子 公孫丑上浩然章註) 人間心性의 內在的 自律能力으로 規定하고 있다. 그러므로 禮義를 集約한다는 의미는 心性의 內在的 秩序와 自律能力을 集約하여 俱現함을 말한다. 자기의 德性속에 內在하는 秩序를 要約하고, 心性의 自律能力을 集成하는 것은 곧 孔子께서 말한 克己復禮와 같은 공부인 것이다. "顏淵이 仁을 물은대, 孔子 말하시기를 자기의 私欲을 克復하고 天理를 회복함이 仁함이니, 하루라도 私欲을 克復하여 天理를 恢復하면, 천하가 仁으로 돌아갈 것이다. 仁愛함은 자기를 말미암나니, 다른 사람을 말미암을 까보냐? 顏淵이 그 實踐조목을 물은대, 孔子 말하시기를 禮가 아니면 보지 말며 禮가 아니면 듣지 말며 禮가 아니면 말하지 말며 禮가 아니면 움직이지 말지니라, 顏淵이 말하기를 제가 비록 英敏하지는 못하오나 청컨데 이 말씀을 섬기겠나이다."84)

禮義를 集約함에 있어서 반드시 먼저 克己가 요구됨을 알 수 있는 바, 物理的인 利害得失에 사로잡힌 가운데에서는 倫理的是非의 當爲性이 들어날 수 없는 것을 말한다. 仁은 本心의 全德이요 사랑하는 원리 (朱子 註)인 까닭에, 仁을 완전히 體得하는 것은 바로 知至라고 할 수 있는 바, 이러한 仁을 體得하여 知至에 이르러 가는 데는 向外的 知識을 통하여서가 아니라, 向內的 知性을 통하여 이루어지는 까닭에, 반드시 먼저 外重內輕의 物理的 思考에서 벗어나, 外輕內重의 倫理的 思考를 하지 않으면 안 된다.

物理的 思考는 판단의 기준이 外的 事物의 構造에 있는 까닭에 客觀的 판단이 요구되고, 동시에 外物의 客觀的인 판단 結論에 의하여 行動하는 까닭에 결국 자기의 主體는 無視되므로서 자기가 外的 事物理에 이끌리어 따라가는 處地가 되고 마는 것이다. 그러므로 物理에 밝으면 밝을수록 知識이 넓으면 넓을수록 이러한 處地를 면하기는 더욱 어려워지게 된다. 이와 같이 客觀的 思考는 밝으면 밝을수록 事物을 보는 것이 자기가 보는 것이 아니게 되며, 듣는 것도 자기가 듣는 것이 아니게 되며, 말하는 것도 자기가 말하는 것이 아니게 되며 행동하는 것도 자기가 하는 것이 아니게 되어 버린다.

이렇게 된다면 人間性을 어떻게 찾을 수 있겠는가? 인간 本性의 仁을 이룩하기 위하여서는 이와 같은 客觀的 思考를 克服하고, 人間性의 內面에서 主體의 뿌리를 찾지 아니하면 안 된다. 그

---

84) 「顔淵이 問仁한대 子曰克己復禮가 爲仁이니 一日克己復禮면 天下歸仁焉 하나니 爲仁이 由己니 而由人乎哉아 顔淵이 曰請問其目하나이다. 子曰非禮勿視하며 非禮勿聽하며 非禮勿言하며 非禮勿動이니라. 顔淵曰 回雖不敏이나 請事斯語矣리이다.」(論語 卷十二顔淵).

러나 인간의 精神은 物理的 思考를 克服하였을 때에만 나타나는 까닭에 이것을 벗어나지 못한다면 約禮 集義를 할 수가 없는 것이다. 따라서 반드시 먼저 克己공부를 하여 一毫의 私欲도 없는 경지에 도달하므로서 天理가 恢復하나니, 禮를 要約하고 義를 集成한 뒤에 倫理的 眼目이 열리게 되는 것이다.

물론 사람은 良知良能이 있는 까닭에 倫理的 思考能力이 본래부터 있는 것이지만, 끊임없이 致知 涵養을 통하여 굳건히 기르지 아니하면, 錯覺이 없을 수 없게 됨으로 存心 養性공부를 아니할 수 없게 된다. 致知 涵養공부를 통하여 天理를 恢復하였을 때는 外的 物理의 利害得失보다도 오히려 人間의 倫理에 合當하느냐 不當하느냐에 따라 是是非非를 판단하게 되는바, 이러한 판단의 準則은 內面의 本心에 근거한 것이므로 완전히 主觀的 思考이다. 이와 같은 思考는 主體確認이 없이는 不可能하고, 반드시 자기의 主體를 確認한 뒤에 그 主體의 良心에서 나오는 판단이므로 倫理的 思考라고 하는 것이다. 그러므로 하루에 克己復禮하여 物理的 思考를 克服하고, 倫理的 思考를 恢復하면, 천하가 仁으로 돌아간다고 하는 것이니, 곧 物理의 世界만을 보는 眼目에서 倫理의 世界를 보는 眼目으로 一大轉換됨을 말한다. 이것은 宇宙觀의 變化요 人生觀의 變革인바, 死亡을 보는 눈에서 生命을 보는 눈으로, 利得을 듣던 귀에서 義理를 듣는 귀로, 虛無를 말하던 입에서 悅樂을 말하는 입으로, 一貫性없는 行動에서 統一性 있는 行動으로 轉換하는 것인바 이것을 천하가 仁으로 돌아갔다고 하는 것이다. 이와 같은 大轉換이 外物을 말미아마서가 아니라, 자기主體의 天理를 體得하므로서 이루어진 까닭에, 仁愛 하는 것은 자기를 말미암는다고 하는 것이며, 또한 本性의 天理를 남김없이 通達하였을때 천하에서 가장 옳은 판단을 할 수 있고 천하에서 가장 옳은 行實을 할 수 있으므로 萬物의 中心尺度가 되는 것이요 萬民의 最高 儀表가 되는 것이니, 곧 天下의 中正이 되어 天下가 仁으로 化成하게 된다.

倫理的 思考는 明哲하면 明哲할 수록, 자기가 보면서도 보는 자기를 보여, 들으면서도 듣는 자기를 들으며, 말하면서도 말하는 자기를 말하며, 행동하면서도 행동하는 자기를 행하게 하여, 一切가 자기를 떠나지 아니한다. 이렇게 함으로서 인간의 主體가 확립되는 것이다. 누구나 知性의 純粹性과 精密性과 充實性만 있다면 도달될 수가 있는 경지이다.

知性의 純粹, 精密, 充實性은 約禮, 集義의 공부를 쌓아서 이루어지는 것인데, 純粹性은 仁義를 말미아마 善性이 發露되여서 얻어짐이요, 精密性은 忠信을 말미아마 眞實이 露出되여서 얻어짐이며, 充實性은 誠敬을 말미아마 正直이 發現되여서 얻어진 것이니, 仁義・忠信・誠敬의 道理를 涵養하여, 知・仁・勇의 德性을 마음에서 體得하도록 공부하지 않으면 안 된다.

德性을 마음에서 體得하는데 방법이 있으니, 마음은 한 몸의 主體요 몸은 마음의 形體인 까닭에, 主體를 尊重히 하는 데는 반드시 形體를 莊重하게 간직하여야 한다. 만일 形體를 더럽히면 主體도 辱되나니, 천하에 辱된 몸에서 德性이 나올 수는 없다. 그러므로 德性을 마음에서 體得하여 大道를 밝히려는 사람은 반드시 먼저 그 몸을 自重 自愛 하는 것으로부터 시작하는 것이다. 自重하여야 마음과 몸이 하나가 되여 知性이 한결같을 수 있고, 自愛하여야 마음이 自由스러워 德性이 드러날 수 있다. 만일 自暴하면 마음과 몸이 乖離하여 마음은 마음대로 몸은 몸대로 움직일 것이요, 自棄하면 마음이 닫혀져서 德性이 容納되지 못할 것이니, 德性이 나올 곳이 없게되는 것이다.

知性은 한 몸이 만물을 統御하는데 있는바, 한 몸이 自主自立하므로서만 統御할 수 있다. 따라서 孔子께서 말 하시기를 "君子가 莊重치 아니하면 威嚴있지 아니하고, 學問을 하여도 確固하지를 못하니라, 忠信을 主義로 하며, 자기만 같지 못한 이를 벗하지 말고, 잘못하거든 고치기를 꺼리지 말지니라."85)라고 하였는데, 君子의 學問은 珍重함으로 부터 德으로 들어감을 말하고, 敬忠誠信의 眞實과 以友輔仁의 仁德과 改過遷善의 勇氣로서 涵養하여 나가야 됨을 말하고 있는 것이다. 忠信이란 眞實인데 客觀的 事物의 眞理와는 다른 것으로, 忠은 자기 主體의 本心을 남김없이 發揮하는 것이요, 信은 本心에서 우러나오는 것을 몸소 '實踐'하고 지키는 것이므로 忠信이란 眞實을 찾아서 眞面目을 드러내고, 이어서 自律的으로 판단할 수 있는 主體를 確立하는 원리이다. 그러므로 忠은 本性의 仁·義·禮·智를 發揮하는 원리로서 곧 集義이며, 信은 本性의 仁·義·禮·智를 말미아마서 實踐하는 原理로서 곧 約禮인 것이니, 禮義를 集約하므로서 忠信은 드러나는 것이다. 따라서 忠信은 心性을 存養하므로서 드러난 眞實인바, 客觀的 事物의 眞理와는 구별된다. 忠信은 人格을 涵養하여 스스로 이룩된 것이요, 物理를 관찰하여 얻어서 간직한 것은 아니다. 忠信이 人格을 涵養하므로서 나온 眞實인 까닭에 이와 같이 자기의 眞實을 俱現하는 것은 곧 德性에 들어가는 길이 된다.

「周易」에 孔子께서 말하시기를 "君子는 德을 높이며 業을 修行하나니 忠信은 德을 높이는 원리요, 言辭를 닦아 그 誠實을 확립하는 것은 業을 쌓는 원리이다. 이를 데를 알아 이르니 가

---

85) 「子曰 君子가 不重則不威니 學則不固니라 主忠信하며 無友不如己者요 過則勿憚改니라.」(論語 學而).

히 더불어 미리 아는 것이며, 마칠데를 알아 마친지라 가히 더
불어 義를 지킬 것이다. 이런 까닭에 윗자리에 있어서도 驕慢하
지 아니하며, 아랫자리에 있어도 근심하지 아니하니라."[86]라고
하였다. 자기 眞實을 밝히는 忠信이야 말로 德을 높이는 기본원
리임을 밝히고 있으며, 동시에 內面의 眞實을 表現하고 傳達하는
機能인 言辭를 닦아서 마음과 말과 行動이 一致하도록 誠身을
확립하는 것이 功業을 쌓는 원리임을 밝히고 있다.

忠信의 智慧와 誠身의 밝음은 德을 높이고 業을 쌓을 뿐만 아
니라 또한 知能도 개발하게 되는바, 오래되어 하루아침에 脫然
貫通하면, 오는 것을 미리 알고 가는 것을 앞에 알게 되어, 四時
와 더불어 그 進退를 합치나니, 이를 데를 미리 알아서 거기에
이르러감으로 天機와 더불어 합치고, 마치는 데를 먼저 알아서
마치나니 더불어 大義를 간직하는 것이다.

아직 오지 아니한 미래를 알고, 이미 지나간 끝을 지키는 것
은, 知性을 개발하므로서만 可能한 것이요, 知性을 개발하는 것
은 자기 德性을 높여야만 되는데, 德性을 높이는 원리는 자기
眞實을 俱現하는 忠信임을 말하고 있다. 따라서 忠信은 致知의
근본이라고 하겠는바, 忠信을 主體하는 것은 禮義를 集約하는데
있고, 禮義를 集約함은 克己를 통하여야 하며, 克己는 자기 省察
로부터 이루어진 것인즉 致知는 곧 以我觀我로부터 비롯함을 알
수 있는 것이다.

伊川선생은 忠信과 致知의 관계를 「易傳」에서 다음과 같이 말
하고 있다. "안으로 忠信을 蓄積하는 것은 德을 높이는 원리요,

---

86) 「子曰君子는 進德修業하나니 忠信이 所以進德也요 修辭立其誠이
所以居業也라 知至至之라 可與幾也며 知終終之라 可與存義也니 是
故로 居上位而不驕하며 在下位而不憂하나니라.」(周易 乾文言傳).

말을 가려서 뜻을 敦篤하게 하는 것은 業을 쌓는 原理이다. 이를 데를 알아 이르는 것은 致知인데, 知性이 이를 데를 追求한 이후에 이르르니, 知性이 앞서 있는 까닭으로 幾微와 더불을 수 있는데 말하는바 始條理로서 知者의 일이다. 마칠 데를 알아서 마치는 것은 힘써 행하는 것인데, 이미 마칠 바를 알았으면 곧 힘써 나아가 마치는 것은 지키는 것이 뒤에 있는 것이다. 그러므로 가히 더불어 義를 간직하는 것이니 말하는바 終始條로서 聖者의 일이다. 이것은 學問의 시작과 마침이니라."87)

　忠信을 蓄積하면 德性이 涵養된다. 言辭를 愼重히 가리며 뜻을 敦篤히 하는 것은 안으로 忠信을 쌓는 功業이요, 萬事를 미리 豫測하여 이를 데를 알아 이르는 致知는 言辭와 志行을 珍重히 하는 知性이며, 이미 지나버린 일을 마칠 줄 알아서 마치는 力行은 忠信을 지키는 것이다. 그러므로 먼저 集義를 하여 知言하고, 知言하여 知幾하며, 知幾하여 知至하고, 또 다시 知至하여 存義하는 바이니, 始終이 循環不已하는 과정이지만 集義를 하기 위하여서는 반드시 忠信을 쌓지 않으면 아니 되는 까닭에, 忠信의 眞實性은 致知의 근본이 된다고 하지 않을 수 없는 것이다.

　자기의 本性에 충실하겠다는 知性의 요구가 없이는 자기 內面의 眞實性을 俱現할 수가 없는 까닭에, 知性이 忠信보다 앞서 있는 것이라는 伊川선생의 말은 곧 致知가 되어야만 忠信이 나타날 수 있고, 忠信이 쌓여야만 致知가 이루어질 수 있음을 지적한 것이다.

---

87) 「內積忠信은 所以進德也요 擇言篤志는 所以居業也라 知至至之는 致知也니 求知所至而後至之라 知之在先이라 故可與幾하니 所謂始條理며 知之事也요 知終終之는 力行也라 旣知所終하면 則力進而終之하나니 守之在後라 故可與存義니 所謂終條理者요 聖之事也라 此學之始終也니라.」(易傳 乾文言傳).

따라서 참되면 참될수록 知性이 밝아지고, 知性이 밝아지면 밝아질수록 참다운 人品이 이루어짐을 말하고 있는 것으로, 모름지기 內面에 한점의 虛僞도 없는 忠信을 이룩하여야만 마침내 知性이 한 치의 疑惑도 없게 되나니, 이것은 本性의 純粹性에서만 知性의 緻密性이 우러나옴을 말하는 것이다.

자기의 心性속에 갖추어 있는 天理를 남김없이 밝혀서 한점의 疑惑이 없도록 하는 것은 자기 心性의 神明함을 自得하고 동시에 天理의 普遍的 絕對性을 體得하여, 마침내 판단의 純粹性과 主義의 剛健性을 確立하고자 함이다. 만일 마음속에 一毫의 私欲이라도 있게 되면 思惟가 純粹치 못하게 될 것이요, 생각이 純粹치 못하면 疑惑이 생기게 될 것이며, 疑惑이 있으면 自信이 없게 되어 剛健性이 없을 것이니, 곧 사물에 의하여 뜻을 屈服하게 될 것이다.

대저 君子와 小人의 차이는 意志의 剛健과 卑屈에 있는바, 君子는 天理를 確信하고 털끝만치도 疑心이 없는 까닭에 스스로 剛健하여 사물에 自由스러우나, 小人은 私欲에 充塞되어 本心을 잃어버린 까닭에 主見이 없게 되어 항상 분주하게 事物만 쫓다가 스스로 拘束당하고 마는 것이다. 忠信의 純粹함을 自覺하고, 天理의 剛健함을 體得함은, 오직 倫理的 思考인 致知를 통하여 이루어지는바, 이러한 知性을 이룬 사람은 스스로 剛健함이 있다. 그러므로 孔子께서 말하시기를 "나는 剛한 사람을 보지 못하겠노라, 어떤이가 대답하여 말하기를 신정이니이다. 孔子 말 하시기를 정은 欲心이 있으니 어찌 强하리오."[88]라고 하였는바 私欲이 있는 사람 즉 忠信하지 못한 사람에게는 絕對로 天理에 對한 自信

---

88) 「子曰吾 未見剛者케라 或이 對曰申棖이니다 子曰棖也는 欲하니 焉得剛이리오.」(論語 公冶長).

이 서지 못함을 말하고 있다. 程子는 이 말의 註에서 "사람이 慾
이 있으면 剛이 없고, 剛한즉 慾에 屈服하지 않는다."89)라고 하여
忠信을 主義로 하여 天理를 밝힌 사람은 絶對로 卑屈하지 아니함
을 말하였다.

　忠信은 마음에 邪慾이 없는 것이요, 天理는 천하의 가장 中正
한 이치이니, 마음에 한점의 邪慾이 없고 스스로 宇宙의 天理를
體得한 사람은 반드시 剛健한 主體가 서는 것이요, 堅剛한 主體
가 있으므로 해서 充滿한 아름다움이 드러난다. 剛健한 主體란
知・仁・勇의 德을 밝힌 主體로서 孟子는 善・信・美의 德을 俱
現하는 것으로 말하였는바 곧 善・信・美의 根源이 外的 사물에
있는 것이 아니라 內的 本性에 있음을 밝히고 있다.

　"浩生不害가 물어 말하기를 樂正子는 어떤 사람입니까, 孟子가
말하시기를 善人이요 信人이니라, 무엇을 善이라하고 무엇을 信
이라 합니까? 말하시기를 하고자 하는 것을 일컬어 善이라 하고,
자기에게 있는 것을 信이라 하며, 充實함을 美라하고, 充實하야
光輝가 있음을 大라하며, 大하여 化成함을 聖이라 하고, 聖하야
알 수 없음을 神이라고 하나니 樂正子는 둘의 가운데요 넷의 아
래이니라."90)라고 하였는데 善이란 자기의 本心에서 하고자 하
는 것이요, 信은 자기 本心에 있는 것이며, 美는 자기 本心에 充
實하는 것이니, 善과 信과 美가 모두 자기 主體속에 있는 것이
요, 밖에 있는 것이 아니다. 따라서 善惡・眞僞・美醜의 판단근

---

89) 「程子曰 人有慾則無剛하고 剛則不屈於慾하나라.」(上文註).
90) 「浩生不害가 問曰樂正子는 何人也이니까 孟子曰 善人也이며 信人也
　　니라 何謂善이며 何謂信이니까 曰可欲之謂善이오 有諸己之謂信이
　　며 充實之謂美오. 充實而有光輝之謂大이며 大而化之之謂聖이오. 聖
　　而不可知之謂神이니 樂正子는 二之中이요 四之下也니라.」(孟子 盡
　　心下).

거는 外的 事物의 구조에 있는 것이 아니라, 자기 心性에 있는 까닭에 知性을 밝히지 아니하고서는 善과 信과 美를 밝힐 수 없게 된다.

善·信·美를 남김없이 드러내어 천하의 善, 천하의 信, 천하의 美를 밝히기 위하여서는 먼저 자신을 忠信하게 간직하지 아니할 수 없는 것이다. 스스로 忠信을 主義로 하였을 때 언제나 변함없는 善과 어디에서나 참된 信과 언제 어데서나 힘찬 美가 發露하는데 이를 것이며 堅剛한 主體가 확립될 것이다. 堅剛한 主體는 스스로 自彊不息하는바, 擇善固執하여 明善에 이르고, 知性存心하여 확신에 이르르며, 盡心至誠하여 篤恭에 이르는지라, 自我를 닦아 不變의 主體를 이룩하여 천하의 基準尺度가 되나니, 萬物이 자기를 말미아마서 善하고 참되고 아름다운 것이요, 자기가 萬物을 말미암아 善하고 참되고 아름다움을 얻는 것이 아니다.

學者는 마땅히 內面의 深奧한 知性의 實體를 探索하여야 하며, 微細한 知能의 感應力을 남김없이 發明하여야 하며, 神妙한 知能의 功用을 自信하여야 하는바, 知性의 實體를 찾아 主體를 확립하여야만 비로서 仁義를 말미암아 一貫性있는 價値의 尺度를 간직할 수 있는 것이요, 知能의 感應力을 抑制함이 없어야만 古今內外의 모든 사실에 두루 通達할 것이며, 知能의 功用을 確信하여야만 자연스럽게 아름다움을 다 이룰 것이다. 뿐만 아니라 자기의 知性을 깊이 연구하여야 천하의 知性을 알게 되는바, 자기知性의 善한 意志를 깊이 살펴 천하의 뜻이 善함을 알고, 자기知性의 참된 일을 넓게 살펴 천하의 참된 일을 하며, 자기 知性의 아름다운 작용을 두루 살펴 천하의 아름다운 功을 이루나니, 자기로부터 배우는 까닭에 쉽고 자기로부터 實踐하는 까닭에 簡單하다.

자기의 知性을 안다고 함은 내 마음속에 天理와 人慾을 洞察함을 말한다. 天理란 무엇인가? 仁·義·禮·智의 固有한 四德이요, 人慾이란 謀利, 釣名, 圖生 등의 私慾이다. 亂暴한 私欲을 鎭壓하고 隱微한 天理를 擴得할 때에 知性은 비로서 밝아지는 것이요, 知性이 天理에 밝아질 때에 天理를 온몸에 擴張할 수 있는 것이며, 天理가 온몸에 擴張되므로서 宇宙에 天理가 充滿할 수 있다. 孟子께서 말 하시기를 "대저 自己에게 四端이 있는 것을 知覺하야 모두 推廣하고 充滿하여 나아가면, 마치 불이 처음 불붙고, 우물이 처음 넘치는 것과 같을지니, 진실로 잘 擴充하면 족히 四海를 保存할 것이요, 진실로 확충하지 못한다면 父母도 섬기지 못할 것이다."[91)라고 하였다.

致知에 있어서 能知의 主體者는 마음이요, 所知의 기본 對象은 性임을 말하고 있는바, 따라서 致知공부의 근본은 盡心知性임을 밝히고 있는 것이다. 盡心하여 知覺의 能力을 明通公溥하게 하므로서 隱微하게 發見된 四端을 明覺하고, 養性의 기초를 확립하는 것이니, 性을 아는 것은 곧 致知공부에 最初의 用功處가 된다.

性을 알므로서 道를 인식할 수 있고, 天理를 體得할 수가 있는 까닭에 만일 學者가 性을 知覺하지 못한다면 致知를 할 수가 없게 된다. 마음을 精一하게 간직하여 性을 알고 동시에 四端을 길러 擴充하므로서 비로소 自我의 本分과 能力과 限界등을 明確히 自覺하여서, 당연히 해야 할 일을 남김없이 알아 실천할 수가 있다. 자기의 道와 理와 命을 體察하여, 인간當爲의 道理와 必然의 天命을 認識하고, 나아가 반드시 해야 될 일을 하려함에

---

91) 「凡有四端於我者를 知하야 皆擴而充之矣면 若火之始然하며 泉之始達이니 苟能充之면 足以保四海요, 苟不充之면 不足以事父母니라.」 (孟子 公孫丑上).

는 먼저 性을 알지 못하고서는 不可能하다.

性은 하늘이 준 바의 天理로서 個體가 이것이 있음으로서 生存하게 되는 원리이다. 따라서 이것은 個體가 存在하게 되는 窮極的 實體요. 義理가 나타나는 本源的 主體이며, 道德이 말미암는 普遍的 個體이다. 이 性을 擴充하지 못할 때에 자기 個體도 存在할 의미가 없게 되는 것이요, 義理가 나타날 수도 없으며, 個體의 平等性도 認定될 수가 없는 것이다. 이와 같이 되면 자기의 存在價値도 환인하지 못한 것으로 어찌 父母를 섬길 수 있을 것인가? 자기의 存在價値를 沒理解한 사람은 他人의 存在意義도 認定하지 못하는 것이다.

學者는 모름지기 자기의 性을 自覺하고, 더 나아가 하늘을 知覺할때에 元亨利貞의 天道와 仁·義·禮·智의 本性을 남김없이 알아서, 綱常의 道德에 承順하고, 本然의 當爲法則을 節度있게 할 수가 있다. 이와 같이 될 때에 毫釐의 私欲도 없이 明哲하게 順天하고, 誠實하게 事天하는 知性이 이루어지는 것인데 이것이 知至이다.

致知공부를 통하여 知性을 남김없이 밝혀 知至에 이르름에는 결국 一般的인 理와 性과 命을 認識하는 것과 더불어 窮理와 涵養이 함께 되는 까닭에 格物공부와 不可分의 관계에 있게 된다. 따라서 格物과 致知는 相長 相輔하는 관계에 있는 것인지라 先儒는 格致공부라 하였으니, 利害得失가운데서 是非를 明辨하여야 하는 것이다.

物理만을 알고 倫理를 모르면 誠實하지 못한 것이요, 倫理만을 알되 物理를 모르면 밝지 못한 것이니, 誠과 明을 다한 연후에 格物 致知가 이루어진다고 할 것이다. 致知공부는 主觀을 확립하고 價値의 尺度를 세우려는 것인바, 伊川선생의 「易傳序」에 그 중요성과 本義가 잘 밝혀 있음으로 이제 그 全文을 옮겨 大義를 드러낸다.

『易은 變易이라 때를 따라 變易하여 道를 따르는 것이다. 그 글됨이 廣大함을 모두 갖추어서 장차 性과 命의 原理에 順하고, 죽고 사는 理致에 通達하며, 事物의 原情을 다하여 萬物을 開化하고 實務를 이루는 道理를 보여주는 것이니, 聖人이 後世를 걱정하심이 지극하다고 하겠도다. 聖人의 시대가 비록 멀지마는 끼친 經典이 아직 남아있도다. 그러나 前儒는 의미를 잃어버리고 말씀만 傳했으며, 後學은 말씀만 외우면서 의미를 잊어 버렸으니, 秦나라 이후로는 대개 傳統이 끊어졌다. 내가 千年의 뒤에 태어나서 斯文이 빠져 희미함을 哀悼하고, 장차 뒷사람으로 하여금 흐름을 쫓아 源泉을 追求하도록 하는 것이니, 이 傳을 짓는 까닭이다.

易에는 聖人의 道가 넷이 있는데, 言者는 그 말씀을 崇尙하고, 動者는 그 變化를 崇尙하고, 制器者는 그 象을 崇尙하고, 卜筮者는 그 占을 崇尙하나니, 吉凶消長의 理致와 進退存亡의 道理를 말씀에 갖추었으니, 이 말씀을 推究하여 卦를 考察하면 가이 變化를 알 것이요, 象과 占은 그 가운데에 있느니라.

君子가 居住한즉 그 象을 觀察하고 그 말씀을 玩味하며, 活動한즉 그 變化를 觀察하고 그 占을 玩味하나니, 말씀을 攄得하였어도 그 意義를 通達치 못한 사람이 있으려니와, 그 말을 攄得하지 못하고서 그 意義를 通達한 사람은 있지 아니하노라. 지극히 微細한 것은 理요 지극히 著明한 것은 象이니, 本體와 作用이 한 根源이라 顯象과 微理가 틈이 없는 바, 모두 통하여 관찰해서 그 典禮를 實行하면 말씀에 갖추어지지 아니함이 없나니라. 그래서 훌륭한 學者는 말을 찾음에 반드시 가까운 데로부터 하나니, 가까운 데를 소홀히 한 사람은 말을 아는 사람이 아니

다. 내가 傳한 것은 말이니 말을 말미암아서 그 의미를 터득한
것은 그 사람에게 있을 것이니라』92)

---

92) 「易은 變易也라 隨時變易하야 以從道也니 其爲書也는 廣大悉備하야
　　將以順性命之理하고 通幽明之故하며 盡事物之情하야 而開物成務之
　　道也니라 聖人之憂患後世가 可謂至矣로다. 去古雖遠이나 遺經이 尙
　　存이라 然而前儒失意以傳言하고 後學은 誦言而忘味하니 自秦而下는
　　蓋無傳矣라 予生千載之後하야 悼斯文之湮晦하고 將俾後人으로 沿流
　　而求源이 此傳所以作也라 易有聖人之道四焉하나니 以言者는 尙其辭
　　하고 以動者는 尙其變하며 以制器者는 尙其象하고 以卜筮者는 尙其
　　占하나니 吉凶消長之理와 進退存亡之道가 備於辭하나니 推辭考卦면
　　可以知變이리니 象與占은 在其中矣라 君子居則觀其象而玩其辭하고
　　動則觀其變而玩其占하나니 得於辭라도 不達其意者有矣어니와 未有
　　不得於辭而能通其意者也니라 至微者는 理也요 至著者는 象也니體用
　　一源에 顯微無間이라 觀會通하야 以行其典禮면 則辭無所不備하나니
　　故善學者는 求言에 必自近이니 易於近者는 非知言者也라 予所傳者
　　는 辭也니 由辭以得其意는 則在乎人焉이라.」(伊川先生 易傳序).

第6章 誠　意

　　誠意란 자기의 意思를 誠實하게 하는 것인데 「大學」에서 명확하게 규정하고 있는바 "그 생각을 성실히 한다는 것은 자기를 속이지 말아야 함이니, 惡臭를 싫어함 같으며, 어여뿐 色을 좋아함 같음이, 이를 일컬어 스스로 快足함이라 하나니, 그러므로 君子는 반드시 그 홀로에서 愼重히 하니라."[93)]라고 하였다. 誠意공부를 하여야 되는 까닭은 毋自欺에 있고, 誠意공부의 所得은 스스로 快足함(自謙)에 있으며, 誠意공부의 방법은 愼獨에 있음을 밝히고 있다. 格物공부를 통하여 客觀的 物理에 밝고, 致知공부를 因하여 主觀的인 倫理에 誠實할 때에 또다시 誠意가 요청됨은 思慮의 主體가 완전히 獨立됨을 의미한다.

　　依他的이거나 被動的 個體로서가 아니라, 獨立的이며 自發인 主體로서 스스로 자기능력을 主宰하고 自由를 누리며 責任을 다하려고 할 때에 필연적으로 意思의 誠實性이 요구된다.

　　意란 마음의 움직임을 因緣해서 情感이 일어나는 사이에 생각하는 것이다. 즉 外物의 感觸에 의하여 反射感情이 일어나는 바, 이 反射感情은 비록 惡은 아니라고 하더라도 마침내 自律能力이 強健하지 못한 까닭에 度數를 지나치게 되어 狂亂한데 이르면, 급기야 惡한데 이르게 되므로 모름지기 사람은 反射感情을 因緣하

---

93) 「所謂誠其意者는 毋自欺也니 如惡惡臭하며 如好好色이 此之謂自謙
　　이니 故로 君子는 必愼其獨也니라.」(大學).

여 事理를 비교하고 헤아리므로서 感情을 純粹하게 하여 뜻(志)을 세우고, 뜻을 세워서 行動에 옮겨야만 바야흐로 人欲의 亂暴한 것을 制御하고, 隱微한 天理를 바르게 드러낼 수가 있다. 그러므로 思慮를 愼重하게 하는 것은 隱微한 心理를 잘 살피는 것이며, 亂暴한 心術을 미리보고 그 幾微를 살펴 萌芽에서 除去하여 버리는 것이며, 天性이 直出하도록 한결같은 心法을 닦음이다.

思慮가 없다면 善惡을 分別하지 못하고 善惡을 分別하지 못하면, 性理가 드러날 수 없는 것이다. 本性의 善을 가려내는 일은 誠實한 생각에 달려있는 것으로 만일 한 생각을 소홀히 하여 人欲에 迷惑된다면 天性의 善이 나타날 데가 없게 되고 만다.

이 하나의 생각은 未發의 靜한 마음과 已發의 動한 感情과의 사이인 靜末 動之初에 있는 까닭에 動之微이니 곧 幾(分岐點)이다. 바로 이 생각의 分岐點에서 毫釐의 差는 行爲의 결과에 있어서 千里의 間隔이 있게 되는바, 愼重히 아니할 수 없는 所以가 있다.

이 한 생각에서 道를 推究하면 天理의 善이 나타날 것이요, 道를 推究하지 아니 한다면 人欲이 私欲으로 흘러 惡만이 드러날 것이다. 그러므로 伊川선생은 "道에 뜻을 둠이 懇切하면 참으로 이것이 誠意이다."[94]라고 하여 思慮란 곧 道에 대한 思慮임을 말하고 있다. 따라서 雜念이나 妄想은 아무리 執念이 强할지라도 誠意가 아님은 스스로 명확한 것이라고 하겠다.

誠意는 本性의 善을 남김없이 俱現하려는 노력과 자기本然에 充實하려는 主義인 까닭에 實事인 것이요, 雜念 妄想은 虛構에 매어달린 것이므로, 誠意는 갈수록 善美하여지고, 妄想은 갈수록 邪惡하여 지는 것이다. 思·想·念·慮를 汎稱하여 意의 槪念에

---

94) 「志道懇切이 固是誠意라.」(近思錄 卷二 第六版).

內包된다고 할 수 있는 것이므로, 意라고 할 때에 眞意도 있고
邪意도 있을 수 있음은 물론이다. 왜냐하면 思慮의 內容에는 善
惡 眞僞가 모두 있을 수 있는 까닭에 意에도 善惡, 眞僞가 없을
수는 없는 것이다. 그러나 誠意라고 할 때는 善意·眞意만을 가
리키는 것이요, 惡意·邪意는 無誠意로 규정된다. 따라서 意는 誠
이 있으므로서만 價値가 있는 것이요, 誠이 없는 意는 참으로 해
로운 것이 아닐 수 없다. 그러므로 學者는 有意, 無意가 중요한
것이 아니라. 有誠意, 思無邪가 尊貴함을 알지 않으면 안 된다.

　誠字의 本意는 無窮한바 「中庸」에서 誠은 天道라고 하여 天道
의 自彊不息하는 實理로 말하기도 하고, 「周易」에서는 邪念을 막
아 그 誠을 保存한다(閑邪存其誠이라)고도하여 純一한 眞實로 말
하기도 하는데, 誠意에 대하여 朱子가 辨釋한 것을 보면 더욱
자세히 알 수 있다.

　"誠의 참 뜻은 實이다. 그러나 經典에서 쓰임이 각기 지적한
바가 있으니, 동일한 槪念으로 논하는 것은 옳지 못하다. 周子가
誠은 聖人의 근본이라고 말한 것과 같은 것은 대개 實理를 指摘
하여 말한 것이니, 곧 「中庸」에서 천하의 至誠이라고 하는 것으
로 사람이 실제로 이 理가 있는 것을 指摘하여 말한 것이요, 溫
公이 일커르는바 誠은 곧 「大學」에서 말하는바 그 생각을 誠實
히 한다는 것이니, 사람이 그 마음을 眞實하게 하여 스스로를
속이지 아니한다는 것을 指摘한 것이다."[95] 誠은 實이라고 할
때에 誠에 대한 本末의 의의를 두루 갖추기는 하였으나, 實에는

---

95) 「朱子曰誠之爲言은 實也라 然이나 經典用之에 各有所指하니 不可一槪
論이라 如周子所 謂誠者는 聖人之本이라함은 蓋指實理而言이니 卽中
庸所謂天下至誠者라 指人之實有此理而言也요 溫公所謂誠은 卽大學所
謂誠其意者也라 指人之實其心而不自欺者也니라.」(心經 卷二 第四版).

實理와 實事가 있다. 實理란 萬善의 源泉이요, 萬理가 俱存하는 永遠不滅의 絶對的인 道體를 말하는 것이며, 實事란 純一無雜한 마음으로 專一執中하려는 공부를 말한다. 그러므로 誠意는 實事이니, 思慮를 純一無雜하게 하여 道心에 專一執中하는 것이다. 尤庵선생은「獨對說話」에서 朱子의 格致誠正論을 引用하면서 다음과 같이 말하고 있다.

"옛날 朱子는 凡事에서 옳은 것을 推究하는 것으로서 格物 致知의 要諦라 하였으니 이 말을 마땅히 깊이 體察해야하며, 誠意의 學說에 이를 것 같으면 善을 좋아하고 惡을 싫어하는 것이 이에 그 實事라하였다."라고 하고 또 "대저 사람의 心體는 格物致知의 뒤에 이미 밝아지고, 좋아하고 싫어하는 것은 誠意의 뒤에 이미 가려진다."[96]

誠意의 誠은 實事임을 糾明하고 있다. 誠을 實理라고 할때는 動靜을 主宰하는 至誠無息의 絶對權能을 말하는 것이요, 實事라고 할 때에는 動함에는 曲盡하고, 靜함에는 敬虔하여 間斷이 없이 마음을 다 쓰는 것이다. 따라서 誠意는 曲盡하여 밝게 善을 알고, 敬虔하여 뚜렷하게 善을 지키며, 間斷이 없이 아름답게 善을 이루는 것인데, 思慮를 誠實히 하므로서 善惡을 밝게 가릴 수 있고, 未然에 惡을 除去할 수 있는 것이다. 그러므로 伊川선생은 動箴에서 말하였는바 "哲人은 幾微를 알아 思慮에서 誠實하고, 志士는 行動을 嚴格히 하는지라 行爲에서 지킨다."[97]고 하였다. 생각은

---

96)「昔朱子는 以凡事求是로 爲格致之要라하니 此當深體也요, 至於誠意之說하면 則好善惡惡이 乃其實事也라하니 ……夫人之心體는 旣明於格致之後요 好惡는 旣辨於誠意之後이라.」(宋書拾遺 卷六七雜著 幄對說話).
97)「哲人은 知幾하니 誠之於思하고 志士는 勵行이라 守之於爲하니」(二程全書 卷四十三 四箴幷序).

行爲로 나타나기 이전으로서 장차 나아갈 바를 指向하여 뜻(志)을 決定하고 곧 行爲로 나아가는 것이다. 그러므로 思慮는 行爲의 源泉이 됨과 동시에 言行의 先導者이면서도, 다른 사람이 알 수 없는 暗室속의 움직임이다. 이 思慮가 남이 알 수 없게 움직이는 까닭에 다른 사람을 속일 수 있음은 물론이요, 자기까지도 속일 수가 있는바 만일 자기를 속이게 된다면 虛僞의 像이 眞實의 像을 내쫓고 客反爲主의 결과에 이르게 될터인즉 자기의 主體를 스스로 지키기 위하여서는 誠意를 하지 않을 수 없는 것이다.

먼저 愼重하게 헤아려서 자기本性의 나타남을 찾아 자기主體를 찾아야 하는바, 惻隱·羞惡·辭讓·是非의 四端을 그윽이 더듬어서 良心의 至上命令을 들어야만 생각의 실마리를 붙잡을 수가 있다. 誠意공부는 良心의 至上命令을 듣지 못하면 손 쓸데가 없는 것이므로, 汎汎茫茫하여 眞假不明하며, 好惡不辨하게 되어서는 虛僞를 眞實로 誤認하고 人欲을 天理로 誤識하는데 이르게 되어, 비록 意思를 曲盡하게 한다고 하더라도 妄想에 불과하게 될 따름이다. 비록 이와 같은 妄想雜念에 사로잡히지는 아니하였을지라도, 良心의 至上命令을 밝게 듣지 못한다면, 알지 못하는 사이에 隱微한 天理를 놓치고 人欲에 얽매이는 僞善에 떨어지나니, 格物致知를 통하여 物理와 倫理에 밝아진 이후에 誠意공부를 할 수가 있는 것이요, 誠意 공부를 하므로서 性理를 알 수가 있는 것이며, 性理를 깨달음으로서 자기의 眞實한 모습을 찾을 수가 있다.

性理란 자기存在의 本然한 원리인데 자기固有의 本然한 원리를 알아야만 思惟와 決斷이 말미암아 나올 수가 있는 까닭에 誠意는 性理를 헤아리는 것으로부터 비롯한다고 하겠다.

誠意공부는 하늘을 아는 공부요, 자기를 찾는 공부인데 이와 같이 知天 正己의 學問은 聖人과 凡人이 나누어지는 길이요, 君子와 小人이 갈라지는 思考방법이 되는 까닭에 朱子는 誠意가 人類와 魔鬼의 關門이라고 하였다.

自覺의 체계는 物理의 利害得失과 倫理의 是非만으로 완전한 바탕을 갖추었다고 할 수 없는 바가 있다. 비록 利得이 있고 또 옳은 일이라 할지라도 반드시 思惟하여 보아야 할 것이 있으니, 곧 天理에 善한가? 惡한가? 하는 性理이다. 良心의 善意로 比較思量된 옳은 이득은 더 말할 것도 없이 善하려니와 만일에 惡意로 計較思量된 利得과 옳은 것은 惡한 것이므로 따르지 못할 것이다.

物理란 그 결과의 利害得失을 중시하는 것이요, 倫理는 그 방법의 是非를 중시하는 것이며, 性理는 그 動機를 重視하는 것이다. 性理는 그 未然之理요, 倫理는 當然之理이며, 物理는 已然之理인 까닭에 性理가 뿌리요 倫理는 줄기이며 物理는 잎이 되는 바, 그 뿌리를 考察하지 아니한 논리는 그것이 정당한 판단일 수 없기 때문이다. 따라서 思惟에 있어서 가장 먼저 밝혀야 할 것은 性理요, 이 性理는 未然의 理인 까닭에 隱微한지라, 이것을 살피기 위하여서는 愼思하지 않을 수 없다. 그래서 "君子는 보이지 아니하는 바에서 警戒하고 愼重히 하며, 그 들리지 아니하는 바에서 惶恐하여 畏懼하나니라."[98]라고 하는바 보이지도 아니하고 들리지도 아니한 것은 未然之理요, 戒愼恐懼는 誠敬인바 性에 誠實하고 理에 敬虔함을 말하고 있는 것이다.

性理에 誠實敬虔하지 못한다면 善을 좋아하고 惡을 싫어하는 感情이 正直하지 못하게 될 것이며, 情感에 正直하지 못하면 誠意가 말미암을 곳이 없는 것이다. 그런 까닭에 모름지기 誠意공

---

98) 「君子는 戒愼乎其所不睹하며 恐懼乎其所不聞이니라.」(中庸 第一章).

부를 하는 사람은 먼저 性理를 밝혀 善惡에 밝아야 하는 것이다.
「周易」에서는 "善이란 天理에 順하는것"99)이라고 하였다. 따라
서 天理에 拒逆하는 것이 惡이 된다고 할 것이다.

天理란 個體마다 타고난 것으로 모두 스스로 간직하고 있는
性인바 「天命之謂性」(「中庸」首章) 자기의 고유한 性을 드러내는
것이 善이요, 자기 本性을 悖逆하는 것이 惡이 되는 것이므로
本性을 가진 사람은 어제나 善을 좋아하고 惡을 싫어하는 感情
이 있다. 孟子는 이와 같은 天道의 絶對的인 善에 근거하여 "가
히 하고자 하는 것이 善이라"100)고 하는 人道의 倫理的 善을 發
明하였을 뿐만 아니라 "正直한 사람의 情도 善한 것이라"101)고
하였다.

天性에서 나타난 純粹한 意欲과 情感이 善한 까닭에 思慮에
있어서 자기를 속이지 아니하면 善端이 自然히 드러나게 되어
있다고 한 것이다. 이와 같이 天理의 性과 知覺의 心과 感應의
情이 善할 수 있음에도 불구하고, 視聽言動에 善하지 못함이 있
는 것은 濁駁한 氣質로 人欲에 물든 造作된 意思에서 惡이 起源
한 까닭이다.

惡의 起源이 人欲에 물든 意에 있는 까닭에 意를 誠實하게 하
여 惡의 萌芽를 拔本塞源하지 않으면 善이 드러날 수 없는 것이
다. 心에 한 생각이 일어남은 氣의 작용인데 이 氣를 淸明하게
하지 아니하면 모든 惡念이 다투어 일어나서 良心의 싹을 문질
러 버리게 될터인즉 善이 어디로 쫓아 나올 것인가? 따라서 善
惡을 밝게 분별하는 데는 먼저 天理와 人欲을 스스로 헤아려서

---

99) 「繼之者善.」(繫辭上第五章).
100) 「可欲之謂善.」(孟子 盡心章句下).
101) 「孟子曰 乃若其情을 則可以爲善矣니 乃所謂善也니라.」(孟子 告子上).

분별하여야 하며, 良心과 私心을 스스로 愼重하게 分析하여야 하는 바, 下氣平心하여 氣分을 檢束하므로서 私欲이 사라지고 根底에 남아있는 아름다운 善의 실마리를 찾아내서 이를 고요하게 키울 때에 비로소 善과 惡, 實과 虛가 自明하게 될 터이니, 學者는 모름지기 明善공부를 함에 먼저 氣質을 檢束하는 것으로부터 비롯할 것이며, 濁駁한 氣質을 淸明하게 변화시키지 아니하고 곧장 天理의 至善處를 얻으려 한다면 이것은 밭 갈고 씨 뿌리지 아니하고서 걷우려는 것과 다를 바가 없을 것이다. 五穀을 잘 가꾸는 農夫는 먼저 그 논밭을 기름지게 하는 것처럼, 天理를 잘 밝히려는 선비는 먼저 그 氣質을 잘 닦아야 한다.

氣質을 馴致하는 길은 欲心을 적게 하여 動搖하는 想念을 鎭定시키고, 精潔한 氣運을 보존하여 淸明精一한 正氣를 이룸에 있다. 孟子는 말하시기를 "마음을 기르는 데는 欲心을 적게 하는 것보다 좋은 것이 없다."[102]라고 하였고, 또 夜氣를 保存하라고 하는 것이 모두 이러한 까닭이다.

周濂溪선생은 「太極圖說」 가운데 主靜의 自註에서 欲이 없는 까닭에 靜이라고(無欲故靜)하여 寡欲이 아니라 無欲을 말하고 있는 바, 이것은 靜을 이루려함이요, 滅情을 뜻함이 아님을 알면 安定된 氣를 찾음의 중요성을 알 수 있을 것이다. 寡欲을 하므로서 氣를 安定시키며, 檢束을 하므로서 氣를 醇化시키고, 夜氣를 保存하므로서 正氣를 發揚하야, 氣質을 馴致한 뒤에야 털끝만한 私意도 개입하지 못하며, 한 점의 邪念도 일어나지 못하게 될 것이니, 이 때에 깊이 생각하여 한 줄기 良心을 얻는다면 善은 그 가운데 있을 것이다. 이 良心의 善에 의거하여 뜻을 세우

---

102) 「孟子曰 養心이 莫善於寡欲이라.」(孟子 盡心下).

거나, 感情을 調節하는데 있어서 善을 알면서도 그 絶對의 命令을 따르지 아니하는 것이 곧 不誠實이요, 善이 자기에게 있는 것을 알면서도 私欲에 물들어 실제로 善을 드러내지 못한 것이 곧 자기를 속이는 짓이다. 그러므로 생각을 曲盡하게 하여 良心의 絶對命令에 順應하려는 노력을 끊임없이 하여야 하나니, 혹 한 번 살펴 順應하는 사람도 있고, 精密하게 살펴 바야흐로 順應하는 사람도 있으며, 勞心焦思하여 마침내 順應하는 사람도 있으나, 良心의 絶對命令에 順應하여 善을 드러내면, 欣然히 自足하고 朗然히 自悅하여 爽快함이 天地에 가득하나니 이것을 自謙이라고 한다.

欣然히 自足함은 欲心을 진압하였기 때문이요, 朗然히 自悅함은 義를 지켰기 때문이며, 爽快함이 천지에 가득함은 천지의 正氣를 길렀기 때문이니, 곧 생각에 邪妄함을 막아 眞實을 保存한 결과이다. 邪妄함을 막을 수 있는 것은 오직 氣를 檢束하고, 氣를 固定하며 氣를 安定시켜, 濁駁한 氣質을 淸明하게 변화하는 것이다.

眞實을 보존함은 良心의 한 줄기를 찾아 그 至上命令에 따르는 것이므로, 모름지기 誠意공부는 氣質을 변화시키려는 노력과 仁・義・禮・智의 四德을 기르려는 수양을 함께 하지 않으면 안된다. 이것은 곧 養氣・養性의 공부를 兼하는 것인바, 氣를 떠나서 性이 있지 아니하고, 性을 떠나서 氣가 있지 아니한 까닭에, 氣質과 性理는 서로 떨어져 있을 수 없으며, 동시에 父母로 부터 받은 氣質과 하늘로부터 받은 性理는 서로 섞일 수도 없는 까닭이다. 氣質은 사람마다 달라서 한 가지로 말할 수 없는 所以가 있으며, 性理는 萬人이 동일한지라 이에 氣와 性을 함께 말할 수 없는 바가 있다.

氣質과 性理는 서로 떨어지지도 아니하고 서로 섞이지도 아니하는 관계에 있는 까닭에, 氣를 기르지 아니하면 性도 기를 수가 없고, 性을 밝히지 아니하면 氣를 힘차게 할 수가 없는 것이다. 따라서 性을 드러내기 위하여 氣를 抑制하려고만 한다면 抑制된 氣로 인하여 性도 抑壓을 받게 될 것이다. 身體가 虛弱하면 精神도 薄弱해 지나니, 心性을 완전하게 기르기 위하여서는 身體를 健康하게 기르지 아니하면 안 된다. 그러므로 천지의 正氣를 收斂한 이후에 천하의 義理를 發揚할 수 있는바, 養氣와 養性공부는 반드시 함께 하지 아니할 수 없는 것이다.

意·念·思·慮는 모두 氣의 運用인 까닭에 한 몸의 氣를 精明하게 기르지 아니하면 意念思慮가 純一할 수 없다. 만일 意念思慮가 純一하지 못하다면 計較 思量이 公平하지 못하게 될 것이요, 計較 思量이 公平하지 못하면 人欲이 다투어 일어나서 私意가 넘쳐흐를 것이며, 동시에 昏迷한 氣에 어리게 될 터인즉 마침내 天理가 湮滅될 것이다. 따라서 氣를 檢束하고 固定시켜서 精明한 氣質로 변화시키는 修養을 같이하여서 노력하지 아니한다면 四端이 바르게 나타날 수가 없다.

天地萬物의 感應원리는 氣가 發動하면서 理가 그것을 타는 것이다. 栗谷 선생은 말하기를, "대저 發하는 것은 氣요, 發하는 까닭은 理이니, 氣가 아니면 發할 수 없고, 理가 아니면 發함이 없는 것으로, 先後도 없고 離合도 없나니 互發이라고 말할 수는 없다."[103]고 하여 發하는 것은 오직 氣임을 밝히고 있다. 즉 意念思慮가 發할 수 있는 원리는 理에 있는 것이나, 意念思慮가

---

103) 「大抵 發之者는 氣也요 所以發者는 理也니 非氣면 則不能發이요 非理면 則無所發이라 無先後하며 無離合하니 不可謂互發也라.」(栗谷全書 卷十 書二 第五版 答成浩原 壬申).

發하는 것은 氣의 功能이다. 이 氣를 淸明하게 기르지 아니하면 意念思慮가 粗雜하게 되어서 天理를 따르지 아니하게 되고, 나아가 狂亂한데 이르게 된다면 調律할 能力을 잃어버리고 마는 것이다. 이것은 氣가 發하여 다시 氣를 해치는 것이니, 즉 氣에서 發한 意念思慮가 狂亂하여지므로서 도리어 氣를 散亂시키게 되어 正氣를 소멸하여 버리는 것인데 이것을 客氣라고 한다.

君子는 客氣를 逐放하고, 正氣를 蘊蓄하여 意念思慮를 珍重히 하는바, 장차 氣가 發함에 理가 반드시 올라타게 하려 함이다. 栗谷선생은 人心과 道心의 관계에서도 發하는 것은 氣임을 밝히고, 다만 人心은 形氣를 因緣하여 氣가 發한 것이요, 道心은 正理를 因緣하여 氣가 發한 것임을 말하고 있는바, 因緣하였다 함은 말미암았다는 말이요, 發動하였다는 뜻이 아니다. 말미암는 것은 所未發之理요, 發動은 所已發之機이니, 理와 氣는 發할 수 있는 것으로 구별된다.

理란 太極으로서 스스로 發할 수는 없는 것이요, 氣란 太虛로서 太極의 理에 의하여서만 發할 수가 있는 것이다. 그러므로 人心과 道心이라고 할 때에 人心은 形氣에서 나오고, 道心은 性命에서 말미암는다고 하면 옳지마는, 人心은 氣가 發한 것이요, 道心은 理가 發한 것이라고 하면 理由와 動機를 分別하지 못한 말이 되는 것이다. 그런 까닭에 栗谷선생이 人心 道心에 대하여 말하기를, "이제 사람의 마음이 性命의 바름에서 곧장 나왔어도 혹 順하게 이루지를 못하고, 그것을 私意로서 틈낼 것 같으면, 이것은 道心으로 비롯하여 가지고 人心으로 마치는 것이요, 혹 形氣에서 나왔어도 正理를 어기지 아니하면 참으로 道心에 어그러지지 아니한 것이며, 혹 正理에 어그러져도 抑制되고 屈伏당하지 아니할 것을 알고, 그 欲求를 따르지 아니하면 이것은 人心

으로 비롯하여 道心으로 마치는 것이다. 대개 人心과 道心은 情과 意를 兼하여 하는 말이다."104)라고 말하였는바, 이것은 道心에서 根源하였으나 意念思慮의 昏迷함 때문에 人心으로 바뀌게되는 것도 있고, 人心에서 胎動하였으나 意念思慮의 明通함으로 말미암아 道心으로 바로 잡게 되는 것도 있는 것이니, 良心과私心이 나누어지는 까닭도 意念思慮에 있는 것이요, 良心과 私心의 두 마음이 본래부터 있어서 그런 것이 아닌 까닭에 學者는 邪氣를 버리고 正氣를 길러서 意念思慮를 誠實하게 하지 아니할수 없다는 것이다.

한 가닥의 생각이 善에 뜻(志)을 두었다고 할지라도 그 氣를 安定시키지 아니하면 氣의 衝擊에 의하여 意志를 挫折시키는데 이른다. 그러므로 孟子는 "그 뜻을 간직하고서도 그 氣를 暴惡하게 하지 말아야 하느니라"105)라고 하며, 尤庵선생은 "사람의 善하지 아니한 마음은 대부분 氣로부터 나온 까닭에 반드시 그 뜻을 간직하라고 하면서도 氣가 散亂하게 되지 말도록 하는 것이다."106)라고 하였는바, 氣를 暴惡 散亂하게 하지 말라고 하는 것은 客氣가 일어나 正氣를 흐리게 될까 두려워함이다.

氣공부는 檢氣와 養氣의 두 가지를 겸하지 아니할 수 없는 것이다. 檢氣하여 客氣의 暴亂함을 除去하고, 夜氣를 存養하여 淸

---

104) 「今人之心이 直出於性命之正이라도 而或不能順而遂之하고 間之以私意하면 則是는 始以道心하야 而終以人心也요 或出於形氣하여도 而不咈乎正理하면 則固不違於道心矣며 或咈乎正理이나 而知非制伏하고 不從其欲하면 則是는 始以人心하야 而終以道心也라 蓋人心道心은 兼情意而言也라.」(栗谷全書 卷九書一 第三十四版 答成浩原書 壬申).

105) 「持其志오도 無暴其氣라하니라.」(孟子 公係丑上).

106) 「人之不善之心이 多從氣字上出來하니 故必使持其志오도 而使氣不能亂也라.」(宋書拾遺 卷六九 經筵講義 己酉正月六日條).

明한 氣運을 이루는 공부를 함께 하여야 한다. 이것은 氣를 平靜하게 하는 노력과 氣를 充實하게 하는 노력의 두 가지 방법이 되는 것으로 곧 靜과 實을 다같이 다스리는 것이다. 氣를 平하게 하여 靜을 이루어서 客氣를 물리치고, 氣를 實하게하여 道를 配合해서 正氣를 모으는 노력을 같이하여야만 마침내 浩然한 氣를 길러서 一意의 私, 一念의 惡, 一思의 邪, 一慮의 悖도 나올 데가 없는 경지에 이르러서야 天理의 道心이 막히는바 없이 곧게 나올 수가 있고 동시에 人心이 人欲으로 흘러 私欲의 惡으로 떨어지지 아니할 수 있는 것이다.

孔夫子는 克己復禮가 仁함이라고 하여 그 조목에서 禮가 아니면 보지 말고, 禮가 아니면 듣지 말고, 禮가 아니면 말하지 말며, 禮가 아니면 움직이지 말라고 하였으니, 보고 듣고 말하고 움직이는 것은 모두 눈·귀·입·몸 등의 氣이며, 보이는 바, 들리는 바, 말하는 바, 움직이는 바도 역시 이 氣이니, 이에 禮가 아닌 것이란 밖의 事物로서 亂暴한 것이요, 보지도 말고, 듣지도 말고, 말하지도 말고, 움직이지도 말라고 하는 것은 자기의 氣를 衝擊하여 正氣가 사라질까 두려워함이다. 對外의 狂亂한 충격을 막아 자기의 正氣를 보존하는 것이 또한 天理를 회복하는 일이 된다고 하겠다.

對外物에 이끌리어 昏迷한 邪氣를 물리치는 방법은 寡欲 또는 無欲해야 하는 것이며, 스스로의 淸明한 正氣를 기르는 방법은 自足해야만 하는바, 寡欲은 氣를 靜虛하게 하는데서 이루어지며, 自足은 氣에 敬虔하게 하는데서 얻어지는데 靜虛한 氣는 스스로 公明하고 敬虔한 氣는 스스로 眞實하나니, 한 몸의 생각이 公明 眞實하면 이것을 意誠이라 하는 것이다.

欲求를 적게 하는 것과 스스로 滿足하는 것은 徹底하게 糾明

되어야 한다. 이것은 적은 것을 얻어서 滿足하라는 말이 아니다. 적은 것을 얻어 가지고 滿足하는 것은 貪欲을 적게 하는데 불과한 것이므로 아직 善을 指向한 것은 아니다. 그러므로 私利私欲을 떠나지 못한 狀態에 있는 것으로 어찌 족히 말할 것이 있겠는가? 道學에서 欲求를 적게 하라는 것은 邪氣를 물리쳐 私利私欲을 완전히 除去하는 것이며, 스스로 만족한다는 것은 正氣를 간직하여 良心을 지키는데서 우러나는 즐거움을 말한다. 그러므로 寡欲은 檢氣공부요, 自足은 養氣공부인 것이다.

周濂溪선생은 일찌기 無欲을 강조하였는바, "聖을 배울 수 있습니까? 할 수 있다. 要道가 있읍니까? 있다, 청컨대 듣고자 합니다. 말하기를 하나가 중요하니, 하나라는 것은 無欲이다. 私欲이 없으면 靜하여 虛하고, 動하여 直하나니라. 고요하여 虛하면 밝고, 밝으면 通達하며, 움직여서 正直하면 公平하고, 公平하면 溥博하나니, 明通하고 公溥하면 거의 되는 것인저!"[107)라고 하였다. 이것은 聖學에 들어가는 제1관문이 바로 邪氣를 除去하여 私利私欲이 일어나지 못하게 하는 것임을 주장하고 있는 것이다.

선비는 고요할 때 오로지하고 움직일 때 正直하는 意志와 고요할 때 收拾하고 움직일 때 퍼지는 정신을 갖추어야 하는바, 「周易」에서 意志는 오로지 正直하여야 되고, 精神은 收拾하여 퍼져야 됨을 말하였다.

"대저 乾은 그 靜함에는 專하고 그 動함에는 直한지라 이래서 偉大함이 생기는 것이며, 대저 坤은 그 靜함에는 翕하고 動함에

---

107) 「聖可學乎아 曰可하니라 曰有要乎아 曰有하니라 請聞焉하나이다. 曰一爲要하니 一者는 無欲也라 無欲則靜虛動直하나니 靜虛則明하고 明則通하며 動直則公하고 公則溥하니 明通公溥하면 庶幾乎인저.」(性理大全 卷二 通書 聖學第二十 近思錄 卷之四 第一版).

는 闢한지라 이래서 廣大함이 생기나니라."108) 이것은 寂然不動
하여 感而遂通함에 있어서 精神을 뭉치지 아니하면 意志도 오로
지 한결같을 수 없게 되는 것이요, 따라서 고요할 때 寂然하게
움직이지 아니할 수도 없는 것을 말함이다.

한 몸이 寂然不動하지 아니하면 發動함에 있어서 精神이 바로
열리지 못하며, 따라서 뜻이 바르게 나올 수도 없는 까닭에 感
而遂通할 수가 없게 되고 만다. 이러한 까닭에 意志를 오로지
곧게 하기 위하여서는 반드시 精神이 '뭉쳤다', '펴졌다', 하여야
하나니, 氣를 收斂하여 보존함과 동시에 氣를 充滿시켜 천지에
가득하게 펼칠 수 있는 能力을 길러야한다.

靜함에 檢氣를 하여 客氣의 浸入을 막고 正氣를 蘊蓄하여야만,
비로소 動함에 正氣를 풀어 四海에 混融合一하게 될 수가 있는
것이다. 이와 같은 氣의 調節能力은 하루아침 하루저녁에 이루어
지는 것이 아닌 까닭에 꾸준한 노력이 요구된다. 갑자기 하려
하거나 억지로 助長시키려 한다면 도리어 躁急한 衝擊이 일어나
氣를 散亂시켜 버리게 되어 調節이 不可能한 狀態에 이르게 될
것이다.

氣의 調節能力을 기르는 데는 先賢은 靜坐法을 강조하고 있다.
靜坐란 靜에 主體하여 淸氣를 蘊蓄하는 것으로 明道선생이 학생
을 가르침에 있어서 말하던 것이요, 朱子도 강조한바 있다." 마
음이 아직 일을 만나지 아니하였을 때에 반드시 이에 靜하면 일
에 臨하여 바야흐로 씀에 문득 힘이 있나니, 만일 靜할 때를 당
하여 靜하지 아니하면 思慮가 散亂하여져서 일을 臨함에 먼저

---

108) 「夫乾은 其靜也는 專하고 其動也는 直이라 是以로 大生焉하며 夫
坤은 其靜也는 翕하고 其動也는 闢이라 是以로 廣生焉하나니라.」(周
易 繫辭傳上 第六章).

倦怠롭게 되는데 이르는 것이다. 伊川선생이 靜하여 오로지 하는
곳을 풀어 말하기를 오로지 한결같이 하지 아니하면 쉽게 이룰
수가 없다고 하였으니, 한가한 때에 이에 收斂하는 것으로 일을
삼으면 문득 精神이 나는 것이다."[109]라고 하였는데 힘과 精神이
있는 것은 靜에 主體하여 夜氣를 收斂한 결과인 것이다. 靜坐의
목적은 氣力을 모으고 精神을 收拾하려는 것이라, 고요히 앉아
눈을 그윽히 감고 邪惡한 생각을 물리치며, 太虛의 正氣를 收斂
함으로서 思慮가 전혀 없이 고요히 앉아 있는 사이에 氣를 뭉치
고 뜻을 오로지 하는 것이다.

　尤庵선생은 "精神이란 氣力과 같은 것"[110]이라고 하였다. 氣力
이 없으면 精神도 昏迷하나니, 明哲한 精神을 간직하기 위하여서
는 充滿한 氣力을 기르지 않으면 안 된다. 그러므로 氣를 調節하
는 能力을 스스로 이룰 때에 비로소 精神도 自由로울 수가 있는
지라 勇氣공부는 養性공부의 바탕이 됨을 알 수가 있다. 靜坐하
여 靜에 主體하여야만 비로소 자기를 속이는 것이 있는지 없는지
도 알 수 있는 것이다. 想念이 散亂한 속에서는 자기를 속이고
있는 줄도 알지 못하게 될 것이다. 그러므로 反觀하여 속이는 것
이 있는가 없는가를 가만히 省察하여서 떳떳함이 있으면 스스로
快足할 것이요, 만일 자기를 속이는 것이 있다면 등에서 땀이 흐
를 것이니, 이 때를 당하여 떳떳함이 있으면 더욱 힘써 天理를 오
로지 간직하고, 속임이 있으면 깨끗이 씻어 바로 잡아 覺悟함이
있어야만 두 번 잘못을 저지르지 아니 하는데 이를 것이다.

---

109)「心未嘗遇事時에 須是靜하면 臨事方用에 便有氣力하나니 如當靜
　　時에 不靜하면 思慮散亂하야 及至臨事에 已先倦了라 伊川이 解靜
　　專處에 云하되 不專一하면 則不能直遂라하니 間時에 須時收歛做
　　事하면 便有精神이니라.」(心經集解 卷三 第十二版 朱子曰).
110)「精神猶氣力也.」(宋書拾遺 卷九 經筵講義 己亥 二月九日條).

君子는 誠意공부를 함에 반드시 그 홀로를 愼重히 한다고 하
였다. 대저 意念思慮는 남이 알지 못하는 바이나, 자기는 이미
뚜렷하게 아는 곳이다. 따라서 자기가 善을 골라잡지 아니하면
누가 도울 수 있는 자리가 아니므로 항상 愼重히 헤아려야 된다.
사람은 內面이 善하면 外貌도 方正하고, 內面이 邪惡하면 外形도
亂雜한 것이니, 자가만 아는 속마음이라 해서 언제까지나 드러나
지 아니한 것도 아니다. 하루아침에 內面의 邪惡함이 外形에 드
러나면 백 번 천 번 後悔하여도 소용없을 것이니, 천하에 누가
보이지 아니한 그의 속마음을 믿어줄 것인가? 일이 여기에 이르
면 비록 자기는 자기를 속일 수 있어도, 사람은 속일 수가 없는
것이다. 하물며 鬼神을 속일 것인가. 하늘을 속일 것인가.

「周易」에서는 "善을 쌓은 집은 반드시 남은 慶事가 있고, 不
善을 쌓은 집은 반드시 남은 災殃이 있다고 하였다"111) 이것은
善을 골라잡거나 惡을 따르는 것이 오직 자기의 獨自的인 意思
를 말미암아 決定된 것인 만큼 그 福과 殃을 받는 것도 그 자신
이 받아야 함을 말함과 동시에 하늘과 귀신과 사람을 속일 수는
없음을 말하여주고 있는 것이다. 한 생각이 善함과 한 생각이
惡함이 마침내 이와 같이 뚜렷이 天下에 밝혀지나니 어찌 두렵
지 아니한가. 어찌 警戒하지 아니할 수 있을까?

「大學」에서는 말하기를 "가운데 속에서 誠實하면 밖으로 모양
이 나타난다"112)고 하며, 또한 「周易」에서는 "敬으로서 內面을
正直하게 하고 義로서 外面을 方正하게 한다"113)고 하였는바, 內
面의 意思를 誠實하게 하지 아니하고서는 外面으로 나타난 情感

---

111) 「積善之家에 必有餘慶이요, 積不善之家에 必有餘殃이니라.」(周易坤
　　　文言傳).
112) 「誠於中이면 形於外라.」(大學).
113) 「敬以直內하고 義以方外라.」(周易 坤文言傳).

이 正直할 수 없음을 거듭 밝혔다. 더욱이 意思의 誠實性은 繼續的이어야만 한다. 만일 처음에는 誠實하였으나 中途에 誠實性이 풀어지게 된다면 私意가 介入되어 變節하는 일이 있게 되어서, 마침내 無誠意한 것이 될 뿐 아니라 罪惡을 짓게 될 것이다.

變節이란 아차하는 순간에 그 本心을 잊어버리고 人欲에 이끌리는 것이니, 어찌 마침내 後悔가 없을 것인가. 그러나 後悔하여도 또한 惡의 痕迹을 지을 수 없을진대 무슨 소용이 있을 것이냐? 그러므로 君子는 思慮의 推理에서 警戒하고, 意念의 記憶에서 恐懼하나니 오래되면 자연스럽게 善한 性理가 모두 드러나게 될 것이다. 意志를 誠實하게 하여 天理에 順應하며 一毫의 私欲도 없는 意誠의 境地를 밝힌 글로는 張橫渠선생의 「西銘」이 있다. 이제 그 原文을 옮겨 本義를 밝힌다.

『하늘은 아버지요 땅은 어머니다. 나의 이 조그마한 모습은 이에 混然히 그 가운데에 살고 있다. 그러므로 하늘과 땅 사이에 가득한 것은 나의 그 形體요, 하늘과 땅의 거느리는 理致는 나의 그 本性이다. 人類는 나의 兄弟요, 萬物은 나의 더부사리이다.

임금은 우리 어버이의 큰 아들이요, 그 大臣들은 큰 아들의 家臣들이다. 나이 많은 이를 존경하는 것은 그 어른을 어른으로 섬기는 원리요, 孤兒와 弱者를 불쌍히 여기는 것은 그 어린이를 어린이로 대접하는 원리이다. 聖人은 그 德을 合一한 사람이요, 賢人은 그 빼어난 이이다. 무릇 세상에 不具者와 病者, 孤兒와 無子者, 홀아비와 과부는 우리 兄弟의 쓰러져서 어려운 이들로 하소연할 데가 없는 사람이다.

항상 인간성을 간직하는 것은 하느님의 아들로서의 경건함이요, 즐거워하면서 또한 근심하지 않는 것은 孝道에 순수한 사람이다. 그 어버이에게 친하는 天倫을 어기는 것은 悖德이요, 仁德의 人間性을 해치는 것은 盜賊이다. 凶惡을 가까이하는 사람

은 才質이 없는 사람이요, 그 생긴 모양대로 사람답게 사는 것
이 오직 본래와 똑같은 사람이다. 天道의 造化를 알면 어버이의
일을 잘 이룰 것이며, 人類의 精神을 살펴 깨달으면 어버이의
뜻을 잘 이을 것이다.

屋漏의 隱密한 곳에서도 부끄러움이 없다면 辱됨이 없을 것이
요, 良心을 간직하여 德性을 기르면 게을러지지 아니할 것이다.
맛있는 술을 싫어하였든 것은 禹임금이 어버이 奉養할 것을 돌
아보심이요, 英才를 기르는 것은 潁考叔처럼 孝心을 남에게까지
미치게 하려 함이다. 어버이 섬기는 수고로움을 게을리 하지 아
니하고 아버지를 기쁨에 이르게 한 것은 舜임금의 그 노력이요,
도피할 곳이 없어 아버지의 삶아 죽임을 기다렸던 것은 申生의
恭遜함이다.

한 몸을 어버이에게서 받아 죽을 때까지 온전히 하여 돌아간
것은 曾參이요, 따르는데 勇敢하여 맨발로 어버이의 命令에 順從
한 것은 伯奇이다. 富貴하고 福澤함은 장차 나의 人生을 두텁게
할 것이요, 貧賤하고 憂戚함은 나를 玉처럼 아름답게 이룰 것이
다. 내가 살아서는 하늘의 뜻에 따라 어버이를 섬기고, 내가 죽
어서는 마침내 조금도 부끄러움이 없이 편안할 것이다.」114)

---

114) 「乾稱父요 坤稱母라 予茲藐焉은 乃混然中處니 故天地之塞은 吾其
    體요 天地之帥는 吾其性이라 民은 吾同胞요 物은 吾與也라 大君者
    는 吾父母宗子요. 其大臣은 宗子之家相也니 尊高年은 所以長其長
    이요, 慈孤弱은 所以幼吾幼라 聖은 其合德이요 賢은 其秀也라 凡天
    下疲癃殘疾과 惸獨鰥寡는 皆吾兄弟之顚連而無告者也라 于時保之는
    子之翼也요, 樂且不憂는 純乎孝子也라 違曰悖德이요 害仁曰賊이니
    濟惡者는 不才하고 其踐形은 惟肖者也라 知化하면 則善述其事하고
    窮神하면 則善繼其志하며 不愧屋漏는 爲無忝이요 存心養性은 爲匪
    懈라 惡旨酒는 崇伯子之顧養이요 育英才는 潁封人之錫類라 不弛勞
    而底豫는 舜其功也요 無所逃而待烹은 申生其恭也라 體其受而歸全
    者는 參乎요, 勇於從而順令者는 伯奇也라 富貴福澤은 將以厚吾之
    生也요 貧賤憂戚은 庸玉女於成也라 存吾順事요. 沒吾寧也라.」(性理
    大全卷第四 西銘. 近思錄 卷二 第十六版 訂頑).

第7章 正 心

　格物·窮理공부로 사물의 理致를 통달하고, 致知공부로 知性이 明覺하고, 誠意공부로 思慮를 純粹하게 이루었다 할지라도, 道學에서는 또한 本心을 항상 간직하고 그 마음이 흔들리지 않게 하는 正心공부를 하지 아니할 수 없다. 그래야만 人間으로서의 主體를 確立하여 사람의 道理를 다할 수 있다. 正心은 마음을 바르게 간직하는 것인데 마음이란 한 몸의 主宰者이다. 그러므로 意識이나 觀念을 裁斷하며, 五官을 管掌하고, 四體를 運用하는 것이 모두 마음이다. 한 몸에서 最高의 主宰機關인 까닭에 이 마음이 있어야만 이 몸이 獨立하는 것이요, 이 마음이 邪妄하면 이 몸도 邪惡하게 되므로 바야흐로 이 마음을 바르게 간지하지 아니할 수 없는 까닭이 있다.

　마음이 없으면 意識도 희미하여져서 생각이 不誠實하게 되어버리고, 五官의 自覺能力이 흐려져서 知性이 昏迷하게 되어버리며, 四肢의 自律能力이 痲痺되어 道理를 구별하지 못하게 되어 버린다. 그런 까닭에 「大學」에서는 말하기를, "마음이 있지 아니하면 보아도 보이지 아니하고, 들어도 들리지 아니하며, 먹어도 그 맛을 알지 못한다."115)고 하였다. 마음이 있지 아니한 것은 곧 한 몸에 主體가 없는 것이요, 만일 主體가 없다면 形骸가 客體化하

---

115) 「心不在焉이면 視而不見하며 聽而不聞하고 食而不知其味니라.」(大學).

게 되어 主人없는 物體가 되어버림을 말하고 있는 것이다. 이렇게 되면 能動的인 인격주체가 아니라 被動的인 姿勢가 되는 것이며, 一貫的인 行爲가 아니라 우발적인 行爲가 되는 것이므로, 인간의 尊嚴性이 있지 못하고 衝激的이며 從屬的인 行爲로의 轉落이다. 그러므로 마음이 있느냐, 없느냐, 하는 것은 自律的인 主體가 確立되었느냐? 喪失되었느냐? 의 의미와 같은 것이요, 더 나아가 자기의 인격을 지켰느냐? 버렸느냐? 와 같은 것이다.

存心을 하는 것은 主體를 定立하고 몸을 지킨다는 말이요, 放心을 하는 것은 主體를 喪失하고 몸을 버린다는 말이다. 이런 까닭에 孟子는 "君子가 平凡한 사람과 다른 까닭은 그 마음을 保存하므로서이니, 君子는 仁으로 마음을 보존하고, 禮로 마음을 보존 하느니라."116)라고 하여 存心과 放心으로서 君子와 小人이 나누어지는 所以가 된다고 말하였다.

君子는 存心하여 主體를 定立하고 있는 까닭에 一貫되는 主觀이 있어서 自律的으로 裁斷하여 行動으로 말미암아 나가지만, 小人은 放心하여 主體를 喪失하고 있는 까닭에 明確한 主觀이 없으니 他律的으로 이끌려서 行動으로 옮기게 된다. 따라서 君子는 事物을 부리지만 小人은 事物에 부림을 당한다.

사물을 부린다는 말은 마음의 命令을 사물이 따른다는 말이요, 사물에 부림을 당하는 것은 事物의 作用에 마음이 흔들린다는 말이다. 存心하면 마음의 權能이 定立되는 것이며, 放心하면 마음의 權能이 喪失되는 것이다. 學者는 모름지기 放置하였던 마음을 찾아야 함을 孟子는 말하였다. "仁은 사람의 마음이요, 義는 사람의 길이니라, 그 길을 버리고 말미암지 아니하며, 그 마음을

---

116) 「孟子曰 君子之所以異於人者는 以其存心也니 君子는 以仁存心하며 以禮存心하니라.」(孟子 離婁下).

잃어버리고도 찾을 줄을 알지 못하나니, 슬프도다! 사람이 닭이나 개를 잃어버림이 있으면 찾을 줄을 알면서도, 마음은 잃어버리고서도 찾을 줄을 알지 못하도다. 學問의 道는 다른 것이 아니라, 그 잃어버린 마음을 찾을 따름이니라."117)

　事物을 좇는데 精神이 팔려서 마음을 간직하지 못하고 버려두는 것은 外物에 이끌려서 主體를 保存하지 못하는 것이다. 五官에 感覺되는 小體를 追求하다가 마침내 心性의 大體를 잃어버리는데 이르는 것이니 곧 價値觀의 顚倒요 認識의 錯誤다. 따라서 價値觀을 바로 잡고 認識을 바르게 하기 위하여서는 잃어버린 마음을 찾는 것이 무엇보다도 중요하다. 그러나 마음을 찾는 데는 어려움이 있다. 마음은 形體가 없을 뿐만 아니라 한 곳에 가만히 固定하여 있는 것도 아니다. 갑자기 나타났는가 하면 忽然히 사라져 버리면서도 흔적이 없으니 그 實體를 파악하는데 어려움이 있다.

　지킬래야 지킬 것이 없고 잃을래야 잃을 것이 없는 것이지만, 格致공부와 誠意공부를 통하여 가만히 더듬어 보면 가슴속에 主宰者가 있음을 스스로 知覺할 것이다. 그것이 곧 마음이다. 孔子께서 마음을 形象하기를 "붙잡으면 있고, 버리면 없으며, 나가고 들어옴이 때가 없으며, 그 故鄕을 알지 못하는 것은 오직 마음을 일커름인저!"118)라고 하였다.

　마음은 神明하여 헤아릴 수가 없으니, 잃어버리기는 쉽고 保存하기에는 어려움이 있는 것이므로, 언제나 어느 곳에서나 한결

---

117) 「孟子曰仁은 人心也요 義는 人路也니라 舍其路而不由하며 放其心而不知求하나니 哀哉라 人有鷄犬放則知求之하되 有放心而不知求하나니 學問之道는 無他라 求其放心而已矣니라.」(孟子 告子上).

118) 「孔子曰 操則存하고 舍則亡하며 出入無時하야 莫知其鄕은 惟心之謂與인저.」(孟子 告子上).

같이 精密하게 살피지 아니하면, 이 마음을 찾을 수가 없는 것이다. 氣分을 鎭靜시켜 胸中을 虛靜하게 하고, 精神을 淸涼하게 하여 頭腦를 明晳하게 함과 동시에, 안밖을 깨끗하게 하면, 비로소 이 마음이 있는 것을 自覺할지니, 動靜語默하는 사이에 항상 이에서 떠나지 아니하여야 이 마음의 體系를 알 수 있는 것이며 자기의 道理를 깨닫는 것이다.

朱子는 마음의 實體를 규명하여 말하는바, 「中庸」序文에서는 "虛靈 知覺"119)라 하였고, 「大學」 正心의 註에서는 "한 몸의 主宰 「心者는 人之神明이니 所以具衆理하야 而應萬事者也라 性은 則心之所具之理요 而天은 又理之所從以出者也라」(孟子 盡心章 朱子註)者"120)라고 하였으며, 「孟子」 盡心의 註에서는, "마음은 사람의 神明인데 모든 理致를 갖추어 가지고 만사에 應하는 원리이며, 性은 마음에 具備한 원리요, 동시에 하늘은 理가 비롯하여 나온 곳이다."121)라고 하여 마음이란 虛靈하며, 知覺하며, 神明한 것으로 한 몸의 主宰者임을 말 하였다.

虛靈이란 마음의 本體에 한 물건도 있지 아니하여 住着이 있지 아니 함을 말하고, 知覺이란 마음의 작용이 정밀하여 한 가지 일이라도 막힘이 있지 아니하는 良知가 있음을 말하며, 神明이란 마음의 運用이 오로지 한결같아 하나의 이치도 통달하지 아니함이 없는 權能이 있음을 말한다. 住着이 없는 까닭에 中正한 것이요, 中正한 까닭에 道心이라 하는 것이며, 精密한 良知가 있는 까닭에 스스로 知覺하는 것이요, 스스로 知覺한 까닭에 良

---

119) 「心之虛靈知覺은 一而已矣라.」(中庸序).
120) 「心者는 身之所主也라.」(大學 先正其心註).
121) 「心者는 人之神明이니 所以具衆理하야 而應萬事者也라 性은 則心之所具之理요 而天은 又理之所從以出者也라.」(孟子 盡心章 朱子註).

心이라하는 것이며, 오로지 한결같은 權能이 있는 까닭에 自由스
러운 것이요, 自由스러운 까닭에 大人의 마음이라고 하는 것인
데, 이러한 마음이 天理의 本性에서 말미암은 것인 까닭에 本心
이라 하는 것이다. 마음은 본래 하나일 뿐이지만 그 表出된 機
能을 主張하여 말 할 때에 각각 특별히 지적하여 이름 한 것이
다. 따라서 道心·良心·大人之心·本心은 모두 하나의 마음인
것이요, 그 純粹性을 일컬어 赤子之心 이라고도 하는 것이다. 이
와 같이 虛靈함이 中正하고, 知覺함이 純粹하며, 神明함이 剛健
한 主宰者의 원리를 心理라고 하는바, 이 마음이 없으면 이 원리
가 없는 것이다.

虛靈하며 知覺하며 神明한 마음은 天理의 本然으로 모든 사람
에게 원래부터 있는 바이지만, 기질이 濁薄하게 되어 人欲에 가
리우게 되면, 純一하게 發露하지 못하게 되고, 나아가 마침내 消
滅하여 버리나니, 가슴속에서 이 마음이 사라져 버리면 마침내
입으로는 이 이치를 이야기하여도 空談에 지나지 않게 된다. 聖
人의 傳授心法에서 말하기를 "人心은 危殆하고 道心은 隱微하니
오직 精密히 하고 專一하게 하여야 어여쁘게 그 中을 잡으리라
."[122]라고 하여 精密하게 살피고 專一하게 지켜야만 道心을 體得
할 수 있음을 밝혔고, 孟子는 인간本然의 마음이 없어지는 理由
와 찾는 방법을 다음과 같이 밝혔다.

"牛山의 樹木이 일찌기 아름답더니 큰 나라 首都의 郊外인지
라, 도끼와 자귀가 그것을 찍어 버렸으니 가이 아름답다 하겠는
가? 이것이 또 밤낮으로 자라나서 비와 이슬이 적셔줌에 싹눈이
생기지 아니함이 없건마는 소와 양을 또다시 몰아서 放牧하는

---

122) 「人心은 惟危하고 道心은 惟微하니 惟精惟一이라야 允執厥中하리
라.」(書傳 大禹謨).

지라, 이래서 저와 같이 민둥하게 벗겨졌나니, 사람들이 민둥하
게 벗겨진 산을 보고 일찌기 나무가 있지 않았다고 말하지만 이
것이 어찌 山의 本性이리오. 비록 사람에게 있어서도 어찌 仁義
의 마음이 없으리오마는 그 良心을 잃어버린 까닭에 또한 도끼
와 자귀가 나무에 대하여 아침마다 찍는 것과 같으니 가이 아름
다울 것이냐? 그 밤낮으로 자라는 바와 새벽 正氣에는 그 좋아
하고 싫어함이 다른 사람과 더불어 서로 가까운 것이지만 곧 그
아침 낮의 하는바에 얽혀서 망치게 됨이 있나니, 얽힘이 反覆되
면 그 淸明한 夜氣를 족히 간직하지 못할 것이요, 夜氣를 족히
간직하지 못한다면 짐승과 다름이 멀지 아니 하나니 사람이 그
짐승 같음을 보고서 일찍이 才質이 있지 않다고 말하는데 이것
이 어찌 사람의 眞情이리오! 그런 까닭에 참으로 그 養育하는
길을 얻으면 자라지 아니한 事物이 없고, 참으로 그 養育하는
길을 잃어버리면 消滅하지 아니한 事物이 없는 것이다."123)

　사람은 仁義의 마음이 본래 있으나, 人欲에 시달리고 私意에
짓밟혀 마침내 良心이 痲痺된데 이른 것이므로, 이 良心을 誠實
하고도 敬虔하게 기르지 아니하면 蘇生시킬 수가 없다. 微細한

---

123) 「孟子曰 牛山之木이 嘗美矣언마는 以其郊於大國也라 斧斤伐之어
　　니 可以爲美乎아 是其日夜之所息과 雨露之所潤에 非無萌蘖之生焉
　　이언마는 牛羊을 又從而牧之라 是以로 若彼濯濯也하니 人見其濯
　　濯也하고 以爲未嘗有材焉이라하나니 此豈山之性也哉리오 雖存乎
　　人者도 豈無仁義之心哉리오마는 其所以放其良心者가 亦猶斧斤之
　　於木也에 旦旦而伐之하니 可以爲美乎아 其日夜之所息과 平旦之氣
　　에 其好惡이 與人相近也者幾希어늘 則其旦晝之所爲에 有梏亡之
　　矣이러니 梏之反覆하면 則其夜氣를 不足以存이요 夜氣를 不足以
　　存하면 則其違禽獸이 不遠矣니 人이 見其禽獸也하고 而以爲未嘗
　　有才焉者라하나니 是豈人之情也哉리오 故로 苟得其養하면 無物不
　　長이요, 苟失其養하면 無物不消니라.」(孟子 告子章句上).

싹을 또한 蘇生시켰다고 할지라도 剛健하게 계속 기르지 아니하
면, 또한 主宰能力을 잘 발휘하지 못하는 것이니, 이 마음을 기
르는 일보다 중요한 것이 없다. 따라서 孟子는 養心을 강조하는
것이며, 그 방법으로 精爽한 夜氣를 보존하고, 淸潔하며 和平한
새벽 氣運을 간직하는 安靜공부와, 私欲을 抑制하는 寡欲의 愼動
공부를 말하였다. 安靜愼動으로 이 마음을 恢復하면, 나아가 靜
虛 動直하여 이 마음을 항상 간직할 것이고, 이 마음이 항상 간
직되면 더욱 힘써서 正心공부를 하여야만 바야흐로 이 마음을
明通公溥하게 할 수 있을 것이다.

착한 마음일 지라도 感情에 偏辟되어 거기에 執着하면, 오히
려 邪妄하여 지는바 마음에 中正을 잃게 되는 까닭이다.

사람을 사랑하는 것은 善이지만, 사랑에 빠지는 것은 오히려
邪妄한 것이요, 사람에게 恭遜한 것은 善이나, 지나치게 恭遜하
면 邪妄한 것이다. 그러므로 「大學」에서 말하기를, "일컬은바 몸
을 닦는 것이 그 마음을 바르게 함에 있다고 하는 것은 몸에 성
난바가 있으면 그 바름을 얻지 못하고, 두려운 바가 있으면 그
바름을 얻지 못하고, 좋아하는 바가 있으면 그 바름을 얻지 못
하고, 근심 걱정한바가 있으면 그 바름을 얻지 못하니라."[124]라
고 하였다. 이것은 意識속에 先入觀이나, 妄想이나, 固定視念이
있어서는 마음이 平正하게 될 수 없음을 말하고 있는 것이다.

忿懥·恐懼·好樂·憂患은 모두 인간의 感情이라 사람에게 없
을 수 없는 것이다. 그러나 몸에 이와 같은 感情이 發動하면 마
음까지 衝動하게 되어 靜虛할 수가 없게 되는 것이므로 마음을

---

124) 「所謂修身이 在正其心者는 身有所忿懥하면 則不得其正하고 有所
恐懼하면 則不得其正하고 有所好樂하면 則不得其正하고 有所憂患
하면 則不得其正이니라.」(大學).

바르게 하기 위하여서는 먼저 그 情과 欲을 鎭壓하지 않으면 않
된다. 만일 情과 欲을 鎭壓하지 못한 상태에서 마음속을 헤아려
판단한다면, 그 판단은 公明正大한 것일 수가 없게 된다. 왜냐하
면 意識一般속에 벌써 固定觀念의 작용이 있으므로 그것에 이끌
리고, 그것에 가리워져서 心理에 어둠이 있게 되어서 必然的으로
偏辟된 판단을 하고 있으면서도 자신이 偏辟된 판단을 하고 있
다는 事實自體도 깨닫지 못하는데 이르는 까닭이다.

情과 欲에 빠져서 헤어나지 못하므로서 偏辟된 생각을 하면서
도 그런 사실을 깨닫지 못하는 마음을 邪心이라고 하는 것이요,
일체의 衝激을 鎭壓하고 고요하게 움직임이 없다가 感發하여 곧
게 나오는 마음을 心正이라고 하는 것이다. 그러므로 正心공부는
邪心을 除去하는 것인데, 邪心을 제거하는 방법은 靜과 誠과 敬
임을 말하고 있다.

「周易」에서 "邪妄함을 막아 그 誠을 保存한다"[125]고 하였고,
"敬으로서 內面을 곧게 한다"[126]고 하였으며, "易은 思慮가 없
으며, 作爲가 없어서, 寂然히 不動하다가, 感應함에 드디어 天下
의 理致를 통하나니, 天下의 지극한 神明이 아니면 그 누가 이
와 같이 하겠느냐"[127]고 하였는바, 誠과 敬과 不動은 곧 靜의
세 가지 正心법으로 아무리 강조하여도 지나침이 없는 最高의
원리로 인정되여 왔다.

周濂溪 선생은 主靜을 강조하고(太樹圖說및 通書) 또 "五常百
行이 誠이 아니면 안되나니 邪妄하여지고 暗塞하게 된다"[128]고

---

125) 「閑邪存其誠..」(乾文言傳).
126) 「敬以直內.」(坤文言傳).
127) 「易은 無思也하며 無爲也하야 寂然不動이라가 感而遂通天下之故
　　하나니 非天下之至神이면 其孰能與於此리오.」(繫辭上 第十章).
128) 「五常百行이 非誠非也니 邪暗塞也니라.」(性理大全 通書 誠下第二).

하여 誠을 강조하는 것이며, 明道선생은 "생각에 邪妄함이 없으며, 敬虔하지 않음이 없어야 하니, 다만 이 두 글귀를 循環하여 實行하면 어찌 어그러짐이 있겠는가? 어그러짐이 있는 것은 모두 敬虔치 아니하고 바르지 아니함으로서이다"129)라고 하여 敬을 통한 修養을 주장하는 것이요, 朱子도 居敬을 말하는바 "敬의 한 글자는 참으로 聖門의 綱領이요, 存心養性의 요체이니, 한결같이 이에 主義하며 다시 內外와 精粗에 틈이 없을 것이다."130)라고 하였다. 이와 같이 靜과 誠과 敬을 중요 存心법으로 말한 까닭은 貞靜하지 아니하면 虛靈한 마음을 찾을 수가 없고, 居敬하지 아니하면 마음의 知覺을 直通하게 할 수가 없으며, 至誠하지 아니하면 마음의 神明을 通達할 수가 없는 까닭이다.

　대저 靜하여야 虛할 수 있고, 敬하여야 直할 수 있으며, 誠하여야 明할 수 있는바, 靜과 敬과 誠은 모두 하나의 마음을 간직하여 기르는 방법인 것이요, 또한 靜, 敬, 誠도 서로 다른 것이 아닌바, 安定하여 誠敬으로 存心하는 같은 공부인 것이다. 靜하기 위하여서는 無欲하여야 한다. 欲이 있으면 곧 動搖하게 되는 까닭에 欲을 鎭壓하는데 힘차지 아니하면 안 된다. 欲에 대하여 朱子는 말하기를, "欲이란 입, 코, 귀, 눈, 손발의 하고자 한바를 일컬은 것이니, 비록 사람에게 없을 수는 없는 바이다. 그러나 많은데도 節制하지 아니하면 그 本心을 잃어버리지 아니함이 있지 아니 하나니, 學者는 마땅히 깊이 警戒하여야 한다."131)라고

---

129) 「思無邪하며 毋不敬하니 只此二句를 循而行之하면 安得有差리오 有差者는 皆由不敬不正也니라.」(近思錄 卷四第二版 明道先生曰).
130) 「敬之一字는 眞聖門之綱領이요 存養之要法이니 一主乎此하면 更無內外精粗之間이니라.」(朱子語類十二).
131) 「朱子曰 欲은 謂口鼻耳目四肢之所欲이라 雖人所不能無이나 然多而不節制하면 則未有不失其本心者니 學者所當深戒也라.」(心經集解 卷四第七版).

하였고, 程子는 "반드시 沈溺된 뒤에 欲이 되는 것이 아니라, 다만 向한바만 있어도 곧 欲이 된다."132)라고 하는 것이다, 五官感覺의 作用을 停止시키고, 散亂한 思慮를 整頓收斂하는 것이 欲을 鎭壓하는 길이요, 동시에 靜에 이르는 길이 된다고 하겠다.

靜이라고 할 때에 寂과는 구별하여야 한다. 靜은 지극하면 動하는 원리가 있는 까닭에 靜속에는 動의 뿌리가 들어있는 것이나, 寂은 움직임으로 나오는 원리가 없는 滅인 따름이다. 따라서 靜虛라고 할 때의 虛도 虛無가 아니라 虛靈인 것이니 正氣를 收斂하여 渾然天成한 中正상태를 말하고 있는 것이다. 그러므로 助長이나 假飾이 있을 수가 없는 것이요, 더 나아가 無氣力하거나 沒知覺함이 있지 아니하다. 靜하면서도 寂이 아니요, 虛하면서도 滅이 아닌 까닭에 中正한 實理이다.

敬은 恐懼하는 자세에서 비롯하고, 誠은 戒愼하는 精神에서 말미암은바, 恐은 客體의 至尊함에서 우러나는 두려움이요, 懼는 主體의 至嚴함에서 말미암아 나오는 두려움이다. 客體의 至尊함에 對하여 敢히 嚴肅하지 아니할 수 없는 생각과 主體의 至嚴함에서 말미암아 반드시 正直하지 아니할 수 없는 생각이 즉 敬이라고 하겠다. 따라서 위로 至尊한 天理에 嚴肅하고, 안으로 至嚴한 本心에 正直하는 것이 바로 敬이니, 知覺은 敬虔함으로부터 비롯되고, 嚴肅正直하여야 敬에 이를 수 있는 것이다. 戒는 外的 天道를 具現하려는 精神이요, 愼은 內的 自性을 實現하려는 精神이다. 밖으로 天地의 일반적인 道德律을 어기지 아니하려는 齊戒精神과, 안으로 자기의 고유한 道德律을 어기지 아니 하려는 謹愼精神이 바로 誠이라고 하겠다. 따라서 誠은 他律的 원리와 自律的 원리

132) 「不必沈溺然後爲欲이요, 但有所向則爲欲이라.」(同上).

를 밝게 알아야만 할 수 있는 것이니, 「中庸」에서 "誠을 말미아 마 밝은 것을 天性이라 하고, 高明함을 말미아마 誠하는 것을 教育이라 하는 것이니, 誠하면 곧 神明하고, 高明하면 誠하나니라."[133]라고 하였다. 이와 같이 誠하면 곧 神明한 것이요, 高明하면 誠하게 되는 까닭에 教學을 통하여 高明하게 되려는 노력을 아니할 수 없는 것이며, 齊戒謹愼하는 정신을 어느 때 어느 곳에서나 쉴 수가 없는 것이다. 偏辟된 邪心을 除去하는 방법이 결국 寡欲과 正直의 교육을 통하여 靜虛·敬虔·誠明하게 되는 것이나. 이렇게 하여야만 비로서 虛靈·知覺·神明한 本心을 밝혀서 心正이 될 수 있는 것을 여러 聖賢은 말하고 있는 바이다.

孔子가 '40세에 不惑 하였다'는 것은 心體가 虛靈하여 털끝만치의 막힘도 없었다는 것을 말하는 것이요, 孟子가 '40세에 不動心하였다'는 것은 마음의 知覺이 嚴正하여 疑懼가 없는 것을 말하며 孔子가 "70세에 마음이 하고자 하는 바를 따라도 法度를 넘어가지 않았다"[134]고 하는 것은 마음의 運用이 神明하여 생각하지 아니하여도 達通하고 힘쓰지 아니하여도 的中하는 渾然天成한 聖人의 마음을 말하고 있는 것이다. 따라서 不惑하는 마음이나 不動한 마음, 또는 聖人의 마음이란 靜虛誠敬의 공부를 꾸준히 계속 할 때에 드디어 40세를 넘어서 비로서 이루어 졌음을 알아야 하고, 孔子께서도 70세에 마음의 主宰가 大中至正하게 되었음을 깊이 알아야 한다.

마음이란 비록 잡으면 있고 놓으면 없어져 버리는 것이라고 하였으나, 내 마음을 붙잡아 있게 하였다고 하여, 반드시 良心이

---

133) 「自誠明을 謂之性이요, 自明誠을 謂之教니 誠則明矣요, 明則誠矣니라.」(中庸).
134) 「七十而從心所欲이라도 不踰矩하니라.」(論語 爲政).

나 本心을 찾았다고 主張할 수 없는바가 있다. 良心이나 本心
또는 道心은 지극히 隱微한 까닭에 그것을 辨別하는 知能의 발
달이 없이는 깨닫기가 어려운 것이다. 그런 까닭에 聖賢은 精密
하게 살피고 오로지 한결같이 지키라고 하였든 것이요, 仁·義·
禮·智에서 말미암은 四端을 知覺하라고 하는 것이며, 惻隱·羞
惡·辭讓·非是의 人情을 되찾으라고 하는 것이다.

　孟子는 "저울에 달아본 뒤에 가볍고 무거운 것을 알며, 자로
재어본 뒤에 길고 짧은 것을 아나니, 萬物이 모두 그렇지만 마
음이 더욱 심한 것이다."135)라고 하여, 心理의 本末輕重과 作用
의 終始長短과 運用의 先後厚薄을 헤아려 보지 아니하고서는 그
實體를 파악하기가 어려움을 말하였다. 가련하고 불쌍한 마음과,
부끄럽고 미워하는 마음과, 恭遜하고 敬畏하는 마음과, 옳은 것
을 좋아하고 그른 것을 싫어하는 마음이 모든 사람에게 있지마
는 그것이 무슨 마음인지 明確하게 인식하지 못하면 道體에 주
장이 서지를 못하는 것이요, 따라서 主宰能力을 발휘하지 못하게
되며, 快足도 있지 아니한다.

　대저 마음에는 性과 情이 있는바 孟子는 다음과 같이 밝히고
있다. "惻隱한 마음이 사람에게 모두 있으며, 羞惡하는 마음이
사람에게 모두 있으며, 恭敬하는 마음이 사람에게 모두 있으며,
是非하는 마음이 사람에게 모두 있나니, 가련하고 불쌍한 마음은
仁이요, 부끄럽고 미워하는 마음은 義요, 恭遜하고 敬畏하는 마
음은 禮요, 옳은 것은 옳다하고 그른 것은 그르다 하는 마음은
智이다. 仁義禮智는 外物로부터 말미암아서 나를 同化시킨 것이
아니라 나에게 固有한 것이 건만은 생각하지 아니한 것일 따름

---

135) 「權然後에 知輕重하며 度然後에 知長短이니 物皆然이어니와 心爲
　　甚이라.」(孟子 卷一 梁惠王).

이다. 그런 까닭에 말하기를 探究하면 그것을 얻고 버리면 그것을 잃어버린다고 하나니, 혹 善惡이 서로 두 배나 다섯 배가 되어도 計算함이 없는 것은 그 才能을 다 하지 못함이다."136)라고 하여 心體의 固有性과 그 作用의 純粹性을 말하고 있다.

마음의 本體는 仁義禮智로서 곧 性理인데 이것은 天理의 本性임을 밝히고, 동시에 惻隱·羞惡·辭讓·是非의 四端은 인간의 情感으로서 곧 人情의 참모습인바, 이것은 인간의 純情임을 밝히고 있다. 따라서 仁·義·禮·智의 性은 마음의 本體이며 根源이요, 惻隱, 羞惡, 辭讓, 是非의 情은 마음의 작용이며 發動이다. 그런 까닭에 張橫渠선생은, "마음은 性과 情을 總統한다."137)라고 하며, 朱子도 心과 性과 情의 관계를 밝힘에 있어서 "性과 情과 心은 오직 孟子가 충분히 잘 敍述하였으니, 仁은 性이요 惻隱은 情인데 모름지기 마음으로부터 發出하여 온 것이요, 마음은 性情을 統御하는 것이다." 라고 하며, "性은 마음의 理요, 情은 마음의 感動이다."138)라고 하여, 마음은 形而上인 性을 體로하여서 形而下인 情을 用으로 하는 主宰者임을 밝히고 있다. 그러나 情의 發動이 모두 心의 作用이 된다는 말은 아니요, 다만 그 관계에 있어서 情은 心의 統制아래 있음을 말함과 동시에 마

---

136) 「惻隱之心은 人皆有之하며 羞惡之心은 人皆有之하며 恭敬之心은 人皆有之하며 是非之心은 人皆有之하니 惻隱之心은 仁也요 羞惡之心은 義也오 恭敬之心은 禮也요, 是非之心은 智也니 仁義禮智는 非由外鑠我也라 我固有之也언만 弗思耳矣니 故로 曰求則得之하고 舍則失之라하나니 或相倍蓰而無算者는 不能盡其才者也니라.」 (孟子 告子上)

137) 「心統性情者也라.」(性理精義 卷九 心性情)

138) 「性情心은 惟孟子說得好하니 仁是性이요 惻隱是情이며 須從心上發出來니 心統性情者也라」「性者心之理요 情者心之動이라.」(朱子語類 卷五 十一頁및 十五頁)

음이 작용하는 範疇에 포함되는 것을 의미한 것이다. 그러나 情의 發動과 心의 作用은 어쩔 수 없이 辨別하지 아니할 수 없는바, 情은 外感內動이요 心은 外感內應이다.

情의 發動은 外物의 衝擊에 의하여 反射的으로 感發하여 나오는 현상을 말하는 반면에 마음의 작용은 外物의 衝擊에 대하여 能動的으로 應感하여 나아가는 현상까지도 통털어 말한다. 따라서 情의 發動은 被動的인 것뿐인데. 마음의 작용은 能動的인 것도 있으며, 情이 本能的인데 대하여, 마음은 思惟的인 것까지도 포함한다고 하겠는바, 곧 情에는 意識的인 意志思慮가 없으나, 마음에는 意思志慮의 意識도 있다. 그런 까닭에 情의 發動에는 統制能力이 不完全하고 마음의 作用에는 統制能力이 갖추어 있다. 따라서 情의 發動은 純粹하기는 하지만 中節할 곳에 멈추어야 하는 調節能力이 불완전한 까닭에 지나치게 넘쳐흐르기가 쉬운 것이요. 마음의 작용은 意識的이기는 하지만 中節할 때에 멈추어야 하는 調節能力이 온전하게 갖추어 있는 것이다. 따라서 지극히 넘쳐흐르는 感情을 마음으로 調節하고, 지극히 統制되는 마음의 작용을 情으로 調和하게 하는 것이 곧 性과 情과 마음이 일치하는 것이요, 마음이 情을 統制한다고 하는 것이다.

先儒는 滅情을 말하지 아니하고 順情을 말하며, 無心을 말하지 아니하고 存心을 말하는 것이니, 存心이 된 情은 善하지 아니함이 없는 것이요, 順情이 된 마음은 바르지 아니함이 없는 것이다. 다만 欲과 情은 엄격하게 구별하여야 한다. 欲은 한 몸의 사사로운 感覺에서 일어나는 것이요, 情은 本性의 公理에서 말미암은 것이니, 情은 理致를 順한 것이지마는 欲은 理致를 거스리는 것이다. 따라서 欲은 엄밀한 의미에서 情이 아닌바, 孟子가 '可欲之謂善이라고 할때의 欲은 七情을 말하는 것이요, 私欲

을 말한 것이 아니다. 그래서 孟子는 마음을 기름에는 寡欲하여
야 한다고 하며, 周濂溪선생은 無欲을 주장하는바, 孟子가 말한
欲은 七情의 하나인 欲이요, 周濂溪선생이 欲이라고 할 때에는
私欲을 말한 것으로 보아야 한다. 人欲은 本性의 天理에 상대하
여 하는 말인 까닭에 順理의 情欲과 逆理의 私欲을 세밀하게 분
별하여 다스리지 아니하면 私欲이 動하여 情分을 이기게 되므로
깊이 살피지 아니할 수 없는 것이다.

　또한 性과 心도 부득이 분별하지 아니할 수 없는바, 性은 天
理를 個體속에 具備하고 있는 것이라 곧 理인 것이다. 그러나
마음은 虛靈不昧한 個體의 主宰機關이니 곧 氣인 것이다. 栗谷선
생은 이를 分別하여 "性은 理요, 心은 氣이며, 情은 마음의 感動
이라고 하였다." 「性은 理也요, 心은 氣也며 情은 心之動也라」
(栗谷全書 卷十一書四答安應休) 그런 까닭에 性은 動靜이 없으나
마음은 動靜이 있는 것이요, 性은 모든 사람이 동일한 普遍性이
있지만 마음은 사람마다 서로 다르게 나타나는 特殊性이 있는
것이며, 性은 無思無爲하지만 마음은 有思有爲하는 것이므로, 性
은 理라고 하는 것이며, 마음은 氣라고 하는 것이다.

　理는 動靜의 원리요 氣가 動靜하는 것이니, 性이 스스로 發할
수는 없고, 마음이 發하는 것이며, 理는 보편적 동일성이 있고
氣는 特殊的 異質性이 있는 것이니, 性은 모든 사람이 똑같은
平等性이 있는데 마음은 사람마다 獨立하는 自由性이 있으며, 理
는 無計度, 無商量, 無作爲하지만 氣는 有計度, 有商量, 有作爲하
니 性은 意識的인 作爲가 없지마는 마음은 意識的 作爲가 있는
것이다. 따라서 性을 本然한 天理라 하는 것이요. 마음을 虛靈한
知覺이라 하는 것이다.

　虛靈은 氣가 淸粹하여 가리고 막힘이 전혀 없는 것을 말하는

것이다. 가리움이나 막힘이 없는 까닭에 天理를 뿌리하여 萬事에 밝게 感應하는 것이요. 이와 같은 功能이 있는 까닭에 心正이라 하는 것이며 靈臺 또는 太極(人極)이라고 하는 것이다. 따라서 情이 未發할 때에는 仁·義·禮·智의 四德을 本有한 中으로 규정하는 것이며, 마음은 靜할 때에 大中至正의 道를 스스로 確立한다고 하는 것이다. 性은 動靜을 초월한 形而上의 理인 까닭에 未發의 境界에 있는 것이요, 心은 動靜이 있는 形而下의 氣인 까닭에 靜하여서는 虛하고 動하여서는 直하는 動靜의 境界에 있는 것이다.

未發과 靜은 이와 같이 함께 論할 수 없는바, 未發은 渾然天成한 것이요, 靜은 寂然不動한 것으로 未發은 動靜을 초월하면서도 動靜을 다같이 포함하고 있는 세계며, 靜은 動한 뒤에 靜하고 靜하였다가 다시 動하게 되는 陰陽動靜의 상대적 관계에 있어서 動의 상대개념으로서 靜을 말한 것이다. 따라서 未發은 性의 온전한 實體의 모습을 指摘하여 말한 것이요, 靜은 마음의 건전한 主體의 상태를 指稱하여 말 하는바, 情이 未發할 때에 온전한 원리로 있는 性을 中이라고 하는 바이요, 性이 靜한 때가 中이라고 하는 말이 아니며, 마음이 靜할 때의 건전한 實體가 寂然하다고 하는 것이요, 마음이 未發할 때가 寂然하다고 하는 말은 아니다. 이와 같이 情이 未發할때에 中의 상태가 된 性이 天下의 大本이 되는 것이며, 마음은 고요할 때에 寂然不動하는 것이 한 몸의 至正이 되는 것이다. 朱子는 이 幾微를 밝혀 말하기를, "程子는 中이라는 것은 寂然不動한 것을 말하고, 和라는 것은 感而遂通한 것을 말한다고 하였다. 그러나 中和는 情性으로서 말하는 것이요, 寂感은 마음으로서 말하는 것이다. 中和는 대개 寂感이 되는 원리이니, 그의 말속에서 言字와 者字를

관찰하여 보면 그 微意를 알 수 있다.", 「程子曰 中者는 言寂然
不動者也요, 和者는 言感而遂通者也라, 然이나 中和는 以情性言
者也요 寂感은 以心言者라, 中和는 蓋所以爲寂感也니 觀言字者字
에서 可以見其微意矣」(朱子大全 卷六十七 雜著 易寂感說)라고 하
였다. 中和는 하늘의 이치를 그대로 드러내는 원리요, 寂感은 사
람의 主體를 우뚝 세우는 원리인데 곧 마음속에 스스로의 正과
邪를 가려내어 邪心을 물리치고 正心을 간직하여 자기의 道理를
남김없이 다하려는 공부이다.

　心과 性은 그 實體가 분명하게 구별되는바 寂感공부와 中和공
부의 방법과 원리가 또한 다름을 愼重하게 살피지 아니하면 안
된다. 中和공부는 먼저 本性을 밝혀 天理를 直遂하려는 까닭에
理로 하여금 氣를 制御하려는 방법을 탐구하지만, 寂感공부는 마
음을 바르게 하여 天理를 俱現하려는 까닭에 氣力을 길러 道를
밝게 통하려는 방법을 추구한다. 즉 理로서 氣를 制壓하려는 태
도가 아니라. 氣를 醇化하여 理를 彰明하려는 자세인 것이다. 그
러므로 寂感공부는 모든 氣의 작용을 무시하는 것이 아니라 오
히려 感覺까지도 精密하게 思慮하여 知覺으로 昇華시키려는 노
력을 쉬지 아니하는 것이다. 知覺과 感覺에 대한 先賢의 구분으
로도 性과 心의 관계를 이해할 수 있는바, 知覺은 물론 感覺까
지도 心의 작용으로 규정하고 있는 것을 볼 수 있다.

　"知覺을 마음에 歸屬함은 이에 朱子가 평생 동안 가르쳐 말한
것이다. 그가 吳晦叔에게 答한 글에서는 이미 知覺으로서 智의
작용이라 하였으나, 이것은 앞뒤가 다른 말이 아니다. 대저 知覺
에는 두 가지가 있으니 그 虛靈運用함이 주리고 배부르고 춥고
더운 것을 아는 것은 마음의 작용이다. 이것은 周濂溪와 程明道
가 말하는 知覺이요, 일의 당연한 바를 알고 이치가 그런 理由를

깨닫는 것은 智의 작용이니, 이것은 伊川이 말하는 知覺이다. 두 가지가 각각 지적하는바가 있으니 섞어서 말해서는 옳지 않다.

대개 마음은 氣요, 智는 性이니 性은 곧 理이다. 氣와 理의 두 가지는 떠날 수도 없고 섞일 수도 없다."139) 이와 같이 尤庵선생은 糾明하였는바, 주리고, 배부르고, 춥고, 더운 것을 깨닫는 것은 感覺이요, 道理의 마땅함을 아는 것은 知覺인데, 감각은 氣質의 작용이요, 知覺은 理性의 실마리라고 해서 感覺을 무시 또는 制壓하고 知覺만을 주장하는 태도가 아니다. 비록 感覺과 知覺을 섞어서 말할 수는 없다고 할지라도 感覺機關을 醇化해서 道理를 두루 통할 수 있는데 까지 이르도록 공부를 쌓아야 함을 말하고 있다.

理와 氣는 서로 떠날 수가 없는 까닭에 感覺이 痲痺되면 知覺도 또한 昏迷하여 지는 것이다. 그러나 理는 理요, 氣는 氣이므로 知覺과 感覺은 獨自的으로 發達함이 없는 것도 아닌 까닭에 養氣공부와 明理공부의 방법이 다름이 있게 된다.

心情의 관계를 明察할때에 性은 天理로서 純善無惡하지만 이 것을 온전히 드러내는 데는 情을 正直하게 하는데 있다. 그러나 情은 自律能力이 微弱한 까닭에 부득이 마음의 自律運用力에 의지하지 아니할 수 없게 되는 것이다.

마음의 主宰力은 또한 性을 뿌리로 하여 바르게 道를 통했을 때에만 비로서 邪妄함이 없을 수 있는 까닭에 正心의 공부는 養

---

139) 「以知覺屬心함은 此朱子一生訓說也라 其答吳晦叔書엔 則乃以知覺으로 爲智之用이라하나 此非前後異說也라 夫智覺有二하니 其虛靈運用이 識飢飽寒煖者는 心之用也라 此周程所謂知覺也요, 識事之當然하고 悟理之所以然者는 智之用也니 此伊川所謂知覺也라 二者各有所指하야 不可混論說也니라. 盖心은 氣也요 智는 性也니 性則理也라 氣與理二者는 不可離하고 而不可雜也니라.」(宋子大全 卷一三一 雜著 看書 雜錄).

性과 順情의 노력을 兼하여야 하는 것이다. 그러므로 孟子는, "그 마음을 다하면 그 性을 아나니, 그 性을 다하면, 하늘을 알 것이다."[140]라고 하여 그 元氣를 保存하고 天性을 涵養할 것을 주장하였다. 마음이 氣인 까닭에 感覺的인 人心이 없을 수 없고, 性을 包攝하고 있는 까닭에 知覺的인 道心이 없을 수도 없다.

　朱子는 「中庸」序에서 人心과 道心을 明辨하였는바, "마음의 虛靈知覺은 하나일 따름인데, 人心과 道心의 다름이 있다고 하는 것은 혹 形氣의 私에서 發生하고 혹 性命의 正에서 根原하므로 서 知覺되는 원리가 같지 않으니 이래서 혹 危殆하여 不安하고 혹 微妙하여 나타나기가 어려울 따름이다. 그러나 사람에게는 이와 같은 形氣가 있지 아니함이 없는 까닭에 비록 上智라도 人心이 없을 수 없고, 또한 이와 같은 性命이 있지 아니함이 없는 까닭에 비록 下愚라도 또한 道心이 없을 수 없으니, 이 두 가지가 方寸의 사이에 섞여 있는데도 다스리는 방법을 알지 못하면 危殆한 것은 더욱 危殆로워지고 微妙한 것은 더욱 隱微하게 되어서 天理의 公이 마침내 人欲의 私를 이기지 못할 것이다."[141]라고 하였다. 이것은 마음이 理와 氣를 떠나지 못하는 不相離의 妙處를 말하고 있는 것이다. 즉 마음의 虛靈知覺이 비록 氣라고 할지라도 理와 氣는 나누어진 것이 아니라 合一的인 것인 까닭에 마음은 理를 具備하지 아니함이 없는 것이요. 따라서 道心이

---

140) 「孟子曰盡其心者는 知其性也니 知其性則知天矣니라.」(孟子 盡心上)
141) 「心之虛靈知覺은 一而已矣이나 而以爲有人心道心之異者는 則以其或生於形氣之私하고 或原於生命之正하니 而所以爲知覺者가 不同이라 是以로 或危殆而安하고 或微妙而難見耳라 然이나 人莫不有是形故로 雖上智라도 不能無人心이요 亦人莫不有是性故로 雖下愚라도 亦不能無道心하니 二者雜於方寸之間而不知所以治之하면 則危者愈危하고 微者愈微하야 而天理之公이 卒無以勝夫人欲之私矣리라.」(朱子中庸序文).

없을 수 없는 것이다. 그러나 또한 理와 氣는 서로 나누어진 관계가 이에 있는 까닭에 形氣의 작용이 없을 수 없는 것이며 따라서 人心이 없을 수 없는 것이다. 마음은 動靜이 있고 理는 動靜이 없는 까닭에 道心은 人心에서 根原하였다고 하며, 人心은 形氣에서 發生하였다고 하는 것이다.

　性은 스스로 發할 수 없는 까닭에 性命이 道心의 根原이라고 하였으며 氣는 스스로 發할 수 있는 까닭에 形氣가 人心을 發生하였다고 하는 것이다. 따라서 마음이 性과 情을 統御한다고할 때에 마음은 氣요, 性은 理이니, 氣가 理를 統御한다는 말은 결코 아니다. 情은 動靜이 있으니 마음이 그 動靜을 主宰할 수가 있지만, 性은 動靜이 없으니 主宰할 수가 없는 것이다. 따라서 마음이 性을 本體로 한다는 말이요, 性을 運用 造作한다는 말은 아니다.

　性은 未發의 상태에 있을 따름이다. 만일 이미 發하면 情이지 性은 아니다. 그런 까닭에 情은 氣이므로 마음이 主宰할 수 있는 것이지만, 未發상태에 있는 中을 主宰할 길은 없는 것이다. 그런 까닭에 마음이 性과 情을 統御한다는 말은 그 마음이 未發상태에 있는 性을 바탕하여 이미 發動한 情을 統制한다는 말이다. 그러니 氣가 理를 統制한다는 말은 결코 아니다.

　孔子께서 "사람이 道를 크게 하는 것이지, 道가 사람을 크게 하는 것은 아니다."142)라고 말하신 것이 바로 이를 뜻하는 것이다.

　聖人의 마음은 보편적 원리인 性을 根原한 까닭에 一貫하는 體系가 있다. 위로 天理를 말미암은 尺度가 있고, 아래로 人心을 헤아리는 저울이 있는 까닭에 公平하고도 明確함이 있는바, 先聖

---

142) 「子曰人能弘道요 非道弘人이라.」(論語 衛靈公).

後聖이 仁이 같은 것이요, 前賢後賢이 義가 같은 것이다. 聖人의 心法에 관한 具體的 원리는 明道선생의 「定性書」에 잘 나타나 있으므로 이에 옮겨 그 本義를 밝힌다.

『橫渠선생이 明道선생에게 물어 말하기를 定性이 움직이지 아니할 수 없다는 것은 오히려 外物에 얽히는 것 같으니 어떠하오?

明道선생이 말하기를 일커른바 定이란 것은 動하여도 또한 定하고 靜하여도 또한 定하야, 보내고 마지 할 것 (時間差異)이 없으며, 안과 밖 (空間差等)이 없나니, 참으로 外物로서 밖을 삼아 자기를 이끌어 그것을 쫓으면 이것은 자기의 性으로서 안과 밖이 있게 함이요, 또한 性으로서 밖에 事物을 따르게 되면, 그것이 밖에 있을 때를 당하여 무엇이 안에 있게 되리오, 이것은 밖에서 誘惑함을 끊어버릴려는 뜻이 있어서 性의 안팎이 없는 것을 알지 못한 것이다. 이미 안과 밖으로 根本을 둘로 나누면 또한 어찌 문득 定이라 말할 수 있으리오. 대저 天地의 항상됨은 그 마음으로 만물을 두루하되 私心이 없고, 聖人의 항상됨은 그 情으로 만사를 順應하되 私情이 없나니, 그런 까닭에 君子의 學問은 확트여 大公하고, 物이 옴에 順應하는 것과 같은 것이 없나니, 周易咸卦 九四爻辭에서 말하기를 貞靜하면 吉하여 뉘우침이 없을 것이고, 마음이 動하여 끊임없이 왔다 갔다 하면 단지 벗만 너의 생각을 쫓으리라 하였는바, 참으로 밖에서의 誘惑만을 除去하려고 꾀한다면, 장차 東쪽을 滅함과 동시에 西쪽에서 일어나게 될 것이므로 오직 날이 부족할 뿐 아니라 그 실마리가 끝이 없으니 能히 다 除去할 수도 없을 것이다.

사람의 情은 각각 가리운바가 있는 까닭에 道에 나갈 수가 없나니, 대개 병통은 스스로 私私로우며 智術을 쓰는데 있다. 자기의 私私로움으로 하면 意識이 있는 것으로서 사물을 응함에 자취가 없을 수 없고, 智術을 쓰면 밝은 知覺으로 자연스러울 수 없나니, 이제 外物에 이끌리는 마음을 싫어하여 物이 없는 境地를 觀照할 것을 追求한다면 이것은 거울을 뒤집어서 비추이기를 찾는 것이다.

　周易艮卦 卦辭에서 말하기를 그 등(背)에 머므르면 머물을데에 머물러서 그 움을 보지 못하고, 그 뜰에 다녀도 「다니면서 어물은 것이라」 그 사람을 보지 못한다고 하며, 孟子가 또한 말하기를 智術에 대하여 미워하는바는 그 억지로 하는 것이라 하니, 밖을 그르다 하고 속만을 옳다고 하는 것보다는 차라리 속과 밖을 모두 잊어버림만 같지 못하다.

　內外를 모두 잊어버리면 澄然하여 일이 없으리니, 일이 없으면 定하고 定하면 明하나니, 明한즉 오히려 어찌 事物에 應함에 얽힘이 있으랴! 聖人의 기쁨은 物로서 마땅히 기뻐하고, 聖人의 성냄은 物로서 마땅히 성내나니, 이것은 聖人의 喜怒가 마음에 매여 있는 것이 아니라 物에 매여 있는 것이다. 이렇다면 聖人이 어찌 物에 應함이 없으랴! 어찌 능히 밖을 좇는 것으로 그르다 하고, 다시 안에 있는 것을 探究하는 것으로 옳다고 하리오.

　이제 자기의 私私로우며 智術을 쓰는 喜怒로서 聖人의 喜怒의 바름을 본다면 어떻게 될 것인가? 대체로 사람의 情은 暴發하기는 쉽고 制裁 하기는 어려운 것인데, 오직 성냄이 더욱 甚하니, 바야흐로 성이 날 때에 문득 그 성냄을 잊어버리고 理致의 옳고 그름을 살피면, 또한 밖의 誘惑이 족히 惡한 것만도 아님을 깨달으리니 道에 생각이 나아감이 半이나 되리로다.」143)

---

143)「橫渠先生이　問於明道先生日定性이　未能不動하면　猶累於外物하니 何如오　明道先生日　所謂定者는　動亦定하고　靜亦定하야　無將迎하고　無內外하나니　苟以外物爲外하야　牽己而從之면　是는　以己性으로　爲有內外也라　且以性爲隨物於外하면　則當其在外時엔　何者爲在內리오　是는　有意於絶外誘하야　而不知性之無內外也라　卽以內外爲二本하면　又烏可遽語定哉리오.
夫天地之常은　以其心으로　普萬物而無心하고　聖人之常은　以其情으로　順萬事而無情하나니　故로　君子之學이　莫若擴然而大公하고　物

來而順應이라 易曰貞하면 吉하야 悔亡하고 憧憧往來하면 朋從爾
思라 하나니 苟規規於外誘之除에 將見滅於東而生於西也리라 非惟
日之不足이요, 顧其端無窮하니 不可得而除也리라.

人之情이 各有所蔽라 故不能適道하니 大率患在於自私而用智로다.
自私면 則不能以有爲로 爲應迹하고 用智하면 是는 反鑑而索照也라.
易曰艮其背면 不獲其身이요 行其庭이라도 不見其人이라하며 孟子
亦曰 所惡於智者는 爲其鑿也라하니 與其非外而是內론 不若內外之
兩忘也라 兩忘則澄然無事矣리라 無事則定하고 定則明하리니 明則
尙何應物之爲累哉아 聖人之喜는 以物之當喜요 聖人之怒는 以物之
當怒라 是聖人之喜怒는 不繫於心이요 而繫於物也라 是則聖人이 豈
不應於物哉아.

烏得以從外者爲非하고 而更求在內者爲是也리오 今以自私用智之喜
怒로 而視聖人喜怒之正하면 爲何如哉아 夫人之情에 易發而難制者
는 惟怒爲甚하니 第能於怒時에 遽忘其怒하고 而觀理之是非하면 亦
可見外誘之不足惡하리니 而於道에 思過半矣리라.」(二程全書 卷四十
答橫渠定性書 近思錄卷二).

第8章 浩然之氣

　格物·致知·誠意·正心으로 利害得失의 物理에 밝고, 是非의
倫理에 통하여, 善惡의 性理를 認識하고, 正邪의 心法을 깨달아
한 몸에 太極을 定立하여 道德을 아는 사람은 반드시 浩然之氣
가 있다. 浩然한 正氣란 無限廣大한 正義의 氣像인바, 絕對不變
하는 主體가 확립되고, 동시에 이 主體의 원리가 천지의 眞理와
渾然合一 되었을 때 바야흐로 천지의 正氣가 발휘되는바, 그 氣
像이 剛健하여 일그러짐이 없고, 廣大하여 빈틈이 없는 까닭에
浩然한 正氣라고 한다.

　人間은 宇宙의 無窮한 시간과 무한한 공간 속에 나서 사는바,
그 살아가는 기간으로서 生命의 한계를 삼고, 그 생활하는 範圍
로서 生涯의 領域을 삼게 되는 것이다. 宇宙의 끝없는 시간이
주어져도 성실한 仁이 없으면 壽를 누리지 못하며, 세상의 넓은
공간이 주어져도 씩씩한 義氣가 없으면 즐거움을 느끼지 못한다.
自彊不息하는 絕對의 主體와 천지와 더불어 일치하는 正義가 세
워질 때에, 그 생명은 우주와 더불어 영원할 수가 있고, 그 生涯
는 천지와 더불어 위대할 수 있는 것이니, 이것은 사람이 宇宙
와 하나로 합쳐서 調和合一이 되는 것이다.

　자기의 道德이 천지의 道德과 일치하고, 자기의 義理가 천지
의 義理와 한 가지이며, 자기의 義氣가 천지의 正氣와 하나가
되었을 때 그 말은 세상에서 가장 바르게 되며, 그 行動은 천하

에서 가장 힘차게 되는바, 이와 같은 사람은 小我로 사는 것이
아니라, 大我로 사는 까닭에 하나의 小宇宙로서 천지가 다할 때
까지 영원한 생명을 누리게 되는 것이다.

사람은 본래 천지 가운데서 가장 빼어난 正氣를 받아 사람으
로 태어난 까닭에 만물의 靈長일뿐만 아니라 大道의 實現體이다.
따라서 원래 인간은 하나의 小宇宙인 것이니, 天道가 사람을 인
연하여 밝혀지고, 地理가 사람을 인연하여 드러나며, 萬物이 사
람을 말미암아서 살아가는 것이다.

그런 까닭에 인간의 義氣가 발휘되므로서 天地萬物의 存在가
또한 가치가 있는 것이요, 만일 인간의 精神이 발휘되지 못 하
고 人道가 서지 못한다면 道德이 일어나지 못하며, 政事가 베풀
어 지지 못하며, 言語가 통하지 못하며, 사회에 질서가 지켜지지
못하게 되는 것이니, 어디서 하늘의 뜻이 들어나게 될 것인가?
하늘과 땅 사이에서 가장 高貴한 것이 인간이요, 만물 가운데서
가장 尊嚴한 것이 인간이다. 인간의 正義에 의하여 천지의 調和
가 깨어지지 아니한 것이요, 인간의 元氣에 의하여 鬼神과 魂魄
도 安寧을 누리는바, 인간이 이와 같이 귀중하고, 저와 같이 尊
嚴한 까닭이 모두 浩然한 正氣가 있는 까닭이다.

浩然한 正氣는 太初에 人類가 비롯하였을 때 부터 사람에게
주어저서 천하에 道가 있을 때에는 천하의 萬人에게 그 氣가 있
었고, 천하에 道가 없을 때에는 俊傑한 大丈夫에게 이 氣가 이
어저서 오랫동안 이어 내려와 한때도 이 正氣가 끊어진바 없으
니, 바야흐로 人類는 이것에 의하여 自由스러웠고, 이것에 의하
여 平等하였으며, 이것에 의하여 文化를 지켰나니, 浩然한 正氣
야 말로 시간의 흐름과 공간의 거리를 초월하여 영원히 불멸하
는 생명력이요, 人道主義의 源泉이다. 正氣는 본래 太初에 湛一

淸虛한 一元의 氣로서 천지와 더불어 하나가 되는 元氣인바, 사람에게 있어서는 公明正大한 정신이요, 純粹淸虛한 氣運이며, 强健剛毅한 의지이다. 이와 같은 氣像을 가진 사람을 孟子는 大丈夫라고 하였다. "천하의 넓은 世界에 살며, 천하의 바른 자리에 서며, 천하의 큰 道를 行하여, 뜻을 얻으면 국민과 더불어 말미암고, 뜻을 얻지 못하면 홀로 그 道를 實踐하여, 富貴도 誘惑할 수 없고, 貧賤도 變節할 수 없으며, 威武도 屈服할 수 없나니, 이를 일컬어 大丈夫라고 한다.144) 천하의 가장 넓은 세계는 天人이 合一되고 物我가 一致된 大公의 境地로서 곧 仁道精神의 세계이며, 천하의 가장 바른 位置는 천지의 中央이요 人心의 極處니, 완전히 自立한 자리로서 곧 活潑潑地이며, 천하의 가장 큰 道는 天理의 本性에서 根原하는 大道主義이다. 仁愛의 精神을 바탕하면서도 活潑하고, 活潑하면서도 人道를 定立하는 것은 浩然한 大丈夫의 氣像인데, 넘치는 仁愛가 있는 까닭에 富貴를 貪欲하지 아니하며, 活潑한 自由가 있는 까닭에 貧賤을 괴로워하지 아니하며, 崇高한 正義가 있는 까닭에 威武를 두려워하지 아니하나니, 뜻을 얻으면 세계인류와 더불어 實現하는 것이요, 뜻을 얻지 못하면 홀로 지킬 따름이다. 이와 같이 浩然한 大丈夫의 氣像은 천지의 正氣로 渾然하게 뭉쳐진 것으로서, 천지와 더불어 仁을 같이 하고, 천지와 더불어 義를 함께 하며, 天·地·人의 三極이 一體가 되는 것이다. 그러므로 천지와 더불어 동등할 뿐만 아니라, 오히려 더 나아가 천지의 化育을 도와주는 位置에 서게 되는 것이다. 마침내 天道가 이 사람으로 말이암아 드러나

---

144) 「居天下之廣居하며 立天下之正位하며 行天下之大道하야 得志하면 與民由之하고 不得志하얀 獨行其道하야 富貴도 不能淫하며 貧賤도 不能移하며 威武도 不能屈이 此之謂大丈夫니라.」(孟子 滕文公下)

며 天道가 이 사람으로 말미아마 세워지는 것이니, 하늘과 땅도 이 사람을 의지하는바 하물며 鬼神일까 보냐! 하물며 사람일까 보냐!

天命을 받들어 行하고, 神意를 順하여 지키며, 人心을 따라 풀어주는 大丈夫는 天命을 분명하게 인식하여 疑惑이 없는 사람이요, 本性의 至善함을 말미암아 憂患이 없는 사람이며, 사람의 갈 길을 힘차게 나아가 恐懼가 없는 사람이다. 天命의 嚴肅함에 대하여 疑惑이 없는 것은 마음에 動搖가 없는 것이요, 本性의 至善함에 대하여 憂患이 없는 것은 마음이 吝嗇하지 아니 한 것이며, 人道의 修行에 恐懼가 없는 것은 마음에 卑屈함이 없는 것이다. 이와 같이 마음이 動搖하지도 아니하고, 吝嗇하지도 아니하며, 卑屈하지도 아니한 것이 곧 孟子가 말한 不動心이다. "나는 40세 이라 不動心하니라." (孟子 公孫丑上) 이 不動心은 먼저 勇氣가 있어야만 할 수 있는 것이다. 勇敢함이 없으면 마음도 弱하게 되어 버리는 까닭에, 勇氣를 길러 必勝의 氣槪와 恐怖心이 없는 鬪志를 練磨하지 아니하면 않된다. 必勝의 氣槪는 밖으로 자기의 몸을 더럽히지 아니 하려는 정신이요, 不屈의 鬪志는 안으로 自己의 몸을 깨끗하게 지키려는 의지이다. 밖으로 자기의 몸을 더럽히지 아니하려 할 때에 반드시 行實을 바르게 하지 아니할 수 없는 것이며, 안으로 자기의 몸을 깨끗하게 지키려고 할때에 반드시 뜻을 崇尙하지 아니할 수 없는 것이다.

行動을 바르게 하므로서 세상에 누구에게도 업신여김을 받으려 하지 아니 하는 것인데 이것이 必勝의 氣槪요, 理想을 높게 간직 하므로서 천하의 누구에게도 부끄러움을 느끼지 아니 하려는 것인바, 이것이 不屈의 鬪志이다. 必勝의 氣槪는 氣力을 기름으로서 이루어 질 수 있고, 不屈의 鬪志는 哲學을 공부하므로서 확립될 수 있는바, 힘이 없으면 必勝의 기개도 시들이 버리게 되는 것이요, 哲學을 이해하지 못하면, 不屈의 鬪志가 虛脫하게 되는 것이다.

勇氣를 기르려는 사람은 氣力을 强健하게 단련하면서도, 意志를 强靭하게 세우는 것이니, 必勝의 힘이 있으면 意志도 강하게 되는 것이요, 不屈의 鬪志가 있으면 氣力도 힘차게 되는 것이라, 마침내 精神과 肉體가 둘이 아니고 하나로 뭉치어지는 것인 까닭에 孔子께서 말하시기를 "스스로 反省하여 正直하지 못하면, 비록 賤한 사람이라도 내가 두려워하게 못하려니와 스스로 反省하여 正直하면 비록 千萬人이라도 내가 나설 것이다."145)라고 하였는바 스스로 反省하여 떳떳하지 못한 것은 天理에 어그러진 것이요, 天理에 어그러지면 비록 힘이 있다고 하여도 맞설 수가 없으며, 스스로 반성하여 道義의 正當性이 있으면 비록 힘이 모자란다고 하더라도 맞서지 아니할 수 없는 것을 밝히고 있다. 이것은 必勝의 기개만으로 勇氣가 되는 것이 아니요, 不屈의 鬪志가 더불어 있어야만 비로소 勇氣가 있게 됨을 말하고 있는바, 곧 勇氣는 義理와 義氣가 갖추어 있어야 됨을 말하고 있는 것이다. 따라서 勇氣를 기름에는 言語의 論理를 正確하게 分析하여 哲理를 잘 밝혀야 되며, 동시에 體力을 단련하여 義氣를 드높여야 함을 알 수 있다. 뜻에 主義가 있으면 말이 바르고 몸에 힘이 솟게 되는 까닭에 孟子는 意志가 군건해야 함을 주장하였다. "대저 志는 氣의 統帥요, 氣는 身體의 充滿함이니, 그 뜻이 至上이요, 氣는 다음 가는 것이다. 그러므로 그 志를 가지고도 그 氣

---

145) 「自反而不縮이면 雖褐寬博이라도 吾不惴焉이어니와 自反而縮이면 雖千萬人이라도 吾往矣리라.」(孟子 公孫丑上).

를 亂暴하게 하여서는 아니 된다."146) 고 말하였다.

대저 勇氣가 나오는 源泉은 먼저 자기의 마음에 안으로 뜻을 굽히지 아니 하려는 정신과 밖으로 한 몸을 더럽히지 아니 하려는 생각이 있는 뒤에 힘이 솟아 나오게 되는 까닭에 意志가 主體요, 힘은 그것을 따르는 것이다. 盲目的인 血氣는 오히려 위태롭게 될 수 있는 여지가 있는 것이므로, 그 意志를 가지고서도 氣質을 亂暴하지 못하게 하라고 하였다.

義理에 바탕한 不退轉의 意志가 확립됨으로서, 온몸을 充滿시키는 勇氣는 바로 천하에 보편적인 正當性을 스스로 가지는 義理의 勇氣이다. 만일 血氣가 넘치는 데에서 비롯하고, 內面의 善意志를 더불지 아니한 勇猛은 오직 不懼의 氣魄이 있을 따름이요, 普遍的 正當性을 갖지 못한 까닭에 血氣의 勇氣이다. 따라서 血氣의 勇氣가 暴發함을 理性으로 抑制하여 義理에 調和하는 勇氣로 醇化하지 아니 하면 안 된다. 왜냐하면 意志가 至上이요, 힘이 다음 이라고 하더라도, 힘은 스스로 發動할 수가 있는 까닭에 孟子는 "意志가 오로지 한결같으면 氣를 움직이고, 氣가 오르지 한결 같으면 意志를 움직인다."147)라고 하였다.

堅固한 意志는 물론 氣力을 充滿시키어 氣質을 變化시키는 것이다. 또한 氣質도 오로지 한결같으면 意志를 變動시킬 수 있음을 말한 것이다. 따라서 勇氣를 기름에는 意志를 堅固하게 함과 동시에 氣質을 純一하게 變化시키는 노력을 같이 하여야 함을 밝히고 있다. 意志가 비록 높고 크다고 하여도 氣質이 濁駁하면 義理가 드러날 수 없고, 氣質이 비록 淸秀하여도 意志가 薄弱하

146) 「夫志는 氣之帥也오 氣는 體之充也니 夫志는 至焉이요 氣는 次焉이라 故로 曰持其志오도 無暴其氣라 하니라.」(同上).
147) 「志壹則動氣하고 氣壹則動志也라.」(同上).

면 勇氣를 떨칠 수 없다. 濁駁한 氣質은 高尙한 意志를 병들게
만들고, 薄弱한 意志는 凜烈한 氣像을 시들게 만드는 것이다 반
드시 意志를 굳건히 확립하되, 더불어 氣質을 淸純하게 길러야
하며, 氣質을 맑게 造成하되 더불어 頭腦를 明晳하게 啓發하여야
한다. 이와 같이 勇氣는 천지에 合一하는 義理에 밝고, 천지에
充滿하는 義氣를 기를 때에 浩然한 氣像으로 나타난다.

孟子는 言語의 論理를 알 것과 浩然之氣를 기를 것을 함께 말
하는 바, 言語를 모르면 眞理를 辨別할 수가 없게 되고, 眞理를
명확하게 탐구하지 못하면 뜻에 疑惑이 있게 되어 意志가 堅固
할 수가 없게 되며, 浩然한 氣質을 기르지 아니하면 氣質이 순
수하지 못하여 義氣가 발휘될 수 없기 때문이다. 孟子는 "나는
말을 알고, 나는 나의 浩然之氣를 잘 기르니라."148)라고 하여 이
에 不動心의 방법을 敎示하였다. 이것은 主體가 絶對不動하기 위
하여서는 스스로 反省하여 內面에 모아도 한 점의 어그러짐이
없는 正直이 있어야 되고, 스스로 주장하여 外物에 펴도 한 점
의 막힘도 없는 公明이 있어야 함을 말한 것이다.

스스로 반성하여 마음속의 隱密한데 모아 보아도 한 점의 어
그러짐이 없는 것은 곧 義와 不義를 뚜렷하게 분별하였을 때 비
로소 얻어지는 것이요, 스스로 주장하여 事物에 펴도 한 점의
막힘도 없는 것은 곧 公과 私를 分明하게 밝혔을 때 비로소 이
루어지는 것이다.

그런 까닭에 절대로 움직이지 아니하는 마음은 正義에서 비롯
하고, 大公을 말미암을 때에 바야흐로 이루어지는 것임을 알 수
있다. 마음이 움직이지 아니하는 곳은 正義에 머물러 不義를 물

---

148) 「日我는 知言하며 我는 善養吾의 浩然之氣하노라.」(同上).

리치는 곳이요 大公에 나아가 私意를 꺾어버리는 자리를 말하는
바, 곧 大義至公의 主體가 定立되는 자리에 우뚝 서는 곳이다.

正義에 우뚝 서서 不義를 물리치기 위하여서는 사람을 알아야
하고, 사람을 알기 위하여서는 그 마음을 알아야 한다. 그러나
마음은 隱密한 것이라 잘 알 수가 없는 것이요, 다만 말과 행동
으로 나타나는 것인바, 그 말을 듣고 그 行爲를 살펴서 推理할
수밖에 없다. 따라서 그 말을 分析하고 그 行爲를 觀察하므로서
義와 不義를 분별할 수밖에 없는 것이다.

孔子는 "말을 알지 못하면 사람을 알지 못한다."149)라고 하였
고, 孟子는 말을 알아야 된다고 함과 동시에 그 아는 방법을 다
음과 같이 말하고 있다. "치우친 말에는 그 감추는 바를 알고,
음란한 말에는 그 빠진 바를 알며, 간사한 말에는 그 떠나는 바
를 알고, 딴전부리는 말에는 그 막힌 바를 아나니, 그 마음에서
나와 가지고 그 政事를 해치며, 政事에서 드러나서 그 일을 해
치나니라."150)라고 斷言하였다.

마음에 正義가 없는 사람은 치우쳐 公平치 못한 말로, 不義를
숨기려 하고, 나아가 淫蕩한 말로 破廉恥한데로 誘惑하며, 더 나
아가 奸邪한 말로 검은 마음을 속이려 하여, 마침내 엉뚱한 말
로 責任을 回避하려 하지만, 그 本心을 숨길 수가 없는 까닭에
그 眞相이 드러나는 것이다.

「周易」에서도 말을 살펴 그 眞情을 알 수 있는 방법을 말하고
있는데, "장차 背叛할 사람은 그 말이 부끄럽고, 속마음이 확고

---

149) 「不知言이면 無以知人也라.」(論語 堯曰).
150) 「曰詖辭에 知其所蔽하며 淫辭에 知其所陷하며 邪辭에 知其所離하
   며 遁辭에 知其所窮이니 生於其心하여 害於其政하며 發於其政하
   여 害於其事하니라.」(孟子).

하지 못한 사람은 그 말이 散亂하고, 吉한 사람의 말은 그 말이 적고, 躁妄한 사람의 말은 그 말이 많으며, 善을 헐뜯는 사람은 그 말이 不確實하고, 그 지키는 것을 잃어버린 사람은 그 말이 卑屈하니라."151)라고 하였다.

장차 正義를 背叛할 사람은 부끄러운 말을 서슴없이 하며, 正義를 따르지 아니할 사람은 可·否가 분명하지 못한 말을 하며, 吉한 사람의 말은 簡潔明白하고, 躁急하고 輕妄한 사람의 말은 수다스러우며, 착한 사람을 誣告한 사람은 근거가 없는 말을 암시적으로 하며, 正義를 잃어버린 사람은 비굴한 말을 하는 까닭에 그 말을 듣고 그 마음을 알며, 그 마음을 알아서 그 사람을 알 수 있는지라 참으로 正義를 지키고 不義를 물리칠 수 있는 것이다.

孔子는 "그 原因을 透視하고, 그 方法을 觀察하며, 그 目的을 明辨하면 사람이 어찌 속이리오, 사람이 어찌 속이리오,"152)라고 말하였다. 말을 알기 위하여서는 그 말을 하게 되는 動機와 그 말을 하는 방법과 그 말을 하고나서의 結論을 종합하여 연구하면 言語의 뜻을 정확히 파악할 수 있는 것이다. 만일 말하는 動機가 不純하거나. 그 방법이 不正하거나. 그 목적이 不善한 것을 모두 깨닫지 못하면, 正義를 하려는 것이 도리어 不義를 하게 되는데 이르며, 大公을 위하는 일이 도리어 자기만을 위하게 되는데 이른다.

말을 알기 위하여서는 言語의 槪念을 정확히 인식하여야 되고, 言語의 論理를 연구하여, 그 誤謬를 明晳하게 分析하여야 하며,

---

151) 「將叛者는 其辭慙하고 中心疑者는 其辭枝하고 吉人之辭는 寡하고 躁人之辭는 多하고 誣善之人은 其辭游하고 失其守者는 其辭屈하니라.」(周易 繫辭下第十二章).
152) 「子曰 視其所以하고 觀其所由하며 察其所安하면 人焉廋哉리오 人焉廋哉리오.」(論語 爲政).

言語의 뜻을 바로 보아 內容을 파악하여야 된다. 따라서 言語는 意思를 傳達하는 道具임을 알아서 귀로 말을 듣는 것이 아니라, 마음의 귀로 마음의 말을 들어야 하는 것이니, 자기의 마음이 道에 통하지 못하면 마음의 소리를 들을 수가 없게 되는 것이다.

마음이 道이 통한다는 것은 마음속에 天地의 大道와 똑같은 尺度가 세워짐을 말한다. 마음속에 利害, 是非, 善惡, 正邪, 公私 眞妄, 美醜 및 大小, 多少, 長短, 輕重, 强弱을 一定 基準에 의하여 한결같이 評價할 수 있는 尺度가 있으므로서 道에 통할 수 있고, 道에 통하여야만 모든 事物의 價値를 正當하게 評價할 수 있다.

마음에 온전한 評價能力이 없을 때에는 言語도 바르게 판단할 수 없는 것이다. 그런 까닭에 말을 바로 알아듣기 위하여서는 마음이 道에 통하여야 되고, 마음이 통하면 말도 통하게 되는 것이다. 그러므로, 안으로 正義를 지켜서 不義에 떨어지지 아니 할 수가 있으며, 밖으로 大公에 나아가 私利에 구차스럽지 아니 하게 되는 것이다.

大公의 主體에 中立하기 위하여서는 이에 浩然之氣를 길러야 하는바, 孟子는 浩然之氣를 다음과 같이 밝혔다.

『감히 묻습니다. 어떤 것을 일러 浩然之氣라 합니까? 말하시기를 말하기 어려우니라, 그 氣됨이 지극히 크고, 지극히 굳세어 直으로서 길러 해침이 없으면 하늘과 땅 사이에 가득하니라, 그 氣됨이 義와 道를 配合하였나니, 이것이 없으면 虛脫하니라, 이것은 義를 모아서 생기는 바라 義는 갑자기 빼앗아서 가지는 것이 아니니, 行하여 마음에 快足하지 못함이 있으면 虛脫하리라』153)

여기에서 밝힌 浩然之氣의 實體를 보면 마음에서 우러나는 充滿함인 까닭에 그 形容을 말로 表現하기가 어렵다는 事實이다. 누구나 가지고 느끼는 것도 아니며 또한 누구에게나 보여줄 수 있는 모습이나 소리가 있는 것이 아니므로, 오직 그것이 있는 사람만이 홀로 느낄 수 있는 것임을 알 수 있다. 다만 그 氣됨이 헤아릴 수 없이 廣大할뿐아 니라, 絶對로 不變하며 不屈하는 것으로 正直으로서 涵養하여 防害함이 없으면 천지의 사이에 가득차는 것이리 하겠다. 헤아릴 수 없이 至極히 盛大하다는 것은 太虛의 本然한 氣로서 모든 사람이 받아서 誕生한 湛一淸虛한 元氣이며, 絶對로 不變하고 不屈하는 剛直性은 마음에 모아진 天地의 正氣이다.

따라서 浩然之氣는 놓으면 六合(字宙)에 가득차는 湛一淸虛한 一氣요, 붙잡으면 몰려와 마음(方寸)의 隱密한데 뭉치는 천지의 正氣이니 "크게 말하면 그 밖이 없이 큰 까닭에 천하에 실을 수가 없으며, 적게 말하면 그 안이 없이 적기 때문에 천하에 깨뜨릴 수가 없는 것이다."154) 그 크기가 밖이 없고, 그 굳세기가 안이 없는 浩然之氣도 正直으로서 길러야 함을 밝히고 있는바, 「論語」에서 孔子는 사람이 사는 것은 正直이니, 不正直하게 사는 것은 요행히 죽음을 면하고 있는 것이라고 하였다. 正直하지 아니하고서는 湛一淸虛한 正氣에 합할 수가 없는 것이요, 그 本然性과 純粹性을 具現할 수가 없는 까닭이다. 그래서 義와 道를 配合

---

153) 「敢問何謂浩然之氣입니까 曰難言也라 其爲氣也 至大至剛하니 以直養而無害하면 則塞乎天地之間이니라 其爲氣也는 配義與道하니 無是면 餒也니라 是集義所生者라 非義襲而取之也니 行有不慊於心하면 則餒矣니라.」(孟子).
154) 「語大인대 天下莫能載焉이요 語小인대 天下莫能破焉이라.」(中庸).

하지 못하면, 虛脫한다고하였는바, 義는 當爲法則이요 道는 自然
法則이다. 浩然之氣는 본래 本然의 氣인 까닭에 本然의 純粹한
道德에 調和되어야 하는 것이며, 동시에 浩然之氣는 天地의 正氣
인 까닭에 當爲의 진실한 義理에 조화되어야 한다.

만일에 本然的인 純粹性이나 當爲的인 眞實性이 없다면 이것
은 虛脫해지지 아니할 수 없으니, 곧 道와 義에 조화하지 못하
였기 때문이다.

위로 天理에 어긋나지 아니하는 진리를 밝히고, 아래로 人事
에 어그러지지 아니하는 眞實을 얻었을 때에 한 몸에 充滿하는
勇氣가 솟아 나오는바, 만일 위로 天理에 어긋나고, 아래로 人事
에 어그러진다면 한 때의 氣魄도 곧 虛脫하여져 버리는 까닭에,
"하늘에 順하면서도 사람에게 應하니라."155)라고 하는 것이다.

天道에 어긋나지 아니하면 무슨 疑惑이 있을 것이며, 인간의
本義에 어그러지지 아니 하였다면, 무슨 두려움이 있을 것인가?
털끝만치의 疑惑이 없고, 한 점의 두려움이 없을 때 나아가 天地
에 渾然合一하는 氣像이 있는 것이요, 돌아와 한 몸에 넘치는 힘
이 있는 것이니, 천하에 그 氣像을 꺽을 것이 없고 세상에 그 힘
을 누를 것이 없는 것이다. 孔子께서는 "三軍은 그 將帥를 빼앗
을 수 있으려니와, 匹夫는 그 뜻을 빼앗을 수 없다."156)라고 하
였고, 孟子는 "生命을 버리고 大義를 取한다."157)라고 하였다. 大
義가 生命보과 더욱 귀중하기 때문에 적은 것을 버리고 큰 것을
가지는 것이다. 浩然한 正氣보다 더 큰 것이 없는 까닭에 天下를
빼앗아도 그것을 뺏지는 못하는 것이며, 浩然한 正氣보다 더 剛

---

155) 「順乎天而應乎人하니.」(周易 革卦象傳).
156) 「子曰三軍은 可奪帥也어니와 匹夫는 不可奪志也니라.」(論語 子罕).
157) 「舍生取義.」(孟子 告子上).

靭한 것이 없기 때문에 그 生命은 꺾어도 그것을 꺽지 못하는바, 이것이 있으므로서 天理가 드러나고 人道가 이어지는 것이다.

絶對의 義氣는 하루아침 하루저녁에 이루어지거나 갑자기 훔쳐서 얻어지는 것이 아니요, 꾸준하게 모아서 생기는 것이라, 일상생활에 한결같이 修練을 쌓아야 한다. 마음속에 스스로 우러나오는 義氣는 마침내 홀로 快足함이 있지만 被動的이거나 또는 造作的인 氣魄은 實行하고 나서도 홀로 快足함이 없는 것이다. 왜냐하면 義의 合理性을 마음속에서 찾지 아니하고, 밖에서 얻어 왔기 때문에 外的인 榮光은 있을지 모르다. 마음속의 즐거움은 찾을 수 없는 까닭에 마음속의 虛脫感을 벗어나지 못하게 된다. 그러므로 반드시 마음속에서 義를 모아 集積하여야 한다.

일마다 義에 合當하는 것을 選擇하여 修練하므로서, 自身을 살펴 보아도 不義가 없고, 行蹟을 뒤돌아보아도 부끄러움이 없게 하여야 한다.

모름지기 君子는 한평생을 통한 공부를 쌓으므로서 지난날을 돌아보아도 더러움이 없고, 現在의 생활에도 뉘우침이 없고, 앞날을 내어다 보아도 疑惑이 없는 高潔한 傳統위에서 衝天하는 士氣가 피어나는 것이다. 하늘을 쳐다보아도 부끄러움이 없고, 大地를 내려다보아도 부끄러움이 없으며, 스스로 반성하여 보아도 부끄러움이 없을 때에, 天地와 더불어 同化하는 正氣가 생겨나는 까닭에, 언제나 어느 곳에서나 正義에서 떠나지 아니하는 생활태도를 익혀야만 된다.

孟子는 浩然之氣를 기르는 사람에게는 반드시 섬기는 일이 있다고 하였으며, 또한 언제나 어디에서나 하여야 될 일을 다음과 같이 밝혀주고 있다. "반드시 섬기는 일이 있으면서도 미리 期約하지 말며, 마음에 잊어버리지도 말며, 억지로 助長하지도 말아라.”158)라고 하였는바, 반드시 섬기는 일이 있어야 한다는 것은 義를 굳게 지켜 道心을 다하는 것으로서 마음에 주장이 있어야 됨을 말한다. 이러한 信念이 갖추어지지 아니하면, 몸을 純潔하게 지킬 수가 없고, 精神을 뭉치어 간직할 수가 없는 까닭에 반드시 德性을 밝혀 몸을 닦는 것으로 일을 삼아야 함을 말하는 것이다. 그러나 이와 같은 自己의 道理를 다함에 있어서도 그 效用을 豫期하여서는 아니 되는바, 그 結果를 미리 計算하는 것은 벌써 그 動機가 純粹하지 못할 뿐만 아니라 意識的인 虛構性이 있게 되는 까닭에 壯大 剛健할 수가 없게 되어버린다. 따라서 그 目標를 미리 設定하여 스스로 限界를 규정함이 없어야만 한다.

浩然之氣는 본래 六合에 가득 차서 그 限界가 없는 것인데, 만일 스스로 한계를 규정하여 놓고서 그 한계가 없는 것을 追求한다면, 이것은 自己矛盾이요 自己欺瞞인 것이다. 事理가 이와 같은 까닭에 浩然之氣를 기르는 사람은 目標를 設定하여도 안되고, 限界를 規定하여도 안 된다. 그러나 자연스럽게 하여야 된다고 해서 浩然之氣를 기르려고 하는 事實을 忘却하여도 아니 된다고 하였으니, 반드시 섬겨야 될 일을 잊어버린다면 이것은 放心이요, 放心을 한 상태에서는 義를 모을 수가 없는 까닭에 善行을 닦지 못할 뿐만 아니라, 오히려 생각과 정신을 病들게 하는데 이를 것이다. 따라서 항상 敬虔하게 이 일을 받들고 誠實하게 이 일을 섬겨서 끊임없이 날로날로 새롭게 하여야 한다. 날로 새롭게 하는 것은 날마다 最善의 노력을 다하는 것인바, 最善의 노력을 다하기 위하여서는 잠간동안이라도 放心하여서는 안 된다.

---

158) 「必有事焉而勿正하야 心勿忘하며 勿助長也니라.」(孟子 公孫丑上).

　活達한 精神과 潑剌한 生氣가 끊임없이 솟아나와 한 순간도 멈추거나 일그러짐이 없게 하는 공부는 오직 마음을 간직하는 가운데 있는 까닭에 放心함이 있으면 안 된다고 하는 것이다. 그러나 항상 그런 마음을 가지고 있다고 해서 억지로 助長하여도 아니 된다고 하였는바, 助長이란 마음이 조급하여 억지로 飛躍시키는 것이며, 본래 부족한 것을 거짓으로 誇張한 것이다. 論理를 억지로 비약시켰기 때문에 生命力 길지 못하고 本質을 거짓으로 誇張하였기 때문에 推進力이 크지 못하다. 그런 까닭에 孔子께서는 "빨리 하고자 하지 말며, 조그마한 利益을 보지말지니, 急速히 하고자 하면 達成하지 못하고, 조그마한 利得을 보면 큰 일을 이루지 못하니라."159)라고 하였으며, 孟子는 "그 나아감이 銳利한 것은 그 물러남이 迅速하니라."160)라고 하였다.

　마음이 앞서 억지로 助長하는 것은 虛慾인바, 마음에 虛慾이 있으면 本心을 잃어버리게 되어 卑屈하게 되고, 또한 道理에 어두어져서 나아감에 떳떳하지 못하고 물러와서는 부끄럽게 된다. 그래서 眞實을 離脫하고 正義를 잃어버리게 되는 까닭에 마침내 그 일을 그릇 치게 되는 것이다. 目的이 또한 高尙하다고 하여도 그 방법의 진실성과 정당성을 벗어났을 때에는 이것을 正道라고 할 수는 없는 것이요, 비록 合理化 시킨다 하여도 이미 虛僞로 誇張함이 있는 까닭에 오래갈 수는 없는 것이다. 이것은 그 방법이 그 目的을 해치는 결과가 되는 것으로 迷惑함이 심한 것이 아닐 수 없다.

　浩然之氣는 항상 浩然한 방법으로 이루어진 까닭에 浩然한 것

---

159) 「子曰無欲速하며 無見小利하니 欲速則不達하고 見小利則大事가 不成라.」(論語 子路).
160) 「其進이 銳者는 其退가 速하니라.」(孟子 盡心上).

이다. 미리 期約하여 스스로를 局限시켜도 안 되고, 벌써 잊어버
리어 스스로를 凋落시켜도 아니 되는바, 純粹하면서도 活潑하고,
活潑하면서도 자연스럽게 길러야 됨을 밝힘 것이다. 孟子는 흐르
는 물처럼 하여야 됨을 지적하였는바 "흐르는 물의 物質됨이 웅
덩이를 채우지 아니하면 흐르지 아니 하나니, 君子도 道에 뜻함
에 文彩를 이루지 아니하면 이르러 가지 아니하리라."161)이다.
흐르는 물은 아래로 아래로 흘러갈 따름이요, 흐르는 물은 항상
源泉에 이어져 있으며, 흐르는 물은 웅덩이를 건너뛰지 않는다.
흘러가는 데가 물길이 되어 바다에 이르고, 바다가 되어도 마침
내 源泉을 떠나지 않으며, 그것을 가득 채워 다함이 없다.

君子는 浩然之氣를 기름에 있어서 사람의 天性을 다할 따름이
다. 사람의 本心을 언제나 잃지 않으며, 사람의 道理를 充實히
修行하지 않으면 마침내 正氣가 發揮될 수 없는 것이다. 자기
자신을 過少評價하여 가지고 위축 되어서도 아니 되고, 자기 자
신을 過大評價하여 妄想하여도 아니 되며, 자기 자신을 忘却하여
暴棄하여도 아니 된다.

인간은 바야흐로 萬物의 靈長인 까닭에 義를 자기 몸에 지키
면, 천하에 당당한 大丈夫가 되는 것이요, 仁을 세상에 펴면 天
地에 더불으는 聖人이 될 수 있는 것이다. 사람은 본래 天地의
小宇宙인 까닭에 스스로 誠實하면 밖으로 나타나는 것이며, 스스
로 眞實하면 天地에 充滿하는 것이라, 남모르게 하여도 날로 文
彩가 드러나는 것이다. 그런 까닭에 보는 사람마다 恭敬하지 아
니함이 없고, 듣는 사람마다 確信하지 아니하는 사람이 없으며,
움직이면 기뻐하지 아니한 사람이 없게 되는 것인즉 스스로 힘

---

161) 「流水之爲物也가 不盈科면 不行하나니 君子之志於道也에 不成章
이면 不達이니라.」(孟子 盡心上).

차게 쉬지 아니할 따름이다. 困窮하면 할수록 더욱 힘써서 갈고
닦으며, 榮達하면 할수록 더욱 분발하여 맑고 새롭게 하면, 窮迫
한데 있어도 아름다움을 더하고, 榮達한데 있어도 善을 쌓아서
마침내 盡善 盡美하게 되는 것이다.

　孟子는 말하기를 "선비는 困窮하여도 義를 잃지 아니하며, 榮
達하여도 道를 떠나지 아니 하니라, 困窮하여도 義를 잃지 아니
한 까닭에 선비가 자기를 지키며, 榮達하여도 道를 떠나지 아니
하는 까닭에 사람들이 失望하지 아니 하니라."162)라고 하였다.

　困窮할 수록 갈고 닦지 않을 수 없는 것은 물러와 자기의 몸
과 뜻을 끝까지 지키지 아니할 수 없기 때문이다. 만일 자기의
몸과 精神을 끝까지 지키지 못하고 變節한다면, 이것은 겨우 목
숨만은 연장하였다고 할지라도 이미 스스로 자기의 몸과 精神을
더럽힌 것으로서 비록 生命만은 延長이 되겠으나 虛妄할 따름인
것이다. 결과가 이와 같은 까닭에 大丈夫는 決然히 生命을 버릴
지언정 義를 버리지는 아니하고, 壯烈한 最後에 나아갈지언정 汚
辱과 더불지는 아니한다. 榮達할 수록 밝고 새롭게 하지 아니할
수 없는 것은 浩然之氣는 無窮無盡하여 헤아릴 수가 없으므로
그 至極함을 다하지 아니할 수 없기 때문이다. 浩然之氣를 기르
는 일은 無限한 極致를 이루려 함이라, 程度가 본래 있지 아니
한 까닭에 그 極端을 推究하지 않을 수 없는 것이요, 그 極端을
推究하는 까닭에 中止가 있을 수 없다. 그래서 비록 榮達을 하
였다고 하여도 道를 떠날 수가 없는 것이며, 만일 道를 떠난다
면 스스로 自身을 局限시키는 것이 될뿐 아니라, 다른 사람들로
하여금 失望게 하는 것이다.

---

162) 「士는 窮不失義하며 達不離道니라 窮不失義라 故로 士得己焉이요
　　達不離道라 故로 民不失望焉이니라.」(孟子 盡心上).

董仲舒는 "그 義를 바르게 할 따름이요, 그 利를 꾀하지는 아니하며, 그 道를 밝힐 따름이요, 그 功을 計算하지는 아니한다."163)라고 하였는바, 선비의 志操가 高尚함이 이와 같은 까닭에 두려움이 없는 것이요, 두려움이 없는 까닭에 스스로 힘차게 그 至極한데에 까지 이르러 나아갈 따름인 것이다. 私利와 功名을 의식하면 문득 限界에 부닥치게 되며, 限界에 얽히면 義를 저버리고 道에 窮迫한 것이니 곧 虛脫하게 되고 만다.

浩然之氣는 無限하고 無窮한 것이다. 無限한 義의 當爲性과 無窮한 道의 自然性을 主體한 까닭이다. 義를 자기의 內面에 모으고 道를 現實에서 밝히므로서 자기 자신에서부터 닦아 나아가고, 자기 자신에 確立하는 것이며, 자기 자신의 義와 道를 말미암는 것이라, 私利와 功名을 의식하지 아니하는 것이다. 오직 자기의 天性을 다할 따름이요, 그 밖의 것을 돌아보지 아니하는 까닭에 마침내 浩然之氣를 이루어 天地의 正氣를 具現할 수가 있다.

絶對로 움직이지 아니하는 마음은 勇氣가 있으므로서 이루어지고, 勇氣는 義와 道를 配合하여야만 비로소 浩然한 氣가 이루어지나니 集義修道를 하되 미리 期約하지 말며, 放心하지도 말며, 助長하지도 말아야 하는바, 곧 浩然之氣는 明理·集義·修道와 함께 이루어질 수 있는 것이므로 義理와 道德에서 發揮된 勇氣임을 알 수 있다. 따라서 자기 스스로의 實現일 따름이요, 自己義理의 發露일 뿐이니, 天下에 덮을 것이 없고, 깨칠 것이 없는 것이다.

마음이 오직 仁·義·禮·智의 天性에 根本하여 絶對로 仁·義·禮·智를 떠나지 아니 하므로서 不動하는 것이요, 氣力이 仁·

---

163) 「正其義요 不謀其利하며 明其道요 不計其功이라.」(近思錄 卷二第九版).

義·禮·智에 和順 함으로서 正氣가 되는 것이다.

마음이 仁·義·禮·智에 根本하여 絶對로 不動하고, 氣力이
仁·義·禮·智에 和順하여 無限히 充滿하면, 이것이 바야흐로
浩然之氣인바, 스스로 不動한 까닭에 剛健하고, 스스로 充滿한
까닭에 廣大한 것이라, 오로지 지극히 剛大함이 있어 얼굴에 나
타나고 四體에 보이는 것이다. 얼굴에 생기가 나타나고 四體에
生動하는 힘이 넘치는 까닭에 不義가 敢히 犯하지 못하며, 無道
가 敢히 接하지 못하야 凛烈한 氣像이 시들지 않으며 壯烈한 意
志를 잃지 않는다.

道와 義가 한 몸에 渾然히 조화하여 둘이 아닌 까닭에 道와
義로서 한 몸이 確立되고, 道와 義로서 한 몸이 高明하며, 道와
義로서 한 몸이 이루어짐과 동시에 한 몸으로서 道와 義가 밝혀
지며, 한 몸으로서 道와 義가 지켜진다. 이와 같이 道와 義는 한
몸과 相扶相助하여 調和統一 되는 관계에 있는 까닭에 孟子는
"天下에 道가 있으면 道로서 몸을 세우고, 天下에 道가 없으면
몸으로서 道를 위하여 목숨을 바치니라."164)라고 하였다.

天下에 義理와 道德이 있으면 그 義理와 道德으로서 자기 몸
을 아름답게 빛내고, 天下에 義理와 道德이 없으면 자기 몸으로
그 義理와 道德을 위하여 죽음으로서 지키는 것은 道와 몸이 떨
어질 수 없는 관계에 있는 까닭이다. 바야흐로 道와 몸이 떠날
수 없는 關係가 이루어질 때 最大最剛의 勇氣가 發揮되어 生死,
名利에 不屈, 不動하는 人極이 定立되는 것이다. 이와 같이 道와
몸이 分離될 수 없는 관계에서 浩然之氣가 이루어지는 까닭에
尤庵선생은 理氣가 서로 떨어지지 아니하고 완전히 調和하는 것

---

164) 「天下에 有道하면 以道殉身하고 天下에 無道면 以身殉道하니라.」
  (孟子 盡心上).

으로서 氣의 無限性을 밝히고 있다. "理가 無窮한 까닭에 氣도 또한 無窮하나니 마음이 그것을 얻어서 마음이 된 까닭에 그 心體가 廣大無窮하고, 그 發生된 바의 氣도 또한 따라서 廣大無窮하나니, 단지 天地의 사이에만 充滿한 것이 아니라 天地의 밖에까지도 包容하지 아니함이 없는 것이다."165)라고 하고, 또 "道體가 無窮한데 마음은 이 道를 含蓄하였으니 心體도 또한 無窮하다. 그러므로 道를 太極이라 하고 마음을 太極이라 하는 것이다. 과거에도 無限한 天地가 있었고 미래에도 무한한 天地가 있을 것이나 모두 道가운데 한 물건이다. 소위 道라는 것은 공간적인, 한계가 없고, 시간적인 한계도 없는데 聖人은 이미 이 道를 마음속에다 깊이 간직 하였다. 그러므로 우주 밖이라도 생각하면 곧 이르고 先天地나 後天地라도 앉아서 연구할 수 있지만 특별히 말하지 않았을 뿐이다. 과거에도 또한 이와 같고 장래에도 또한 당연히 이와 같을 것이다. 그러니 천지사이에 하나의 統一體는 하나의 太極이요, 三個世界의 天地도 統一體는 하나의 太極이다." (宋子大全 卷131看書雜錄)라고 하였다.

---

165) 「又按컨대 理無窮하니 故로 氣亦無窮이요 而心得之以爲心이라 故其體廣大無窮하며 其所生之氣亦隨而廣大無窮하니 不但充滿天地間이요, 雖天地之外라도 無所不包니라.」(宋子大全 卷一三〇 雜著 浩然章質疑).

第9章 中和之理

　　中和는 人間性情의 極致요, 聖人의 道統心法이다. 사람의 本性은 渾然天理로서 仁義를 온전히 갖추고 있으므로 物欲에 蔽塞되지 아니하고, 思慮를 交亂시키지 아니하면, 그 情이 感應함에 節中하지 아니함이 없는바, 이와 같은 天然 그대로의 本性을 이룩하는 것을 中이라고 한다. 이 中은 性의 완전한 모습으로 心의 體가 바르게 定立된 것인데 이 心體가 確立되면 일에 臨하고 만물에 接함에 각각 七情이 感發하여 的中하지 아니함이 없게 되는바 이것이 和이다. 이 和는 情의 알맞음으로 心의 作用이 바르게 調節된 것이다. 喜怒哀樂의 感情이 未發할 때에 그 本性을 온전히 간직하면 그 感情이 이미 發할 때에 節度가 있게 됨으로 未發할때에 敬으로서 心體를 存養하고, 已發할 때에도 敬으로서 이 感情을 省察하야, 고요한 가운데 惺惺한 天心을 간직하고 움직이는 가운데 떳떳한 道를 지켜서 天下에 두루 더불어도 조금도 어그러짐이 없는 것을 中和라고 한다. 그러므로 사람이 性情의 中和를 이루므로서 天理의 至善을 모두 발휘 할 수 있고, 天道의 大公을 아름답게 具現하므로서 하늘의 뜻을 사람이 이룩할 수 있는 것이다.

　　中和는 天下의 가장 根本的인 德임과 동시에 가장 보편적인 道이다. 天理에 根本한 까닭에 천하의 大本이라 하며, 천하에 두루 통한 까닭에 천하의 達道라고 한다. 天下의 大本이란 말은 그 이상 가는 것이 없다는 뜻이요, 天下의 達道라는 말은 그 밖의 것이 없다는 뜻인바, 그 이상의 것이 없는 까닭에 가장 純粹한 德이요, 그 밖이 없는 까닭에 가장 實用的인 道이다. 따라서 中和를 이루는 것은 天地의 全體를 定立하고, 天地의 大用을 通達하는 것이라고 할 수 있는 것이며, 또한 天地와 더불어 渾然하게 하나가 되는 것이라고 할 수 있다. 이렇게 中和가 이루어진 원리를 "中庸의 道"라고 하는데, "中庸의 道"는 現實에서 가장 善하면서도, 지극히 알맞은 道이다.

伊川선생은 "치우침이 없는 것을 『中』이라 하고, 변함이 없는 것을 『庸』이라 하나니, 中은 天下의 正道요, 庸은 天下의 定理이다."166)라고 하여, "中庸의 道"가 公平無私한 正道이며, 絶對不變하는 眞理임을 밝히고 있다. "中庸의 道"는 子思에 의하여 「中庸」에 잘 敍述되어 있다. 그러나 이 道의 始源은 悠久한 上古時代로 遡及되어 가는바 곧 「書經」에 "人心은 危殆하고 道心은 隱微하니 精密하고 專一하게 하여서 어여쁘게 그 中을 잡아라."167)라고 舜임금이 禹임금에게 내려준 말에서 中의 思想을 엿볼 수 있을 뿐만 아니라, 「論語」에서는 그보다도 먼저인 堯임금이 舜임금에게 내려준 말에서도, "잘 그 中을 잡아라."168)라는 것을 볼 수 있으며, 「孟子」에는 "湯임금은 中을 잡으시며, 어진 이를 세우시되 差別이 없으셨다."169)라고 하였다. 中의 뜻은 물론 지나침이나 모자람이 없는 適當하여 꼭 알맞음이다. 이러한 過·不及

---

166) 「子程子曰 不偏之謂中이요, 不易之謂庸이니 中者는 天下之正道요, 庸者는 天下之定理라.」(中庸集註解題).

167) 「人心은 惟危하고 道心은 惟微하니 惟精惟一하야 允執厥中하라.」(書經大全 卷二大禹謨 第十九版).

168) 「允執厥中하라.」(論語 卷之二十 堯曰).

169) 「湯은 執中하시며 立賢無方이러시다.」(孟子 離婁下).

의 어그러짐이 없는 純粹中正의 思想은 周나라 文王에게 직접이
어진 것을 볼 수 있다. 孟子는 말하기를 "舜은 諸馮에서 誕生하
시어, 負夏에 옮기시고, 鳴條에서 卒하시니, 東夷의 사람이요, 文
王은 岐周에서 誕生하시어, 畢郢에서 卒하시니, 西夷의 사람이다.
땅이 서로 멀기가 千餘里요, 世代가 서로 떨어짐이 千餘歲로되,
뜻을 얻어 中國에 施行하심에 符節을 합한 것과 같으니라, 先聖
과 後聖이 그 헤아림의 척도가 한 가지 이니라."170)라고 하였다.
이것은 舜과 文王의 道가 동일함을 말하고 있는 것이요, 또한
堯舜의 道統이 湯임금과 文王에게 繼承 되었음을 의미한다.

地理的인 遠近이나 世代의 先後에 관계됨이 없이 말이 똑같고
한 가지이며, 德이 同一하여 그 道가 서로 합한 까닭에 그 헤아
리는 것이 동일하다고 한 것이다. 堯, 舜, 禹, 湯, 文王으로 承繼
되어온 公平無私한 大中全正의 道는 다시 "武王에게 의하여 이
어지고,"171) 또다시 "周公에게 이어져서 完成 되었던 것이다
."172)

孔子께서도 일찌기 周公의 道를 實行하고자 하였음을 볼 수
있는데, 孔子께서 말하시기를 "심하도다 나의 衰弱함이며! 오래
도록 내가 다시 꿈에 周公을 보지 못하였도다."173)라고 하였다.
孔子는 天下大公의 仁을 밝혔는데, 이 仁은 곧 中의 실체라고
할 수 있으며, 中은 仁의 온전한 모습이라고 할 수 있다. 즉 仁

---

170) 「孟子曰舜은 生於諸馮하사 遷於負夏하사 卒於鳴條하시니 東夷之
人也요, 文王은 生於岐周하사 卒於畢郢하시니 西夷之人也라 地之
相去也千有餘里며 世之相後也千有餘歲로되 得志行乎中國하샤 若
合符節하니라 先聖後聖이 其揆一也니라.」(孟子 離婁章句下).
171) 「父作之어시든 子述之하시니라.」(中庸).
172) 「周公이 成文武之德하시다.」(中庸).
173) 「子曰甚矣! 吾衰也여 久矣吾不復夢見周公이로다.」(論語 述而).

은 本性의 全德이요, 中은 德性의 完全한 形狀인바, 만일 仁의
全德이 없으면 中의 완전한 形狀이 이루어질 수 없고, 完全한
中의 形狀을 이루기 위하여서는 반드시 仁을 온전하게 깨달아야
만 된다. 따라서 先王의 中道思想을 孔夫子가 集大成 하므로서
더욱 具體的으로 밝혔고, 한층 실증적으로 드러나게 하였는데 子
思는 이러한 원리를 더욱 推理하여 中和思想을 드러낸 것이다.

「中庸」에서의 中의 槪念은 先王이 말한 中의 槪念과 同一하지
아니함을 볼 수 있다. 先王이 말한 中의 槪念은 지나침과 모자
람이 없는 適當한 調節의 의미인바, 이것은 이미 情으로 나타난
뒤의 모습인 것이다. 그러나 「中庸」에서는 孔子께서 말한 本性의
全德으로서의 仁을 中의 槪念에 包攝시킨 까닭에 未發의 中을
말함과 동시에 己發의 中節을 말하고 있다. "喜怒哀樂이 感發하
지 아니함을 中이라 하고, 感發하여 모두 節度에 的中함을 和라
하나니, 中은 天下의 大本이요, 和는 天下의 達道이니라, 中과
和를 지극히 이루면 天地가 定位하며, 萬物이 生育하니라."174)라
고 하였는바 朱子는 註하기를 "喜怒哀樂은 情이요, 그것이 發하
지 아니한때는 性이니, 치우치거나 의지한바 없는 까닭에 中이라
고 하며, 發하여 모두 節度에 的中함은 情의 바른 것이니, 어긋
나고 어그러짐이 없는 까닭에 和라고 한다. 大本은 天命의 性인
데 天下의 理가 모두 이를 말미암아 나오나니, 道의 體요, 達道
는 性을 따라가는 것을 말하는데, 天下古今이 함께 말미암은 바
이니, 道의 用이다. 이것은 性과 情의 德을 말하여 道는 떠날 수

---

174) 「喜怒哀樂之未發을 謂之中이요, 發而皆中節을 謂之和니 中也者는
天下之大本也요, 和也者는 天下之達道也니라 致中和면 天地位焉하
고 萬物育焉이니라.」(中庸).

없다는 뜻을 밝힌 것이다."175)

　先王이 執中을 말할 때의 中은 過·不及이 없는 中이요, 「中庸」에서의 中은 未發의 中이다. 지나치거나 미치지 못함이 없는 中은 이미 感發하여 나타난 形而下의 現象界에서 완전히 바르게 調和가 이룩된 狀況의 中이라 곧 情의 中節이요, 또한 氣의 和인 것이다. 그러나 發하기 이전에 완전히 自立한 太極을 세운 中은 아직 感發하기 이전으로 本體界의 모든 眞理를 具備하여 있는 모습의 中이라, 곧 性의 中이요, 또한 理의 全인 것이다. 따라서 本性의 中이 天下의 根本的인 德이 되는 것이요, 人情의 和가 天下의 最高 보편적인 達道가 되는 것인바, 이와 같은 天理의 完全性과 情感의 共通 機能을 이룰 때에 天地의 定理를 俱現할 수 있으며, 萬物의 生育을 實現할 수 있음을 말하였다.

　中과 和가 이루어지지 못할 때에는 天地의 定理도 俱現될 수 없고, 萬物의 生育도 實現할 수 없음을 알 수 있는 것이요, 또한 達道로 調和를 이룩하기 위하여서는 大本의 中을 이루지 아니할 수 없음도 分明하다. 그러므로 未發의 中을 이루는 것이 곧 先王의 中道를 體得하는 것이며, 孔夫子의 仁을 認識하는 것인바, 곧 性情의 極致를 이루는 것이요, 道統을 承繼하는 것이다.

　大本의 中과 達道의 和를 探求하는데는 먼저 未發과 已發을 自覺하는 것보다 중요한 것이 없다. 未發과 已發은 性과 情이 나누어지는 契機가 되므로 形而上과 形而下가 여기에서 드러나고, 理와 氣가 여기서 밝혀진다. 동시에 孟子가 말한 仁·義·禮·智의

---

175) 「喜怒哀樂은 情也요 其未發則性也니 無所偏倚故로 謂之中이요 發而皆中節은 情之正也니 無所乖戾故로 謂之和라 大本者는 天命之性이라 天下之理皆由此出하니 道之體也요 達道者는 循性之謂라 天下古今之所共由니 道之用也라 此는 言性情之德하야 以明道不可離之意也라.」(中庸集註 上記原文 朱子註).

性과 惻隱, 羞惡, 辭讓, 是非의 마음인 四端 및 「禮記」에서 말한
"喜·怒·哀·懼·愛·惡·欲의 七情이"176) 여기에서 明確하게
分別하여 지는바 바야흐로 天理를 自覺하는 關頭요, 人欲을 制壓
하는 元始가 되는 것이다. 未發과 已發을 動靜으로 分類할 수는
없다. 靜이란 能知·能覺은 있으나, 所知·所覺이 없는 때요, 動
이란 所知·所覺이 있는 때를 말한다. 그러므로 靜할 때에는 밖
으로부터 知覺된 對象은 완전히 없는 것이나, 마음속의 知覺能力
은 아직 있는 것이며, 動할 때에는 말할 것도 없이 外部의 知覺
對象으로부터 衝擊을 받아 感動하고 있는 것이다. 따라서 靜할 때
에도 스스로의 知覺能力이 있는 까닭에 自意識만 없는 것이요, 意
識能力은 있으니 문득 이것은 已發인 것이다. 바야흐로 意識主體
가 살아 있으면 이것은 未發은 아닌바, 記憶力, 推理力, 判斷力 등
이 스스로 있기 때문이다. 비록 이것을 靜이라고 하여도 知能이
살아있기 때문에 已發이라고 아니할 수 없는 것이다.

　더욱이 靜은 動과 相對槪念으로 動의 뿌리는 靜에 있고, 靜의
뿌리는 動에 있어서 相互體用이 된다. 따라서 靜이 體요, 動이
用이라는 絶對의 원리가 成立될 수 없고, 또한 動靜은 陰陽의
體系로서 形而下인 現象에서의 물건인 것이다. 그러므로 動이나
靜이 모두 已發한 때요, 이미 發한 곳에 있는 까닭에 靜할 때나
靜한 곳을 未發 이라고는 할 수가 없는 것이다.

　伊川선생은 未發處가 靜이 아니라는 것을 다음과 같이 말하고
있다. 『어떤 사람이 말하기를 선생에서는 喜怒哀樂이 未發하는
앞에 動字를 놓습니까? 靜字를 놓습니까? 말하시기를 靜이라 말
하면 좋겠으나, 靜가운데도 모름지기 物이 비롯하여 얻음이 있으

---

176) 「何謂人情고 喜怒哀懼愛惡欲이라 七者는 不學而能하니라.」(禮記集
　　說大全 卷九禮運 第二十九版).

니, 그 裏面이 문득 어려운 곳이다. 學者는 敬을 理解 하는것 보다 먼저 할 것이 없으니, 能히 敬하면 이것을 알 것이다.』[177] 知覺의 對象이 全無한 것으로 보면 靜이 未發과도 가깝다고 하겠지만, 그러나 靜에는 살아있는 물건이 아직 있는 까닭에 未發이 아니라고 하는 것이다. 尤庵선생도 靜이 未發이 아님을 다음과 같이 말하고 있다.

『靜한 때가 未發이 아닙니까? 선생이 말하기를 靜을 未發이라고 말할 수 있으나 조금 差異가 있다. 衆人은 未發한 때가 없는 것이다. 묻기를 그러면 未發의 中은 聖人과 凡人으로 나누어서 하는 말입니까? 선생이 말하기를 그렇다. 또 묻기를 靜과 未發이 어떻게 差異가 있읍니까? 선생이 말하기를 未發은 炯然하여 不亂한 때이다. 靜이라면 動의 나머지이다. 그러므로 未發이라 할 수 없다.』[178] 이와 같이 靜이 곧 未發이 아님을 先賢은 밝히고 있는바, 따라서 靜을 中이라고 誤認해서는 않되는 것도 自明한 일이다. 未發은 動靜을 超越하면서도 動靜의 바탕이 되는 것임을 알 수 있는데, 곧 「大學」의 止와 定임을 알 수 있다.

「大學」에서 "至善에 머무름"(止於至善)을 말할 뿐만 아니라, "머무름을 안 다음에 定하고 定한 다음에 靜할 수 있으며, 靜한 다음에 편안하고, 편안한 다음에 생각하며, 생각한 뒤에 얻을 수 있나니라."[179] 라고 하여, 止를 알고 定이 있어야만, 靜할 수 있

---

177) 「或曰先生於喜怒哀樂未發之前에 下動字오 下靜字오 曰謂之靜則可나 然靜中須有物始得하니 這裡便是難處라 學者莫若且 先理會得敬이니 能敬則知此矣리라.」(近思錄 卷四 第八版).

178) 「曰靜時는 非未發者耶아 先生曰 靜可謂未發이나 而少有間焉이니 衆人無未發時矣니라 光後曰然則未發之中이 分聖凡而言歟아 先生曰然하다…… 光後曰靜與未發何以有間이오니까 先生曰 未發者는 炯然不亂之時也니 靜則動之餘라 故不可謂未發也니라.」(宋子大全 附錄卷十六 雜著 朴光一錄第六版).

음을 밝히고 있다. 靜安은 곧 靜이며, 慮得은 곧 動인바, 이와
같은 動靜이 止와 定을 根本으로 하여 있을 수가 있는 것이요,
止와 定이 없을 때에 動靜도 바르게 이루어 질 수 없는 것을 말
하였다.

　明道선생은 「定性書」에서 이른바 定이라고 하는 것은 動하여
도 또한 定하고, 靜하여도 또한 定하여 보내고 맞이한 것이 없
고, 안과 밖이 없는 것이라고 하여 定할 것을 지극히 강조하였
는데, 이 定은 動靜을 超越하면서도 動靜의 뿌리가 되는 것이다.
또한 止의 槪念은 더욱 深奧한바 「周易」에서 말하기를 "艮은 止
함이니 때가 그칠만 하면 그치고, 때가 行 할만하면 行하여, 動
靜에 그 때를 잃어버리지 아니함이 그 道가 光明하니."180)라고
하여 動하여도 止하고, 靜하여도 止하는 光明의 道를 밝히고 있
으며, 또한 「詩經」에 이르기를, "穆穆한 文王이여, 아! 한결같이
밝게 恭敬하여 머므르신다 하니, 임금이 되어서는 仁에 머므르시
고, 臣下가 되어서는 敬에 머므르시고, 아들이 되어서는 孝에 머
무르시고, 아버지가 되어서는 사랑에 머무르시고, 나라 사람들과
사귐에는 믿음에 머무르시더니라."181)라고 하는 것을 살필 때에
止의 槪念에 緝과 熙와 敬의 뜻이 內包되고 있음을 알 수 있다.
이 緝은 끊임없이 계속하여 틈이 없는 것으로 곧 誠이라 할 수
있고, 熙는 光明으로서 곧 明이라 할 수 있으며, 敬은 하나에 主

179) 「知止而後에 有定이니 定而後에 能靜하며 靜而後에 能安하며 安
　　而後에 能慮하며 慮而後에 能得이니라.」(大學).
180) 「艮은 止也니 時止則止하고 時行則行하야 動靜不失其時함이 其道
　　光明이니 艮其止는 止其所也이니라.」(周易 艮卦 象傳).
181) 「詩云 穆穆文王이여 於緝熙敬止라 하니 爲人君엔 止於仁하시고
　　爲人臣엔 止於敬하시고 爲人子엔 止於孝하시고 爲人父엔 止於慈
　　하시고 與國人交엔 止於信이러시다.」(大學).

體하여 흔들림이 없는 것이다. 따라서 止의 槪念을 定義하면 스스로 굳세어 그침이 없는 誠實과, 고요히 움직이지 않다가 外感에 應하여 天下의 이치를 통하는 明覺과, 오로지 한결같이 섞임이 없는 敬虔함이 모두 갖추어진 統體라고 하겠다. 止에는 間斷이 없으며, 昏暗이 없으며, 亂雜이 없는바, 間斷이 없는 까닭에 動하여도 止하고, 靜하여도 止하며, 昏暗이 없는 까닭에 寂하여도 止하고, 感하여도 止하며, 亂雜함이 없는 까닭에 未發하여도 止하고 已發하여도 止한 것이다.

止는 動靜과 寂感과 未發已發을 나눔이 없는 것이니, 공간적인 內外가 없을 뿐만 아니라 시간적인 先後도 없는 것이다. 內外가 없다는 것은 物我의 間隔이 없는 것이며, 先後가 없다는 것은 天人의 差別이 없는 것이다. 間隔이 없는 까닭에 渾然全體요, 差異가 없는 까닭에 絶對不易이다. 그러므로 止는 渾然全體로서 絶對不易하는 뜻인데 大學의 止於至善도 至善에 渾然一體가 되어 絶對不易 한다는 뜻이요, 임금이 되어서는 仁에 머무르신다는 말도 仁에 渾然一體가 되어 絶對不易한다는 뜻이니, 곧 임금이 되어서는 仁・義・禮・智의 本性에 渾然一體가 되어 絶對不易하는 意味이다.

中은 喜怒哀樂이 未發한 때이니, 止는 未發의 中에 있는 것임을 또한 알 수 있는 것이며, 이 止를 알아야만 定이 있고, 靜이 이루어짐도 알 수 있는 것이다.

未發處는 動靜을 초월하면서도 動靜의 원리가 되는 仁・義・禮・智의 性이라고 하며, 已發處는 形而下의 氣인데 喜・怒・哀・懼・愛・惡・慾의 情이라고 한다. 喜・怒・哀・樂의 未發은 바로 形而上의 理인 까닭에 至善無惡할 뿐만 아니라, 모든 理를 다가지고 있는 性의 全德이요, 道의 本體인바, 그것을 形象하여

中이라고 한다. 이에 이미 發한 곳은 形而下의 氣인 까닭에 感應이 나타나서 事物의 品質에 어그러짐이 없고, 人情의 交流에 거역됨이 없는 것을 드러내어 和라고 한 것이다.

朱子는 "中이란 性의 德을 形狀하고 道의 體를 形容하는 원리이며, 和란 情의 바름을 말하고 道의 作用을 나타내는 原理라"고 하였다.

『中者는 所以狀性之德이요, 而形道之體이며, 和者는 所以語情之德이요, 而顯道之用이다』(朱子大全 卷四十二 答湖廣仲) 따라서 未發은 그 內容이 仁·義·禮·智의 온전한 德이요, 그 形象은 中이다.

未發에 이와 같은 中이 이루어 지므로서 大本이 確立되고, 동시에 已發할때 모두 中節하여 達道가 行하여 지게 되는바, 大本의 中이 確立되지 아니하고서는 達道의 和가 行하여 질 수 없음을 밝혀, 體가 있어야만 用이 있는 것을 말하였다.

孔夫子는 "德이 있는 사람은 반드시 말이 있지마는 말이 있다고 하여 반드시 德이 있는 것은 아니며, 仁者는 반드시 勇氣가 있지마는, 勇者라고 반드시 仁이 있는 것은 아니다."[182]라고 하여 體가 있으면 반드시 用이 있으려니와, 用이 있다고 하여 반드시 體가 있는 것은 아님을 밝히고 있다. 그러므로 中이 있으면 반드시 和가 있는 것이나 和가 있다고 하여 반드시 中이 있는 것은 아닌바, 모름지기 君子는 먼저 中을 確立하지 아니하면 안 된다.

中을 確立하기 위하여는 本性을 恢復하여야 하는데, 本性은 사람이 모두 나면서부터 받아서 간직하고 있으므로 聖凡의 구별이

---

182) 「子曰 有德者는 必有言이요 有言者는 不必有德이며 仁者는 必有勇이나 勇者는 不必有仁이니라.」(論語).

없이 固有하게 있는 것이다. 그러나 이 固有한 性을 온전히 存養하였느냐? 아니면 氣質과 人慾에 蔽塞되어 喪失하였느냐? 의 差別이 없을 수 없는바, 天性을 온전히 保存한 사람은 中을 確立한 聖賢이요, 그것을 不完全하게 保存하거나 아주 喪失한 사람은 中을 確立하지 못한 衆人이 되는 것이다. 그러므로 聖凡의 差異는 後天的인 人格의 完全, 不完全의 差異인 것이요, 本來的인 差等이 아니며, 비록 不完全한 衆人도 決然히 克己하여 本性을 恢復하면 곧 未發의 中을 이루어 聖人이 될 수가 있는 것이다.

孔夫子는 "性은 서로 비슷하지만, 學習에 따라 서로 멀어진다."[183]라고 하여 後天的인 差等을 말하였고, 栗谷선생은 말하기를 "衆人의 마음은 昏昧하지 아니하면, 반드시 散亂하여 大本이 確立되지 아니한 까닭에 中이라고 말할 수가 없으나, 다행이 한 순간이라도 혹시 未發의 때가 있게 되면 이 未發한 때에 即하여서는 全體가 湛然하여 聖人과 더불어 다름이 없다."[184]고 하였다.

만일 昏昧함과 散亂함을 克服하고, 大本의 中을 이루면 聖人이 아니 될 사람이 없다는 것은 사람은 모두 固有의 本性을 타고 났기 때문이다. 健順五常의 德을 다같이 타고 났으면서도 氣稟의 差異와 人欲의 蔽塞에 의하여 그것을 圓滿하게 涵養하지 못하므로서 已發할 때에 和가 이루어지지 못하였으나, 氣質을 醇化하고 人欲을 克服하여, 환연하게 健順五常의 德을 새로히 밝힌다면 聖人과 다름이 없게 되는 것이다. 人格의 差異는 固有한 性을 涵養하여 未發의 中을 確立한 사람과 固有한 性을 똑같이

---

183) 「子曰 性相近也나 習相遠也니라.」(論語 陽貨).
184) 「衆人之心은 不昏昧則必散亂하야 大本이 不立하니 故不可謂之中也나 幸於一瞬之間에 或有未發之時하면 則即此未發之時는 全體湛然하여 與聖人으로 不異矣니라.」(栗谷全書 卷九書一 答成浩原第三十八版).

받았으면서도 氣質의 愚鈍함과 私欲에 앞이 가려짐이 의하여 未發의 中을 確立하지 못한 사람으로 나누어지게 된다. 그런 까닭에 學者는 中을 이루기 위하여 濁駁한 氣質을 變化시켜 醇化하고, 또한 人欲을 統制하여 天理를 保存하는 공부를 하지 않을 수 없다.

氣質을 變化시키는 것은 또한 浩然한 氣를 기르는 공부요, 人欲을 除去하고 天理를 保存하는 것은 곧 中和工夫인바, 中和工夫는 人欲을 萌芽에서 省察하여 除去하고 天理를 統體에서 存養하여 本然한 性品을 涵養하는 것이다. 省察은 動時에 本心을 收斂하는 공부요, 存養은 靜時에 四端을 擴充하는 공부이며, 涵養은 動靜을 一貫하여 心性을 發達시키는 공부이다. 그러므로 涵養은 存養과 省察의 두 공부를 包攝하는 上位의 공부가 된다.

存養공부는 마음을 붙잡아 간직하여 放心함이 없게 하고, 下學해서 上達하는 盡心의 노력이다. 盡心하므로서 마침내 盡性하고, 盡性하여 知天하는데 이르는 것이며, 省察공부는 邪妄함을 막아 誠實을 保存하는 노력이다. 그래서 容貌를 움직임에 思慮를 整頓하여 邪妄함을 萌芽에서 除去하므로서 마침내 안으로 正直하고, 밖으로 方正한데 이르는 것이요, 涵養공부는 자기를 定立하여 外物에 動搖됨이 없게 하는 것이다. 따라서 主一공부라고 하는바, 하나에 主體한다는 것은 한 가지 일에 執着하였다는 말이 아니라, 統一된 하나의 道 곧 全體에 主體하였다는 말이다. 따라서 涵養공부는 全體에 主體하여 主着이 없게 하는 노력인바, 곧 敬을 간직하는 노력이다.

伊川선생이 "涵養은 모름지기 敬을 써야 한다."185)라고 하였

---

185) 「涵養은 須用敬이라.」(近思錄 卷二 第十二版).

는바, 涵養이 存養과 省察의 두 공부를 統攝한 까닭에 動靜을
一貫한 修養이므로, 本體에 主體하면서도 應用에 執着이 없는 敬
으로서만 이루어 질 수 있음을 밝힌 것이다.

伊川선생은 敬을 설명하면서, "敬하지 아니함이 없으면 가히
上帝에 마주할 수 있다. 敬은 일백 가지 邪妄함을 이긴다."186)라
고 하였는바, 敬하여 上帝를 마주할 수 있는 것은 靜時에 敬으
로서 存養한 결과요, 百邪를 이긴다는 것은 動時에 敬으로서 省
察한 결과이다. 이와 같이 敬은 動靜을 一貫하는 까닭에 涵養공
부에는 모름지기 敬으로 하여야 된다고 하는 것이다. 그러나 敬
自體가 未發의 中이라고 할 수는 없다.

中은 形而下의 空中이나 時中을 말하는 것이 아니라 形而上으
로서 理中이요 心中인 까닭에 전혀 意識될 수 있는 것이 아니지
만, 敬은 形而下의 意識속에 지키는 作用을 하는 것이다. 그러므
로 本體에 主體하여 作用에 住着이 없는 敬이 곧 中은 아니요,
다만 中이 이루어지는 원리가 될 따름이다. 明道선생은 "敬해서
잃어버림이 없으면 문득 喜・怒・哀・樂이 發하지 아니함을 일컬
은 中이지만, 敬이 곧 中이라고 말할 수는 없는 것이다. 다만 敬
하여 잃어버림이 없는 것이 곧 中하는 방법이다."187)라고 말하며,
敬이 곧 中이 아니라, 動靜가운데서 敬을 잃어버리지 아니하면
未發의 中이 이루어 질 수 있는 원리임을 밝혔다. 이것은 樊遲가
仁을 물었을 때에 孔子께서 "머물러 사는 데서는 恭孫하고, 일을
執行함에는 敬虔하며, 사람과 더불음에는 眞實해야 한다."188)라고

---

186)「毋不敬하면 可以對越上帝니라」「敬勝百邪니라.」(近思錄 卷四).
187)「敬而無失이 便是喜怒哀樂未發謂之中이나 敬不可謂中이요 但敬而
　　無失이 卽所以中也니라.」(近思錄 卷三).
188)「樊遲問仁한대 子曰居處恭하며 執事敬하며 與人忠이니라.」(論語 子
　　路).

하였는바, 靜時에 恭하고, 動時에 敬하며, 眞實을 떠나지 아니하
는 것이 곧 仁이 아니라, 恭·敬·忠함이 仁하는 원리임을 밝히
고 있는 것과 一致한다.

仁은 形而上의 性理인 까닭에 意識할 수가 없는 것이요, 意識
할 수가 없는 까닭에 직접 터득할 수는 없고, 다만 動靜하는 가
운데 恭敬하므로서 마침내 이루게 되는 것이므로, 居動에서의 敬
을 固守하여 잃어버리지 말 것을 말한 것이다. 朱子도 意識的으
로는 未發의 中을 찾을 수 없거니와, 또한 意識的으로 統制할
수도 없는 것을 말하였다. "未發의 前은 求하여 찾을 수도 없고,
이미 知覺한 뒤에는 安排할 수도 없나니, 다만 平日에 莊敬으로
涵養의 功을 지극히 하여 人欲의 私로서 攪亂함이 없을 것 같으
면, 그 未發에 鏡明水止하여 그 發함에 中節하지 아니함이 없을
것이다."189) 意識的으로 中을 얻으려고 한다면 이것은 항상 中하
을 意識하는 것이니, 執中無權의 中이요, 따라서 하나의 中을 잡
아 가지고 백가지 일을 그르치는 子莫의 執中(見孟子盡心上)이
되는 것이다.

한 가지에만 執着하는 中은 事物에 따라 感應하여 자연스럽게
調節하는 能力이 없고, 事物에 感應하여 자취가 없을 수 없는
까닭에 모든 일에 自然의 調和가 이루어 질 수 없는 것이다. 그
러므로 한 가지 일을 잘 지킨다고 할지라도 그 나머지의 일이
모두 어그러지게 되는데 이르는 것이다. 그렇다면 그것을 中이라
할 수는 없는 것이다.

意識的으로 中을 涵養할 수는 있어도, 意識으로 中을 추구하

---

189) 「未發之前은 不可尋覓이요, 已覺之後는 不容安排니 但平日에 莊敬
으로 涵養之功至하여 而無人欲之私以亂之면 則其未發也에 鏡明水
止하야 而其發也에 無不中節矣니라.」(心經 卷一).

여 얻을 수는 없는 것이요, 未發의 中이 이루어지면 스스로 中
節하게 되는 것이지 意識的으로 中節이 되게 미리 安排할 수는
없는 것이다. 하나의 생각이 일어남은 벌써 已發의 情인데 이
情을 安排한다면, 이것은 意識的인 思慮요, 純粹한 情은 아니다.
그러므로 그것은 어떤 의미에서 僞情이며, 또한 意識이 들어가
있는 까닭에 자연스러움이 없게 되고, 자연스러움이 없으면 비록
한때 調和가 이루어졌다고 하더라도 곧 무너지게 되어 버린다.

情은 安排할 수도 없고, 또 安排하여서도 아니 되는 것이요,
다만 外貌의 莊重함과 內心의 敬虔함으로서 지극히 涵養하여 本
性을 明鏡止水와 같이 맑고, 깊고, 고요하게 이룩하므로서 마침
내 已發할 때에 事事物物마다 모두 中節의 調和가 자연스럽게
이루어지도록 하지 않으면 안 된다. 이것은 形而下를 學習하여
形而上을 通達하는 공부인바, 高遠한 것을 探求하면서도 卑近한
데로부터 시작하는 「中庸」의 道이다. 반드시 聲臭가 없는 活潑潑
한 道를 세우려고 하면서도, 또한 보이고 들리는 것을 戒愼恐懼
함으로부터 비롯하고, 天地가 定位하고 萬物이 生育함을 이루고
자 하면서도 또한 자기의 性情이 中和됨으로부터 말미암은 것인
바, 쉽고 간단함으로부터 着手하여 장차 어렵고 複雜한데 까지
미치어 나가는 漸進的인 수양의 방법이다.

사람이 現實的으로 어떻게 天理를 保存하고, 人欲을 統制할
것인가 하는데서 道心과 人心의 문제와 四端과 七情의 問題가
일어난다. 道心과 人心 또는 四端과 七情은 모두 已發한 때의
마음과 感情을 구분하여 이름 한 것이다. 마음의 本體는 七情의
發動이 없는 性으로 오직 하나일 따름이나, 마음의 作用이 이미
發動한 때에 道心과 人心의 차별이 있게 되고, 四端과 七情은
모두 이미 感動한 情을 가지고 나누어 이름 한 것이다. 이와 같

이 마음과 情을 또다시 나누어서 살핀 까닭은 已發을 節制하여
그 未發을 確立하고자 함인바, 곧 外面을 制御하여 內面을 기르
려 함이다. 道心은 孝道하는 마음, 忠誠하는 마음, 友愛하는 마
음, 信義하는 마음 등으로서 道義를 바탕으로 나오는 마음이며,
人心은 주리면 먹고 싶은 마음, 목마르면 마시고 싶은 마음, 더
우면 서늘하게 하고 싶은 마음, 추우면 따뜻하게 하고 싶은 마
음으로서 肉體를 바탕으로 나오는 마음이다.

程明道선생은 말하기를 "道心과 人心은 모두 인간의 性에서 發
端한 것이다."라고 하고, 張橫渠선생은 이를 밝혀 "道心은 本然한
性에서 發端하고, 人心은 氣質의 性에서 發端한다"고 하였는데,
"비록 聖人이라도 人心이 없을 수 없고, 凡人이라도 道心이 없을
수는 없는 것"을 朱子는 「中庸」序에서 말하였다. 그러나 道心과
人心이 모두 사람에게 없을 수 없는 것이라고 하여도 道心을 存養
하고, 人心을 省察하지 아니할 수 없는 까닭은 道心은 微妙하여
깨닫기가 어렵고, 人心은 쉽게 폭발하여 危殆한 때문이다.

道心은 純善無惡하기는 하나 精密하게 헤아리지 아니하면 밝
게 識別하여 골라잡을 수가 없고, 人心은 善하기는 하나 흘러서
暴發하면 惡에 이르는 까닭에 한결같이 살피지 아니하면 私欲의
惡으로 흘러버릴 危險이 있다. 즉 道心은 自發能力이 微弱하지만
自律能力은 强健하여 절대로 惡한데로 흐르지 아니한다, 人心은
自發能力은 强盛하면서도 自律能力이 薄弱한 까닭에 私欲으로
쉽게 墮落하게 된다.

私欲은 人心이 아니다. 人心은 사람의 本能的인 欲求로서 보
편적 正當性이 있으나, 私欲은 자기의 根本을 喪失하고 外物에
屈服한 것이니, 보편적 正當性이 없는 貪欲이다. 그러므로 聖人
이라 하더라도 人心은 없을 수가 없으나, 私欲은 絕對로 있지

아니한 것임을 살펴야 한다.

人心이 私欲으로 流轉될 수 있는 可能性 때문에 항상 人心을 節制하여 道心에 和順하도록 嚴肅整齊하지 아니할 수 없는 것이다. 이것이 곧 修道요, 修道가 되면 마음은 하나일 따름이다. 人心이 私欲으로 流轉하는 原因은 무엇인가? 이것은 道心이 있는 것을 살피지 못한 때문이요, 人心을 節制할줄 알지 못한 때문이니, 곧 無知의 所致이다. 그런 까닭에 道를 닦는 것은 敎育과 學問으로부터 나아가야 됨을 말하였다. 敎育과 學問을 통하여 明哲하게 되면 스스로 道心에 誠實하게 될 것이요, 道心에 誠實하면 스스로 人心을 節制하여 모두 中節할 수 있게 될 것인즉 道를 닦되 善에 밝은 것으로부터 나아가야 한다.

四端과 七情의 分別은 또한 己發의 情을 分析하여 論하는 것인바, 四端은 惻隱・羞惡・恭敬・是非의 情이요, 七情은 喜・怒・哀・懼・愛・惡・欲의 情을 가르키는 것이다. 四端과 七情은 본래 하나의 情일 따름인데 이것을 나누어서 이름을 달리 하는 바이다. 四端은 七情가운데 純善한 것을 말하는 것이다. 따라서 四端도 七情의 槪念속에 包攝되어 있는 것으로 四端과 七情은 人心과 道心처럼 相對槪念이 아니다. 즉 道心은 性命의 正에서 根源하고 人心은 形氣의 私에서 發生하여 서로 섞일 수 없는 것으로 각각 그 動機와 作用과 目的에 있어서 分明하게 辨別되는 것이다. 四端과 七情은 그 根源이 둘이 아니요, 오직 하나의 情에서 나타나는 것으로 喜・怒・哀・懼・愛・惡・欲의 七情이 각각 때와 場所와 狀況에 따라 中節의 和를 이루면 곧 純善의 情이 되는 것이요, 不中節하여 過不及의 差가 나게 되면 不善하게 되는 것이다. 따라서 七情이란 사람의 情을 總稱한 것으로 中節이되면 善한 것이요, 不中節하면 惡이 되는 것이다. 따라서 七情에는 善・惡이 있는바

過·不及의 어그러짐을 없게 하는 노력이 요구된다. 四端은 本性의 仁·義·禮·智를 말미암아 곧게 나오는 善情이라 中節하지 아니함이 없는 것이므로 이를 擴充하면 情에 善하지 아니함이 없게 되는 것이요, 이를 擴充하지 못하면 情에 善함이 있지 아니하리니, 情의 中節功夫는 四端의 擴充으로 부터 비롯한다.

四端을 擴充하여 당연히 기뻐할 데서 기뻐하고, 당연히 성낼데서 성내며, 당연히 슬퍼할 데서 슬퍼하고, 당연히 즐거워 할데서 즐거워하는 것이 喜·怒·哀·樂의 中節인바, 이와 같은 喜·怒·哀·樂이 모두 中節할 수 있는 까닭은 性理에서 곧게 나오는 四端을 擴充하므로서 이다. 四端이 七情의 槪念속에 包攝된다고 하여도 四端과 七情은 그 價値가 동일하지는 아니한 것이다.

四端은 仁·義·禮·智의 直遂로서 善하지 아니함이 없는 것이라, 오로지 擴充하여야만 되는 것이요, 七情은 氣質의 拘礙를 받는 것이 있으므로 반드시 善하다고 할 수 없는 까닭에 항상 節制하지 아니할 수 없는 것이다.

四端七情論을 연구함에 있어서 반드시 理氣의 不相離, 不相雜의 원리에 밝아야 하는바, 理氣가 서로 分離될 수 없는바에 얽매이면 四端이 곧 七情이라고 인식하게 되어 天理와 人情을 섞어 버리게 되고, 理氣가 서로 混雜할 수 없는바에 얽매이면 四端은 七情이 아니라고 인식하게 되어 天理와 人情이 합칠 수 없는 데에 이른다. 四端과 七情이 절대로 동일한 情이 아니라고 하면 必然的으로 그 發源되는 本體도 둘이 있게 되어 二體各用의 誤謬에 떨어지고, 四端과 七情이 본래 동일한 情이라고 하면 自然的으로 그 發源되는 本體도 하나이게 되어 一體一用의 誤謬에 떨어진다.

그러나 四端과 七情은 결코 동일한 情도 아니요, 또한 心體인

性도 결코 둘인 것이 아니다, 性은 오직 하나일뿐이니, 이것이 氣質의 感發을 통하여 仁·義·禮·智의 性理를 直遂하면 四端이 되는 것이요, 氣質의 拘礙를 받아서 發動하면 七情이 되는 것이다. 그러므로 體는 오직 하나이며 그 作用이 갈라지는 것이다. 四端을 擴充함도, 이 體를 기르려 함이요, 七情을 節制함도 이 體를 세우려 함인 것이다. 만일 四端과 七情이 동일하다면 이와 같이 공부의 방법이 다를 수가 없는 것이며, 四端과 七情이 전혀 다르다면 오직 하나의 大本을 定立할 수가 없는 것이다.

四端을 擴充하는 까닭이 養性함에 있는 것을 알고, 七情을 節制하는 原因이 率性함에 있는 것을 알아서 養性의 性과 率牲의 性이 다름이 없는 것을 알면, 四端과 七情이 두 根本이 있는 것이 결코 아니며, 또한 四端과 七情이 동일한 知覺作用도 아님을 스스로 알 수 있을 것이다.

四端과 七情이 동일한 知覺의 作用이 아니라고 할 때에 그것은 善惡이 동일하지 않다는 말이요, 七情의 밖에 四端이란 情이 따로 있다는 의미는 아니다. 사람의 情은 七情이외에 또다른 情이 없는데 이 情이 純善中節한 것을 四端이라고 할 따름이다. 따라서 七情은 中節하여 善한 것도 있고 過·不足하여 惡한 것도 있는 것이라, 다만 四端과 동일하지 않다고 말한 것이다. 마음은 본래 虛靈知覺하니 道心과 人心을 밝게 살펴서 道心을 간직 하여 기르고, 人心을 반성하여 살피므로서 未發의 中을 涵養하고, 四端을 擴充하며 七情을 節制하여 天理를 直遂케 하여야만 天下의 大本을 樹立 할 수 있는 까닭에 愼獨으로 敬을 떠나지 아니하는 공부를 강조하는 것이다. 中和의 공부는 意識處를 戒愼恐懼하여 意識할 수 없는 곳의 中을 이루는 것인바, 浩然之氣의 공부와 같이 미리 期約하여도 안되고, 잊어 버려도 아니 되며,

억지로 助長하여도 아니 된다. 純粹한 知性을 밝혀 나가며, 中正한 仁德을 기르며, 剛健한 勇氣를 쌓아 나아갈 때에 自然스럽게 이루어지는 것이다. 이와 같은 노력을 오래하면 自然化成하여 中이 이루어져서 發함에 中節하지 아니함이 없고, 達道를 이루지 아니함이 없으니, 이것이 意識의 無意識化요 또는 學習의 渾然天成이다. 人間이 天性을 상실하고도 便安할 수는 없는 것이다. 사람은 天道의 造化에 의하여서만 탄생될 수 있고, 天理의 本性에 의하여서만 生存할 수 있는 까닭에, 이것이 없이는 生命의 의의가 없게 되는 것이다. 그런 까닭에 "君子는 반드시 天性을 이루고 本心을 간직하는 것이 道義의 門이라"190)는 말을 명심하여야 한다. 人間性을 이루지 못하여, 本心을 간직하고 있지 못하면 어떻게 人倫과 道德을 지킨 사람이 될 수 있겠는가!

君子는 仁義를 말미암고 巧智롤 쓰지 아니하며, 하늘에 便安하고 邪術을 부리지 아니 하나니 마침내 大人이 되는 것이다. "大人은 天地와 더불어 그 마음을 합하며, 해와 달과 더불어 그 밝음을 합하며, 四時와 더불어 그 차례를 합하고, 鬼神과 더불어 그 吉凶을 합하여, 하늘보다 앞서도 하늘을 어기지 아니하며, 하늘보다 뒤에 가도 天時를 받드나니, 하늘도 또한 어기지 아니하는데, 하물며 사람에게 일까보냐? 하물며 鬼神에게 일까보냐?"191)라는 말은 大人은 本性을 主體로 하므로서, 天과 人이 合一하여 絶對로 天理를 어기지 아니함과 동시에 天理의 보편성으로 인하여 인간에게도 어기지 아니하고, 鬼神에게도 어그러짐이 없게 하는 것을 밝혔다.

私意를 버리고 하늘을 따르는 자연스런 자세가 곧 자기의 本

---

190) 成性存存이 道義之門이니라. (周易 繫辭上第七章).
191) 前出 1) 참조.

性을 완전히 말미암는 일인 까닭에 사람의 性을 알지 못하면 天命을 따를 길이 없게 되는 것이요, 天命을 따르지 못하면 逆天으로서 綱常을 犯한 것이다.

孔夫子께서 말하시기를, "어리석으면서도 하고 싶은 대로 하기를 좋아하며, 卑賤하면서도 자기 뜻대로 하기를 좋아하고, 오늘날 세상에 살면서 옛날의 道를 反復하려 하면, 이와 같은 사람은 災殃이 그 몸에 미칠 것이다."[192]라고 하였다. 어리석고 卑賤한 것은 德性을 밝히지 아니하고, 道義를 닦지 아니한 사람인바, 明德修道를 하지 아니하고서 自用自專하며, 또한 現在 사람의 實情을 말미암지 아니하고 한갖 形式만을 改造하려 한다면 이것은 明哲한 行動이 아닌 까닭에 災殃이 따르게 됨을 경계하여 말하였다.

또한 「大學」에서도, "사람이 싫어하는 것을 좋아하고, 사람이 좋아하는 바를 싫어한다면 이것은 人間性을 거슬렸다 할지니, 災殃이 그 몸에 미칠지니라."[193]라고 말 하였는바, 天性의 보편성을 말미암지 아니하고, 오히려 天理의 보편적 絶對性을 拒逆한다면, 온전히 살아남을 수가 없음을 크게 경계하였다. 사람이 中의 大本과 和의 達道를 이루지 못하고서는 天命을 진실하게 따를 수가 없고, 公明한 生活을 경영하지 못하며, 당연한 道理를 자연스럽게 할 수 없는 까닭에 中和의 理는 人格完成의 極致로서 大中全正의 中庸之道를 行하는 원리이니 道學에서 最高의 哲理라고 하는 것이다.

---

192) 「子曰 愚而好自用하며 賤而好自專이오 生乎今之世하야 反乎古之道면 如此者는 烖及其身者也니라.」(中庸).
193) 「好人之所惡하며 惡人之所好면 是謂拂人之性이라 災必逮夫身이니라.」(大學).

第10章 悅　樂

　悅樂이란 안으로 마음이 和平하여 喜悅의 感興이 서리고, 밖으로 한 몸이 太平하여 歡樂의 感動이 넘침을 말한다. 喜悅의 感興은 마음이 和平하여야만 일어남으로 마음에 털끝만치의 슬픈 생각이라도 있으면 문득 안으로 우울한 감정이 엉켜서 喜悅의 感興이 일어날 수 없는 것이요, 歡樂의 感動은 한 몸이 太平하여야만 넘치나니, 한 몸에 조금이라도 편안치 못한 氣分이라도 있으면 문득 밖으로 답답한 느낌이 나타나게 되어 歡樂의 感動이 넘칠 수 없는 것이다. 그러므로 悅樂이란 마음이 바르게 된 이후에 있는 것이요, 몸이 편안한 뒤에 얻는 것이다. 誠意와 正心공부를 통하여 안으로 스스로를 속임이 없고, 밖으로 邪辟한 言行이 없게 될 때에 義理에 어긋남이 없게 되나니, 한 몸이 眞實에서 떠나지 아니 하였 때 어디에서나 喜悅의 感興이 있는 것이요, 修身과 齊家의 공부를 통하여 위로 부모를 恭敬하고, 아래로 妻子를 慈愛하여 스스로의 責務를 다하게 될 때에 언제나 歡樂의 感動이 있는 것이다.

　悅樂이란 使命을 다하는 君子가 된 이후에 있는 것이요, 누구에게나 있는 것은 아니다. 물론 悅樂은 사람의 感情인지라 무릇 知覺이 있는 사람에게는 누구에게나 없는 것이 아니다. 그러나 君子의 悅樂과 大衆의 悅樂은 크게 다른바가 있으니, 君子의 悅樂은 道德과 義理에서 말미암은 까닭에 오래도록 변하지 않는

悅樂인지라 悅樂이 마음을 말미암는 것이요, 凡人의 悅樂은 感覺과 利欲에서 말미암는 까닭에 잠간 동안에도 수없이 변하는 悅樂인지라 悅樂이 外物을 말미암는 것이다. 그런 까닭에 君子의 悅樂은 항상 된바가 있으니 誠敬이 그 속에 들어있는 까닭이요, 小人의 悅樂은 곧 후회와 恨嘆이 따르게 되는데 私欲이 그 속에 들어 있는 까닭이다.

私欲에 이끌리어 善惡을 밝게 辨別하지 못하므로 好惡를 바르게 구별하지 못하여 순간의 快足에 歡喜가 넘치고 잠간의 遺憾에 悲哀에 젖는바 이와 같은 凡人의 끊임없이 바뀌는 悅樂은 그것이 眞情한 快樂이 아닌 까닭에 悅樂이라 말하지 아니한 것이다. 대저 君子의 快樂은 天理에서 말미암아 한 몸에 모우고 한 몸을 말미암아 天地에 펴지나니 하물며 사람을 섭섭하게 하랴! 하물며 鬼神을 섭섭하게 하랴!

孔子께서 말하시기를 "아는 것이 좋아하는 것만 같지 못하고, 좋아하는 것이 즐거워하는 것만 같지 못하다."[194)라고 하였는바 사물을 밝게 살피어, 그 옳고 그른 것을 아는 것은 그 옳은 것을 좋아하는 것만 같지 못하고, 善惡을 밝게 분별하여 그 악한 것을 싫어하고 그 선한 것을 좋아하는 것은 그 善을 즐거워하는 것만 같지 못하다는 것이다. 대저 悅樂은 知覺에서 비롯하는바, 먼저 知覺의 對象속에서 合理的 보편성이 드러나야 되고 동시에 主觀的인 心理와 客觀的이 公理가 합쳐져야 하며, 合理的 보편성과 順理的 當爲性이 하나로 이어지는 때에 바로 快樂이 나올 수 있는 것이다.

따라서 悅樂은 天理에 밝은 知性이 있어야 하고 人性에 깊은

---

194) 「子曰 知之者는 不如好之者요 好之者는 不如樂之者니라.」(論語 雍也).

德性이 있어야 누릴 수 있는 것인데, 天理에 밝은 知性이 아니면 是非를 가리지 못하여 悅樂이 오래도록 계속하지 못하며, 人性의 깊은 德性이 아니면 좋아하고 싫어함에 스스로 한계가 있어서 悅樂이 크고 넓지를 못한다. 天理앞에 恒久不變하고 人性속에 廣大한 悅樂은 오직 知性과 德性을 말미암을 따름이니 廣土衆民과 富貴功名의 外物에 있는 것이 아니다.

　孟子 말하기를 "領土를 넓히고, 國民을 많게 하는 것을 君子는 바라지만 즐거움은 있지 아니하고, 天下의 中央에 서서 四海의 人類를 安定 하는 것은 君子가 즐거워하는 바이나 人間性은 거기에 있지 아니 하나니, 君子의 性分은 비록 크게 뜻을 행한다고 하여도 더 보태지지 아니하며, 비록 困窮하게 산다고 하여도 덜어지지 아니하나니 天分이 定하여진, 까닭이니라, 君子의 性分은 仁·義·禮·智가 마음에 뿌리 하여 색깔이 나옴이 부드럽고 빛나게 얼굴에 피어나며 등에 넘치며 四體에 나타나서, 四體는 말하지 아니 하여도 잘 움직이니라."195)라고 하였다. 廣土衆民과 富貴功名을 君子가 希望하지 아니 한 것은 아니다. 그러나 悅樂은 거기에 있지 아니하는바 인간의 知性과 德性의 知覺속에 있는 것이지, 富貴功名의 外物에 있는 것이 아닌 것이다.

　聖人은 外物로서 기뻐하지 아니하고 外物로서 슬퍼하지 아니하나니 오직 義理가 있는 바를 따를 뿐이다.

　그러므로 어제의 功名도 오늘은 떠나며, 오늘의 富貴도 내일은 버릴 줄을 아나니, 悅樂이 外物을 말미암는 것이 아니라, 마

---

195) 「孟子曰 廣土衆民을 君子欲之나 所樂은 不存焉하고 中天下而立하야 定四海之民을 君子樂之나 所性은 不存焉하니 君子所性은 雖窮居라도 不損焉이니 定分故也니라 君子所性은 仁義禮智根於心하야 其生色也가 睟然見於面하고 盎於背하여 施於四體하야 四體不言而喩니라.」(孟子 盡心上).

음속에 스스로 있기 때문이다. 만일 사람이 自己의 本義에서 悅
樂을 찾지 아니하고 外物에서 찾으려 할때 반드시 자기를 버리
고 外物을 찾아 헤매게 되어 마침내 비록 그 外物은 얻었다 할
지라도 오히려 悅樂은 찾지 못하게 되는바, 그것은 그 外物을
얻는 瞬間에 사람의 道理를 喪失하였다는 것을 깨닫게 되므로
虛悅하게 되는 까닭이다.

外物은 悅樂의 客體요 자기는 悅樂의 主體인바 主體가 損傷되
면 어디에서 悅樂이 나올 것인가? 그런 까닭에 悅樂이 마음을
말미암는 사람은 반드시 自重自愛하여 한 몸을 온전히 지키고,
悅樂이 外物을 말미암는 사람은 반드시 自暴自棄하여 한 몸을
버리게 되고 마는 것이다.

人間性은 仁·義·禮·智인바 마음에 이 德性을 갖추어 남김
없이 發揮할때에 자기의 職分이 들어나는 것이요, 이 人間의 性
分과 自己의 職分이 드러날 때에 그 가운데 悅樂이 가득히 넘치
나니 자기에게서 넘쳐서 家庭에 가득 차고, 家庭에서 넘쳐 天下
에 가득차는 것이다.

사람은 惻隱한 마음과 부끄럽고 미워하는 마음과 辭讓하는 마
음과 옳고 그른 것을 가리는 마음이 있고난 뒤에 悅樂이 있는
것이다. 不仁하거나 不義하거나 無禮하거나 無智한 사람에게는
悅樂이 있을 수가 없는 것이다.

不仁하면 殘忍하니 즐겁지 아니하고, 不義하면 醜惡하니 즐겁
지 아니하며, 無禮하면 卑陋하니 즐겁지 아니하고, 無智하면 邪
慝하니 즐겁지 아니한 것이다. 모름지기 사람은 이 네 가지 가
운데서 그 한 가지만 있어도 즐겁지 아니 하나니, 마음에 四德
을 모두 갖춘 뒤에 비로소 悅樂이 넘치는 까닭에 君子의 悅樂은
마음을 말미암는다고 하는 것이다.

仁하면 하늘과 더불으니 즐겁지 아니하랴, 義하면 道와 더불으니 즐겁지 아니 하랴, 禮하면 理와 더불으니 즐겁지 아니하랴, 智하면 命과 더불으니 즐겁지 아니하랴, 天·道·理·命은 恒久不變하고 廣大光明하여 언제나 어느 곳에서나 그렇지 아니함이 없으니, 마침내 언제나 즐겁고 어디에서나 즐거운 것이다. 이와 같이 天理에 合致되여 天命에 同化 할 때에 悅樂은 스스로 그 가운데 있는 것이다.

天理가 나의 本性속에 갖추어 있는 까닭에 즐거움이 그 가운데 있는 것이요, 하늘이 나와 直接관계한 까닭에 즐거움이 넘치는 것이다. 悅樂이란 하늘을 즐거워하는 것이라 곧 樂天이다. 세상을 悲觀하는 사람은 반드시 天理가 있는 것을 의심하고 天理를 믿지 아니한 까닭에 現實을 空虛하게 느끼고 현실을 부질없이 느낀 까닭에 모든 것을 悲觀하게 되는 것이다. 그러므로 자기의 本性이 天理의 具體的 內容임을 自覺하고 더 나아가 하늘과 내가 直接關係속에 있음을 體得할때에 現象의 眞實이 確認되며, 現象의 眞實이 보일 때 세계가 아름답게 보이는바, 즐거움이 그 속에 있는 것이다. 君子의 悅樂은 天理를 말미아마서 人事에 미치나니 樂志이후에 樂道요, 樂道이후에 樂天하는 것이다.

孟子는 말하기를 "君子는 세 가지 즐거움이 있는데 天下에 王이 되는 것은 그 가운데 들어있지 아니하다, 父母가 다 계시며, 兄弟가 모두 無故함이 제일 즐거움이요, 우러러 하늘에 부끄럽지 아니하며, 굽혀서 사람에게 부끄럽지 아니함이 두 번째 즐거움이요, 天下의 英才를 얻어 敎育함이 세 번째 즐거움이니 君子에게 세 가지 즐거움이 있으나 天下에 王이 되는 것은 그 가운데 들어가지 아니하니라."196)라고 하였다. 여기서 말한 君子의 三樂은 모두 富貴功名의 外物과는 상관이 없는 것임을 깨달을 수 있는 바, 어버이가 모두 계시고 兄弟가 無故한 것은 天倫관계의 健在로서 孝悌의 天性을 다 할 수 있음을 즐거워 한 것이요, 孝悌의 天性을 다하는 것은 仁을 말미암아 하는 것인 까닭에 근심이 없는 것이며, 우러러 하늘에 부끄럽지 아니하고 굽혀서 사람에게 부끄럽지 아니한 것은 人間의 性分과 自己의 職分을 다하여 사람으로서 떳떳함을 즐거워하는 것인바 道義를 지키는 能力이 自己에게 있는 까닭에 두려움이 없는 것이며, 天下의 英才를 얻어서 敎育하는 것은 眞理가 세상에 傳播됨을 즐거워하는 것이니 眞理가 자기에게 있는 것이므로 스스로 힘이 나는 것이다. 君子의 三樂은 知·仁·勇을 말미암는 것이요, 知·仁·勇 세 가지는 천하의 達德이며, 그것을 行하는 원리는 誠하나일 뿐이다. 언제나 스스로 誠敬하면 즐거움이 그 가운데에 있는 것이다.

孟子는 "스스로를 反省하여 誠實하면 즐거움이 이보다 큰 것이 없다."197)라고 하였던 것이다. 이와 같이 君子의 悅樂이 자기의 德性에서 비롯하고 자신의 誠實을 말미암은 까닭에 天下에 王이 되는 것도 세 가지 큰 즐거움 속에 들어가지 아니 한다는 것이다. 萬物이 모두 나에게 갖추어 있는 것인바 즐거움도 또한 자기에게 있는 것이요, 外物에 있는 것이 아니다. 君子는 자기에게서 찾은 까닭에 孔子는 일찌기 顔子에게 恒久不變하는 悅樂이 있는 것을 보고 어질다고 칭찬한 일이 있는바, 恒久不變하는 悅

---

196) 「孟子曰 君子有三樂하되 而王天下不與存焉하나니, 父母俱存하며 兄弟無故가 一樂也요, 仰不愧於天하며 俯不怍於人이 二樂也요, 得天下英才而敎育之가 三樂也이니, 君子有三樂하되 而王天下不與存焉이니라.」(孟子 盡心上).

197) 「反身而誠이면, 樂莫大焉이오..」(孟子 盡心上).

樂이 賢人에게 있는 것을 볼 수 있다.

孔子께서는 말하시기를 "어질도다 回여! 한 대바구니의 밥과 한 바가지의 물로 가난한 동네에 사는 것은 사람들이 그 근심을 이겨내지 못하거늘 回는 그 즐거움을 고치지 아니하니 어질도다 回여!"198) 孔子께서 이와 같이 顔淵을 賢人이라고 極讚하는 까닭은 무엇인가? 顔子가 貧賤을 즐거워하였던 까닭이 아니요, 貧賤하면서도 자기의 즐거워하는 바를 고치지 아니 하였던 점이니, 그 즐거워하는 바는 곧 道요 하늘이었기 때문이다.

道를 즐거워 하니 貧賤에서도 便安하였던 것이다. 따라서 顔子의 悅樂은 한갓 自足하려는 태도나 意識的인 忍耐에서 얻어지는 悅樂이 아니요, 樂天 知命하여 道와 더불어 渾融無間한데 이르므로서 恒久不變하는 悅樂의 境界에 들어간 것이므로 富貴貧賤에 干涉당하지 아니한 것이다.

聖人은 外物에 干涉받지 아니한 즐거움이 있는바, 誠과 道가 자기에게 있는 까닭이다. 誠은 자기스스로 이루는 原理요, 道는 자기가 스스로 나아갈 길인지라, 聖人은 自誠이요 自道니 스스로 즐거운 것이다. 따라서 外物이 干涉할 수도 없는 것이며, 外物에 干涉받지도 아니한 까닭에 恒久不變하여 한결같이 그러한 즐거움이 있는 것이다.

孔夫子께서는 스스로 즐거움을 말하였는바 聖人은 어느 곳에서나 그 가운데 즐거움이 있는 것을 알 수 있다. "거친밥을 먹고 물 마시고 팔을 굽혀 베개 삼을지라도 즐거움이 또한 그 가운데 있나니, 不義로서 富하고 貴한 것은 나에게 뜬구름과 같으

---

198) 「子曰賢哉라 回也여, 一簞食와 一瓢飮으로 在陋巷을 人은 不堪其 憂어늘 回也는 不改其樂하니, 賢哉라 回也여.」(論語 雍也).

니라.”199) 聖人의 悅樂은 언제 어느 곳에나 없는 데가 없음을
말하고 있는바, 聖人의 마음은 天心과 합하여 物我가 一體인지라
內外精粗가 없는 까닭에 自誠 自道의 樂이 宇宙속에 가득 차서
하늘과 함께 眞實하니 기쁘지 아니한 때가 없고, 즐겁지 아니한
곳이 없는 것이다. 따라서 富貴貧賤만이 그 즐거움을 干涉하지
못 할뿐만 아니라 不義非禮도 이것을 干涉하지 못한 까닭에 天
下에 어떠한 것도 이를 빼앗을 수 없는 것이요, 동시에 어떠한
일도 이를 막을 수 없는 것이다. 무릇 이와 같은 悅樂은 聖人이
아니면 있을 수가 없는 것이다. 즐거움이 자기에게만 있는 것이
아니라 天地와 더불어 있어서 천하가 仁으로 化成하여 버린 까
닭에 즐거움이 그 가운데 있는 것이다.

　聖人의 悅樂은 마침내 天道아 더불은 것인바 살았을 때 사는
것이 즐거웁고, 죽어야 할때 죽는 것이 즐거우며, 마땅히 榮華로
운데서 榮華로운 것이 즐겁고, 마땅히 困窮한 데서 곤궁한 것이
즐거운 것인바, 즐거움이 天理의 자연에 있는 것이요 自足이나
忍苦에 있는 것이 아니다. 聖人은 어느 때나 時中하여 잠간동안
이라도 天道에서 떠나지 아니하는 까닭에 언제나 즐거운 것이며,
어디서나 絜矩하여 한순간이라도 主體를 잃어버리지 아니하는
까닭에 어데서나 즐거는 것인바, 天理가 永遠하니 그 즐거움이
불변하고, 主體가 廣大하니 그 즐거움이 끝이 없는 것이다. 天命
과 하나로 합치고 良心대로 사는 즐거움이 이와 같이 永遠하고
廣大한 까닭에 스스로 그만 둘 수 없게 되는 것이며, 誠은 스스
로 이루니 자기의 誠實이요, 道는 스스로 道이니 자기의 道理인
까닭에 자기의 誠을 바탕하여 자기의 길을 감으로 말미아마 우

---

199)「子曰飯疏食飲水하고　曲肱而枕之라도　樂亦在其中이니, 不義而富且
　　　貴는　於我에　如浮雲이니라.」(論語 述而).

러나오는 즐거움은 스스로 즐거워서 그만 둘 수가 없게 되는데 이르는 것이다.

孔子께서 스스로를 自評한 데에서도 그 즐거움을 그만 둘 수 없는 것을 볼 수 있는바, "葉公이 子路에게 孔子를 묻거늘, 子路가 대답하지 못하였는데 孔子께서 말하시기를 너는 어찌 그 사람됨이 憤發하여 밥 먹는 것도 잊어버리고 즐거워서 근심도 잊으며 늙음이 장차 이른 줄도 알지 못한다고 말하지 아니 하였느냐."[200]라고 하였다. 이것은 憤發할 것을 憤發하고 즐거워할 것을 마땅히 즐거워하는 것으로 지극히 憤發하고 끝없이 즐거워하는 까닭에 스스로 그만둘래야 그만 둘 수 없는 것이요, 늙음이 장차 이른 줄도 알지 못한 것이다. 剛健한 하늘의 힘은 道德을 기리 붙잡아 세우고 天地를 밝게 비추며 人心을 떳떳하게 드러냄으로 스스로 그만둘 수 없는 힘이 솟아나고 나아가 天地人物과 하나가 되는 恒久不變하는 관계가 이루어 지므로서 個體로서의 意識을 잊어버리는 즐거움에 까지 이르는 것이다.

君子는 뜻을 얻으면 天道의 大公을 實現하고 뜻을 얻지 못하면 天意의 大義를 지킬 따름이니 언제나 天理를 떠남이 없는 까닭에 그 좋아 하는 것을 따르지 않음이 없게 되는 것이요, 그 좋아 하는 바를 따르는 까닭에 항상 즐거움이 그 가운데에 있게 되는 것이다. 이러한 즐거움은 古今의 시간을 超越한 즐거움이요, 內外의 공간을 解脫한 즐거움이며, 窮達의 한계를 達觀한 즐거움인 것이다. 이것은 나만의 悅樂이 아니요, 하늘의 悅樂인 까닭에 마침내 크고 작고 좋고 나쁨이 없는 것이다.

天下에는 하나의 理가 있을 따름이다. 이 理가 있는 곳에 이

---

200) 「葉公이 問孔子於子路어늘 子路不對한대, 子曰女奚不曰 其爲人也가 發憤忘食하고 樂以忘憂하야 不知老之將至云爾아.」(論語 述而).

즐거움이 있는 것이며, 이 理가 있지 아니한 곳이 없으니 이 즐거움이 있지 아니한 곳도 없는 것이므로 君子는 섬기지 아니하는 것이 없는데 까지 찾아 들어간다.

第2篇 倫　理

第1章 總　論

　한 個體가 存在하고 生成함에는 곧 全體와 直接關係한다. 個體는 언제나 全體와 離脫하여 絶對 獨立할 수는 없는 것으로 全體의 原理속에서 함께 살고 같이 있는 까닭에 마침내 主體와 客體사이에 끊을 수 없는 관계가 맺어 있는 것이다. 그러므로 모든 存在는 個體와 個體, 個體와 集團, 同類와 異類 등의 관계가 있는 까닭에 親疏·貴賤·同異의 序列이 드러나게 되는 것이요, 이 序列은 人爲的인 구별이 아니라 하늘의 自然的인 現象인 까닭에 天敍라고 한다. 이와 같은 天敍를 아름답게 드러내어 調和있는 관계를 이룩하므로서 자기의 고유한 性을 모두 發揮함과 동시에 全體의 性命도 어그러짐이 없게 하는 모범적인 儀則을 세우는 것은 오직 사람만의 일인바 萬物의 靈長인 인간만의 能事인 까닭에 人倫이라고 하는 것이다.

　天敍는 自然法則이요 人倫은 當然法則인바 自然의 原則과 當爲의 法則이 調和統一 하는데서 倫理가 세워지는 것이다. 倫理란 객관적인 자연의 원리만도 아니요, 主觀的인 當爲의 實情만도 아니다. 이 두 가지를 모두 統一하여 하나의 統一된 條理로서 體系세운 것이다. 하나의 통일된 조리로서 體系세운 까닭에 全體의 원리에 바탕하면서도 個體의 實情에 充實하는 精密한 條理가 되는 것이다. 이와 같은 中正의 條理를 밝힘에 있어서 外的인 形式에서 다듬으려 하는 것이 法이요 內的인 性情에서 고르려는 것이 禮이다.

禮와 法이 모두 자연의 질서와 인간의 倫理를 綜合하여 하나의 統一된 條理로서 體系化하여 마침내 사회의 構造를 아름답게 이룩하려고 하는 것이나 禮는 人間의 內面에서 性理의 善과 情意의 아름다움을 바탕하여 그 眞實한 인간의 모습을 구현하려는 까닭에 自律的인 원리가 되는 것이요, 法은 人生의 外面에서 事理의 公과 言行의 바름을 바탕하여 그 가즈런한 인간의 관계를 실현하려는 까닭에 他律的인 법칙이 되는 것이다. 禮의 自律性은 性情의 中和에서 말미암은 까닭인바 따라서 性情의 中和로 완전한 人格을 이룬 뒤에 禮가 나올 수 있는 것이므로 禮는 聖人으로부터 나오며, 法의 他律性은 公正에서 말미암는 것이요, 公正은 뜻이 성실하고 마음이 바르게 된 뒤에 얻을 수 있는 까닭에 法은 賢人으로 부터 나오는 것이다. 禮와 法이 모두 倫理의 槪念속에 포함되는 것이지만, 中和가 根本이요 公正은 그 나타남인 것이니, 先王은 自律的인 禮를 앞으로 하고 他律的인 法을 뒤로 하였던 것이다. 따라서 倫理라고 할 때에 그 의미는 個體의 本質的인 禮를 뜻하는 것이요, 强制的인 法을 말하는 것이 아니다. 天道가 變化함에 각각 個體의 性命을 바르게 하는지라 個體의 性理를 남김없이 發揮하는 가운데 오히려 全體의 調和가 이루어지는 까닭에 倫理란 本質的으로 制約하는 것이 아니라 暢達시켜 주는 것이다.

倫理란 말은 본래 音樂에서 처음 쓰였는바 "音은 사람의 마음에서 나온 것이요, 樂은 倫理를 通達하는 것이다."[1]라고 하였다. 事物의 관계에는 각각 마땅한 條理가 있는 것이므로 그 관계의

---

1) 「凡音者는 生於人心者也요 樂者는 通倫理者也라.」(禮記集說大全 卷十八 樂記 第十九).

條理를 남김없이 通達하여야만 樂이 이루어짐을 말하고 있는바 樂은 調和의 極致인 것이다.

이와 같이 각 部分의 機能을 남김없이 暢達시키는 원리를 인간의 관계에서 樹立하는 것을 孟子는 人倫이라고 하였다.

"聖人이 근심하심이 있어서 契로하여금 司徒를 삼아 人倫으로 敎育하시니 아버지와 아들은 친함이 있고, 임금과 신하는 義가 있고, 남편과 부인은 분별이 있고, 어른과 어린이는 차례가 있고, 벗 사이에는 믿음이 있나니라."2)라고 하니 이것은 사람의 基本的인 다섯 가지 관계를 들어 그 德目까지 밝히고 있는 것이다. 그래서 이를 五倫이라고 부르게 되었으나 이것은 모두 사람의 固有한 性情을 말미암은 것이며, 동시에 인간의 實際的인 本末, 上下, 內外, 前後, 左右의 자연적인 관계에서 나온 것이요, 어떤 强制規範이 아니다. 자기 개체의 內部構造를 自覺하고, 外部關係를 知覺할 때에 스스로 깨닫는 條理 體系이므로 敎育을 통한 啓導의 對象이요, 刑罰로서 抑壓할 것은 아닌 것이다. 따라서 人倫은 禮의 儀則이지 法의 規則이 아니다.

孟子는 말하기를 "舜은 庶物에 밝으시고 人倫에 通達하시니 仁義를 말미아마서 行함이요, 仁義를 行함이 아니시니라."3)고 하였다.

舜임금이 人倫에 지극한 것이 모두 本性에서 우러나온 能動的 원리를 말미아마 實行한 것이요, 客觀的인 仁義의 規範을 따라서 實踐한 것이 아님을 밝히고 있는 것이다. 따라서 人倫은 絶對로 他律的인 規則이 아니며 自律的인 自己生命의 實規인 것이다.

---

2) 「聖人有憂之하야 使契爲司徒하야 敎以人倫하시니, 父子有親하며 君臣有義하며 夫婦有別하며 長幼有序하며 朋友有信이니라.」(孟子 滕文公上).
3) 「舜은 明於庶物하시며 察於人倫하시니 由仁義行이요, 非行仁義니라.」(孟子 離婁下).

　　바로 이와 같은 仁義의 자기 性理가 곧 보편적인 원리인 天理에서 根源한 까닭에 人倫이 곧 天理와 一致할 수 있는 所以가 있고, 天理가 곧 人間性인 까닭에 個體의 自己實現이 全體의 生成變化에 완전히 調和되는 根柢가 있는 것이다. 그래서 "乾道가 變化함에 각각 性命을 바르게 하야 現在狀態에서 모두 합쳐 크게 조화하나니 이에 바르게 지키는 것이 利로우니라"4)라고 하였는바 乾道는 곧 天道요 天道는 곧 全體의 원리이다. 全體의 變化發展속에 個體가 각각의 본래적인 性命을 바르게 하는 것은 個體의 自己充實과 全體의 發展이 서로 一致하는 體系에 있음을 말하는 것이다.

　　個體性과 全體性이 一致하고 個體의 道와 集團의 道가 一貫하는 體系로서 이미 關係가 맺어지고 있음을 밝힌 것이다. 그런 까닭에 「中庸」에서는 "萬物이 함께 자라도 서로 害치지 아니하며, 道가 함께 行하여도, 서로 어그러지지 아니 하는지라, 小德은 시냇물처럼 흐르고 大德은 全體를 아울러 敦厚하게 造化하니 이것이 天地가 크다고 하는바이다."5)라고 하였다.

　　萬物이 각각 자기의 性命을 모두 發揮하여도, 서로 해침이 없는 관계는 곧 個體의 獨自性이 全體의 普遍性과 一致하는 원리가 있음을 의미한다. 따라서 個體의 內部構造가 스스로 發露하는 個體의 生理는 곧 天道와 本質的으로 一致하는 것임을 알 수 있는데, 그 天道와 一致할 수 있는 人間의 固有한 性理를 禮라고 한다. 이 禮性을 잘 간직하여 길렀을 때에 天地 自然의 秩序와 합치는 禮가 생기는 것이요, 自己의 主體性을 버리고 客觀的인

---

4) 「乾道變化에 各正性命하야 保合大和하나니, 乃利貞하니라.」(易乾彖傳).
5) 「萬物이 並育而不相害하며, 道並行而不相悖라, 小德은 川流이요, 大德은 敦化니, 此天地所以爲大也니라.」(中庸).

律法에 從屬的으로 追從하여 이루어지는 것이 아니다.

外的인 律法을 본받아 追從하는 것은 法이요 禮가 아니다. 禮는 자기의 心性에서 主體하여 스스로 말미암는 道인 까닭에 獨立性과 普遍性이 함께 있어서 만물이 스스로 살아가도 서로 어그러짐이 없는 것이다.

즉 追從은 並行이 아니요, 並行은 각각 獨立하여 나란히 進行하는 것이다. 그런 까닭에 孟子는 禮를 辭讓 또는 恭敬之心이라고 規定하였는바, 辭讓하는 情과 恭敬하는 마음은 자기의 固有한 性理의 禮에서 말미암는 것이라 禮의 本義가 主體에 있는 것이요 客體에 있는 것이 아니라고 하였다.

禮가 個體의 內面에 固有한 것인 까닭에 禮는 天性이라고 하며, 또한 사람으로서 禮가 없을 수 없다고한 것이다. 그러므로 만일 禮를 否定한다면 이것은 자기가 사람이기를 拒否하는 것이요, 全體와의 관계를 끊어버리는 것이 된다. 따라서 사람은 언제 어디에서나 禮가 없을 수는 없는 것이므로 天下에 共通하는 禮가 반듯이 制定되어야할 까닭이 있는 것이다.

사람이 宇宙秩序인 天敍와 天秩을 脫皮하려고 할 때에 도리어 자기의 內面에 本有하고 있는 禮의 人性을 喪失하게 되고, 마침내 자기의 存在原理까지도 잃어버리게 되는 것이다. 스스로 말미암는 存在의 원리가 없는 個體는 禮가 無意味한 것이요, 全體와 調和하는 관계가 없는 個體는 禮가 無價値할 것이다. 禮가 안으로 無意味하고 밖으로 無價値하다면 세상에서 '있다' '없다'고 말할 수가 없는 데에 이르게 된다.

主體의 存在원리를 存養하는 것이 恭敬하는 마음이요, 全體와 調和關係를 省察하는 것이 辭讓하는 마음인바, 恭敬하는 마음에서 人間當爲의 儀則이 發露되고, 辭讓하는 마음에서 天理自然의 節文

이 發揮하므로 當爲의 儀則과 自然의 節文이 마침내 하나인 까닭에 本心도 잃지 아니하고, 天理도 떠나지 아니하게 되는 것이다.

만일 人間當爲의 儀則을 否定하고 天理自然의 節度만을 探求하려 할 때에 이것은 當爲의 儀則과 自然의 節度를 모두 喪失하여 버리게 된다. 恭敬하는 마음과 辭讓하는 마음이 본래 한 가지요, 本心과 天理가 둘이 아니므로 當爲의 儀則과 自然의 節文이 그 根柢가 동일한 것이다. 人間當然의 儀則을 否定할때에 나아가서 天理自然의 節文도 否定되어 버리게 된다.

그런 까닭에 자연스러움도 當然함에서 이루어지는 것인바, 사람이 이 當然律을 否定할때에 逃避할 곳이 없게 되는 것이다. 곧 인간의 禮를 떠나서는 사람이 살 곳이 없는 것을 의미한다. 「詩經」에서 말하기를 "쥐를 보건대 肢體있나니, 사람이요 禮없으랴! 사람이요 禮없다면, 어찌 빨리 죽지 않는고?"[6]라고 無禮함을 憎惡한 것을 볼 수 있다. 인간이 세상에 살면서 無禮하면 모든 사람으로부터 이와 같이 미움을 받게 되는 것이니 도대체 禮를 떠나서 어디에 살 곳이 있을 것인가? 禮를 否定한 사람은 자기의 體統을 버린 것이라, 스스로를 이미 해쳤을 뿐만 아니라 장차 남을 해치며, 나아가 全體를 毀損하는데 까지 이르러 가는 것이니, 이 세상에 누가 좋아 할 것이며, 天下에 누가 미워하지 아니 할 것인가?

孟子는 禮儀를 非難하거나, 仁義에 怠慢한 것은 自暴自棄한 것이라고 하였는바, 自暴는 스로를 해치는 것이요, 自棄는 스스로를 버리는 것이다. 이러한 사람은 社會에서 調和의 관계를 맺을 수 없는 사람이라고 하여 다음과 같이 말하였다. "自暴한 사

---

6) 「相鼠有體하니 人而無禮아 人而無禮면 胡不遄死오..」(詩經 卷三鄘風).

람은 가히 더불어 말을 質定치 못할 것이요, 自棄한 사람은 가
히 더불어 責任을 지지 못할 것이니, 말을 함에 禮義를 非難하
는 것을 自暴라고 말하며, 자기는 仁에 살면서 義를 말미암을
수 없다고 하는 것을 自棄라고 말하느니라."7)

　이와 같이 言行에서 人間當爲의 儀則이 없는 사람은 나아가
天理自然의 節度까지도 推究하지 못하여 常然性과 自然性을 함
께 喪失하여 버리게 되고 마침내 放恣하게 되지 않으면 懈惰하
게 되어 버리는 것이다.

　사람이 放恣하면 더불어 討論을 할 수 없을 것이요, 사람이
懶怠하면 더불어 일을 할 수가 없을 것이니, 사람이 인간사회에
살면서 더불어 말할 수가 없고, 더불어 일을 할 수가 없다면 세
상에 누가 어여쁘다고 하겠는가?

　禮의 本質이 恭敬하고 辭讓하는 것인 까닭에 禮가 있는 사람은
嚴肅하게 恭敬하는 바가 있어서 放恣하지 아니하며, 純粹하게 辭
讓하는 것이 있어서 怠慢하지 아니한다. 嚴肅하게 恭敬하는 것은
當然히 恭敬할 바에 道理를 다하는 것이요, 아름답게 辭讓하는
것은 당연히 辭讓할바에 天意를 따르는 것이니 道理를 다하고 天
意를 두루 따르는 곳에 獨立된 個體의 品格이 드러나고 全體의
自由스러운 調和가 이루어지는 것이므로 禮가 있는 다음에 비로
소 主體의 獨立이 있는 것이며, 또한 全體의 調和가 있는 것이다.

　有子가 말하기를 "禮의 作用이 調和가 貴重하니 先王의 道가
이에 아름다웠다. 적은 일이나 큰 일이나 그것을 말미암을 지니
라."8)라고 하였다. 禮의 本質은 敬인데 敬하면 分別力이 생긴다.

---

7)「孟子曰 自暴者는 不可與有言也요, 自棄者는 不可與有爲也니, 言非
　禮義를 謂之自暴也요, 吾身不能居仁由義를 謂之自棄也니라.」(孟子
　離婁上).

天敍를 分別할 때에 嚴肅한 意識이 드러나는 것이요, 禮의 作用은 和인데 和하면 秩序가 얻어진다. 天秩을 아름답게 하는 곳에 원만한 和氣가 나타나는 것이다. 無分別한 속에서는 자기의 主體를 獨立시킬 수 없고, 無秩序한 속에서는 全體의 體系를 調和시킬 수 없다. 따라서 남김없이 分別하여야 恭敬하지 아니함이 없게 될 것이요, 지극히 秩序가 있어야 和平하지 아니함이 없게 될지니 「曲禮」에서 말한 "毋不敬"도 "儼若思"를 같이하여 깊이 생각하고 엄격히 分別할 것을 말하고 있다. 그러므로 禮를 하기 위하여서는 먼저 事物을 分析할줄 알아야 한다. 「曲禮」에서 그 大綱을 다음과 같이 말하고 있다.

"대저 禮는 親疏를 決定하고, 嫌疑를 決斷하며, 同異를 區別하고, 是非를 明辨하는 원리이다."9) 親疏와 同異를 分別하지 못하면 禮가 나올 수 있는 여지가 없게 되는 것이다. 따라서 「中庸」에서는 禮가 이루어지는 까닭을 다음과 같이 말하고 있다. "仁은 人間性이니 어버이를 親함이 크고, 義는 당연한 道理이니 어진이를 높임이 크다. 어버이를 親하는 降殺와 어진이를 높이는 等級이 禮가 생기는 바이니라."10) 자기의 부모와 남의 어버이에 대한 사랑의 情分을 분별하지 못하거나, 어진이와 어리석은 이에 대한 尊敬心의 차이를 구별하지 못한다면 禮가 나올 곳이 없음을 밝히고 있다. 人間의 本性에서 자연스럽게 우러나오는 愛情의 差等과 사람의 마음속에서 자연히 솟아나오는 恭敬의 等級에 따

---

8) 「有子曰 禮之用이 和爲貴하니 先王之道가 斯爲美라 大小由之니라.」 (論語 學而).

9) 「夫禮者는 所以定親疏하며 決嫌疑하며 別同異하며 明是非也니라.」 (禮記集說大全 卷之一 曲禮上第一).

10) 「仁者는 人也니 親親이 爲大하고 義者는 宜也니 尊賢이 爲大하니 親親之殺와 尊賢之等이 禮所生也니라.」(中庸).

라서 禮가 制定되는 것이다. 禮가 普遍的 自然性과 特殊的 當然
性을 함께 가지고 있는 까닭이 여기에 있다. 禮의 本義가 本性
의 仁義를 말미암는 普遍的 自然性과 禮의 作用이 現象의 때와
장소와 인격에 알맞아야 하는 特殊的 當爲性을 兼攝하고 있는
까닭에 禮의 形式에 있어서도 自然的인 節度와 當爲的 儀則을
아울러 가지고 있게 된다.

自然的인 節度란 人間의 本質을 넘지아니 함이요, 當然的인
儀則은 人格의 理想을 실현함이다. 人間의 本質을 넘지 아니하는
까닭에 사람의 착한 情感을 바탕으로 하여 綱領이 이루어지며,
人格의 理想을 實現함인 까닭에 人道의 아름다운 文化를 理想으
로 하여 條目이 制定되는 것이다. 따라서 禮는 現實的인 面과
理想的인 面을 다 갖추고 있는 것으로 천하의 모든 사람에게 모
두 通用할 수 있으면서도 지극히 高明한 사람이어야만 禮를 다
할 수 있는 所以가 있다.

禮가 이와 같이 인간의 보편성과 人格의 특수성을 다같이 包
容하고 있는 까닭에 그 넓음이 人類 모두가 통용하는데 이르고,
그 높음이 聖王이 쓰는데 까지 이르는 것이므로 必然的으로 天
下公共의 禮가 있는 반면에 또한 天子·公·卿·大夫·士의 禮
가 서로 다른 것도 있게 되어 마침내 周나라에서는 儀禮三百과
威儀 三千條目이나 制定 하였는바, 이와 같이 많은 儀禮의 條目
이 나오게 되는 까닭은 곧 全人類로 하여금 普遍的 秩序를 지키
면서도 特殊的 職分을 넘지 않게 하려는 原則이 있는 까닭이다.

全體가 平等하면서도 個體는 自由스러워야만 하는 禮는 마침내
聖德과 王位를 갖춘 聖王이 아니면 制定하거나 改革할 수 없게 되
는 까닭에 「中庸」에서 "天子가 아니면 禮樂을 議論하지 못하고,

制度를 創設하지 못하며, 文體를 考案하지 못하나니라."11)라고 하였다. 禮가 萬人一般의 共通性과 各人 特殊의 個別性 때문에 大中至正한 聖人이 아니면 制禮 作樂을 할 수 없을 뿐만 아니라, 또한 禮의 傳統的 尊嚴性과 地域的 統一性 때문에 至尊全能한 天子가 아니면 制度作文을 할 수가 없는 것이다. 따라서 禮는 夏·殷·周 三代의 盛世에 이루어졌는바, 夏禮는 이미 孔子의 當時에 典據가 없어졌고, 殷禮는 典據는 있었으나 當時에 通用되지는 아니 하였으며, 周禮는 當時의 禮였던 까닭에 孔子께서도 尊信하였음을 볼수 있다. 孔子께서 말하시기를 "내가 夏禮를 말하나 杞땅에서 족히 證據를 찾지 못하겠고, 내가 殷禮를 배웠으며 또한 宋나라에 증거도 있지만, 나는 周禮를 배웠고 또 지금 쓰는지라 나는 周禮를 따르리라."12)라고 하였는바, 夏·殷·周의 禮가 同一하지는 아니 하였던 것을 알 수 있다.

夏·殷 나라의 禮에 比하여 周나라의 禮가 더욱 盛大하였음도 알 수 있는데, 孔子께서 말하시기를 "周禮는 二代와 비교하여 볼 때 더욱 盛大하게 文彩나는지라 나는 周禮를 따르겠다."13)라고 하였으니 三代의 禮가 각각 特長이 있는 것을 알 수 있다. 夏는 忠信을 崇高하였고, 殷은 質朴은 崇尙하였고, 周는 文彩를 崇尙하였는바, 忠信은 인간의 眞實性이요, 質朴은 인간의 善德이며, 文彩는 인간의 充實美이다. 眞善美가 본래 하나의 뿌리에서 말미암는 것이니 三代의 禮가 根本的인 差異는 없는 것을 알 수 있고 다만 制度文章의 過·不足에 대한 덜고 보탬이 있었음을 알

---

11) 「非天子면 不議禮하며 不制度하며 不考文이니라.」(中庸).
12) 「子曰 吾說夏禮나 杞不足徵也오 吾學殷禮하니 有宋存焉이어니와 吾學周禮하니 今用之라 吾從周하리라.」(中庸).
13) 「子曰 周監於二代하니 郁郁乎文哉라 吾從周하리라.」(論語 八佾).

수 있다.

禮가 不變의 人間性을 말미암아 이루어진 까닭에 그 綱領도 또한 不變하는 것이지만 時代的인 흐름이 있는 까닭에 自然히 그 條目의 改定이 있게 되는 것이다. 三代의 禮가 그 本質인 五常(五倫)은 한결 같으면서도 그 形式으로 나타난 表規方法의 다름이 있음을 보게 된다. 따라서 孔子께서 말하시기를 "殷은 夏禮를 因緣하였으니 그 덜어내고 보탠바를 알 수 있는 것이며, 周는 殷禮를 因緣하였으니 그 덜어내고 보탠바를 알 수 있으므로 그혹 周를 이을 것이라면 비록 百世라도 可히 알지니라."14)라고 하였다. 이는 古今不變의 常經이 있음과 동시에 時宣適切한 制度가 있음을 말하는 것이다.

周公이 文王과 武王의 德을 이루어 天下의 禮를 制定하니 天子·公·卿·大夫·士(庶人)의 禮인바, 天下公共의 禮라 「天下之禮」라고 하며 周나라의 禮이므로 「周禮」라고도 한다. 孔子는 聖人이시나 王位에 오르지 못하였든 까닭에 天下의 禮는 論議하지 않으시고 오직 「君子의 禮」를 말하신바 "君子는 文學으로 널리 배우고, 禮로서 集約하면 또한 가히 어그러지지 않을진저."15)라고 하며, 또한 "禮를 알지 못하면 立身할 수 없으리라."16)라고 하며, 또 "君子는 義로서 行하며 遜으로서 나아가며 信으로 이루니 君子인저."17)라고 할뿐만 아니라, 克己復禮가 仁함 이라고 말하여 禮가 아니면 보지도 말고 듣지도 말며 말하지도 말고 움직

---

14) 「子曰殷因於夏禮하니 所損益을 可知也며 周因於殷禮하니 所損益을 可知也니 其或繼周면 雖百世라도 可知也니라.」(論語 爲政).
15) 「子曰 君子博學於文이오 約之以禮면 亦可以弗畔矣夫인저.」(論語 雍也).
16) 「不知禮면 無以立也.」(論語 堯曰).
17) 「子曰 君子는 義以爲質이요 禮以行之하며 孫以出之하며 信以成之하나니 君子哉인저.」(論語 衛靈公).

이지도 말라고 하였으니 이것은 모두가 君子의 道理를 말하는
것으로 곧 君子의 禮를 강조하는 것이다.

朱子도 또한 王位가 없는 까닭에 天下의 禮는 議論하지 아니
하고 다만 「家禮」를 敍述하였는바, 周公의 禮法을 바탕하고, 孔
子의 遺意를 따라 名分을 바로하고 人道를 높이는 것으로 理想
을 삼고, 부질없는 繁文을 省略하여 인간의 眞情을 드러내려는
뜻으로 엮었으니 一家의 範節을 밝힌 것으로 家門의 禮를 강조
하는 것이다. 栗谷선생도 王位가 없는 까닭에 다만 「선비의 禮」
를 말하였으니 「擊蒙要訣」에서 날마다 생활하는 사이에 일을 따
라 각각 그 마땅한 것을 얻으려고 하였는바 冠·婚·喪·祭의
禮法은 마땅히 家禮를 따르도록 하였고, 居家·接人·處世의 禮
는 君子의 禮를 따르도록 하였다.

天下의 禮, 君子의 禮, 家禮, 선비의 禮가 이미 뚜렷하게 敍述
되어 있는바 分別의 體系가 동일하고 秩序의 條理가 一致한 까닭
에 그 根本이 서로 어그러짐이 없는 것이요, 그 制度가 서로 침
범함이 없는 것이다. 따라서 家禮를 말미암아 天下의 禮로 나아
가고, 선비의 禮를 말미암아 君子의 禮로 올라가나니, 家禮라 하
여 적은 것이 아니요, 선비의 禮라 하여 낮은 것이 아니다. 다만
庶人의 禮가 없는 것은 禮는 人類의 理想인 까닭에 庶民도 선비
의 禮를 따르도록 하고 따로 下級의 禮를 만들지 아니한 것이다.

禮에는 本質과 文彩가 있는바 眞實性은 禮의 本質이요 義理는
禮의 文章이니 天下의 禮와 家禮, 君子의 禮와 선비의 禮가 모
두 이 원리로 이루어진 것이므로 그 差異가 없다고 하는 것이다.

天下의 禮에는 冠·婚·喪·祭·鄕飮酒·士相見과 射·御·朝·
聘 등의 禮가 있는데, 君子의 禮는 君臣, 賓客의 사이에서 眞實性과
義理를 밝히고자 하여 射·御·朝·聘의 禮를 강조하였고, 家禮는

父子, 兄弟, 夫婦의 사이에서 愛敬과 名分을 밝히고자 하여 冠·
婚·喪·祭의 禮를 敍述하였고, 선비의 禮에서는 長幼, 朋友의 관
계에서 恭敬과 秩序를 밝히고자 하여 鄕飮酒·士相見의 禮를 풀어
居家·接人·處世의 章으로 論述하였는바, 君子의 禮와 家禮와 선
비의 禮를 모두 합치면 곧 天下의 禮가 되는 것이다.

모든 禮는 眞實性을 바탕하고 義理의 文彩를 드러내는 것인
까닭에 각각 文章度數가 있는바 飮食, 衣服, 宮室로 부터 進退,
升降, 俯仰, 揖遜의 類에 이르기 까지 精密한 等差가 있게 된다.
天時에 따른 生死, 地理에 다른 貧富, 人格에 따른 吉凶, 厚薄,
大小의 外形的 等差가 있으므로서 모든 사람으로 하여금 각각
그 實情을 다하여 遺憾이 없게 하려는 까닭이다.

禮를 合理的으로 分類하는 데는 時期가 가장 重要하다. 冠·婚·
喪·祭禮는 天時의 變化에 따라 갈라짐이요, 다음은 處地이니 射·
御·朝·聘·鄕飮酒·相見禮는 處地의 差異에 따라 갈라짐이요, 다
음은 身分이니 天子, 公, 卿大夫, 士(庶人)의 禮는 身分의 差異에서
갈라짐이요, 다음은 義理이니 君臣, 師弟, 朋友, 賓客의 禮는 義理
의 差異에서 갈라짐이요, 다음은 名分이 男女老少의 禮는 名分의
差異에서 갈라짐이다.

禮는 文章度數가 이와 같이 時期·處地·身分·義理,·名分에
따라 等差가 있으므로서 親疏의 厚薄이 다르게 되고, 貴賤의 尊
卑가 다르며, 賢愚의 大小가 다르고, 老少의 先後가 다르게 되는
바, 父子는 天性이라 모든 사람은 모름지기 어버이를 두텁게 섬
기는 것이 가장 큰 根本이 되고, 어버이를 섬기는 것은 인간의
本性이라 天下共通의 道理가 된다. 이 어버이를 섬기는 敬愛의
眞情을 擴充하므로서 貴賤, 賢愚, 老少를 分別하는 愛敬의 條理
가 드러나는바 賤薄한 것을 낮추고 珍重한 것을 높이며, 愚昧한

것을 멀리하고 賢明한 것을 가까이 하며, 젊은이를 뒤로 하고 늙은이를 앞으로 하는 것은 天下共通의 秩序가 되는 것이다. 그런 까닭에 孟子는 말하기를 "天下에 가장 보편적으로 높은 것이 셋이 있으니, 爵이 하나요, 齒가 하나요, 德이 하나이다. 朝廷에는 爵位와 같은 것이 없고, 마을에는 年齒와 같은 것이 없고, 世上을 북돋우고 百姓을 기르는 데는 道德과 같은 것이 없나니, 어찌 그 하나를 가지고 둘을 업수이 하리오?"18)라고 하였는바 爵位의 貴賤에 따라 尊卑의 秩序가 세워지고, 年齒의 老少에 따라 先後의 秩序가 세워지며, 道德의 賢愚에 따라 大小의 秩序가 세워지나니 貴賤, 老少, 賢愚에 대한 愛敬의 자연적인 等差를 말미암아서 禮의 外形的인 節文度數가 드러나는 것이다. 이것은 사람을 差別待遇 하는 것이 아니라 人間本然의 心情이니 自然의 秩序에 順應할 따름인 것이다.

禮가 自然의 秩序에 順應함인 까닭에 禮의 文章度數는 때에 따라 곳에 따라 사람에 따라서 달라지는데 이와 같이 禮의 等差가 있어서 同一하지 아니함은 각각 實情에 마땅함을 쫓아서 衡平을 유지하려는 까닭이다. 따라서 禮의 節文度數는 衡平의 원칙에 따라 厚할때도 있고 비길 수도 있고 薄하게 할 때도 있는 것이다. 그러나 厚하게 하여도 度數를 넘어서는 아니 되고 비길지라도 無禮하여서는 안 되며, 薄하여도 節度에 미치지 못하여서는 아니 되는 것으로 自己誠敬이 이 禮의 根抵가 되는 까닭이다.

天地萬物은 理가 없는 것이 없으니 각각 當然의 法則이 있는 것이다. 禮는 이 當然의 法則을 말미암아 制定된 것이므로 어느

---

18) 「天下에 有達尊이 三이니 爵一이요 齒一이요 德一이라 朝廷엔 莫如爵이요 鄕黨엔 莫如齒요, 輔世長民엔 莫如德이니 惡得有其一하야 以慢其二哉리오.」(孟子 公孫丑下).

때, 어느 곳, 어느 사람에게나 지켜야 할 마땅한 道理의 分數가 있게 된다. 따라서 이 分數를 넘어가면 驕慢함이요, 저버리면 橫暴요, 미치지 못하면 吝嗇이다. 그러므로 禮는 天時에 합쳐야 하고, 財物에 마땅하여야 하며, 鬼神에 順하여야 되고, 人心에 편안하여야 되는데, 天時를 잃어버리면 非禮요, 財物을 갖추지 않으면 失禮며, 鬼神을 拒逆하면 無禮요, 人心에 편안하지 못하면 虛禮이다.

禮를 實行함에는 따라서 먼저 自己分數를 알고 天地人鬼를 살펴야 하는바, 自己의 身分을 지켜서 天時를 잃지 아니하고, 財貨를 버리지 아니하며, 鬼神을 恭敬하고, 人心을 和合하여야 된다.

君子는 항상 자기의 분수를 지키는 것으로 큰 것을 삼은지라, 分數밖의 것을 바라지 아니함은 天理의 節度를 따라서 性命을 온전히 하려함이다.

「中庸」에서는 말하기를 "君子는 現在 그 位置에서 行하고, 그 밖에 것을 바라지 아니하니라. 現在에 富貴하면 富貴에서 行하며, 現在에 貧賤하면 貧賤에서 行하고, 現在 夷狄에 處하면 夷狄에서 行하며, 現在 患難하면 患難에서 行하나니, 君子는 들어간 데 마다 스스로 얻지 아니함이 없나니라."[19]라고 하였다. 現在의 處地를 살피지 못하고, 망령되이 옛 法을 따르려 하는 것은 阿諂이니 한갓 자신을 속일뿐만 아니라 天地와 人鬼를 속이는데 이르나니 禮의 本質이 어디에 있겠는가? 그런 까닭에 禮는 그 사람의 現在 實情을 바탕으로 한다. 喪禮는 죽은이의 身分으로 行하고 祭禮는 산 사람의 身分으로 行하는 것이며, 老弱한 이는

---

19) 「君子는 素其位而行이요 不願乎其外니라, 素富貴하얀 行乎富貴하며 素貧賤하얀 行乎貧賤하며 素夷狄하얀 行乎夷狄하며 素患難하얀 行乎患難이니 君子는 無入而不自得焉이니라.」(中庸).

筋力으로 禮를 하지 않으며, 貧賤한 이는 貨財로서 禮를 하지 않으니, 각각 자기의 能力이 있는 바로서 禮를 하는 것이다.

자기의 身分을 무엇으로 判斷하는가? 그것은 仁義道德으로 判斷하여야 한다. 禮가 仁義를 바탕하여 道德을 드러내는 원리인 까닭에 자기의 身分도 道德으로 밝게 判斷하여 禮義로서 지켜야 한다. 따라서 身分은 참으로 한 가지만으로 判斷할 수는 없는 것이다. 學力 또는 能力 또는 財力과 같은 것만으로 判斷할 수는 없는 바가 있다. 天地의 넓고 萬物의 無窮한 가운데서 스스로 나누어지는 本末 先後와 尊卑 貴賤의 等級이 있는 까닭에 이것을 살피지 아니하면 자기의 分數를 알지 못하는 바가 있게 되는 것이다. 禮를 하면서 人間의 性分과 自己의 職分을 살피지 아니하고 한갓 禮法만을 갖추는 것은 곧 誠實하지 못한 것이요, 또한 現在의 處地와 自己의 實情만을 지키고 禮度를 갖추지 아니한 것은 敬虔하지 못한 것이다.

孔子께서 말하시기를 "實質이 文彩를 이기면 촌스럽고, 文彩가 實質을 이기면 奢侈하니 實質과 文彩가 잘 갖추어진 뒤에 君子니라."[20]라고 하였다. 무릇 君子는 義理에 誠實하고 禮度에 敬虔하므로서 마침내 自己의 分數를 지키면서도 天地人鬼를 感動하게 하는 것이다.

禮의 文章度數도 또한 天地萬物의 種類에 따라 自然히 分類되는 것을 모두 綜合하여서 自然의 아름다움을 본받고, 事物의 度數를 法받는바, 天地의 天理를 따르고 人物의 性理를 다하여 規‧矩‧準‧繩으로 다듬어서 文彩를 드러내고 이름을 갖추게 하는지라 그 本義가 崇高하고 그 典章이 아름답다. 禮는 崇高한

---

20) 「子曰質勝文則野하고 文勝質則史니 文質彬彬이라야 然後君子니라.」 (論語 雍也).

人道精神에서　制定된　까닭에　儀式이　莊重하고　嚴肅한　式典으로　擧行하는　것인바　器物이　高貴하다.

　禮의　文章度數는　萬物의　貴한　것으로서　標準을　삼는다. 「禮器章」에서　보면　많은　것으로서　貴함을　삼는　것은　昭穆과　祭器와　器物과　葬日과　坐席　등이요,　적은　것으로　貴함을　삼는　것은　天子가　하늘에　祭祀지낼　때에　賓客의　도움　없이　홀로　하는　것과,　天子가　諸候에게　갔을　때　諸候가　바치는　膳物과　大夫가　使臣가서　聘禮를　行할　때와,　飮食과　車馬와　圭璋特과　琥璜爵과　鬼神의　祭祀에　單席과　諸候가　朝廷을　視察할　때의　答禮　等이요,　큰　것으로　貴함을　삼는　것은　宮室과　器皿과　棺槨과　丘封　등이요,　작은　것으로서　貴함을　삼는　것은　宗朝祭祀때의　盞爵이요,　높은　것으로　貴함을　삼는　것은　堂臺와　門樓요,　낮은　것으로　貴함을　삼는　것은　祭壇이니　至極히　敬虔한　天祭와　郊祀는　壇을　만들지　아니하고　땅을　쓸고서　祭祀한다.　文飾으로서　貴함을　삼는　것은　衣裳冠冕이요,　素朴한　것으로　貴함을　삼는　것은　父黨을　뵈임에　모양내지　않는　것과　大圭는　彫刻하지　아니하는　것과　大羹은　調味하지　않는　것과　祭天의　車馬에　장식하지　않는　것　등이다.　이와　같이　多少·大小·高下　文素에　모두　貴함이　있어서　누구나　각각　그　精誠을　드러낼　수　있게　하였는데　이것은　모든　아름다움을　전부　밝히는　방법인바,　대개　努力으로　하는　것은　盛大할　수록　貴하고,　마음으로　하는　것은　儉素할　수록　貴한　것이다.　마음은　收斂하여야　精誠을　다할　수　있고,　努力은　發揚하여야　莊嚴을　다할　수　있는　까닭이다.

　옛날　聖人은　內面의　誠敬을　다하여　尊嚴함을　밝히고,　外面의　儀式을　모두　갖추어　아름다움을　드러내며,　적게　하므로서　貴함을　보이고,　많게　하므로서　盛大함을　나타내서　그때　그때　마땅함을 따르는 것이요, 一律的으로 하지는 아니 하였다. 禮는 그 精神을 밝히는 것이라, 그 精義를 잃어버리고, 한갖 文章度數만을 羅列 하는 것은 의미가 없는 것이다. 그러므로 大禮는 반드시 簡素하 게 하나니 至誠을 다하려는 까닭이다.

사람이 禮를 行함은 자기의 存在原理를 實現하는 것이요. 自己 의 職分을 遂行하는 것이다. 이것은 곧 人類의 文化를 이루는 길 이니 한 순간도 禮를 떠날 수 없는 바가 있다. 적게는 灑掃·應 對·進退의 節度로부터 크게는 冠·婚·喪·祭의 制度에 이르기 까지 禮가 있으므로서 아름다운 文化를 이룩할 수 있을뿐만 아니 라, 가까이는 父子, 兄弟, 夫婦의 倫理로부터 멀리는 君臣, 師弟, 老少, 朋友의 義理에 이르기까지 禮가 있으므로서 밝은 文化를 이 룩할 수가 있고, 낮게는 禽獸草木의 生殖으로 부터 높게는 天地鬼 神의 報本에 이르기까지 禮가 있으므로서 아름다운 文化를 이룩할 수 있다.

禮의 精義가 天理에서 淵源하고, 禮의 典章이 天文에서 表象 한 까닭에 禮를 지극히 밝혀야만 天道自然의 文化를 이룩할 수 있는 것으로 「中庸」에서 다음과 같이 말하고 있다.

"偉大하도다! 聖人의 道여, 洋洋히 萬物을 發育하야 極大함이 하 늘을 다하였도다. 너그럽고 부드럽고 크도다! 禮儀三百이며 威儀三 千이로다. 그 사람을 기다린 이후에 行할지니 그러므로 참으로 至極 한 德이 아니면 至極한 道가 엉기지 아니한다고 하니라."21)라고 하 였다. 위대한 道德을 갖춘 다음에 이와 같이 많은 禮를 다할 수 있는 바 모름지기 道德에 充實한 다음에 禮를 崇尙할줄 아는 것이다.

---

21) 「大哉라 聖人之道여 洋洋乎發育萬物하야 峻極于天이로다. 優優大哉 라 禮儀三百이요, 威儀三千이로다 待其人而後에 行이니 故曰苟不至 德이면 至道가 不凝焉이라 하니라.」(中庸).

　　道德이 있는 사람은 윗자리에 있어도 驕慢하지 아니하고, 아
랫자리에 있어도 阿諂하지 아니 하여, 마침내 禮로 明哲하게 몸
을 세우는지라 人文이 천하에 化成하여 아름다운 文化를 이룩하
게 되는 것이다. 禮가 있는 사람은 아름답고, 禮가 있는 家庭은
착하고, 禮가 있는 社會는 참되고, 禮가 있는 나라는 充實하고,
禮가 있는 天下는 和平하나니, 天地에 하루도 禮가 없을 수 없
는 바이다.

第2章 孝 悌

　사람이 하늘과 땅을 더불어 나란이 할 수 있는 까닭은 孝悌의 天性을 自覺함으로서이다. 孝悌는 인간의 道理요 天地의 原象으로 이것이 믿음의 뿌리가 되고 眞實의 源泉이 되며 充實의 바탕이 되는바, 인간의 價値도 여기에 있는 것이요, 人生의 보람도 여기에 있는 것이다. 어려서는 누구나 어버이를 사랑하나니 天性의 發露요, 자라서는 누구나 어버이를 恭敬하나니 本心의 露出이다.

　이러한 天性의 發露를 擴充하고, 本心의 露出을 省察하여 그 어버이를 섬기는 것이 孝요, 나아가 그 兄弟사이에 友愛있는 것을 悌라고 하는바 孝를 말미암아 悌에 이르러 가는지라 孝가 사랑과 恭敬의 根本이 되는 것이다. 따라서 孝는 人間行爲의 本源이 된바, 사랑이 이로부터 싹트고, 恭敬이 이로부터 솟아나와 마침내 인간의 性命이 밝혀지고, 자기의 責務가 드러나게 되므로 바야흐로 孝는 崇高한 道德이다.

　이 몸이 父母의 血氣를 얻어서 誕生하였으니 이 몸의 性命을 남김없이 밝히면 父母섬기는 道理보다 더 큰 것이 없는바 자기의 高貴한 性命을 自覺하므로서 父母의 崇高한 恩惠를 알게 되는 것이다. 聖人은 天下로서 어버이를 薄하게 아니하며, 賢人은 三公으로서 父母를 가벼이 아니 하나니 오직 날을 아껴서 孝誠을 다할 따름이다. 孝悌는 愛敬의 시작인 까닭에 天下를 위함도 마침내 愛敬으로 하는 것이요, 三公의 職務도 결국 愛敬으로 하

는 것이므로 父母를 사랑하고 恭敬하는 精誠이 없이는 天下를
위할 수도 三公의 職務를 遂行할 수도 없게 된다. 먼저 할바를
뒤로 하고 뒤에 할바를 앞으로 하는 것은 자기의 主體를 지키지
아니하는 것이요, 자기의 主體를 잃어버리고 무엇을 지킬 수 있
겠는가?

　孔夫子께서 말하시기를 "天地의 稟性에 사람이 가장 高貴하니,
사람의 行爲는 孝보다 더 큰 것이 없다."22)라고 하였는바 萬物
의 性品가운데 사람의 性品이 가장 高貴한 것은 愛敬의 心德이
있는 까닭이요, 愛敬은 父母를 사랑하고 恭敬하는 것 보다 큰
것이 없으므로 孝가 가장 큰 道德임을 밝히고 있는 것이다. 이
몸의 性命은 하늘로부터 받고, 血肉은 父母로부터 받았으니, 父
母의 恩德이 하늘과 같으며, 形色은 하늘로부터 받고, 養育은 父
母로 부터 받았으니 父母의 功德이 하늘과 한 가지다.

　父母의 恩功이 하늘과 동일할진대 父母의 絶對的 地位는 하늘
의 그것과 다름이 없는 까닭에, 하늘을 誠敬으로 섬기는 자기의
存在原理와 父母를 愛敬으로 섬기는 자기의 生存原理가 一致하
는 것이다. 자기의 存在原理에 誠實하는 것은 固有한 性命을 온
전하게 存養하는 것이요, 자기의 生存原理에 充實하는 것은 當爲
의 職分을 힘차게 완수하는 것인바 天性에 誠實한 것은 하늘을
섬기는 원리요, 職分에 敬虔한 것은 父母를 섬기는 道理이다.

　안으로 天性을 간직하여 길러야 마침내 밖으로 孝道를 할 수
있는 까닭에 孝는 天性을 다하는 것이며, 마침내 하늘을 섬김과
父母를 섬김이 둘이 아니요 하나일 따름인지라, 君子는 孝悌를
말미암아 天地를 恭敬 하지 아니함이 없고, 萬物을 사랑하지 아

---

22)「子曰 天地之性에 人이 爲貴하니 人之行은 莫大於孝니라.」(孝經).

니함이 없는데 까지 나아가는 것이다.

사람이 하늘에 順應할줄 알면 마땅히 事物을 사랑하여야 할 것이요, 父母에게 和順할줄을 알면 온 家族이 和睦할 것이다. 孔夫子는 말하시기를 "父母는 그 和順할진저."23)라고 하시니 父母가 和樂하는데 이르면 나아가 하늘에 順應하는 것이며, 곧 道에 따르는 것이며, 人倫을 밝히는 것이라, 孝가 道德의 根本이 된다고 하는 것이다 따라서 孔夫子께서는 "대저 孝란 德의 근본이라, 敎育이 말미암아 나오는 바이다."24)라고 하여 孝가 全德의 根本일뿐만 아니라 人間敎育의 起源이 된다고 함은 인간의 모든 眞·善·美의 德性이 孝의 愛敬에서 비롯하는 까닭이요, 人格의 모든 知·德·體의 品位도 職分의 充實에서 나오는 까닭이다.

知能의 開發은 父母를 아는 것으로부터 말미암고 德行의 實踐은 父母를 섬기는 것으로부터 말미암고, 身體의 成長은 父母를 順從하는 것으로부터 말미암나니 무릇 敎育은 孝로 부터 淵源되는 바라고 하는 것이다. 知能의 開發과 德行의 實踐과 身體의 發達에 힘쓰는 것은 곧 敎育이요, 동시에 사람의 職分이다. 따라서 자기의 職分을 다하는 것이 곧 孝悌가 되는 것이라 孝悌의 중요성이 여기에 있다.

만일 자기의 職分과 孝悌를 두 가지로 分類하게 되면 職分은 직분대로 孝悌는 孝悌대로 相關이 없는 物件이 되어서 이것을 取하면 저것을 버리게 되고, 또한 이것을 소홀히 하여서 저것을 두터히 하려고 할 것이니 마침내 歲月이 기다려 주지 아니함을 통탄하게 될 것이다.

그러므로 君子는 사람의 性分을 밝게 살펴서 자기의 職分을

---

23) 「子曰 父母는 其順矣乎인저.」(中庸).
24) 「子曰 夫孝는 德之本也라 敎之所由生이니라.」(孝經).

뚜렷이 하는바, 사람이 살아가는 本性의 원리는 仁이요, 仁의 具
體的인 最初의 發露는 父母에 대한 愛敬이다. 父母에 대한 사랑
과 공경을 소홀히 하면 마침내 仁이 말미암을 데가 없게 되는
것이요, 또한 자기의 存在價値도 살아져버리게 되는 것이다. 그
러므로 父母를 사랑하고 공경하는 것은 인간의 道理가 되는 것
이니 自己의 職分과 孝悌가 둘이 아니라고 하는 것이다.

有子는 말하기를 "君子는 根本에 힘쓸지니 根本이 確立되면
道가 생기므로 孝悌는 그 仁愛하는 根本인저."25)라고 하였다.

仁은 本性의 全德이요 사랑의 原理며 人道의 뿌리이다. 이러
한 人間性이 確立될 때에 인간의 道理가 드러나는 것이다. 인간
의 道理가운데는 孝悌가 基本이 되는지라 孝悌가 곧 仁을 말미
암아 行하는 시작이라고 하였다. 따라서 人間의 本分이 곧 孝悌
요, 孝悌가 곧 자기의 性理를 實規하는 첫걸음이 된다고 하는
것이다.

仁人은 천하에 사랑하지 아니함이 없는 것이나 어버이를 사랑
하는 마음으로부터 漸次로 미치어 나아간 까닭에 孝悌는 仁愛
하는 根本이 되는 것이다. 사랑하는 人情에는 差等이 있는바 가
까운 데를 敦篤하게 사랑하여야만 멀리 흘러갈 수가 있으니 孝
悌는 사랑의 根源이 되는 것이다. 孟子는 어버이를 親愛하여 國
民을 仁愛하고 人類를 仁愛하여 萬物을 慈愛한다고 하였으니, 어
버이를 親愛하지 아니한 사람은 人類를 仁愛하거나 또 더 나아
가 萬物을 慈愛할 수 없는 사랑의 원리를 말하고 있는 것이다.
愛敬의 원리가 가까운 곳으로부터 먼 곳으로, 높은 곳으로부터
낮은 곳으로 흘러가는 順流性이 있는 까닭에 孝悌를 하지 아니

---

25) 「君子務本이요 本立而道生하나니 孝弟也者는 其爲仁之本與인저.」
   (論語 學而).

하고 忠誠을 하는 사람이 없다고 하는 것이요, 兄弟를 恭敬하지
아니하고 어른에게 恭遜한 사람이 없다고 하는 것이다. 孝悌를
힘쓰지 아니하고 博愛만을 呼訴하는 것은 뿌리를 북돋우지 아니
하고 열매만을 기대하는 것과 다름이 없는 것이다.

孝悌가 家庭에서 實行된 이후에 敬愛가 社會에 퍼져 나아갈
수 있고, 敬愛가 人類에게 넘친 다음에 慈愛가 萬物에게 미쳐갈
수 있는 까닭에 「大學」에서 말하기를 "孝는 임금을 섬기는 원리
요, 悌는 어른을 섬기는 원리이며, 慈는 大衆을 부리는 원리이니
라"26)라고 하였다.

어버이를 섬기는 孝誠이 임금을 섬기는 忠誠의 標準이 되고,
兄弟를 恭敬 하는 마음이 어른을 섬기는 義理의 準則이 되며,
妻子를 慈愛하는 情分이 大衆을 부리는 人情의 基準이 되는 까
닭에 孝・悌・慈는 자기의 몸을 닦는 원리요, 道德을 實踐하는
根本이 된다고 하였다. 이와 같이 人間의 모든 行爲의 根本이
孝悌인 까닭에 孝悌는 한갖 家庭의 道理만이 아니요, 聖人・王公
의 일도 이것을 벗어난 것이 아니라고 하였다. 聖人도 孝悌로
말미암아 功이 天下에이르게 되는지라 모름지기 孝悌는 人間의
道理임과 동시에 聖王의 至德 要道라고 하였다. 天下 國家의 美
風良俗이 孝悌로 부터 始源하는 까닭에 孝悌의 道德이 무너지면
社會에 風俗이 頹敗하게 되고, 社會에 風俗이 頹敗하면 悖德者가
나타나는 것이다. 그러므로 人心을 바로잡고 紀綱을 세우는 데는
孝悌 보다 큰 것이 없으니 바야흐로 至德要道라고 한 것이다.

「中庸」에서 人間行實의 條理를 말하였는바 "아래 자리에 있으
면서 위에 信任을 얻지 못하면 國民을 잘 다스리지 못하리라,

---

26) 「孝者는 所以事君也요 弟者는 所以事長也요, 慈者는 所以使衆也니
라.」(大學).

윗 사람에게 信任을 받는 데는 길이 있으니 朋友에게 信任받지 못하면 윗 사람에게 信任받지 못하리라. 朋友에게 信任 받는 데는 길이 있으니 어버이에게 和順하지 못하면 朋友에게 信任받지 못 하리라. 어버이에게 和順함이 道理가 있으니 스스로 돌이켜 誠實하지 못하면 어버이에게 和順치 못하리라. 自身을 誠實하게 함이 길이 있으니 善에 밝지 못하면 自身에게 誠實하지 못하리라.”27)고 하여 나라를 잘 다스리는 道德도 自身이 誠實하여 父母에게 孝順함으로부터 비롯함을 밝히고 있다.

어버이와 자식은 肉親이니 영원히 떨어질 수 없는 것이요, 끝없이 사랑하여야 할 사이인 것이다. 따라서 떨어질 수 없는 것을 끊어 버리면 천하에 끊어버리지 못할 것이 없을 것이요, 가장 사랑하여야 할데를 싫어하면 세상에 싫어하지 못할 것이 없을 것이니, 肉親을 끊고 또한 싫어하는 사람이 장차 무엇을 끊지 않을 것이며, 무엇을 싫어하지 아니 하겠는가. 그러므로 선비는 떨어질 수 없는 바를 親近히 하여 장차 疏遠한것 까지도 서로 가까이 하며, 가장 사랑하여야 할 바를 親愛하여 장차 모든 것을 사랑하는데 까지 이르러 가는데, 항상 그 根本을 북돋아 枝葉에 到達케 하려는 까닭이다. 孝悌의 本義를 알면 나라를 다스리는 것은 손바닥을 뒤집는 것과 같이 쉽다고 하였다. 누구든지 어버이를 尊敬하지 아니하는 사람이 없는지라 孝悌의 道德으로 天下를 다스리면 모든 사람이 즐거워하지 않는 이가 없다고 하는 것이다.

---

27) 「在下位하야 不獲乎上이면 民不可得而治矣리라, 獲乎上이 有道하니 不信乎朋友면 不獲乎上矣니라 信乎朋友가 有道하니 不順乎親이면 不信乎朋友矣니라 順乎親이 有道하니 反諸身不誠이면 不順乎親矣니라 誠身이 有道하니 不明乎善이면 不誠乎身矣니라.」(中庸).

孝悌는 人情에 자연히 흘러나오는 한없는 사랑과 공경심으로 하는 것이다. 天地에는 文理가 있고 萬物에는 節度가 있는 까닭에 具體的인 孝의 實踐方法에는 또한 禮法이 따르게 된다. 따라서 같은 孝誠이라도 禮法을 따라야 遺憾이 없는 孝道를 할 수 있는바, 만일 禮를 알지 못하면 손발을 움직일 수 없는데 이를 것이니 모름지기 孝子는 禮를 알지 아니하면 안 된다.

天地萬物에는 條理와 秩序가 있는 까닭에 인간의 모든 行爲도 禮로서 實踐하여야 된다. 孔夫子께서는 孝함에 禮를 어겨서는 아니됨을 밝혔는바, "살아계심에 禮로서 섬기며, 돌아가심에 禮로서 葬事하며, 禮로서 祭祀지내니라."[28]라고 하였다. 사람의 아들로 어버이에 대한 孝誠이 응당 無限할 것이나 자기에게는 身分의 限界가 있고, 事物에는 마땅한 節度가 있으니 禮를 살피지 아니할 수 없는 것이다. 自己分數의 限界를 넘어가면 어버이를 恭敬하는 禮義가 아니요, 分數의 限界를 미치지 못하면 어버이를 사랑하는 精誠이 아니니 禮로서 가지런히 하여 이것으로서 저것을 해치지 아니 하여야 된다. 더욱이 孝悌는 仁과 義의 實踐인 것이다. 仁과 義를 말미아마서 하는 일에 禮가 없을 수는 없는 것이므로 孟子께서는 仁과 義의 實踐만으로도 孝悌를 아름답게 하는 것이라고 말하고 있다. "仁의 實際는 어버이를 섬김이요, 義의 實踐은 어진이를 섬김이며, 智의 實際는 이 둘을 自覺하는 것이며, 禮의 實際는 이 둘을 節度와 文彩나게 함이요, 音樂의 實際는 이 둘을 즐거워함이니, 즐거우면 하고 싶은 마음이 나올 것이요, 하고 싶은 마음이 나오면 어찌 그만 둘 것이며, 어찌 그만 둘 것이요 하면 발이 뛰고 손이 춤추는 것을 알지 못할 것이

---

28) 「子曰 生事之以禮하며 死葬之以禮하며 祭之以禮니라.」(論語 爲政).

니라."29)라고 하였는데 禮는 특히 孝悌를 節度있고 아름답게 하는 원리임을 말하고 있는 것이다.

대저 孝子가 孝道를 實踐하는 禮度는 첫째 無間이요, 다음이 無違요, 다음이 無憂요, 다음이 無絶이다. 無間은 父母와 자식사이에 틈이 없는 것이며, 無違는 父母의 뜻에 順從하는 것이며, 無憂는 父母를 근심 없이 하는 깃이며, 無絶은 父母의 德業을 끊기지 않게 함이다.

父母와 자식은 본래 한 몸에서 나왔다. 그러므로 天下에서 가장 가까운 사랑의 관계라 틈이 있을 수가 없는 것이다. 그러므로 孝子는 틈이 아주 없게 하므로서 한 몸같이 하는지라 항상 父母의 마음으로 자기의 마음을 삼으며, 멀리 떠나지 아니하여 다른 것으로 하여금 그 사이에 들어오지 못하게 하며, 말을 間接的으로 전하지 아니하고 몸을 꾸미고 대하지도 아니 하므로서 仁親의 관계를 지켜가는 것이다. 그런 까닭에 옛날에는 자식을 바꿔서 가르치고 직접 가르치지 아니하였다. 자식을 직접 가르치다가 만일 성내고 두렵게 되면 그 관계가 損傷될가를 念慮한 까닭이다. 또 자식은 父母에게 잘하라고 直諫도 아니하는 것이다. 朋友 사이에는 責善이 禮요, 임금에게는 直諫이 禮이나 父母는 朋友와 君長의 사이와는 다른바 絶對로 떨어질 수 없는 天倫의 관계다.

그러므로 어떠한 일이 있어도 이것을 損傷하면 아니 된 까닭에 항상 親近하므로서 主張을 삼아 아버지는 자식을 위하여 자식의 잘못을 숨겨주고, 자식은 어버이를 위하여 어버이의 잘못을

---

29) 「孟子曰 仁之實은 事親이 是也요 義之實은 從兄이 是也요 智之實은 知斯二者 不去가 是也요 禮之實은 節文斯二者가 是也요 樂之實은 樂斯二者니 樂則生矣요 生則惡不可已也리오. 惡不可已면 則不知足之蹈之 手之 舞之니라.」(孟子 離婁上).

숨겨 주는바, 친함이 그 가운데 있는 것이다. 따라서 옛사람은 父母에게 말을 숨기는 것이 없으며, 몸을 꾸미는 것이 없으며, 자기홀로 私私로이 하는 일이 없으며, 먼 곳으로 놀러 가지 아니하며, 父母가 계시는 地域을 벗어나 벼슬하지 아니하며, 아침 저녁으로 問安드리며 그 奉養을 남에게 맡기지 아니하며, 臨終을 지키며, 祭祀를 親히 擧行하였다. 孔子께서 말하시기를 "孝子가 어버이를 섬김에 평소에 삶에는 그 恭敬을 지극히 하고, 奉養할 때에는 그 즐거움을 지극히 하고, 疾患에는 그 근심을 지극히 하고, 돌아가심에는 그 슬픔을 지극히 하고, 祭祀에는 그 嚴肅함을 지극히 할지니, 다섯 가지를 다 갖춘 뒤에야 어버이를 잘 섬 김이니라."30)라고 하였다. 이 다섯 가지는 날마다 親近하게 뫼시고 있어야만 잘 할 수 있는 것이다. 그러므로 孝道는 사이가 없는 것이 가장 중요한 것이므로 五倫의 으뜸을 「父子有親」이라고 하였다.

　父母는 자식의 根本이니 자식은 父母로 부터 태어난 것이다. 그러므로 父母는 根本이요, 子息은 枝葉이니 父母는 자식의 綱常이 되는지라 父母에게 犯干할 수 없는 道理가 있다. 따라서 자식은 오직 "父母가 和順하는데 까지"31)섬겨야 하는지라 항상 어버이를 恭敬하나니 孝子는 어버이를 恭敬하여 높이는 것으로 職分을 삼는다.

　자식에 대한 父母는 至上이다. 나무가 뿌리를 배반하면 자라지 못하고, 물이 源泉을 떠나면 흐르지 못한다. 父母를 背叛하면

---

30) 「子曰 孝子之事親에 居則致其敬하고 養則致其樂하고 病則致其憂하고 喪則致其哀하고 祭則致其嚴하니 五者를 備矣然後에야 能事親이니라.」(孝經)
31) 「子曰 父母는 其順矣乎인저.」(中庸).

綱常을 犯하는 것으로 天理를 拒逆한바 되어 天地의 큼에도 설 곳이 없는 것이요, 天下의 넓음에도 逃亡할 곳이 없는 것이다. 따라서 父母의 命은 오직 承順할 따름이니 父母가 부르심에 짧게 대답하고 즉시 뛰어가는 것이요, 머뭇거리며 의심함이 없는 것이며, 父母의 命에 順應하므로서 비록 窮迫한데 떨어질지라도 괴로워하거나 원망하는 마음이 없어야 한다. 天理를 따르는데 勇敢한 사람이어야만 이것을 잘 實踐할 수 있는 것이다.

옛날 申生은 아버지의 命을 어기면 逃亡갈데가 없는지라 삶어 죽임을 기다렸고, 伯奇는 아버지의 뜻을 따르는데 勇敢하여 오직 命令에 順從하니 후세에 사람들이 눈물을 흘리며 孝子라고 일컬었다. 어버이는 떨어질 수 없는 관계요, 동시에 至上의 綱常이라 오직 順從하는 것이 자식의 道理가 되는 것이다. 自行自止는 있을 수 없다. 만일 父母의 命令이 비록 義理에 어그러짐이 있을지라도 直席에서 拒否하는 것은 禮가 아니다. 一但 順應하고서 은근하고 부드럽게 幾諫하여야 하지만, 그러나 이로 인하여 父子의 親近한 사이가 損傷되지 아니하도록 조심하면서 父母로 하여금 不義에 떨어지지 않도록 하여야 한다. 이와 같이 부모는 오직 어길 수가 없는 까닭에 三綱에서 아버지는 자식의 模範이 되는 綱領이라고 하였다.

父母는 자식을 낳아 기르는데 劬勞가 많았으니 父母의 恩功은 하늘과 같아 헤아릴 수가 없다. 이제 사람이 되어 恩德을 갚는 것은 인간의 道理요 天地의 生理이다. 그르므로 자식은 마땅히 어버이의 恩德을 報答하여야 하는바, 그 精誠을 다하여 父母가 즐거워하는데 까지 이르러야 하는 것인데 도리어 父母에게 아직도 근심 걱정을 끼쳐서야 되겠는가? 그러므로 孝子는 父母를 安樂하게 모셔서 근심 걱정이 없이 하여야 된다. 父母의 몸과 마음만을 安樂하게 하여 드리는 것이 아니라, 자기의 몸과 마음도 健康하고 快活하게 하여야 한다. 父母는 自身의 몸만을 근심 하는 것이 아니요, 자식은 父母에게 金枝玉葉이라 자식의 몸과 마음으로 인하여 또한 근심과 걱정을 하는 것이다. 따라서 父母를 뫼심에는 반드시 顏色을 溫和하게 하고, 몸가짐을 快活하게 하지 않으면 아니 된다. 특히 자식 된 사람은 몸을 깨끗이 하여 온전히 保存하여야 하는데 父母로부터 받은 몸을 더럽히고 다치는 것은 父母의 마음을 아프게 할뿐만 아니라, 나아가 父母의 주신 것을 가볍게 생각한 것이 되는 까닭이다. 그러므로 身體髮膚까지도 敢히 損傷하지 아니하여, 名譽를 더럽히지 아니하며, 親友들과 더불어 죽기로 盟誓하지 아니하며, 깊은 물에 들어가거나 위험한 배를 타지 아니하며, 위험한 山에 오르지 아니하며, 疾病을 조심하여 위태로운 일을 하지 않나니 모두 한 몸을 온전히 하여 父母를 아프고 괴롭게 해드리지 아니하려는 까닭이다. 孔夫子는 말하시기를 "父母는 오직 그 疾病을 근심 하시니라."[32]라고 하였는바, 父母가 자식을 사랑함이 어찌 疾病 뿐이리오마는 오직 健康을 가장 근심하는 것이다. 孝子는 모름지기 자기의 몸뿐만 아니라 家族의 健康에도 留意하지 않으면 안 된다.

옛날에 舜임금은 마침내 아버지를 기쁨에 이르도록 하였고, 曾子는 臨終에 손과 발에 상처가 없는지라 후세에 孝子라고 일컬었다. 모름지기 孝子는 父母를 근심 없게 할뿐만 아니라 반드시 즐거움에 이르도록 하는데 할 수 있는 모든 것으로 하여야 되지만 物質로 하는 것보다는 뜻으로 하는 것이 크고, 뜻으로 하는 것보다 道로 하는 것이 크니, 孝子는 마땅히 天道를 살펴

---

32) 「子曰 父母는 唯其疾之憂시니라.」(論語 爲政).

지 아니하면 안 된다. 孝經에서 人格을 確立하여 道를 行하고 후세에 이름을 드날려 부모를 빛내는 것이 孝의 終極이라고 하였다. 孟子는 三樂가운데 父母가 계시고 兄弟가 無故한 것으로 으뜸가는 즐거움을 삼았는바, 옛날 聖人은 이 즐거움을 天下에 王이 되는 것과 바꾸지 아니하였는데 하물며 物質때문에 悲觀하고 自暴自棄하여 父母의 마음을 애타게 할 것이냐!

사람이 어버이를 섬기는 것은 자기 한 사람의 일이다. 그 섬기는 禮法은 天下에 떳떳한 것으로 하는 것이요, 天下에 떳떳한 것으로 하는 까닭에 私私로운 일이라고 말하지 않는 것이다.

父母가 자식을 낳음은 天地의 生生하는 理요, 萬物의 好生하는 道로서 자기의 宗統을 확고하게 지키는 원리이다.

사람의 身命이 이 세상에 存在하는 것은 祖宗의 恩德을 말미아마서 내려온 것인바, 祖宗의 恩德을 報答하는 길은 길이 길이 祖宗의 德業을 받들어 지키고 기리는 것이다. 어버이가 이 일을 나에게 물려준 바이니, 어찌 이것을 이어 나가지 못하고 끊기게 할 것인가? 孝子는 後嗣를 길이 생각지 아니할 수 없는데, 覆宗絶嗣는 가장 큰 不孝가 됨을 알아야 한다. 孟子는 後嗣가 없는 것이 가장 큰 不孝라고 하였는바 悠久한 祖宗의 事業을 自己代에서 覆絶하여 버렸기 때문이다. 따라서 사람의 道理는 위로 祖宗의 뜻을 이어받아 지키다가 子係에 잘 넘겨주어서 祖宗의 事業을 이루어 주는 일이 큰 것이므로 孝道는 無絶하여야 한다고 하는 것이다. 그러나 祖宗의 뜻과 事業이라고 할 때에 特殊的인 것을 代代로 고집하는 것이 아니다. 孝는 人類의 普遍的 眞理를 떠날 수 없다.

孔子께서 말하시기를 "武王과 周公은 그 共通的인 孝子인저, 대저 孝는 사람의 뜻을 잘 繼承하고 사람의 일을 잘 成就함이

다.”33)라고 하였다. 人類의 大志를 받들어 繼承하고, 人類의 大
業을 잘 成就하는 것이 普遍的인 孝임을 밝히고 있는 것이다.
孔子께서는 또 “아버지가 계심에는 그 뜻을 觀察하고 아버지가
돌아가심에 그 行事를 觀察할지니 三年을 아버지의 道에 바꿈이
없어야만 孝子라고 할 수 있을 것이다.”34)라고 하였다.

이것은 어버이의 뜻을 받들어 이어야 하며, 함부로 改變할 수
없음을 지적하여 父母와 자식 사이의 情分이 두터워야 함을 말
하는 것이요, 한 집안의 特殊的 事業을 반듯이 承繼하여야 되는
것을 말하는 것이 아니다. 모름지기 孝子는 위로 아버지의 뜻을
받들어 아래로 子係을 잘 保育하여야 됨을 깨우쳐준 것이다.

어버이와 자식사이에 틈이 없이 親하고, 어김없이 順하며, 근
심이 없이 즐기고, 끊임없이 繼續하는 것은 스스로 큰 德이 있
어야만 잘 할 수 있는 것이다. 모름지기 사람은 德을 밝히고 道
를 닦은 뒤에 孝道를 다 할 수 있는 것이라, 大德은 곧 大孝요
大孝는 곧 大德이다. 孝와 德은 사이가 없는 것이다.

그런 까닭에 孔子께서 말하시기를 “舜은 그 大孝이신저, 德은
聖人이 되시고, 尊은 天子가 되시고, 富는 四海의 안에 두시고,
宗廟를 歆饗하시며, 子孫을 保存하니라.”35)라고 하였는바, 大孝
는 이와 같이 德을 天地에 쌓고 道를 天下에 베풀어서 無窮한
하늘의 福祿을 받아 위로 宗廟를 歆饗하고 아래로 子孫을 保存
하는데 까지 나아가는 것임을 밝히고 있다.

---

33) 「子曰 武王周公은 其達孝矣乎인저 夫孝者는 善繼人之志하며 善述
   人之事者也니라.」(中庸).
34) 「子曰 父在觀其志하고 父沒觀其行이니 三年無改於父之道라야 可謂
   孝矣니라.」(論語 學而).
35) 「子曰 舜은 其大孝也與신저 德爲聖人하시고 尊爲天子이시고 富有
   四海之內하사 宗廟饗之하시며 子孫保之하니라.」(中庸).

　　孝는 그 精誠과 義理가 無限하여 終始가 없는지라, 옛사람은 죽은 뒤에야 이 任務가 끝난다고 하였다. 孝悌의 本義가 자기의 存在原理와 一致하는 까닭이다. 그래서 孟子는 "堯舜의 道는 孝悌일 따름이다."36)라고 하였다.

---

36) 「堯舜之道는 孝弟而已矣라.」(孟子).

第3章 忠 信

孝悌는 家庭倫理의 根柢요, 忠信은 社會道義의 根本인바, 孝悌가 先天的인 家族관계의 天倫을 밝히는 倫理라면, 忠信은 後天的인 社會관계의 人倫을 드러내는 道義이다. 안으로 天倫을 밝혀서 자기의 道理를 다 하고 밖으로 人倫을 드러내어 자기의 義理를 이루는 것이 장차 性命의 天理에 順하는 길이다. 모름지기 君子는 孝悌를 말미암아 忠信을 하는 까닭에 마침내 어버이에게 孝道하는 道理를 擴散하여 나라에 忠誠하는데 이르며, 兄弟에게 友愛하는 道理를 延長하여 朋友에게 信義있는데 까지 이르는 것이다. 忠信은 社會的인 관계에 있어서 基本原理가 되는 것으로 인간의 義理가 忠信을 말미암아서 드러나는 것이요, 忠信을 바탕하여서 人道가 行하여 질 수 있는 것이다.

忠은 本心을 모두 드러내서 자기를 속임이 없는 것이요, 信은 物理에 順應하여 事實을 따라가는 것인바, 자기를 속임이 없는 까닭에 表裏가 如一하고, 物理를 따는 까닭에 始終이 一貫한 것이다. 表裏가 한결같은 것은 마음과 말이 一致하는 것으로부터 비롯되고, 始終이 한결같은 것은 말과 行動이 一致한 것으로부터 말미암나니, 忠信은 먼저 가슴속에 품고있는 心情과 그것을 표현하는 言語가 합쳐야 되고, 言語와 行動이 一致하여야만 되는 원리인지라, 社會道義의 根本이라고 하는 것이다.

인간의 心情은 天性의 發露요, 萬物의 現象은 天理의 具現인

까닭에 現實은 곧 眞理의 表象이니 天地의 모든 관계가 眞實을 바탕으로 하여 이루어지고 있는 것이다. 따라서 이러한 眞實을 속이거나 그러한 事實을 疑心한다면 절대로 인간관계가 맺어질 수 없는 것이요, 實在와 實在사이에 交通이 이루어 지지 아니할 때에 人道는 나타날 수 없게 되어버리는 것이다. 事理가 이러한 까닭에 『易』에서 말하기를 "忠信은 德을 높이는 원리이다."37)라고 하였다. 곧 天地의 자연스러운 관계를 본받아 社會의 當然한 관계를 樹立하는 忠信의 倫理는 오히려 이것이 바탕이 되어서 또한 天理의 自然함과 합칠 수 있음을 밝혔다.

자기의 存在原理인 天性이 지극히 善하고 萬物의 存在原理인 物理가 지극히 참된 것임을 인식하여 반드시 지극히 善한 心情을 스스로 속임 없이 드러내는 것이 正直이요, 지극히 眞實한 物理를 明確하게 믿어 疑心치 아니 하는 것이 公明이니, 正直한 것이 忠이 되고 公明한 것이 信이 되는 것이다. 明道선생은 "性이 善함을 알면 忠信으로 根本을 삼나니 이것은 먼저 그 큰 것을 確立하는 것이다."38)라고 하였다. 무릇 사람은 純粹至善한 固有의 人間性이 있고, 事物은 精密眞實한 本有의 物理가 있을진대, 사람과 사람 또는 인간과 事物의 관계는 먼저 자기의 善을 속이지 아니하고 다른 사람이나 事物의 眞實을 疑心하지 아니하므로서 交通이 이루어 질 수 있는 것이다. 만일 자기의 本質을 隱蔽하고 相對의 眞實을 疑心한다면 이것은 交通이 이미 斷絶되는 것이므로, 實體의 만남이 이루어 질 수 없게 되어버린다. 따라서 人間의 社會的인 관계는 먼저 자기의 善意志를 속이지 아니하고 또한 相對의 眞實을 疑心하지 아니하는 것으로부터 基礎

---

37) 「忠信은 所以進德也라.」(周易 乾文言傳).
38) 「知性善이면 以忠信爲本이니 此先立其大者니라.」(程書 卷二十七第四版).

를 삼아야 하는 것이다. 그러므로 忠信한 마음에 禮義가 行하여
진다고 하는 것이다.

　사람과 사람이 사귐에 있어서 이와 같이 忠信이 중요한 까닭
에 孔夫子께서 말하시기를 "君子는 忠信을 主體로 하라."39)고
하였으며, 또한 子張이 德을 높이고 疑惑을 解明하는 것을 물으
매 孔夫子께서 말하시기를 "忠信에 主體하여 義에 옮김이 德을
높임이요, 사랑하면 그 살기를 바라고 미워하면 그 죽기를 바라
니, 이미 그 살기를 바라면서 또한 그 죽기를 바라니 이것이 疑
惑이니라."40)라고 하였는데, 德을 높이는 것은 자기가 良心의 善
을 擴充하는 것이므로 良心을 속임이 없게 하여 義理에로 나아
가는 것이요, 疑惑을 밝게 분별함은 事物의 眞理를 正確하게 인
식하는 것이므로 感情에 動搖되어서는 아니 됨을 말하고 있는
것이다.

　良心을 속임이 없는 것은 正直이요, 感情에 사로잡히지 아니
함은 明確인바, 表裏가 如一할 수 있는 것도 正直하고 明確하여
야 되는 것이요, 始終이 如一할 수 있는 것도 또한 正直하고 明
確하여야 되는 것이다. 忠과 信은 또한 하나의 倫理로 떨어질
수가 없는 것임을 알 수 있다. 그러나 忠과 信을 나누어서 말할
때에 忠이 本始요, 信이 終末이라 아니할 수 없는 것인데 먼저
자기를 속이지 아니한 다음에 남을 믿을 수 있는 까닭이다. 그
러므로 孟子는 자기 몸이 바로 된 뒤에 事物을 바로 잡는다고
하였으니, 忠直한 뒤에 確信이 있는 것이다. 사람과 사람의 관계

---

39) 「主忠信」(論語 學而).
40) 「子張이 問崇德辨惑한대 子曰主忠信徙義함은 崇德也요 愛之란 欲其
　　生하고 惡之란 欲其死하나니 旣欲其生이요 又欲其死하니 是惑也니
　　라.」(論語 顏淵).

에서는 忠을 더욱 강조하고 있는바, 樊遲가 仁을 물음에 孔夫子께서 말하시기를 "處所에 머물 때에 恭遜하고, 일을 執行함에 敬虔하며, 사람과 더불음에 忠直하면 비록 夷狄의 나라에 갈지라도 버리지 못할 것이다."41)라고 하였으며, 曾子도 忠信을 지극히 중요시하여 處身의 指標로 삼았음을 볼 수 있는바, "나는 날마다 셋으로 내 몸을 反省하노니 사람을 위하여 議論함이 忠直하지 못한가? 朋友와 더불어 사귐에 信實하지 못한가? 스승의 가르침을 익히지 아니한가? 이니라."42)라고 하였다. 孔夫子는 사람과 관계함에 있어서 忠直함을 말하였고, 曾子는 사람을 위하여 應事接物함에 있어서 忠直함을 말하였으나, 모두 인간은 對人接物에 있어서 眞實을 基礎로 할 것을 主張하는 것이다.

明道선생은 이 忠信에 때하여 註解하기를 "自己의 本心에서 發露하는 것을 스스로 다함이 忠이 되고, 事物의 條理를 따라 어김이 없는 것을 信이라고 한다."43)고 하였는바, 朱子가 「大學」에서 忠信을 註하는데에 引用하였다. 이것은 忠을 對人關係의 德目으로, 信을 接物關係의 德目으로 敍述한 것이라고 할 수 있는 것이다. 朱子는 曾子가 三省하는 註에서 "自己本心을 다하는 것을 忠이라 하고, 眞實로서 하는 것을 信이라 한다."44)라고 하여, 心情과 言語의 一致및 言語와 行動의 一致를 말하였으니 忠信을 인간관계에 있어서 善과 眞實이 一貫된 條理로 說明하고 있는 것이다.

---

41) 「樊遲問仁한대 子曰居處恭하며 執事敬하며 與人忠하면 雖之夷狄이라도 不可棄也니라.」(論語 子路).

42) 「曾子曰 吾日三省吾身하나니 爲人謀而不忠乎아 與朋友交而不信乎아 傳不習乎아니라.」(論語 學而).

43) 「發己自盡爲忠이요 循物無違謂信이니라.」(程子解).

44) 「盡己之謂忠이요 以實之謂信이니라.」(朱子註).

자기 자신의 至善한 性을 自覺하였을때 반드시 事物의 眞實한 理를 認識하게 되므로 忠하면 信이 그 가운데 있게 되는 까닭에 바야흐로 忠을 人間關係의 바탕이라고 강조하는 것이며, 信도 또한 밖에 있는 것이 아니요 자기의 忠을 말미암아 信에 이르는지라 忠信이 모두 자기에게 있는 한결같은 倫理라고 하는 것이다. 忠은 스스로를 속이지 않는 것이라고 해서 無分別한 潔白이 아니요, 信은 事物을 疑心하지 않는 것이라고 해서 盲目的인 追從이 아니다. 天理와 人欲을 分別하지 못하는 潔白은 忠直이 아닐 수가 있는 것이며, 理性과 感情을 明辨하지 못하는 追從은 信義가 아닐 수가 있는 것이다. 그런 까닭에 선비는 자기를 속이지 아니하면서도 오로지 한결같이 道體를 살피나니 곧 天理에 合致하려는 것이요, 事物을 疑心하지 아니하면서도 精密하게 物理를 연구하나니 곧 事理에 밝으려고 함이다. 君子는 天道에 벗어나지 아니하려는 姿勢로서 항상 스스로 誠實하고, 物理를 어기지 아니하려는 態度로서 항상 스스로 敬虔한데, 誠은 하늘과 통하는 원리이므로 곧 忠하는 길이며, 敬은 鬼神과 통하는 원리로 곧 信하는 길이며, 直은 사람과 통하는 원리로 곧 살아가는 길이다.

聖人은 誠으로서 忠하고, 敬으로 信하며, 直으로 살아가는 것이라, 그 忠함이 자연스럽고 그 信이 자연스러우며, 그 살아가는 것이 자연스러운바 마침내 忠信한 생활이 意識的인 作爲가 있지 아니하는 것이다. 忠信함이 이와 같이 자연스러운 實體를 忠恕라고 하는 것이다. 孔夫子께서 나의 道는 하나로서 貫通하느니라고 하였을 때에 曾子가 이 말씀을 풀어 "夫子의 道는 忠恕일 따름이다."45)라고 하였는데 朱子는 여기에서 註하기를 忠은 忠信에

---

45) 「曾子曰 夫子之道는 忠恕而已矣라.」(論語 里仁).

서의 忠과 같이 "自己의 本心을 다하는 것을 忠이라 하고, 자기의 良心을 미루어 남을 생각하는 것이 恕이다."46)라고 하였다. 자기의 本性이 萬物의 物理와 宇宙의 하나의 太極에서 만나 통하는지라, 자기의 本性을 다 하면 全體에 미치고, 萬殊의 理가 본래 하나의 太極의 理이서 나누어진 것이므로 자기의 太極을 살펴서 外物의 太極에까지 미칠 수가 있으므로 하나로서 貫通하는 길이 있는 것이다.

忠恕가 여기에 도달하면 거의 天道의 自然에 合一한 境地인데 朱子는 여기에서 程子의 말을 아울러 기록하였는바, 程子는 "自己의 本性을 말미암아 事物에까지 미치는 것이 仁이요, 자기의 本心을 미루어서 事物에까지 미치는 것이 恕이다."47)라고 하여 仁은 忠恕함이 天道에 완전히 合一하야 事物과 內外나 彼此가 없는 것이요, 恕는 主客, 物我의 相對的인 관계에 있으면서도 자기의 心理를 推理하여 相對의 心理를 理解하는 것임을 말하여 忠恕로부터 仁에 이르는 길을 밝혔다고 하겠다.

모든 관계는 忠信의 學習을 바탕으로 하여 忠恕의 心法을 確立하고, 忠恕의 心法으로부터 仁의 性理에 이르러야 함을 밝히고 있는 것이다. 內外 彼此가 없이 완전히 一體로서의 仁하는 관계는 마침내 속일 수 있는 私己가 없는 것이요, 疑心할 相對도 없는 것이므로 마침내 天人合一이요 物我一體의 境地라고 할 따름이다.

人間關係에 있어서 道學의 窮極目標는 하늘과 같이 公明廣大한 仁으로 이루어진 一體의 관계이나 이와 같은 仁의 性理로 이루어진 世界에 도달하기 위하여서는 먼저 忠信의 관계로부터 시

---

46) 「推己之謂恕이라」(朱子註)
47) 「以己及物은 仁也오 推己及物은 恕也라.」(二程全書).

작하여 공부를 쌓으므로서 이를 수 있는 것이다. 道學君子는 모름지기 사회생활을 함에 있어서 忠信의 社會를 이룩하여 忠恕의 世界를 열고, 忠恕의 世界를 통하여 仁의 天地를 열어야 된다.

　忠信함은 자기에게 있는 것이요, 남에게 있는 것이 아니다. 모름지기 君子의 學은 자기에게서 推求하는 것이며, 자기에게서 推求하는 까닭에 먼저 자기의 內部構造를 살피는 것이다. 『易』에서 말하기를 "君子는 敬으로서 內面을 곧게 하고, 義로서 外貌를 方正하게 하나니, 敬과 義가 確立하므로서 德이 외롭지 아니하니라."[48]라고 하였는바, 안으로 良心에 敬虔하므로서 스스로 正直할 수 있는 것이요, 밖으로 事理에 正當하므로서 스스로 方正할 수 있는 까닭에 君子는 언제 어디서나 敬을 간직하고 義를 말미암아서 德性을 確立하고, 德性이 確立되면 全體와 하나가 된 경지에 있게 되는 것이므로 孤立된 것이 아니라고 하였다. 內面의 正直은 위로 하늘의 太極과 交通하는 것이요, 外面의 方正은 아래로 萬物의 全體와 交通하는 것이다. 正直하고 方正함은 天地萬物을 統一網羅하여 調和함이라 외롭지 아니하다고 하는 것이다. 그러나 이와 같이 全體를 統一網羅하는 關係를 樹立하는 正直과 方正도 主敬과 主義하므로서 이루어지는 것을 깨달아야 하며, 敬과 義는 자기의 內面에 있는 것임을 自覺해야 한다. 따라서 모든 관계는 자기로부터 말미암는 것이다. 그러므로 사람과 사귐에 親하여지지 아니하면 스스로의 人格을 돌아다 볼 것이며, 다른 사람이 나를 속이고 벗이 나를 믿지 아니하는 것이 한결같이 모두 나의 正直과 方正으로부터 말미암은 것임을 알아야 한다. 君子는 神命을 다하여 敬을 간직하고 生命을 다하여 義를 지키나

---

48) 「君子는 敬以直內하고 義以方外하야 敬義立而德不孤하니라.」(易坤文言傳).

니 세상에 누가 속일 수 있겠는가?

　敬은 放縱을 몰아내는 원리요, 義는 私欲을 除去하는 원리이다. 放縱은 天理를 否定하고 망령되게 스스로 尊大하는 驕慢에서 나타나는 것인지라, 正直하게 天理에 和順하는 敬으로서 이것을 물리치는 것이요, 私欲은 義理를 否定하고 경박하게 스스로 卑賤하는 吝嗇에서 나타나는 것인지라 方正하게 事理에 順應하는 義로서 그것을 물리치는 것이다. 忠信공부에는 放縱과 私欲이 가장 큰 惡인데 선비가 몸을 닦으려 하면서 이 두 가지의 大惡을 制壓하지 못하면 마침내 終身의 讀書가 있다 할지라도 聖門에 들어가지 못하는 것이다. 그러므로 聖人의 學問은 性理를 밝히려는 戒愼과 私欲을 막으려는 恐懼로부터 始作하는데 바야흐로 明善이요, 寡欲의 길인 것이다.

　性理에 대하여 忌憚이 없고, 私欲에 대하여 嫌惡가 없다면 忠信이 어데로부터 나오겠는가? 그런 까닭에 孔夫子는 비록 周公과 같이 才質의 아름다움이 있다하여도 驕慢하고 吝嗇하다면 볼 것이 없다고 하는 것이며, 子貢이 말하기를 "가난하면서도 阿諂함이 없고 富하면서도 驕慢함이 없으면 어떠하겠읍니까? 孔夫子께서 말하시기를 좋으나, 가난하면서도 즐겁고, 富하면서도 禮를 좋아하는 것만 같지 못하니라."49)라고 하여 스스로를 卑賤하여 阿諂하거나 스스로를 尊大하여 驕慢하지 아니하여야 될 뿐만 아니라 더 나아가 樂天知命할 것을 말하였다.

　樂天 知命은 天理를 즐거워하고, 天命을 아는 것이다. 個體가 全體와 서로 통하는 仁義의 大道를 大覺하여 個人의 貧富와 全體의 貧富가 둘이 아님을 인식하므로서 阿諂이나 驕慢이 나올

---

49)「子貢曰 貧而無諂하고 富而無驕하면 如何니잇고 子曰可也나 未若貧
　 而樂하며 富而好禮者也니라.」(論語 學而).

데가 없게 되는 것을 말한다. 阿諂이나 驕慢은 相對的으로 比較하는데서 우러나오는 것인바, 이것은 相對가 자기와는 관계가 없다고 意識하는 것이다. 그러나 個體가 곧 全體요, 全體가 곧 個體임을 알면 比較할 相對가 없게 되는 것이므로 이것이 個體와 全體가 서로 통하는 관계에 있는 것이다.

君子는 언제나 全體와의 관계 속에 있는 까닭에 孔夫子께서 말하시기를 "君子는 莊敬하게 몸을 간직하면서도 다른 사람과 더불어 다투지는 아니하고, 溫和하게 어울려 살면서도 黨派를 짓지는 아니한다."50)고 하여 자기와 남을 比較하여 敵對視하거나 자기와 다른 것을 分類하여 異質視하는 것을 禁戒하는 것이다. 대개 이것은 天道를 拒逆하고 私欲을 섞을까 두려워함이다.

사람을 比較하여 敵對視 하는 것은 天道를 拒逆함이다. 天道는 나란히 進行하여도 서로 어그러짐이 없는 것인 까닭에 天道에는 敵이 없는 것이요, 또한 다른 것을 分類하여 異質視하는 것은 私欲이 作用함이다. 萬物은 함께 生育하여도 서로 해침이 없는 것인 까닭에 大德에는 私가 있지 아니한 것이다. 그러한 까닭에 個體가 全體와 相通하는 관계에 있는 것을 自覺한 사람은 남과 比較하는 競爭心을 갖지 아니하며, 다른 것을 差別하는 派黨心을 갖지 아니하는 것이다. 스스로 誠實하여 正直한 사람은 競爭心이 나올 데가 없는 것이요, 스스로 敬虔하여 公明한 사람은 派黨心이 나올 곳이 없는 것이니, 모름지기 선비는 忠信에 主體하여야만 放縱과 私欲을 물리칠 수가 있게 되는지라 사회생활에 있어서 忠信을 가장 중요시하는 것이다.

忠信하지 아니하면 君臣의 義理가 確立될 수 없고, 夫婦의 禮

---

50) 「子曰 君子는 矜而不爭하고 群而不黨하니라.」(論語 衛靈公).

節도 이루어 질 수 없으며, 長幼의 秩序도 지킬 수 없으며, 朋友
의 信義도 생길 수가 없는 것이다. 君과 臣, 夫와 婦, 長과 幼,
朋과 友가 각각 스스로의 眞實을 속이지 아니한 다음에 서로가
참다운 사람의 생활을 할 수 있는 것이요, 각각 겉과 속이 다르
지 아니하는 까닭에 서로가 始終如一하는 人格이 이루어지는 것
이다. 만일 스스로를 속이고 서로를 疑心한다면 이것은 交通을
斷絶하고 關係를 絶緣하는 것이라 아무런 義理도 생길 수가 없
게 되어 버린다. 그러므로 임금이 스스로를 속일 때 大臣은 直
諫을 하여야 하는 것이요, 임금이 臣下를 疑心할때 臣下는 물러
가야 되는 것이며, 임금이 大臣을 믿을 때에는 죽음으로서 忠誠
을 다하여야 하는 것이다.

　孟子가 齊宣王에게 말하기를 "임금이 臣下보기를 손과 발처럼
하면 臣下는 임금보기를 腹心같이 하며, 임금이 臣下보기를 개와
말처럼 하면 臣下가 임금보기를 길가는 사람같이 하며, 임금이
臣下보기를 흙이나 풀잎처럼 하면 臣下가 임금보기를 怨讐같이
한다."51)라고 하였는바, 윗사람이 아랫사람을 속이거나 의심하지
아니하여 一身同體같이 여길 때에 비로소 生命을 다 바쳐 忠誠
하는 義理가 맺어짐을 말하는 것이다. 夫婦를 一身同體라 함도
忠信을 기초로 하는 말이요, 朋友의 義理도 忠信을 바탕으로 하
는 말이다. 忠信하지 아니하고서는 社會關係가 맺어질 수 없는
것이요, 義理도 成立될 수가 없으며, 禮義도 行하여 질 수가 없
는 것이다. 上下·內外·遠近의 사이가 忠信을 기초로 하여 관계
가 맺어지고, 관계가 確立될 때에 義理가 서는 것이며, 義理가

---

51) 「孟子告齊宣王曰君之視臣이 如手足하면 則臣視君을 如腹心하고 君
之視臣이 如犬馬하면 則臣視君을 如國人하고 君之視臣이 如土芥하
면 則臣視君을 如寇讐이니다.」(孟子 離婁章句下).

설 때에 禮義가 行하여지고, 禮義가 行하여질 때에 각각 性命을 다하는 것이다. 바야흐로 이것은 둘이 하나가 되는 것이라 天地의 廣大함에도 틈이 없는 것이요, 古今의 悠久함에도 끊어짐이 없는 것이며, 生死의 變化에도 바뀜이 없는 것이다.

孔夫子는 人生에 있어서 기본 倫理는 直이라고 하였는바 "사람이 사는 것은 直이니 속이면서 사는 것은 僥倖히 免함이니라."52)라고 하여 天地萬物이 모두 天理의 具現이요 實體의 發露로서 存在하는 것이므로 모든 生成이 眞實을 바탕으로 하는데서 이루어짐을 밝힌 것이다. 그러므로 萬物이 存在生成하는 原理는 直일 따름인데 속이면서 살려고 하는 것은 벌써 사는 本義를 喪失한 것이요, 사는 의미를 喪失한다면 天下를 얻는다고 하여도 무슨 價値가 있을 것인가?

孟子는 한 자를 구부려서 여덟 자를 펴는 일도 君子는 하지 아니함을 말하였는바 "대저 한자를 구부려서 여덟 자를 펴는 것은 利로서 말함이니 만일 利로서 할 것 같으면 여덟 자를 구부려서 한 자를 펴는 利로움도 또한 할 것이냐."53)라고 하였다. 이와 같이 君子는 한번 自身을 속여서 天下를 利롭게 하는 일도 하지 아니함을 밝히고 있을 뿐만 아니라, 오직 義를 따를 뿐이요, 利益을 圖謀하지 아니함을 밝히고 있다. 또한 자기에게 없는 것을 남에게 베푸는 僞善도 또한 拒否하는바 孟子는 말하기를 "거기에서 그냥 取하여 여기에 줄지라도 그런 짓을 仁者는 하지 않으니라."54)라고 하였다. 이것은 비록 自己를 위하는 일이 아니라고 할지라

---

52) 「子曰人之生也는 直이니 罔之生也는 幸而免이니라.」(論語 雍也).
53) 「且夫枉尺而直尋者는 以利言也니 如以利則枉尋直尺而利라도 亦可爲與아.」(孟子 滕文公下).
54) 「徒取諸彼하야 以與此라도 然且仁者는 不爲하나니.」(孟子 告子下).

도 남의 것을 그냥 가지는 것은 義가 아니요, 自己의 것이 아닌 것을 남에게 주는 것은 直이 아닌 까닭에 이와 같은 僞善을 하지 아니하는 것이다.

志士는 窮迫한데서도 뜻을 高尙히 지키며, 勇士는 죽음에 臨하면서도 元氣를 잃지 아니하며, 君子는 困窮한데서도 義를 지켜야 하는데, 實利主義나 功名主義의 潮流에서는 志士나 勇士가 나올 수가 없는 것이요, 志士나 勇士가 나올 수가 없다면 인간의 숭고한 精神을 찾을 데가 없고, 인간의 숭고한 정신을 찾을 데가 없다면 인간의 인간다운 所以가 없게 되는 것이다.

忠은 자기가 스스로 充實하는 것이요, 信은 자기가 스스로 確信하는 것이다. 天地萬物이 자기에게 갖추어 있는 까닭에 君子는 忠信을 다른 데에서 얻으려 하지 아니하므로 스스로 忠恕의 心理를 確立하고, 忠恕의 心理를 確立하여 仁의 性理를 體得하는지라. 그 德이 天地와 더불어 合하는데 이른다. 이 境地에 이른다면 무엇을 생각할 것인가, 무엇을 念慮할 것인가, 人間精神의 崇高함이 이와 같은데 이르나니 마침내 人類의 神聖함이 여기에 있는 것이다.

孟子는 "萬物이 모두 나에게 具備하였으니, 自身이 돌이켜서 誠實하면 즐거움이 보다 큰 것이 없을 것이요, 힘써 正直公明으로서 行하면 仁을 求함이 이보다 가까움이 없을 것이니라."55)고 하였는바 自身을 속이지 아니하는 '毋自欺'와 思慮에 邪妄함이 없는 '思無邪'로서 忠信을 主體하고 더욱 힘차게 나아가 人道에 正直하고 萬物에 公明하며, 順天應人하는 忠恕의 心法을 定立하므로서 天地萬物에 渾融同體하는 仁의 世界에 이르는 아주 가까

---

55) 「孟子曰 萬物이 皆備於我矣니 反身而誠이면 樂莫大焉이오 强恕而行이면 求仁이 莫近焉이니라.」(孟子 盡心上)

운 길을 밝히고 있는 것이다.

무릇 君子의 道는 가까운 데로부터 멀리 나아가고, 낮은 데로부터 높은 데로 올라가나니, 人類의 理想인 仁의 世界를 이루려 하면서도 자기 자신의 忠信으로부터 비롯하여야 함을 말하는 것은 事物에는 本末先後가 있는 까닭이다. 뿌리가 없이 가지와 잎이 茂盛할 수 없는 까닭에 庶民이 忠信하지 못하면 父母를 섬기지 못할 것이요, 선비가 忠信하지 못하면 禮樂을 지키지 못할 것이요, 公卿이 忠信하지 못하면 나라를 지키지 못할 것이요, 天子가 忠信하지 못하면 天下를 지키지 못할 것이다. 그런 까닭에 君子는 忠信으로 시작하여 忠信으로 끝내는 것이니 일찌기 속임이 없었든 까닭에 뒤에도 疑惑이 없는 것이요, 지극히 隱密한 곳을 靑天白日과 같이 分明하게 드러낸 까닭에 지극히 細微한데서도 光風霽月과 같이 鮮明하게 되는 것이다. 이와 같은데 이른다면 말하지 아니하여도 움직이고 행하지 아니하여도 이를지니 天下에 무엇을 생각하며 무엇을 걱정하랴!

第4章 冠 禮

　사람은 社會의 集團속에서 생활하는바, 集團속에서의 生活은 반드시 자기가 하여야 될 義務와 자기의 行爲에 대한 責任이 따르게된다. 天下는 天下사람들의 天下요, 자기만의 天下가 아닌 까닭에 天下의 秩序를 따라야 하는 義務가 있고 人格을 지켜야 하는 責任이 있는 것이다. 天下의 秩序를 따라야 하는 자기의 義務를 다할 때에 倫理가 설 것이요, 倫理가 서면 平等은 그 가운데 있는 것이다. 또한 자기의 人格을 지켜야 하는 책임을 다할 때에 道德이 行하여질 것이요. 道德이 行하여지면 自由는 그 가운데 있는 것이다. 人類社會는 倫理를 지키고 道德을 行하여 마침내 平等과 自由를 누리는 바, 이것은 成人의 道인 것이다. 未成年은 身體가 柔弱하여 社會的 義務를 다할 수 없는 바가 있고 思慮가 疏略하여 社會的 責任을 다할 수 없는바가 있으니 未成年에게는 成人의 道를 要求하지 못함이 있게 되는 것이다. 그런 까닭에 聖王은 아직 기다려서 肉體와 精神이 成熟한 때를 맞이하여 成人으로 待接하고 成人의 道를 實踐할 것을 要求하나니 바야흐로 冠禮이다.

　"옛날에 男子는 20세에 冠禮를 行하고 字를 지어 부르며, 女子는 시집갈 것을 허락할 때에 비녀를 찌르는 禮를 行하여 字를

지어 부르니라."56)라고 하였고 朱子는 「家禮」에서 "男子는 나이
가 15세로부터 20세까지 모두 冠禮를 할 수 있다."57)고 하였으
며, 「內則」에서는 "15세어든 비녀를 꽂고, 20세어든 시집을 갈지
니 有故이어든 23세에 시집갈지니라."58)라고 하였는바, 成長함에
있어 男女의 差異가 있고 家庭의 形勢에 따라서 緩急이 있을지
니 一律的으로 規定할 수는 없으나 男子는 20세가 되면 成人이
요, 女子는 15세가 되면 成人이 됨으로 이때로부터 成人으로서
責務를 다하여야 됨을 밝히고 있으며, 또한 男女를 불문하고 婚
姻前에 모두 冠禮를 하여야 됨을 말하였다. 冠禮의 중요성은 禮
式의 始初요. 人道의 始作이 됨에 있는바 冠·婚·喪·祭禮의 始
初이며 동시에 冠禮를 行함으로부터 人道가 始作이 되는 까닭이
다. 冠禮를 執行함에는 禮節을 중대하게 알아야하는바, 成人으로
待遇함을 경건히 하려함이요, 冠禮를 한 사람은 言行動靜을 愼重
히 하여야 하는바 成人의 道理를 誠實히 하여야 되기 때문이다.

成人으로서 待遇함을 敬虔히 한다함은 반드시 冠禮를 執行함
에 學問과 德望이 있는 賓을 모시고 擧行함을 말하는 것이요,
成人의 道理를 誠實히 한다함은 장차 孝悌忠信의 道理를 實踐하
여야 됨을 말한다. 그런 까닭에 「禮記」에서 말하기를 "成人의 禮
를 행함은 장차 成人으로서 禮義를 實踐하도록 責務를 주는 것
이니, 장차 사람의 아들되며, 사람의 아우되며, 사람의 臣下되며,
사람의 젊은이 된 禮義를 實行하도록 責任지우는 것이다. 장차
네 가지 行動을 사람에게 責務준지라 그 禮를 重히 하지 아니할

---

56) 「男子는 二十에 冠而字하고 女子는 許嫁에 笄而字하니라.」(禮記 曲禮上).
57) 「男子는 年十五로 至二十에 皆可冠이라.」(朱子家禮 冠禮).
58) 「十有五而笄하고 二十而嫁니 有故어든 二十三而嫁니라.」(禮記集說大
   全 卷十二內則).

까? 그런 까닭에 孝悌忠順의 行實이 다듬어진 다음에 사람이 될 것이며, 사람이 된 다음에야 사람을 다스릴 수 있는 것이다."[59] 라고 하였다. 冠禮는 成人의 道를 책임지운 것인바 成人의 道는 禮義를 갖추는 것이다. 禮義를 갖춘다고 함은 身體를 바로 하여 顔色을 가지런히 하며, 言辭을 溫順하게 하며, 어버이와 자식사이에 親함이 있고, 兄弟사이에 友愛가 있으며, 君臣사이에 義理가 있으며, 老少사이에 次序가 있는 禮義를 스스로 實踐할뿐만 아니라, 다른 사람의 不義와 非禮를 責善하는 것이다. 모름지기 완전히 獨立된 人格으로 待接하는 것이요, 또한 活潑한 主體로서 社會에 參與하여야 되는 것이다.

灑掃・應對・進退의 節度와 隆師・親友의 禮節을 스스로 지켜서 어긋남이 없게 하여야 하며, 言行을 忠信하게 하여 어린 때의 유치한 생각과 버릇을 버리고, 새로운 마음으로 成人의 당당한 길로 들어 가야하는 것이다. 그러므로 冠禮는 成人의 冠을 쓰고, 成人의 衣服을 입고, 成人의 신을 신는 것으로 擧行하는바, 그 外貌를 成人과 같게 하여 그 內心에 成人의 精神을 간직하게 하려함이다. 그 外貌를 다스려서 그 內心을 북돋우려 하는 까닭에 처음 옷차림을 갖춤으로부터 禮를 執行하는 것이므로 만일 겉모양만 갖추고 그 精神狀態가 따르지 못한다면 冠禮는 의미가 없는 것이다. 賓은 祝辭를 하여서 冠者로 하여금 冠禮의 精神을 銘心하게 하고, 술잔을 내려 그 앞날을 별님에게 祝願하면서 激勵하는 것이다.

---

59) 「成人之者는 將責成人禮焉也요, 責成人禮焉者는 將成爲人子 爲人弟 爲人臣 爲人少者之禮行焉이니 將責四者之行於人이라 其禮를 可不重 與아 故孝弟忠順之行이 立而後에 可以爲人이오 可以爲人而後에 可以治人也니라.」(禮記 卷二十九冠義).

　　冠禮의 거행방법은「朱子家禮」에 있는바 그 대체를 敍述하면 반드시 父母에게 期年以上의 喪이 없을 때 비로소 行할 수 있는 바, 三日前에 祠堂에 告하고 禮를 아는이로 執事를 選定하여 學問과 德望이 있는 이로 賓을 모셔 家廟가 있는 집은 家廟에 자리를 設置하고 家廟가 없는 집은 大廳에 자리를 設置하여 그 날 새벽에는 일찍 일어나 冠과 服과 신을 그 곳에 陳列하여야 한다.

　　시간이 되면 主人이하가 차례로 堂下에 서고, 賓이 式場에 이르르면 主人이 맞이하여 堂上에 오른다. 賓이 正位에 서면 장차 冠할 사람이 房에서 나와 자리에 나아가서 앉으면 이에 執事가 冠을 賓에게 드리고 머리를 빗긴다. 賓은 처음 관을 씌우면서 빌어 말하기를 "좋은 달 吉한 날에 처음 冠을 씌우노니 그대의 童心을 버리고 그대가 이룬 德을 따르면 壽命이 祥瑞로워 큰 복을 많이 받으리라."고 한다. 다음에는 冠者만 房으로가서 成人의 새 옷으로 갈아입고 나와 앉으면 執事가 革帶를 賓에게 드린다. 賓은 두 번째 革帶를 매어주며 빌어 말하기를 "吉한 달 좋은 때에 그대의 옷을 거듭 입히노니, 그대가 威儀를 恭敬하며 그대의 德을 잘 삼가 하면, 壽考가 萬年을 하야 길이 많은 福을 받으리라."라고 한다. 다음에는 執事가 신을 賓에게 드리면 賓은 세 번째 신을 冠者에게 주어 신게 하면서 빌어 말하기를 "좋은 해 좋은 달에 그대 衣冠을 모두 갖추노니, 兄弟가 無故하도록 그대의 德을 이루면 壽命이 가이 없어 하늘의 慶福을 받으리라."라고 하고 이어 字를 지어준다.

　　이에 醮를 하는바 자리를 옮겨서 執事가 방에서 술 한 잔을 딸아 冠者의 왼쪽에 나가면 冠者가 오른쪽에 나아가고 賓은 술잔을 들고 北向하여 술잔을 줌에 冠者는 再拜하고 南向하여 盞을 받으며 賓이 제자리에 가 答禮하면 冠者는 자리 끝에 가서 술을 맛본다.

다음 賓과 冠者가 退場하고 主人은 冠者를 祠堂에 뵈이고나서 冠者를 尊長에게 뵈이게 하나니 이어 賓客을 接待한다. 冠者는 드디어 나아가 마을의 아버지 벗에게 뵈이게 한다. 女子는 賓과 執事를 모두 婦人으로 하고 內室에서 擧行하는바 節次는 冠禮와 같이 하였다. 대저 冠禮에서 字를 지어줌은 父母로부터 받은 이름을 높임이다. 成人의 이름을 누구나 부르게 되는 것을 避하기 위하여 冠者의 身分을 높여주고자 함이니 成人으로 待遇하고 成人의 禮義를 責務주는 것이다.

이로부터 成人이 되는 것이다. 사람의 精神과 肉體가 成熟하여 成人이 되면 配匹을 取擇하여 婚姻의 禮를 갖추어서 夫婦가 되어야 한다. 成人이 되어 夫婦가 되는 것은 自然의 攝理다.

『易』에서 말하기를 "天地가 있는 다음에 萬物이 있고, 萬物이 있는 다음에 男女가 있고, 男女가 있는 다음에 夫婦가 있고, 夫婦가 있는 다음에 父子가 있고, 父子가 있는 다음에 君臣이 있고, 君臣이 있는 다음에 上下가 있고, 上下가 있는 다음에 禮義가 行할데가 있나니라."[60]라고 하였는바, 天地萬物은 陰陽이 配合하여야 비로소 生生不窮하는 造化가 이루어지고, 天地의 盛德大業이 이룩될 수 있는 까닭, 무릇 成人이 配匹을 選定하여 夫婦가 되는 것은 自然한 理致라고 하는 것이다.

---

60) 「有天地然後에 有萬物하고 有萬物然後에 有男女하고 有男女然後에 有夫婦하고 有夫婦然後에 有父子하고 有父子然後에 有君臣하고 有君臣然後에 有上下하고 有上下然後에 禮義有所錯니라.」(易序卦傳下篇).

第5章 婚 禮

男女가 짝을 지어 사는 것은 하느님의 뜻인데 이 自然한 理致를 따름에 當然한 節次를 갖추는바 이것이 婚禮이다. 婚姻에 있어서 반드시 禮를 갖추어야 하는 까닭이 있으니, 夫婦는 萬歲를 함께 하는 것이므로 그것은 恒久不變한 관계를 維持하는데 있는 것이다. 恒久不變하는 관계를 맺음에 있어서 모름지기 愼重히 하지 아니할 수 없는데 바야흐로 그 禮法의 節次를 지켜서 信義를 두터이 하려는 때문이다. 夫婦가 됨은 血統이 萬世로 이어가는 始作이요, 風俗이 社會에 옮겨가는 根源이며, 人倫을 드러내는 基礎가 되는 것이라 바야흐로 그 責任이 무겁고, 갈길이 먼 것이므로 처음에 만남을 가볍게 할 수가 없는 것이다.

옛사람은 婚禮를 매우 嚴格히 하였는바 婚禮를 갖추어 마지하면 妻라고 높이였으니 婚禮를 갖추는데서 信義를 보이는 까닭이다. 婚禮를 업수이 여기는 것은 信義를 가볍게 아는 것이니 信義를 가볍게 보면 恒久不變하는 貞節을 지킬 本義가 없는 것이다. 「禮記」에서는 "婚姻하는 禮法이 무너지면 夫婦의 道가 괴롭고도 淫亂하리라."[61]고 하였다. 따라서 남자가 장가들고 여자가 시집감에는 반드시 인간의 品位와 社會의 紀綱을 尊重하여야 하는바 인간의 品位를 지키지 아니하면 사람과 짐승을 分別할 수

---

61) 「昏姻之禮가 廢하면 則夫婦之道가 苦而淫辟之罪多矣이라.」(禮記 祭統).

없게 되고, 社會의 紀綱을 따르지 아니하면 文化와 野蠻을 구별할 수 없게 된다. 그런 까닭에 인간의 品位를 나타내기 위하여 "男女는 仲媒人이 있지 아니하면 定婚하지 아니하며, 約婚을 하지 아니하면 親交하지 아니한다."[62]고 하였다. 仲媒人으로 하여금 兩家의 自由意思를 尊重케 하려는 것임과 동시에 禽獸와 같이 구멍을 뚫거나 담을 넘어 相從치 아니하려 함이다.

社會에 紀綱을 세우기 위하여 "妻를 取擇함에 同姓을 取하지 아니하니라."[63]라고 하였다. 社會의 紀綱은 人倫의 秩序에서 이루어지고 人倫의 秩序는 血統의 行列로서 體系가 들어나는바, 만일 同姓으로 婚姻하게 되면 血統의 行列이 紊亂하게 되고, 人倫의 秩序가 混雜하게 되며, 나아가 社會가 亂雜하게 될 뿐만 아니라 閉鎖社會를 形成한다. 婚姻의 길을 開放하는 것이 大同社會를 이룩하는 기본이다.

그러므로 文化人은 반드시 멀리 異姓으로 揀擇하여 嫌疑를 멀리 하는바, 結婚의 純粹性이 여기에 있는 것이다. 무릇 婚姻을 함에 있어서 仲媒人을 통하고 異姓을 取擇하여 禮를 갖추는 것은 인간의 만남에 尊嚴性을 지켜서 義理로 結合하고 誠敬으로 融和하는 本義를 밝히려 함이다.

婚禮의 節次는 「家禮」에 簡明하게 敍述되어 있는바, 그 대강을 밝히면 議婚・納幣・親迎・婦見舅姑・廟見・婿見婦之父母의 節次가 있다. 議婚은 男子의 나이 16세로부터 30세 女子는 14세로부터 20세에 이르러 父母와 自身이 期年以上의 喪이 없을 때 仲媒人으로 하여금 婚姻의 意思를 살피게 하여 相對便의 許諾을 기

---

62) 「男女非有行媒면 不相知名하며 非受幣면 不交不親하니라.」(禮記 曲禮上第一).
63) 「取妻에 不取同姓하니라.」(曲禮上).

다리는 것인바 兩家에서 서로 合議가 되면 納采를 하는 것이다.

納采는 採擇의 禮인바 主婚者가 婚者의 生年月日 등을 갖추어 써서 일찍 祠堂에 某가 某人의 딸을 儿儷로 맞이하기로 決定하였음을 아뢰고 이어 子弟로 하여금 使者를 삼아 女氏의 집에 보내며, 이에 女氏의 主人은 使者를 맞이하여 書狀을 祠堂에 아뢴 뒤에 나와서 答書를 使者에게 주고 使者는 돌아와 復命하면 主人은 祠堂에 事實을 아뢴다.

納采가 이루어지면 納幣를 하는바 納幣는 오늘날 約婚과 같은 말이다. 主婚家에서 禮物을 女氏家에 보내는 것으로 物目을 써서 使者를 시켜 보내는 바, 婚書式은 대개 다음과 같다.

"某貫後人 某拜, 때는 바야흐로 ○○에 尊體百福하신지요, 저의 第○子 아무개가 나이는 이미 長成한데 아직 配匹이 없었더니 尊下의 令愛를 仁慈하게도 아내로 허락하여 주셨습니다.

이에 先人의 禮가 있으므로 삼가 納幣의 儀式을 행하오니 不備합니다만 업드려 尊下의 통촉하심을 바라면서 삼가 절하고 올리나이다. 年, 月, 日"[62-1]라고하고 皮封에는 가운데다 上狀이라 쓰고 그 옆에 某官宅下執事貴下라고 쓴다. 女氏家에서는 이 글을 받고 答書를 주면 使者는 돌아와 復命한다. 이로서 婚姻이 約束되는 것이요, 相對方의 承認없이 一方的으로 違約할 수 없게 되는 것이다.

納幣가 이루어지면 婚姻의 期日을 請하고 期日이 確定되면 親迎을 하는바 親迎은 오늘날 結婚式이다. 옛날에는 新郎이 親히

62-1)   某貫后人姓名拜
　　時維孟春(隨時)
　　尊體百福　　　僕之第○子○○ 年旣長成未有伉儷　　伏蒙
　　尊玆許以令愛貺室 玆有先人之禮 謹行納幣之儀　　不備伏惟
　　尊照 謹拜上狀　　年　　　　月　　　　日

新婦의 집에 가서 맞이하였으나, 오늘날에는 新婦의 집이 멀거나
또는 번거로움을 避하여 禮式場이나 公會堂에서 主禮를 招聘하
고 一家親知들이 參禮하는 가운데 主禮의 主管으로 新郎이 먼저
入場하고 女氏의 主人이 後行하여 들어오는 新婦를 迎入하여 나
란히 主禮앞에 서면 主禮는 新郎과 新婦에게 相見禮를 行하게
하므로서 成婚을 宣言하는바 式이 끝나면 新郎은 新婦를 先導하
여 나가는 것이다.

　이 禮法은 비록 그 形式은 古禮와 같지 아니 하지만 그 精神
은 같은 것으로 구태여 古禮만을 固執할 理由는 없을 것이다.
다만 古禮의 深奧한 精神을 잃지 아니 하여야만 이 禮式이 輕忽
하여 지지 아니할 것이므로 婚姻날 하루 앞서 모든 準備를 完了
하고 婚姻날 아침에 新郎은 盛服을 하고, 主人이 祠堂에 오늘
某가 親迎하는 事實을 아뢰고 이에 아들에게 술 한 잔을 주면서
新婦를 맞이하여 올 것을 命令하는바 “가서 너의 配匹을 맞이하
여 나의 宗事를 承繼하되 힘써 恭敬으로서 거느릴지니 너는 곧
떳떳함을 간직하라.”라고 하며 女家도 마찬가지로 主人이 祠堂에
아뢰고 이에 그 딸에게 술 한 잔을 주면서 命令하는바 “恭敬하
고 조심하여 아침저녁으로 시아버지와 시어머니의 命令을 어기
지 말아라.”라고 하며 어머니도 그 딸에게 命令하는바 “힘쓰고
恭敬하여 아침저녁으로 너의 閨門의 禮를 어기지 말아라.”라고
하나니, 대저 아들에게 떳떳함을 간직하라고 하는 것은 夫婦의
道는 恒久不變하여야 하는 까닭에 오늘부터 항상 되는 마음을
永遠히 간직하라는 것이요, 딸에게 아버지는 시부모의 命令을 어
기지 말라고 하는 것은 孝道의 尊嚴性을 밝혀준 것이며, 어머니
가 閨門의 禮를 어기지 말라고 命令하는 것은 愛敬의 分別을 부
탁하는 것이다.

新郎과 新婦는 이와 같은 命令을 받들어 간직하고서 式場으로 가는 것이다. 式은 비록 간소하지만 그 精神과 責任은 실로 높고 무거운 것이다. 結婚式의 節次에서 新郎이 新婦보다 앞서는 것은 男子는 剛健하고 女子는 柔順한 道理를 드러내는 것이니, 하늘은 땅보다 앞서는 것이며, 임금은 臣下보다 앞서는 것이며, 남편은 부인보다 앞서는 本義가 있는 까닭에 新郎은 앞에서 始作하면 新婦는 뒤에서 이루어 끝맺는 典則을 보이는 原理이다. 그러므로 新郎 먼저 식장에 들어가 新婦를 맞이하는 것이며, 나아갈 때도 新郎이 앞서고 新婦가 뒤따르는 法이니 남편이 앞에서 부인을 이끌고, 부인이 뒤에서 남편을 따르는 夫婦의 義理가 이로부터 始作하는 것이다.

婚禮에 親戚이나 親知는 그 費用을 도와주기 위하여 膳物은 하는 것이나, 賀禮는 하지 아니하는 것이다. 대저 婚禮란 사람이 당연히 하여야 될 過程인 것이요, 父母의 代를 이어나기는 것인 까닭에 祝賀할 일이 아닌 것이다.

新婦를 맞이하여 오면 그 다음날 아침에 新婦는 시아버지와 시어머니에게 뵈이는바, 시아비지 시어머니는 이 자리에서 며느리에게 簡潔하고 眞摯하게 하여야 될 점을 일러주며, 다시 여러 尊長에게 뵈이게 하며 새로 들어온 사람으로 하여금 두려움과 공포하는 느낌이 없도록 하여 주는 것이다. 3일째 되는 날에는 新婦로 하여금 祠堂에 뵈이게 하고, 그 다음날 新郎은 新婦와 함께 丈人 丈母를 가서 뵈이고 또한 婦黨의 여러 어른에게 뵈이는 것이다. 이로서 돌아오면 婚禮는 마치는 것이다.

대저 君子의 道는 夫婦로부터 실마리가 이루어지는데 夫婦는 婚禮로 비롯하는지라 감히 禮를 어기지 못할 바가 있는 것이다. 그런 까닭에 財物의 厚薄은 家庭의 形便을 따를 것이요, 비록

財用이 없다 할지라도 儀式은 갖추어야 한다. 婚禮의 本義는 그
信義에 있는 것이며, 財用에 있는 것이 아닌지라 財物이 없다고
해서 儀式을 省略할 수는 없는 것이다. 또한 오는 날 祠堂이 없
는 家門에서는 紙榜으로 대신하는 것이 옳을 것이니, 祠堂이 없
다고 하여 先祖도 모르게 婚姻을 하는 것은 子孫의 至誠있는 道
理가 아닐 것이다.

第6章 喪　禮

　사람이 사는 것은 天性이요, 죽는 것은 天命이다. 天性을 다하고 天命을 따르는 것은 生死始終의 天理이다. 그러므로 君子는 살아서는 天性에 順應하고 죽어서는 天命에 便安하나니 樂天悅命하므로서 生死存沒에 道를 어기지 아니하는 것이다. 죽음은 生死의 갈림길인데 人格을 完成하는 때요, 人生을 完結하는 곳이라, 人類의 尊嚴性이 여기에서 나타나고 人格의 偉大함이 이 때에 드러난다. 모름지기 誠實한 사람은 마침내 주검 앞에서도 眞實하는바 옛사람들은 자기의 身分에 마땅치 아니한 죽음을 부끄러이 여겼다.

　자기의 身分을 지켜서 자기의 義理를 分明하게 끝맺을 때 이것이 道를 어기지 아니한 것이요, 人生을 아름답게 成就시키는 것이다. 죽음은 이와 같이 가는 이에게 자기의 道德을 이루는 重大한 순간일 뿐만 아니라 보내는 이에게는 永遠히 세상이 끝날 때까지 다시 볼 수 없는 離別의 時點인 까닭에 禮式이 없을 수 없는 것이다. 無窮한 슬픔에 잠겨서 喪葬의 禮式節次를 살피지 아니한다면 이것은 가는 이의 道德을 보내는 이가 저버리는 것이요, 하늘의 命을 사람이 받들지 아니 하는 것이다. 모름지기 보내는 이는 슬픔 속에서도 禮法을 살펴야만 되는 것이다. 生死의 情理가 이와 같은 까닭에 聖王은 喪葬의 禮를 制定하여 죽은 이로 하여금 온전히 天命을 받들고, 보내는 이로 하여금 두터이

人情을 드러내게 하였다.

聖王은 喪葬의 禮를 매우 莊重하게 하였는바 인간의 尊嚴性이 있는 까닭에 疏忽히 할 수 없고, 人情의 自然性이 있는 까닭에 一律的으로 할 수 없고, 人生의 當爲性이 있는 까닭에 마음대로 할 수 없는 것이다.

喪葬의 節次는 처음부터 끝까지 連續的인 儀式節次를 갖추어서 죽음의 尊嚴性을 밝혔고, 父母의 喪을 三年으로 하고 이를 基準하여 喪期와 服制를 每寸마다 降殺하여서 人情의 自然스런 親疏厚薄을 밝혔으며, 生前의 功德과 事業에 따라 葬日과 法制를 달리하는 것은 恩德에 報答하는 人生의 當爲性을 밝히는 것이었다. 이것은 聖王이 喪葬의 禮를 制定함에 있어서 天理에 順하고 人情에 合하기 위하여 廣大하면서도 細密하게 헤아렸음을 볼 수 있는바, 眞實한 人類精神에서 갖추어야 할 節次를 생각하고, 善良한 心德에서 情感의 厚薄을 살피며, 誠實한 人生의 過程에서 當然히 누려야 할 禮遇를 헤아리는바, 多樣한 가운데서도 同一한 原理를 밝혀 體系를 세우고, 同等한 가운데서도 特殊한 功績을 살펴 條理를 찾았으니 聖人의 喪禮는 人生의 가장 凶한 일을 가장 嚴重하게 進行하여 마치도록 하려는 것이다. 그러나 三代聖王이 制定한 喪葬의 禮度는 오늘날 갖추어 찾아 볼 수는 없다.

이미 孟子 당시에도 그 大經 大法만이 겨우 들을 수 있었음을 孟子의 말 가운데서 볼 수 있는 바이며, 「禮記」에서 그 大槪를 짐작할 수 있고, 「朱子家禮」에서 一般的인 節次를 볼 수 있는바 喪葬의 禮를 制定하는 原理는 親親·長長·貴貴의 三大綱領을 基本으로 하였음을 알 수 있으니 곧 친한 이는 친하게 모시고, 어른은 어른으로 모시고, 귀한 이는 귀하게 모시는 원칙이 있다.

喪葬의 禮에는 喪主·喪服·喪期·居喪·吊喪·葬日·葬具·葬

列·封墳 등의 典章制度가 있는바 喪主는 長子와 長婦가 되는 것을 原則으로 하고 承重의 경우는 長孫과 長孫婦가 되는 것으로 하였다. 喪服과 喪期는 父喪에는 斬衰三年, 母喪은 齊衰三年으로 하고 長子喪은 斬衰三年이요, 衆子는 期年으로 하여 上下旁으로 모두 每一寸마다 齊衰杖期, 不丈期, 五月, 三月과 大功九月및 小功五月과 總麻三月 등으로 降殺하여 위로 高祖로 부터 아래로 玄孫에 이르기까지 九代에 미치고, 옆으로 三從兄弟 姉妹에게까지 이르는 本宗五服의 禮法을 制定한 것은 모두 어버이를 親하는 原理를 밝힌 것으로 天子로부터 庶人에 이르기까지 共通으로 하였다.

喪과 殤을 구별하여 20세 이상의 成人의 죽음을 喪이라 하고 그 아래인 未成年의 죽음을 殤이라 하며, 어른은 어른으로 禮遇하여 높이고 어린이는 어린이로 待接하여 喪服을 한 등급씩 降殺하였으며 8세이하는 服을 입지 아니하는 殤으로서 날을 달로 計算하였다. 居喪에 있어서도 "50세 이상은 몸을 毁瘠하는데까지 이르지 않게 하며, 60세 이상은 몸을 毁瘠하지 아니하며, 70세 이상은 喪服을 몸에 입을 따름이요, 飮酒및 食肉하며 집안에 있나니라."[63]라고 하였는바 이것은 居喪에 있어서도 어른은 어른으로 禮遇하는 것을 밝힌 것으로서 天子로 부터 庶人에 이르기까지 모두 同一한 것이다. 다음으로 죽은 이의 身分에 따라 葬日의 多少, 葬具의 厚薄, 葬列의 大小, 封墳의 高低 등의 典章度數를 달리하였다. 天子는 崩이고, 諸候는 薨, 大夫는 卒, 士는 不祿, 庶人은 死라고 하여 죽음의 이름을 天子·諸候·大夫·士·庶人으로, 각각 分類하여 制定하였는바, 이것은 貴한이를 貴하게 禮遇하는 原理이다. 그러나 오늘날 이 다섯 等級의 古禮式

---

63) 「五十은 不致毁하고 六十은 不毁하며 七十은 唯衰麻在身이오 飮酒食肉하며 處於內이니라.」(禮記 曲禮第一).

은 文獻이 부족하여 모두 考燈할 수는 없다. 다만 「中庸」에서 그 大槪를 理解할 수 있는바 "武王이 末年에 天命을 받았거늘 周公이 文王과 武王의 德을 이룩하여 大王과 王季를 王으로 追尊하시고 위로 先公을 天子의 禮로서 祭祀지내시니 이 禮는 諸候 大夫및 士 庶人에게 共通하였다. 아버지가 大夫요, 아들이 士이면 葬禮는 大夫의 禮로서 擧行하고 祭禮는 선비의 禮로서 擧行하며, 아버지가 士요, 아들이 大夫이면 葬禮는 선비의 禮로서 擧行하고 祭禮는 大夫의 禮로서 擧行하며 期年喪은 大夫까지 共通이요, 三年喪은 天子까지 共通이니, 父母의 喪은 貴賤이 없이 모두 한결같으니라."64)가 그것이다.

周公이 禮를 制定하는 原則은 喪葬의 禮는 죽은 이의 身分을 基準으로 하고, 祭禮는 살아있는 이의 身分을 基準으로 하였음을 알 수 있고, 喪葬의 禮나 祭禮가 모두 子孫이 主人이 되며, 父母의 喪은 三年으로 하여 天下의 모든 사람으로 하여금 다같이 그 마음을 다하게 하였으며, 天子와 諸候는 期年과 그 이하의 服은 입지 아니하게 하였던 것을 알 수 있다.

喪期는 죽은이의 身分의 高下가 있고 社會的 功績의 大小가 있음에도 불구하는 天子로부터 庶人에 이르기까지 똑같은 期間으로 하였는바, 모든 사람은 다같이 인간의 尊嚴性이 있고 父子의 관계는 天性이 있는 까닭에 그 恭敬하는 精神이 같은 것이요, 그 哀痛하는 마음이 동일한 때문이다. 그런 까닭에 父母의 喪은 天下사람이 다같이 三年으로 한 것이다. 喪家는 누구나 밤새도록

---

64) 「武王이 末受命이어시늘 周公이 成文武之德하야 追王大王王季하시고 上祀先公以天子之禮하시니 斯禮也達於諸候大夫及士庶人하니 父爲大夫요 子爲士면 葬以大夫요 祭以士하고 父爲士요 子爲大夫면 葬以士요 祭以大夫하며 期之喪은 達乎大夫하고 三年喪은 達乎天子하니 父母之喪은 無貴賤一也니라.」(中庸).

불을 켜 놓으며, 靈柩가 길을 나아감에 行人은 모두 길을 비켜
주어 길 가운데로 나아가게 하는 것도 天下共通의 禮인 것이다.

　　朱子는 「家禮」에서 喪葬의 儀禮節次를 具體的으로 밝혔는바
이제 그 儀式을 敍述하여 本義를 드러낸다.

　　처음 臨終함에 患者를 正寢에 옮기고 身分에 마땅한 자리에서
殞命하도록 살피고 몸가짐을 端正하게 갖추어 주어서 生死의 變
化에서도 그 지키는 바를 흐뜨리지 아니하도록 하여야 한다. 이
미 絶命한 뒤에는 哭하고 復한다. 復은 侍者一人이 죽은 이의
上衣를 가지고 지붕 낙수물받이 위에 올라가 北面하여 옷으로
흔들어 부르면서 "某人은 돌아오시요."라고 세 번 외치는 것이
다. 그리고는 그 옷을 말아 내려와 시체위에 덮고 遺家族은 한
없이 哭擗한다. 이것은 곧 招魂하는 것이다.

　　다음은 喪主를 세우는바, 長子가 喪主가 되고 長子가 없으면
長孫이 承重하여 喪葬의 諸事를 管理執行하도록 한다. 이때로부
터 遺家族은 冠과 보선을 벗고 酒食을 먹지 아니한다. 護喪은
棺을 만들게 함과 동시에 司書는 親戚 및 朋友에게 訃告하고 執
事들은 장막과 牀을 設置하여 屍身을 옮기되 머리를 南向하도록
한다. 다음은 襲衣를 陳列하고 沐牀과 飯含의 器具를 갖춘 뒤에
沐浴시키고 옷을 입혀서 屍牀에 옮겨 堂中間에 安置하니 이에
奠을 陳列하고 主人이하 자리에 나아가 哭한다. 이어 飯含하고
侍者가 襲을 마치고 도포로서 엎는다. 銘旌을 靈座의 右側에 세
우고 同僚朋友와 親厚한 사람은 들어가 哭하게 한다.

　　다음날 執事는 小斂하는 衣衾을 陳列하고 奠을 陳設하야 小斂
牀을 設置하고 絞와 衾과 衣를 벌여서 小斂을 하는바, 喪主와
主婦는 屍身을 붙들고 哭擗한다. 다시 屍牀을 堂中으로 옮기고
이에 奠드리며 遺家族은 限없이 哭한다.

그 다음날 執事는 大斂하는 衣衾을 陳列하고 奠을 陳設하여
모든 것을 갖추며 棺을 堂가운데 조금 西쪽으로 옮겨다 놓고 이
에 大斂을 한다. 大斂은 入棺인바 屍身이 棺속에서 搖動하지 아
니하도록 헌 옷으로 꽉 채워야 한다.

大斂이 끝나면 靈牀을 靈柩의 東쪽에 設置하고 이에 奠을 드
린다. 다음 모든 遺家族은 成服하는바 五服에 해당한 사람은 모
두 各各 그 옷을 입고 그 자리에 나아가 哭한다. 죽은 뒤에 바
로 成服을 아니하고 大斂이 끝난 뒤에 成服을 하는 것은 孝子의
마음이 차마 어버이가 돌아가셨다고 생각할 수 없는 까닭에 마
침내 大斂이 끝난 뒤에야 成服 하는 것이다. 成服을 한 뒤에 喪
主및 兄弟는 비로소 죽(粥)을 먹는다.

무릇 喪主및 兄弟는 모두 素服을 하고 奠을 올릴 사람은 香·
茶·燭·酒·果 등으로서 하고, 賻儀할 사람은 錢穀으로 하여 모
두 이름을 밝히고, 들어가 哭하고 奠드리며 弔慰하고 물러나온
다. 護喪은 發靷 日時·場所·葬日·葬地를 選定하여 모두 弔客
에게 알리고 葬地를 造成케 한다.

發靷에 앞서 靈柩를 옮기는 것을 奠드리며 告하고, 靈柩를 받
들어 祖廟에 나아가 머리를 북쪽으로 하여 祖先에게 奠드린다.
이에 靈柩를 前庭으로 옮기고 집에서 떠나보내는 奠을 올린다.
이어서 發靷하는바 主人이하 遺家族은 哭하면서 따르고 어른이
다음에 서며 服없는 親戚이 또 그 다음이요, 賓客이 또 그 다
음을 따르나니, 親한 賓客이 길에서 奠하려는 사람이 있으면 靈
柩를 머물러서 奠드리게 한다. 墓地에 이르르면 壙南쪽에 위를
北쪽으로 하여 靈柩를 安置하고 西南을 향하여 奠을 陳設하여
喪主와 遺家族이 哭하고 賓客가운데 돌아갈 사람은 喪主와 서로
절하고 돌아간다.

이에 銘旌을 棺에 덮고 下棺하는바 喪主가 禮物을 贈하면 執事는 灰로서 덮고 흙으로 묻고 明器와 誌石을 넣고 다시 흙으로 封墳을 築造한다. 葬事가 다 끝나면 神主를 받들고 執事者는 靈座를 거두어서 드디어 돌아온다.

碑石은 뒤에 墓앞에 세운다. 喪主이하 遺家族은 집에 돌아와 靈座앞에 나아가 哭하고 吊問하는 사람이 있으면 哭하고 절한다. 葬禮를 마친 날 집에 돌아와 해가 있을 때 虞祭를 奉行하는바, 主人이하 모두 沐浴하고 執事는 祭器와 祭需를 갖추어서 虞祭를 奉行한다. 이때로부터 祭禮로 擧行하는바, 葬事를 하기 전에는 奠만 드리는 것이니 다만 술치고 음식을 陳設하여 再拜함에 그치는 것이요, 祭는 初·亞·終의 三獻과 侑食의 節次를 갖추어야 한다. 그 다음날 柔日에 再虞하고 그 다음날 剛日에 三虞하고 그 다음날 剛日에 卒哭祭를 行한다.

卒哭으로부터는 喪祭를 吉禮로 거행하는바 理性을 돌이켜서 天命의 變化에 順應하여 나아가도록 한다.

어언간 一周期가 되여 忌日이 돌아오면 小祥인바, 아침일찍 일어나서 祭器와 祭需를 陳設하고 날이 밝거든 主人이하 靈座앞에 나아가 哭하고 들어와서 期年服을 입은 사람은 喪服을 벗고 吉服으로 갈아입고 다시 靈座앞에 나아가 降神·三獻·侑食의 祭禮를 行한다.

또 다시 二周期가 되면 大祥인바 小祥과 같이 擧行하며 三年服을 입은 사람은 哭하고 禫服으로 갈아입고 祭禮를 行한다. 祭禮를 마치면 靈座를 걷우고 神物은 墓옆에 묻어 둔다. 喪主이하 모든 服人은 이때로부터 平常時로 돌아간다.

大祥뒤 一個月이 되면 禫祭를 大祥때와 같이 行하나니 이것은 孝子가 未盡한 마음이 있는 까닭에 澹澹하고 平安하게 祭禮를

行하는 것이다. 이에서 喪禮의 儀禮는 모두 마치는 것인바 25個月동안 지극히 哀痛하였던 마음을 이제는 平常狀態로 回復하여야 되는지라 禮를 嚴重하게 갖추었으니 새로운 節次를 進行할때마다 哀痛함을 다하도록 해서 위로 靈魂을 慰安하고 아래로 哀痛한 마음을 풀게 하려는 것이다.

堯・舜・禹・湯・文・武・周公・孔子・孟子・程子・朱子가 모두 三年喪은 天下의 通禮임을 강조한 것이니 만일 短喪을 固執한다면 이는 위로 鬼神을 恭敬치 아니한 것이요, 아래로 人類를 사랑하지 아니하는 것이다. 鬼神을 恭敬한다면 어찌 薄情하게 待接하며, 人類를 사랑한다면 어찌 迫切하게 終結할 것인가, 모름지기 喪禮는 사람의 자연스러운 孝道의 마음을 말미암는 것이다. 옛날 東夷사람 大連과 小連이 居喪함에 있어서 三日을 不怠하고 三月을 不解하며 期年을 悲哀하고 三年을 근심하니, 孔子께서 稱贊하였다.

人間의 至痛極哀한 마음은 喪을 當하였을때 보다 더 큰 것이 없다. 만일 이 마음을 살피지 아니한다면 天下에 무슨 마음을 살펴주겠는가? 또한 사람으로 태어나서 父母가 돌아가신 것 보다 더 큰 일이 없는바, 이 일을 소홀히 한다면 世上에 무슨 일을 소중히 할 것인가? 그러므로 옛날 聖王은 喪葬禮를 重厚하게 하였으며, 옛날 孝子忠臣은 居喪함에 禮를 어기지 않았다. 오직 어버이 喪에는 자기스스로를 다하는 것이나 반드시 喪具및 祭需는 家庭의 形便대로 할 것이요, 자기의 分數를 지킬 것이다. 分數를 지나치게 하여 禮를 어기거나 生活이 困窮하게 되는 것은 죽은이로 하여금 산 사람을 해치는 것이므로 절대 아니 되고, 賻儀金을 아껴가지고 남겨서 家産에 보태여도 아니 된다. 賻儀金은 죽은 이로 하여 들어온 財物이니 쓰고 남으면 窮乏한 이에게 나누어 줄 것이요, 자기의 利를 보아서는 廉恥가 아니다.

居喪함에 있어서 몸을 毀瘠하여도 아니 된다. 죽은 이 때문에 산 이를 해치는 것은 하늘의 뜻이 아니다. 그러므로 孔子께서 말하시기를 "죽은 이에게 가서 그를 죽은 이로 待遇하는 것은 不仁한 것이니 할 수가 없고, 죽은 이에게 가서 그를 사는 이로 待遇하는 것은 不知니 할 수가 없다."65)라고 하였다. 죽은 이를 살아있는 이처럼 생각하여 情感에 呼訴한다면 마음이 흔들리고 感情이 복받쳐 마침내 몸을 毀傷하는데 이르는 것인데 이것은 知覺이 있는 사람이 아니요, 또한 죽은 이를 죽었다고 하여 喪葬의 儀禮가 모두 無意味한 것이라고 한다면 술 먹고 고기 먹으면서 곧 내다 버릴 것이니, 人道의 大義를 저버리는 것이다. 이는 人情이 메말라버린 것이라 不仁한 사람이 된다. 그러므로 居喪함에 있어서는 人情과 知性을 아울러 온전히 하여야 되는바, 죽은 이를 哀悼하면서도 산 사람을 돌아보아야 하는 까닭에 몸을 毀瘠하는데까지 이르러서는 아니 되는 것이다.

돌아가신 이의 유지를 받들어 그가 하던 바를 이루며, 그가 높이던 바를 존경하며, 그가 사랑하던 바를 사랑하여, 죽은 이 섬기기를 산 이 섬기는 것과 같이 하여야 하는 까닭에 居喪中에는 華麗한 裝飾을 아니하고, 音樂과 笑談을 아니하며, 旅行과 酒肉을 아니한다. 다만 몸이 衰弱하면, 酒肉은 조금 먹는 것인데 遺志를 받들 사람의 健康을 重視하는 까닭이다.

무릇 親戚과 師友의 喪을 들으면 奔喪하여야 하는 것이다. 他鄕에 있어 가지 못하면 靈位를 베풀고 哭하여야 하며, 奔喪할 때에는 喪家에 이르러서 成服한다. 親戚師友 가운데 그 情이 깊

---

65) 「孔子曰之死而致死之는 不仁이라 而不可爲也요 之死而致生之는 不知라 而不可爲니라.」(禮記 檀弓第三).

은 사람은 葬列이 길에 올랐을 때 奠을 行한다.

　모름지기 孝子의 마음은 죽은 이를 산 이처럼 섬기고 없는 이를 있는 이처럼 생각하는바, 모든 儀式의 進行에는 靈座에 아뢰지 아니할 수 없다. 그러므로 반드시 告祝文으로서 알려야만 한다. 告祝文은 古來로 내려오는 書式이 있는바, 漢文을 國文으로 고쳐서 읽어도 될 것이다. 이에 몇 가지 告祝文書式을 記錄한다.

　○ 祖奠告辭(發靷前)

『길이 떠나는 禮式에 좋은 때는 길지 아니하와, 이제 靈柩車로 뫼시려 하오니, 永訣하는 의식을 거행합니다.』66)

　○ 遣奠告辭(發靷式)

『靈柩는 상여에 이미 오르시니 가시면 이제 幽宅입니다. 安全하게 모시고 禮를 갖추어 送別하오니, 길이 하늘을 마칠 때까지 離別입니다.』67)

　　“길이 하늘을 마칠 때 까지 離別입니다.”(永訣終天)을 妻喪에
　　는“슬픔을 이기지 못하겠나이다.”(不勝感愴)이라 하고, 子喪에
　　는“마음이 불덩이로다.”(心焉如燬)이라 하고, 弟喪에는“슬픔
　　을 스스로 이기지못하여라.”(悲不自勝) 이라고 한다.

　○ 題主祝文式 (平土祭)

『때는 바야흐로 某年某月某日 외로운 아들 某는 敢히 돌아가신 아버지 某官府君에게 밝게 아룁니다. 形體는 무덤으로 돌아가시나, 魂神은 집으로 돌아가소서 神主를 이미 이루었아오니, 엎드려 바라옵건대 尊靈은 옛것을 버리고 새로움을 쫓아 여기에

---

66)「永遷之禮 靈辰不留 今奉柩車 式遵祖道.」
67)「靈輀旣駕 往卽幽宅 載陳遣禮 永訣終天.」

머물러 의지하소서』68)

　　父喪에는 "외로운 아들"(孤子)이라하고, 母喪에는 "슬픈 아들"
(哀子), 父母俱沒에는 "외롭고 슬픈 아들"(孤哀子), 承重에는 孤
孫, 哀孫, 孤哀孫이라고 하며, "감히 밝게 아룁니다."(敢昭告于)
를 弟喪에는 "알린다"(告), 子喪에는 "알리노라"(告)라고 하여,
그 格을 마땅히 낮추어야 한다. 또 父喪에는 顯考, 母喪에는 顯
妣, 祖父喪은 顯祖考, 祖母喪에는 顯祖妣, 夫喪에는 顯辟, 妻喪
에는 亡室, 子喪에는 亡子, 弟喪에는 亡弟라고 한다.

○ 虞祭祝式(初・再・三虞)

『때는 바야흐로 某年某月某日 외로운 아들 某는 감히 돌아가
신 아버지 某官府君에게 밝게 사룁니다. 해와 달은 머므르지 아
니하여 문득 初虞가 되었읍니다. 날이 새나 밤이 되나 슬프고
사모하는 마음 편안치 못하여, 삼가 맑은 술과 갖은 음식으로
슬프게 드리오니 先祖에게 合하는 일이온바 두루 歆饗하소서』69)

　　再虞에는 初虞를 再虞로 고치고, "先祖와 合하는 일이온바"를
"근심스러운 일이온바"(虞事)로 고친다. 三虞에는 三虞로 고치고
"이루는 일이온바"(成事)로 고친다.
　　妻喪에는 "슬프고 쓰린 마음 스스로 이기지 못하여 여기에 陳
設하였으니 先祖와 合하는 일로 歆饗하소서"(悲悼酸苦不自勝堪

---

68) 『維歲次 某年某月某日 孤子某 敢昭告于
　　顯考某官府君 形卽窀穸 神返室堂 神主旣成
　　伏惟 尊靈舍舊從新 是憑是依.』
69) 『維歲次 某年某月某日 孤子 某敢昭告于
　　顯考某官府君 日月不居 奄及初虞 夙興夜處 哀慕不寧 謹以淸酌 庶
　　羞哀薦 祫事尙 饗』

慈以淸酌　庶羞陳此　祔事尙饗)라고 고친다.
◎ 卒哭祭祝은 三虞祭祝文 內容과 같으니 三虞를 卒哭으로 고치
면 된다.

○ 小祥祝式 (大祥)

『때는 바야흐로 某年某月某日 孝子 某는 敢히 돌아가신 아버
지 某官府君에게 아뢰나이다. 해와 달은 머무르지 아니하여 어언
간 小祥이 돌아왔읍니다. 새벽에 일어나 밤이 되나 슬프고 思
慕하는 마음 편안치 못하여 삼가 맑은 술과 갖은 음식으로 이에
드리오니 平常의 일입니다. 두루 흠향 하소서』70)

　大祥祝은 小祥祝文과 같으나 "떳떳한 일" (常事)을 "상서로운
일" (祥事)로 고친다.
　小祥, 大祥때에는 孤子를 孝子로 고치는바, 슬픔 속에서도 몸
을 保全하여 喪·葬·祭禮를 받드는 까닭에 孝子라고 하는 것이
다. 만일 슬픔이 지나쳐서 죽음에 이르거나 病이 깊어 禮를 行
할 수 없게 된다면 이것은 遺志를 저 버리는 것으로 크게 不孝
가 되는지라, 모름지기 喪服을 입고 居喪하는 사람은 모두 자기
의 몸을 잘 간직하여야 하는 것이요, 길가는 사람도 喪服을 입
은 사람에게는 恪別히 禮遇하여 주어야 한다.

---

70)「維歲次 某年 某月 某日 孝子某敢昭告于
　　顯考某官府君 日月不居 奄及小祥 夙興夜處 小心畏忌 不惰其身 哀
　　慕不寧 謹以淸酌庶羞 哀薦常事尙 饗.」

第7章 祭　禮

祭祀는 天神을 恭敬하고, 地祇를 恭敬하며, 人鬼를 追慕하는 것이다. 높고 큰 하늘의 造化, 넓고 깊은 大地의 變化, 悠久한 人類의 발전에 대하여 恭敬하는 마음과 感謝하는 마음과 愛慕하는 마음이 스스로 일어나서 그만 들 수 없는 까닭에 上古로부터 祭祀의 儀式이 있어왔다. 「洪範」 八政가운에서도 세 번째에 祀를 말하였고, 「中庸」에서도 郊社之禮와 宗廟之禮를 밝히고 있는바 "天地에 祭祀하는 禮는 上帝를 섬기는 원리요, 宗廟에 祭祀하는 禮는 先祖를 섬기는 원리니 天地에 祭祀하는 禮義와 先祖에 四時 祭祀하는 本義에 밝으면 나라 잘 다스리는 것은 손바닥 보는 것과 같을 진저."71)라고 하였다.

上古社會에서는 祭祀의 禮義와 政治의 道義를 共通的인 원리로 파악하여 祭政一致의 思想이 이루어 진 것을 알 수 있다. 이 것은 天地와 先祖에 祭祀하는 精神과 儀式이 곧 나라를 다스리는 精神과 法度와 一貫한다고 보는 것이다. 옛날에는 나라를 세움에 반드시 國都의 오른쪽에 社稷壇을 세우고 왼쪽에 宗廟을 세웠다. (禮記 祭法第二十三 參照)

이것은 위를 받드는 것과 아래를 다스리는 精神이 같으며, 先祖를 섬기는 것과 子孫을 기르는 節度가 같은 것을 밝히고 있는

---

71) 「郊社之禮는 所以事上帝也요 宗廟之禮는 所以祀乎其先也니 明乎郊社之禮와 禘嘗之義면 治國은 其如示諸掌乎인저.」(中庸).

것이다. 따라서 祭祀의 本義에 밝지 못하면 聖人의 마음을 感得하지 못하는바, 祭祀의 本義는 지극한 精誠을 이루어 鬼神이 와서 이르도록 하는 것이다. 愛慕의 情을 다하고, 恭敬의 뜻을 다하며, 感謝하는 마음을 다하여야 비로소 鬼神이 歆饗한지라 이와 같은 德을 갖추시 아니하면 이러한 神이 이르지 아니하는 것이다. 그러므로 그와 같은 德이 있는 뒤에 그러한 神을 祭祀할 수 있는 까닭에 사람에 따라 祭祀할 수 있는 神의 對象에 限界가 있는 것이다. "天子는 天地와 四方과 山川과 五祀에 祭를 行하고, 諸侯는 社稷과 山川과 五祀에 祭를 行하고, 大夫는 五祀에 祭를 行하니라."[72] 五祀는 戶·竈·門·行·中霤 등에 祭祀하는 것이다. 大夫는 祭神의 對象이 家內의 神에 局限되고, 諸侯는 社稷神까지만을 祭할 수 있으니 그 對象이 國內의 神으로 局限되며, 天子이어야만 비로소 限界가 없으므로 하늘의 上帝에까지 祭를 行하는 것이다.

자기의 德行의 程度에 마땅한 鬼神에게 祭를 行하여야 하는 것이다. 만일 이 限界를 넘어간다면 이것은 不義 非禮가 되는 것이며 鬼神도 應感을 아니하는 것이다. 그래서 孔子께서 말하시기를 "그 鬼神이 아닌데 祭祀하는 것은 阿諂이니라."[73]라고 하였다. 郊社의 禮에만 이와 같은 限界가 있는 것이 아니라, 宗廟의 禮에도 그 身分에 따라 또한 祭祀하는 對象이 限界가 있는바, 祖廟에 모시는 昭穆이 等差가 있는 것이다. 「禮記」에 말하기를 "天子는 七廟니 三昭·三穆및 太祖의 廟와 더불어 일곱이요, 諸

---

72) 「天子는 祭天地하며 祭四方하며 祭山川하며 祭五祀함에 歲徧하고 諸侯는 方祀하며 祭山川하며 祭五祀함에 歲徧하고 大夫는 祭五祀하니 歲徧하니라.」(曲禮下第二).
73) 「子曰 非其鬼而祭之면 諂也니라.」(論語 爲政).

候는 五廟니 二昭·二穆및 太祖의 廟와 더불어 다섯이요, 大夫는
三廟니 一昭·一穆및 太祖의 廟와 더불어 셋이요, 士는 一廟요,
庶人은 寢室에서 祭祀하니라."74)라고 하였다. 昭穆은 宗廟의 席
次이니 左側이 昭요, 右側이 穆이다.

　天子·諸侯·大夫·士·庶人이 그 先祖를 祭祀함에 德性의 高
下와 精誠의 大小및 能力의 多少에 따라서 自然히 생기는 能力
의 限界가 있는바, 이것을 살펴서 天子는 太祖와 六代祖까지를
太廟에 모시고 祭祀를 行하며, 諸侯는 太祖와 四代祖까지를 宗廟
에 모시고 祭祀를 行하여, 大夫는 始祖와 二代祖를 家廟에 모시
고 祭祀를 行하며, 士는 始祖와 先考만을 祖廟에 모시고 祭祀을
行하며, 庶人은 비록 祀堂은 없으나 寢室에서 先考의 祭祀를 行
하도록 하는 것이다.

　先祖의 祭祀에도 이와 같은 等差의 禮節이 있는 까닭은 사람
들로 하여금 그 精誠이 미치는 데까지만 祭祀를 行하여, 鬼神으
로 하여금 반드시 歆饗케 하려 함이니, 神을 冒瀆하지 아니하고
사람을 欺罔하지 아니하려는 것이다. 精誠이 미치지 못하는 分數
밖의 祭祀는 마침내 神을 冒瀆하는 것이 될 뿐만 아니라 자기를
속이는 것이므로 오히려 害가 있을 따름이다.

　무릇 生者와 死者 또는 사람과 鬼神의 交通은 오직 지극한 精
誠으로서만 이루어질 수 있는 까닭에 이와 같은 精誠이 있으면
그 鬼神이 感應하는 것이요, 그와 같은 精誠이 없으면 이 鬼神
이 應感하지 아니 하는 것이다. 그러므로 鬼神이 降臨하지 아니
하는 祭禮는 虛禮일 따름이다. 그런 까닭에 郊社의 禮는 四海同

---

74) 「天子는 七廟니 三昭三穆이라 與大祖之廟而七이요, 諸侯는 五廟니 二
　　昭二穆이라 與大祖之廟而五요, 大夫는 三廟니 一昭一穆이라 與大祖
　　之廟而三이요, 士는 一廟요 庶人은 祭於寢이니라.」(禮記 王制第五).

胞를 널리 사랑하는 天子가 비로소 最高唯一神인 上帝에게 祭祀를 行하게 하였고, 領土內의 國民을 널리 사랑하는 諸候가 비로소 國家最高神인 社稷神에게 祭祀를 行하게 하였으며, 家人을 두루 사랑하는 大夫가 비로소 家內의 諸神에게 祭祀를 行하게 하였든 것이다.

宗廟의 禮도 이와 같은 원칙에서 差等이 있는 것이다. 이것은 사람을 差別하는 것이 아니라 虛禮를 막기 위한 것이므로 곧 德性과 精誠과 能力의 差別인 것이다. 精誠이 지극한 祭祀를 말미암아 生者는 死者를 知覺하고, 인간은 鬼神을 知覺하는바, 死者는 知覺이 없고 鬼神은 形體가 없으니 知覺으로 交通하기가 스스로 어려운바 知覺이 있는 것이 知覺이 없는 것과 交通하고, 形體가 있는 것이 形體가 없는 것과 交通하는 禮인 까닭에 一律的으로 制定할 수 없는 所以가 있다.

一律的으로 죽은 이를 산 사람처럼 知覺이 있는 이로 생각하고 祭祀를 行하게 하면 이것은 迷信이요, 죽은 이를 知覺이 없는 이로 생각하고 祭祀를 行하게 하면 이것은 盲從이니 모두 虛禮인 것이다. 그런 까닭에 孔夫子는 "先祖에 祭祀지내되 계시는 것 같이 하시며, 神을 祭祀지내되 있는 것 같이 하시었다."[75]라고 하였는바, 精誠으로 神을 知覺하는데 祭祀의 本義가 있음을 말하고 있는 것이다. 여기에서 "같이"라는 如는 若이나 似와는 그 槪念이 구별된다. 若은 形式은 다르나 內容이 같은 것이요, 似는 形式은 같으나 內容이 다른 것인데, 如는 形式과 內容이 모두 같은 것을 뜻하는바 "如在"는 宛然히 知覺하는 모습인 것이다. 이와 같이 內心과 外形에서 宛然히 知覺할 수 있는 祭祀

---

75) 「祭如在하시며 祭神如神在러시다.」(論語 八佾).

일때에 비로소 의미가 있게 되는 까닭에 사람에 따라서 祭神의 對象이 다르지 아니할 수 없는 것이다.

天地의 神靈은 精明한 까닭에 禮義에 벗어난 祭祀는 歆饗하지 아니할 것이요, 같은 氣로서 感應하는 祖廟의 魂靈은 同氣의 子孫이 드리는 祭祀가 아니면 歆饗하지 아니할 것이므로 부득이 祭神의 對象에 限界가 없을 수 없게 되는 것이다.

사람이 사는 것은 氣이니 知覺도 氣인 것이다. 사람이 죽으면 이 氣는 하늘로 날아가 魂이되고, 形體는 땅으로 돌아가 魄이되며, 魂은 陰陽의 精氣를 모아서 神이되고, 魄은 形氣를 떠나서 鬼가 되는 것이다. 그런 까닭에 精氣로된 神은 精明한 것이라 비록 形體는 보이지 아니하나 寂然不動하야 感而遂通하나니, 不疾而速하고 不行而至하며, 그 知覺이 昭昭한지라 禮義에 어그러진 祭祀에 歆饗하지 아니하며, 形氣를 떠난 鬼는 흩어져서 游魂이 되는지라 같은 氣가 아니면 엉겨모이지 아니하므로, 반드시 子孫이 祭祀를 드리지 아니하면 아니 된다. 나의 氣가 곧 先祖의 氣에서 태어난 까닭에 동일한 氣인 것이므로 바야흐로 여기에서 感動하면 반드시 저기에서 感應하는 원리가 있는 것이다. 따라서 神은 同類가 아니면 歆饗하지 아니한다고 하는 것이니 자기의 精神으로서 그의 精神을 感應시키는 것이요, 先祖의 精神이 문득 자기의 精神이라 나에게 있는 것을 미리 모으면 곧 이것은 祖考가 와서 이르는 것이다.

祭祀의 本義가 이와 같이 지극한 精誠과 神明한 精神에 있는 까닭에 반드시 沐浴齋戒를 한 다음에 擧行하는 것이다. 비록 君子라 할지라도 沐浴齋戒를 하지 않으면 神은 歆饗하지 아니할 것이요, 小人이라도 沐浴齊戒를 하면 神은 歆饗하는 것이다. 孟子께서는 "비록 醜惡한 사람이라도 沐浴齋戒하면, 上帝에게 祭祀

드릴 수 있나니라"76)라고 하였다.

祭祀는 이와 같이 嚴肅 敬虔한 姿勢가 중요한바 齊戒의 期間
은 祭神에 따라 다르나 七日, 三日, 또는 一日이 있다. 天地山川
의 祭에는 七日이요, 祖廟四時의 祭는 三日이요, 忌祭및 墓祭는
一日이다. 「禮記」에서는 三日의 齋戒를 강조하였다. "속마음에
齊戒하는 精神을 이루고 外物에 齊戒하는 일을 펴서, 齋戒하는
날에 그 계시든 데를 생각하고, 그 웃음과 말씀을 생각하며, 그
뜻을 생각하며, 그 좋아하신 바를 생각하며, 그 즐기신 바를 생
각하야 齋戒한 三日에 그 齋戒하든 바를 보나니라, 祭祀날에는
방에 들어 선하게 그 자리에 보임이 있으며, 두루 돌아 문을 나
옴에 삼가 그 居動소리가 들림이 있으며, 문을 나와 들음에 복
받쳐서 그 한숨소리가 들림이 있나니, 이러한 까닭에 先王의 孝
는 용모를 눈에서 잊지 아니하며, 마음과 뜻과 즐기든 것과 하
고자 하시든 것을 마음에서 잊지 아니하니, 사랑하는 마음이 극
진하면 계신 듯 하고, 精誠이 지극하면 나타나는지라, 나타나 계
심을 마음에서 잊지 아니하나니 어찌 恭敬치 아니하리오."77)

齋戒함에는 마음으로 그 분을 생각하며, 밖으로 吊喪하지 아
니하며, 술을 먹되 上氣한데 이르지 아니하며, 오로지 精神을 모
아 精明하게 하는 것이다.

祭器는 淸潔한 것으로 미리 준비하되 祭祀때에만 쓰도록 소중

---

76) 「雖有惡人이나 齊戒沐浴하면 則可以祀上帝니라.」(孟子 離婁下).

77) 「致齊於內하고 散齊於外하야 齊之日에 思其居處하며 思其笑語하며
思其志意하며 思其所樂하며 思其所嗜하야 齊三日에 乃見其所爲齊
者니라 祭之日에 入室하야 優然必有見乎其位하며 周旋出戶에 肅然
必有聞乎其容聲하며 出戶而聽에 愾然必有聞乎其歎息之聲이니라 是
故로 先王之孝也는 色不忘乎目하며 聲不絶乎耳하며 心志嗜欲을 不
忘乎心하시니 致愛則存하고 致愨則著라 著存을 不忘乎心이어니 夫
安得不敬乎리오..」(禮記 祭法第二十三).

히 보존하고, 祭需는 家産의 程度에 따를 것이나 祭神의 對象에
따라 差等이 있고, 子孫의 身分에 따라 差異가 있다. 上帝·社
稷·山川의 祭에는 犧牲의 大小가 있고, 祖廟祭禮에는 祭祀를 드
리는 子孫의 身分을 따르는 까닭에 子孫의 賢愚高下에 따라서
祭需의 差異가 스스로 있게 되는 것이다. 모름지기 君子는 現在
의 位置에서 行하는 것이요, 그 分數밖에 것을 追求하지 아니하
는 까닭에 分數를 모르는 行爲를 賤하게 보는 것이다. 따라서 祖
考가 諸候요 子孫이 土이면 土의 禮로 祭祀를 行하여야 하는 것
이다. 만일 지난날의 慣例를 그대로 따른다면 이것은 非禮요, 不
敬이 되는 것이다. 不義, 不智의 罪는 오히려 적거니와 非禮, 不
敬의 惡은 큰 것이니 모름지기 깊이 살펴야 한다. 다만 宗子가
土요, 庶子가 大夫이면 庶子가 祭物을 宗子의 집에 받치고 宗子
의 집에서 祭祀를 行함에 반드시 祝文에서 "孝子 某는 介子 某가
받치는 것으로 드리오니 떳떳이 歆饗하소서"라고 밝혀야 한다.

　朱子는 「家禮」에서 祭祀의 時日을 밝혔는바, 宗廟의 四時祭는
四季節의 仲月에서 擇日하고, 始祖祭는 冬至에, 遠祖祭는 立春에,
近祖祭는 夏至에, 禰祭는 季秋에, 忌日祭는 忌日에, 墓祭는 三月
上旬에 각각 하도록 하였다. 대저 祭祀는 때가 있는 것이다. 그
러므로 때가 지나간 뒤에는 祭禮를 行하지 아니하는 것이다. 또
한 祭禮를 行하는 場所도 반드시 宗廟, 宗家, 墓所에서만 行할
것이다.

　祭服은 갖추어진 祭服을 입을 것이나 祭服이 없으면 官服 또
는 盛大한 服裝으로 할 것이며 모름지기 祭禮는 吉禮니 吉服을
입을 것이다.

　祭祀날이 되면 하루 앞에 祭床을 設置하고, 神器를 陳列하며,
主人과 主婦가 손수 모든 準備를 갖추고, 祭物을 살피며 祭器를

씻으며, 祭需를 장만하여 精潔하게 保管한다. 그날이 새면 일찍 일어나 主人·主婦와 內外祭官이 모두 洗手하고 머리 빗으며 衣冠을 갖추어서, 祭廳에 昭穆으로 序立하여 蔬果酒饌을 올리되 果實은 床南端에 紅東白西로 主人·主婦가 陳設한다. 날이 샐 무렵에 神主를 받들어 祭床正位에 모시고 參神을 한다. 參神은 神에게 뵈이는 禮인바 主人이하 모두 再拜하는 것이다.

다음은 降神인바 主人이 祭床앞에 나아가 香피우고 執事가 따라주는 술잔을 받아 茅沙에 세 번 부은 뒤에 主人만 再拜하나니, 이 禮는 神이 降臨하여 歆饗하시기를 바람과 동시에 옛사람은 飲食에 반드시 祭를 하였기 때문에 神을 대신하여 祭하는 意味도 있다.

다음은 進饌이니 執事가 올리는 魚肉과 麪食과 羹飯을 主人과 主婦는 받아서 魚東肉西·羹東飯西로 陳設하고 물러와 제자리에 서고 이어서 初獻을 하는바, 主人이 술잔을 神位앞에 올리고 나서 主人이하 모두 俯伏하면 祝官는 主人左側에서 祝文을 읽는다. 祝을 마치면 모두 일어나고 主人은 再拜한다. 亞獻은 主婦가 나아가 술잔을 올리고 再拜하고 물러오며, 終獻은 兄弟나 長男 또는 親賓가운데서 亞獻節次와 같이 行한다.

다음은 侑食인바 主人이 나아가 술을 부어 終獻한 잔에 가득히 따르고, 主婦는 숟가락을 메에 꽂고 물러 나오면, 祝官이 문을 닫으며 모두 밖에 조용히 서 있는다. 이때 尊長은 他所에 가서 조금 쉰다. 이윽고 祝官이 세 번 기침하고 문을 열면 主人과 主婦는 茶 또는 숭늉을 올리며 국그릇을 내려놓고 물러나온다.

다음은 受胙인바 執事가 香案앞에 자리를 만들면 主人이 자리에 나아가 무릎꿇어 앉고 祝官이 神位에 바친 술잔과 음식을 조금 가져다주면 이에 먹는 것인데 이것은 飲福이라고 하는 것이다. 神으로부터 無限한 福祿과 無窮한 康寧을 子孫에게 내리는 것인바 이를 恭遜히 이어받는 禮이다. 主人이 飮福을 마치고 伏興하고 내려오면 主人이외의 사람은 모두 再拜한다.

다음은 辭神인바 수저를 거두고 모두 再拜하는 것인데, 이것은 神과 作別하는 禮이다. 尊長과 老弱한 이가 他所에서 쉬고 있는 이들도 이 때는 모두 나와서 再拜하여야 한다. 이 때에 神主를 받들어 祠堂으로 옮기고 紙榜으로 모셨으면 사르나니 곧 徹床하여 宴會함과 동시에 親戚과 이웃에 飮食을 나누어 주어야 한다.

이로서 祭禮의 節次는 모두 마치는 것인바, 여기에서 가장 큰 注意點은 다섯 가지가 있다. 모름지기 祭禮는 위로 鬼神을 恭敬하고 아래로 子孫을 仁愛하는데 있는지라 모두 和睦하면서도 恭順하게 禮를 進行하여야 한다. 모든 사람에게 각각 曲盡한 參與 意義가 있도록 하여야 한다. 따라서 親・貴・賢・幼・老의 모든 子孫이 다같이 흐뭇하게 參與하기 위하여서는 각각 所任이 있어야 되고, 身分에 맞는 待遇를 하여 주어야 된다. 이러한 뜻을 「中庸」에서 밝혔는바 "宗廟의 禮는 昭와 穆을 차례 하는 원리요, 爵을 차례 하는 것은 貴賤을 分別하는 원리요, 일을 차례로 맡아 하는 것은 어진이를 분별하는 원리요, 여럿이 飮福함에 어린이가 어른을 위하게 하는 것은 어린이에게까지 일을 미치게 하는 원리요, 宴會에 머리색깔로 자리를 정하는 것은 나이를 차례 하는 원리이니라."78)라고 하였다. 昭와 穆을 차례로 하는 原理는 가장 親近한 主人과 主婦를 中心으로 親疏에 따라 參禮者가 行列의 차례로 서는 것을 말하는 바 이는 祭禮의 根本이 愛敬을

---

78) 「宗廟之禮는 所以序昭穆也요 序爵은 所以辨貴賤也요. 序事는 所以辨賢也요. 旅酬에 下爲上은 所以逮賤也요 燕毛는 所以序齒也니라.」 (中庸).

말미암는 까닭에 親한 이를 드러내는 원리이다.

祭禮는 또한 子孫의 身分으로서 드리는바, 子係의 官爵에 따라 祭需의 厚薄이 말미암는 까닭에 이것은 官爵이 있는 이를 드러내는 원리이며, 宗祝과 有司의 職任을 어진이에게 주어 執行하게 하는 것은 어진이를 드러내는 원리요, 여럿이서 함께 飮福할 때에 어린이들로 하여금 어른들에게 술잔을 권하게 하는 것은 어린이들에게도 일을 주어 그 敬虔한 精神을 펴도록 하는 원리요, 祭祀를 마치고 宴會함에 年齡順으로 앉아서 음식을 들게 하는 것은 老人을 老人으로 待接하는 원리이니, 모든 사람이 각각 曲盡한 參與意義를 갖게 되는 것이다.

宗廟의 禮에는 文武樂과 佾舞가 있어서 盛大한 祝典을 베풀어 盛德을 기리는 것이나, 여기에도 一定한 制度가 있다. 곧 天子는 八佾舞요, 諸候는 六佾舞이며, 大夫는 四佾舞요, 士는 二佾舞이니, 이 制度를 어겨서는 아니 된다. 그러나 「朱子家禮」와 「栗谷擊蒙要訣」에서는 祭祀에 音樂은 말하지 아니하였는바, 이것은 樂師를 求하기가 어렵고 樂曲이 마땅치 아니하며 번거롭게 하여 誠敬을 해질까 두려워 한 것이요, 더욱이 忌祭祀에는 風樂소리를 낼 수 없는 마음 때문이라 할 것이다.

모름지기 祭祀에는 誠敬이 가장 重要하니 精神을 散亂시키는 번거로운 일은 中止함이 좋을 것이다.

돌아가신 이를 祭祀함은 살아있는 이 같이 하는 것이다. 조금이라도 이미 없어진 이로 섬겨서는 아니 된다. 그런 까닭에 孝子는 父母가 돌아가신 뒤에는 改名도 아니하는 것이요, 祭祀때 쓰든 그릇 보다 더 좋은 그릇을 쓰지 아니하고, 祭祀때 바친 飮食보과 더 좋은 음식을 먹지 아니하며, 祭祀때 입든 衣服보다 더 좋은 衣服을 입지 아니하는 것이다. 오직 이러할 뿐만 아니라, 그 뜻을 이어 받고 그 일을 이루나니, 그 禮樂을 쓰고 그가 높이든 바를 恭敬하며, 그가 親하던바를 사랑하여 이 몸이 다한 뒤에 그치는 것이다. 그런 까닭에 曾子는 살아계심에 禮로서 섬기고, 돌아가심에 禮로서 葬事지내고, 祭祀드림에 禮로서 하는 孝子가 됨도 죽은 뒤 에야 일컬을 수 있는 것이라고 하였다. 祭祀때에는 반드시 祝文이 있어야 하는바 이제 옮겨본다.

○ 四時祭祝文

『때는 바야흐로 某年 月 日 孝玄孫 某官 某는 敢히 돌아가신 高祖할아비지 某官府君과 돌아가신 高祖할머니 某封某氏에게 밝게 사룁니다. 氣候는 바뀌어 철은 이제 한창 봄입니다. 돌이켜 세월을 생각하오니 길이 사모하는 마음을 이기지 못하여 敢히 맑은 술과 갖은 飮食으로 敬虔하게 드리오니 한 해의 일로 두루 歆饗하옵소서』79)

○ 始祖祭祝文

『때는 바야흐로 某年 月 日 孝孫姓名은 敢히 始祖할아버지와 始祖할머니에게 밝게 사뢰나이다. 이제 한겨울로서 陽氣가 이르러 오는 始初입니다. 돌이켜 根本을 갚고져 생각하오니 禮를 敢히 잊지 못하와 삼가 맑은 술과 갖은 음식으로 경건히 드리오니 한 해의 일로 두루 歆饗하옵소서』80)

---

79) 「維歲次 年 月 日 孝玄孫某官姓名 敢昭告于
　　高祖考 某官府君
　　高祖妣 某封某氏 氣序流易 時維仲春 追感歲時 不勝永慕 敢以淸酌
　　庶羞祗薦 歲事尙 饗.」
80) 「維歲次 年 月 日 孝孫姓名 敢昭告于
　　初祖考 初祖妣 今以中冬 陽至之始 追惟報本 禮不敢忘 謹以 淸酌庶
　　羞 祗薦歲事尙 饗.」

○ 先祖祭祝文

『때는 바야흐로 某年 月 日 孝孫 姓名은 敢히 先祖할아버지와 先祖할머니에게 밝게 사뢰나이다. 이제 立春으로서 萬物이 소생하는 始初입니다. 돌이켜 根本을 갚고져 생각하오니 禮를 敢히 잊지 못하와 삼가 맑은 술과 갖은 飮食으로 경건히 드리오니 한 해의 일로 두루 歆饗하옵소서』[81]

○ 禰祭祝文

『때는 바야흐로 某年 月 日 孝子姓名은 敢히 돌아가신 아버지 某官府君과 돌아가신 어머니 某封某氏에게 밝게 사뢰나이다. 이제 한창 萬物이 익어가는 始初입니다. 때를 생각하오니 돌이켜 사모하는 마음 하늘도 다함이 없나이다. 삼가 맑은 술과 갖은 음식으로 경건히 올리오니 한 해의 일로 두루 歆饗하옵소서』[82]

○ 忌日祭祀文

『때는 바야흐로 某年 月 日 孝子 某官某는 敢히 돌아가신 아버지 某官府君과 돌아가신 어머니 某封某氏에게 밝게 사뢰나이다. 세월은 바뀌어 돌아가신 아버지의 제사 날이 돌아왔읍니다. 돌이켜 때를 생각하오니 이 마음 하늘도 다함이 없나이다. 삼가 밝은 술과 갖은 음식으로 경건히 올리오니 한 해의 일로 두루 歆饗하옵소서』[83]

---

81) 「維歲次 年 月 日 孝孫姓名 敢昭告于
  先祖考 先祖妣 今以立春 生物之始 追惟報本 禮不敢忘 謹以 淸酌庶
  羞 祇薦歲事尙 饗.」
82) 「維歲次 年 月 日 孝子 某官某敢昭告于
  考某官府君 妣某封某氏 今以季秋 成物之始 感時追慕 昊天罔極 謹
  以 淸酌庶羞奠獻 尙 饗.」
83) 「維歲次 年 月 日 孝子某官某 敢昭告于
  考某官府君 妣某封某氏 歲序遷易 考某官府君 諱日復臨 追遠感時
  昊天罔極 謹以 淸酌庶羞奠獻尙 饗.」

　　祖父母는 孝子를 孝孫으로 고치고, 考妣를 祖考 祖妣로 바꾸며, 曾祖父母는 孝曾孫으로 고치고, 曾祖考 曾祖妣로 바꾸며, 昊天罔極을 "길이 길이 사모하는 마음을 이기지 못하여"「不勝永慕」로 고친다. 또한 旁親은 "제삿날이 돌아오니 울적함을 이기지 못하겠나이다."〔諱日復臨 不勝感愴〕이라고 한다.

○ 墓祭祝文

『때는 바야흐로 某年 月 日 孝某孫某官 姓名은 敢히 某親 某官府君의 墓에 밝게 사뢰나이다. 氣候는 바뀌어 비와 이슬이 벌써 내렸읍니다. 우러러 묘소를 다듬으니 사모하는 마음 이기지 못하와 삼가 맑은 술과 갖은 음식으로 경건히 드리오니 한해의 일로 두루 歆饗하옵소』84)

---

84)「維歲次 年 月 日 孝某孫某官某 敢昭告于
　　某親某官府君之墓 氣序流易 雨露旣濡 瞻掃封塋 不勝感慕 謹以 淸
　　酌庶羞 祇薦尙 饗.」

第8章 相 見 禮

　선비는 뜻을 숭상하는바, 뜻을 소중히 간직하기 위하여서는 먼저 자기의 뜻을 明確히 밝히고 또한 남의 뜻을 존중하지 아니할 수 없다. 항상 말과 행동으로 자기의 意志를 분명하게 보여 주고 동시에 다른 사람의 말과 행동에서 그 사람의 意思를 바르게 헤아려 서로의 뜻을 온전히 하려고 힘쓸 때에는 모름지기 禮節이 따르게 된다. 예절이란 恭敬하고 辭讓하며 感謝하는 것인데 남의 뜻을 공경하고 나의 뜻을 사양하는데서 서로가 감사하면서 만나는 길이 있으므로 사람이 벗과 처음으로 사귐에 禮法이 없을 수 없다.

　나이가 비슷한 사람의 사귐은 朋友로서의 人倫이 맺어진지라 반드시 나의 人間性을 북돋우고 벗에게 착하고 어질음을 일깨워 주어야 되는 信義가 있으므로 이에 그 즐거움과 責任을 함께 가지게 되는바 선비의 만남에 지극한 절차를 갖추어 그 義理를 돈독히 하려는 것이다. '朋友'와 '아는 사람'은 이 禮式을 거행함으로서 구별된다. 朋友의 倫理는 五倫의 하나다. 五倫은 人倫으로서 그 사이에 無限한 義務와 責任이 있는 가까운 사이인 것이다. 그 理想이 같아야 됨으로 뜻이 같고 學問이 같고 思想이 같아야만 그처럼 가까운 사이가 될 수 있으므로 禮節의 여러 단계를 거치면서 서로 가까워질 수 있는 데까지 進行하는 것이다.

　士相見禮의 절차는 請見·傳贄·反見·傳言·饋食·賓出 등의

절차가 있는데 벗으로 사귀고 싶지 않을 때는 還贄의 절차도 있다. 請見은 손님이 주인의 집 대문에 이르러 보이기를 청하는 것으로 손님은 禮物(꿩)을 갖추어 와서 主人에게 交際하기를 심부름꾼에게 청하는 것이다. 심부름꾼이 섬돌 아래에 서 있는 주인에게 전달하면 주인은 세 번 사양 한 뒤에 대문 밖에 나아가 서로 再拜하며 인사하고 주인이 손님에게 먼저 들어가기를 권하면 손님은 세 번 사양한다. 이에 주인이 먼저 들어오고 손님도 따라 들어온다.

執事가 마당 가운데 자리를 펴면 손님이 자리 북쪽으로 나아가 서서 禮物을 놓고 再拜하며 禮物을 들고 일어나 그것을 주인에게 드리면 주인도 손님 동쪽에서 再拜하고 받는다. 주인은 禮物을 마당 옆에 갔다 두면 손님이 다시 대문 밖에 나아가 선다. 이것이 請見과 傳贄이다.

反見은 주인이 심부름꾼에게 말하여 손님에게 뵈이기를 청한 것이다. 손님이 승낙하면 각각 처음 제자리에 서고, 집사는 대청에다 자리를 마련한다. 주인자리는 동쪽에다 서쪽을 향하게 하고 손님자리는 북쪽에다 남쪽을 향하게 한다. 그리고 음식도 준비하여 씻을 물과 그릇도 마당 동쪽에 마련한다. 모든 준비가 끝나면 주인이 대문밖에 나아가 손님에게 먼저 들어가기를 청한다. 손님이 세 번 사양하면 주인이 먼저 대문 안에 들어온다. 손님도 따라들어오면 마주보고 읍하며 선다. 주인이 손님에게 말하기를 "청컨대 堂위에 오르시어 저를 아래로 불러 주시요"라고 하면 손님이 "주인은 스스로 욕되게 하지 마시요."라고 사양한다. 주인이 다시 말하기를 "저는 자리에 오르지 않으면 감히 마지할 수 없나이다."라고 다시 청하면, 손님이 "진실로 사양합니다"라고 固辭한다. 주인이 드디어 손님과 더불어 서로 揖하고 대청 앞으로 간다. 대청 앞에 이르러 서로 먼저 올라가기를 세 번 권하고 세 번 사양한 뒤에 함께 대청으로 올라간다. 이미 대청에 들어와서 주인이 再拜하면 손님도 答拜 두 자리 한다. 다음 주인이 손님자리에 가서 방석을 바로 놓으면 손님이 가서 방석을 잡고 사양한다. 손님이 자리에 앉으면 주인도 자기자리에 돌아와 앉는다. 모두 자리에 앉으면 주인이 먼저 이야기를 꺼내 손님과 주인의 뜻과 학문과 理想 등을 討論하여 서로 뜻이 통하면 이야기를 그치고 손님이 주인에게 再拜하면 주인도 答拜한다.

饋食은 주인측 집사가 음식이 모두 준비되었음을 아뢰면 주인이 일어나 마당에 가서 손 씻고 손님에게도 씻을 물을 올리게 한다. 이때 손님도 주인을 따라 밖에 나온다. 대청 제자리에 앉으면 주인이 집사와 함께 손님밥상을 올린다. 손님은 일어나 받는다. 주인이 제자리에 가면 집사가 주인 밥상도 올린다. 손님이 먼저 飯祭지내기 시작하면 주인도 飯祭지낸다. 주인이 먼저 먹기 시작하면 손님도 따라 먹는다. 손님이 밥을 다 먹으면 자기의 밥상 남쪽으로 가서 무릎 꿇고 남은 음식을 주인측 집사에게 나누어주고 돌아와 앉으면 집사들이 모든 밥상을 치운다. 손님이 일어나 밖으로 나아간다. 주인도 따라 나아간다. 손님이 대문 밖으로 나가서 자기 집으로 가면 주인이 대문 밖에서 再拜하고 보낸다. 손님은 절을 받을 자격이 없다는 뜻에서 答拜없이 간다. 이로서 朋友의 義理가 맺어진 것이다.

第9章 鄕飮酒禮

　술 한 잔 마시고 밥 한 그릇 먹는데도 차례가 있고, 남자와 여자가 만나는데도 分別이 있는바, 萬事에 秩序를 지킴이 禮요, 萬物에 調和를 이룸이 樂이다. 그러므로 선비는 恭敬하지 않은 일이 없고 생각에 邪惡함이 없게 하는바 儒道는 治國·平天下의 큰 일로부터 飮食·男女의 적은 일에 이르기까지 한결같이 禮樂을 갖추어서 倫理를 세우는 것이다.

　鄕飮酒禮는　六禮(冠禮·婚禮·喪禮·祭禮·鄕飮酒禮·相見禮) 가운데 하나로 젊은이에게는 어른을 恭敬하고 노인을 供養하는 義理가 있음을 밝히고, 飮食은 精潔하게 갖추고 感謝하게 먹어야 하는 本義를 깨우치는 禮節이다. 더욱이 술이란 天地鬼神에게 祭祀지낼때 반드시 갖추어야 하는 崇高한 飮食이요, 老弱한 이의 血氣를 돋구는데 없을 수 없는 貴重한 藥物로서 사람이 함부로 해서는 안되는 것이다. 그럼에도 불구하고 사람들이 한갓 歡樂의 道具나 客氣의 原料로 誤用하여, 질펀히 마시고 狂態를 恣行하니 마침내 家産을 蕩盡하므로서 父母를 섬길 수 없게 되고, 社會에 訟事를 일으켜 國家를 다스릴 수 없게 하는 까닭에 聖人이 이를 未然에 막기 위하여 飮酒의 禮節을 嚴肅하면서도 調和있게 制定하였던 것이다.

　「禮記」에 그 要義가 갖추어 기록되었는바 간추려 보면, 이르는데마다 절하고, 씻을때마다 절하고, 받을때마나 절하고 줄때마다 절하고, 끝날 때마다 절하는 것은 지극한 尊敬과 辭讓과 感謝함을 나타내는 것이다.

○ 선비에게 貴重한 것은 오직 禮이니 孔子는 禮가 아니면 보지도 말고, 듣지도 말며, 말하지도 말고, 움직이지도 말라고 하였는바, 禮란 절하는 것으로 시작해서 절하는 것으로 끝나니 사람이 부모에게 뵈일 때나 鬼神에 祭祀지낼 때나 賓客을 접대할 때나 반드시 절하는 것이다. 無端히 왔다 갔다 한다면 禮가 어디에 있을 것인가, 그러므로 사람이 절할 줄을 모르면 나머지는 보지 않아도 알 수 있는 것이다. 그런 까닭으로 옛사람이 말하기를 禮가 무너지는 것은 절하지 않음으로부터 시작한다고 하였다.

○ 사람이 모여 앉은 데도 위아래가 있는바 南向이나 北向일 때는 西쪽으로 위를 삼고, 東向이나 西向일때는 南쪽으로 위를 삼나니 南向과 東向은 모두 오른쪽이 요, 北向 西向은 왼쪽이 위이다.

○ 주인과 손님이 절을 함에는 벼슬이나 학식에 관계없이 恭敬하는 사람이 먼저 절하고 서로 尊敬할때에는 같이 절한다.

○ 서로 尊敬하고 사양케 하는 것은 競爭心을 막는 까닭이요, 음식그릇과 손을 자주 씻게 하는 것은 怠慢을 멀리하는 까닭이니, 飲食앞에 醜態와 亂暴이 없게 함이다.

○ 술과 飲食을 飯祭하는 것은 天地神明에게 感謝하는 뜻과 사람들에게 天地神明도 歆饗하는 精潔한 飲食임을 보여준 것이다.

○ 玄酒(물)를 淸酒와 같이 備置하는 것은 原質을 貴重히 여김이다. (飲水思源)

○ 술잔하나로 모든 사람이 차례로 술을 먹게 하는 것은 總和를 이루기 위함이다.

○ 잔치 술을 자기가 먼저 먹고 남에게 권하는 것은 술은 醉하는 것이기 때문이요, 연회에서 자기는 먹지 않고 남에게만 권하는 것은 罰酒에 지나지 않는다.

○ 술자리에 어른이 일어나 나가면 모두 따라서 돌아가는 것이 禮法인바 지루하고 난잡함을 방지하렴이다.

○ 말할 때 가진 물건을 내려놓고 일어서서 말하는 것은 공경함이다.

그 節次는 사람과 時日과 場所와 物品이 준비되면 主人은 賓·介賓·衆賓을 정하여 미리 통지하며 자리를 設置한다. 손님을 맞이하여 迎賓·主人獻賓·賓酢主人·主人酬賓·主人獻介·介酢主人·主人獻衆賓·一人擧觶·主人獻遵·遵酢主人·樂賓·立司正·旅酬·二人擧觶·徹俎·燕會·賓出·賓拜賜·息司正 등의 順序로 진행한다.

주인이 衣冠을 가즈런히 갖춘 다음에 손님 집을 찾아가 재배하면서 "장차 鄕飮酒禮를 거행코자 하오니 감히 청컨대 어른께서 손님이 되어 주십시오"라고 청한다. 손님도 答하여 再拜한 다음 "나는 德이 없고 學識이 부족하니 命令을 감당할 수 없나이다"라고 거듭 사양한다.

주인이 다시 청하여 "저는 진실로 청하나이다"라고 말하면 손님이 "주인이 거듭 명령을 하니 감히 경건히 따르지 아니하리까"라고 승낙한다.

주인이 약속된 날자에 손님을 모시러가서 손님을 모셔오고 손님이 대문밖에 이르러오면 주인은 동쪽에 서고 손님은 서쪽에 서서 서로 再拜한 뒤에 주인이 먼저 문안으로 들어가면 손님도 따라서 들어온다. 堂에 오르는 계단 앞에 이르면 주인이 말하기

를 "청컨대 먼저 오로십시요"라고 하면 손님이 답하여 말하기를
"나는 감히 못합니다"라고 禮辭한다. 이렇게 세 번 청하고 세
번 사양한 뒤에 주인은 동쪽 섬돌로 손님은 서쪽 계단으로 함께
올라 堂에 오르면 주인이 再拜하고 손님도 쑑하여 再拜한다. 주
인이 술잔을 들고 섬돌을 내려가면 손님도 따라 내려온다. 주인
이 섬돌 아래에서 술잔을 내려놓고 말하기를 "저는 일이 있사오
나 감히 손님을 번거롭게 할 수는 없나이다"라고 내려오는 것을
사양하면 손님이 말하기를 "주인께서 일을 하시니 나는 감히 堂
上에 있지 못하겠나이다"라고 답한다.

주인이 洗面所로 가서 술잔을 씻으면 손님이 그곳에 가서 씻기
를 사양하며 말하기를 "주인은 스스로를 辱되게 하지 마시요"라
고 하면 주인이 술잔을 내려놓고 서서 말하기를 "저는 안주 없는
술이나마 장차 예식을 거행함에 깨끗이 아니할 수 없나이다"라고
하면 손님이 서쪽 계단으로 돌아간다. 주인이 술잔을 씻고 섬돌
아래에 이르면 서로 올라가기를 권하며 같이 堂으로 올라간다. 손
님이 再拜하면 주인도 再拜한다. 주인은 술잔을 놓고 다시 내려와
손을 씻은 뒤에 올라가 술잔에 술을 담아 손님 앞으로 가서 서면
손님이 절하고 술잔을 받는다. 주인은 술잔을 주고 돌아와 절한
다. 손님이 술잔을 들고 床 앞에 나아가 飯祭한 다음 술을 마시고
절하면 주인도 절한다. 손님은 술잔을 들고 내려와 술잔과 손을
먼저번처럼 씻은 다음 올라가 이번에는 주인에게 술을 권하는데
그 형식은 모두 이와 같이 하는 것이다.

다만 鄕飮酒禮를 거행함에 있어 留意할 것은 賢人은 높이 대
접할 것, 어른은 먼저 대접할 것, 貴人은 鄭重히 대접할 것, 行
事에 있어서 名分을 重視하여 兼職을 禁할 것, 天地自然의 條理
를 갖추고 物品은 儉素하면서도 精潔하게 하여 禮法의 學習을

강조하고 飮食을 먹는 행사가 되지 않게 할 것, 따라서 처음부터 끝까지 敬愼할 것이며 아무리 賤한 사람이라도 먹는데 빠뜨리지 말 것 등이다.

鄕飮酒禮에는 절이 많은 것이 特徵이다. 그러므로 절을 法에 맞게 하여야 되는데 대체로 절하는 法을 밝히면 다음과 같다. 무릎을 땅에 대는 것이 '무릎 꿇어' 다음 엉덩이를 발바닥에 대는 것이 '앉음' 앉아서 손을 모아 땅에 대는 것이 '절'(拜) 머리가 손등위에 닿는 것이 '큰절'(頓首)이며, 再拜는 절의 올바름이요, 一拜는 절의 줄임이며 三拜는 個人이 여러 사람에게 공동으로 절하는 式이다.

答拜는 一拜를 받으면 一拜를 답하고, 또 一拜를 받으면 또 一拜를 답하며 共同으로 받은 절은 三拜를 다 받은 뒤에 함께 一拜를 같이 한다.

揖은 두 손을 맞잡고 드는 것인데 손을 눈에까지 들어 올리면 最高尊敬이요, 입에까지 들어 올리며 高等尊敬이며, 손을 가슴까지 들어올리면, 普通尊敬이다. 걸음걸이는 방안에서는 잔 거름, 마당에서는 큰 걸음인데 左右로 돌 때에는 直角으로 돌고 어른 앞에서는 발끝걸음이다. 설 때에는 바르고 으젓하게 손을 모으고 서야 되며, 앉을 때에는 嚴莊한 모습으로 어깨를 나란히 펴고 허리를 곧게 하여 머리는 正面으로 할 것이며, 言辭를 할 때에는 들고 있는 것을 내려놓고 安定된 音聲으로 또박또박 分明하게 하는 것이다. 鄕飮酒禮는 이와 같은 儀禮節度를 學習하는 禮節이다.

第3篇 道 德

第1章 淸廉剛直한 節義

第1節 序 論

　옛날 堯舜三代의 盛時에는 人物의 性品이 純粹하였든 까닭에 스스로 어질고 밝아서 高尙한 志操를 닦아 萬世에 빛나는 聖賢이 많았다. 堯舜은 帝王의 道로서 萬世의 祖宗이 되고, 湯武는 保民의 德으로서 萬世의 憲章이 되며, 孔孟은 仁義의 敎로서 萬世의 師表가 되고, 伊尹 呂望은 忠信의 義로서 萬代의 模範이 되며, 伯夷 叔齊는 淸廉한 節介로서 萬代의 規範이 되고, 柳下惠는 敦厚함으로 만대의 표본이 된다.

　무릇 義理는 無窮한 것이라 각각 자기의 自然스런 本性을 말미암아 高尙한 뜻을 남김없이 發揮할 때에 仁을 이루게 됨과 동시에 後人의 里程標가 되는 것이다. 德은 天理의 자연스런 本性이요, 人生의 當然한 道理인 까닭에 남을 이기기 위하여 노력한 것이 아니요, 남보다 高潔하다고 해서 뽐내지도 아니하며, 또한 때를 만나지 못하는 것을 怨望하지 아니하므로 기어이 하고자 하는 바도 없는 것이다. 다만 하늘이 준 자기의 原理를 지킴과 동시에 자기의 義理를 다 할 따름인 것이니 그밖에 것을 생각하지 아니 한다.

　君子는 正義로서 바탕삼고, 禮義로 行動하며, 恭遜하게 나아가고, 信義로서 이룬 까닭에 그 動機가 眞實하고, 그 方法이 善良

하며 그 結果가 아름다운 것인바, 天下를 洞察하는 知慧가 아니면 隱微한 眞理를 가리지 못할 것이요, 天地를 덮은 仁義가 아니면 悠久한 生理를 밝히지 못할 것이며, 浩然한 勇氣가 아니면 方正한 義理를 이루지 못할 것이다.

현재의 자기 위치에서 天理에 어그러짐이 없고 또한 人心에도 버려짐이 없는 至善의 길을 밝게 찾아 어여쁘게 행하여 힘차게 이루는 것은 人間의 偉大함이요. 天心의 發露인 것이다. 그런 까닭에 눈앞에 있는 王位를 欣然히 버리는 사람도 있는 것이며, 생각지 아니한 天子의 자리에 오른 사람도 있는 것이며, 萬民을 위하여 自身을 犧牲한 사람도 있는 것이며, 自身을 위하여 世上에 숨어 버리는 사람도 있는 것이다. 이러한 사람들은 오직 天心의 바라는 바를 따를 뿐이요, 그 밖에의 것을 돌아보지 아니하는 것이므로 天心을 모르는 衆庶들의 世論들이야 알바가 아닌 것이다.

자기의 생각을 버리고 하늘의 마음을 따르는 사람에게는 人欲의 私心은 이미 克服한 것이요, 人欲의 私心을 克服한 까닭에 私欲을 가지고 計算되는 利害 吉凶 得失의 문제가 座前에 있을 수가 없는 것이고, 이러한 非禮의 視聽言動에 마음이 흔들리지 아니하는 것이다. 그런 까닭에 凡人이 가볍게 버리는 것을 聖人은 무겁게 간직 하는 것이 있고, 小人은 귀하게 움켜쥔 것을 大人은 티끌처럼 버리는 것이 있는 것이다.

이것은 眼目의 高下와 用心의 廣狹에서 나타나는 차이인바, 대저 眼目이 높지 아니하면 言論이 的中하지 못할 것이요, 마음씀이 넓지 아니하면 行動이 正當하지 못할 것이다.

옛날 聖人은 뜻을 孤高하게 세워 上下古今을 洞察하므로서 高明한 眼目이 열린 까닭에 動靜語默이 스스로 法이 되었고, 遠近

內外를 貫通 하므로서 精一한 用心을 하는 까닭에 出處進退가 스스로 德이 되었든 것이다. 그러므로 聖人의 言行은 天地의 德과 합치고 해와 달처럼 밝으며 四時와 같이 차례하며, 鬼神에게 물어봐도 疑惑이 없는지라 마침내 後人에게 里程標가 되는 것이다.

옛날로부터 오늘에 이르기 까지 많은 聖人가운데 안으로 孝道를 다하고 밖으로 忠誠을 다 하면서 潔素의 道를 완전히 이룬 사람은 伯夷를 엄지손가락으로 꼽지 아니할 수 없다. 쉬운 길을 버리고 어려운 길을 쫓아 節義를 固守한 사람도 있고, 뜻을 敦篤히 하여 學問에 힘 쓰므로서 苦節을 맑게 닦은 사람도 있으며, 一葉片舟를 띄워 滄海에 숨고 匹馬로 淸山에 들어 淸淨한 節介를 이룬 사람도 있으나, 仁義를 다 갖추고 忠과 孝를 兼全히여 하늘을 우러러 보고 땅을 굽어보아도 털끝만치의 부끄러움이 없는 사람은 드물다.

간사한 女色을 멀리하는 사람도 있으며, 醜惡한 나라를 떠나 버리는 사람도 있으나 어지러운 세상을 避하여 다시보지 아니한 사람은 드물다. 또한 父母를 怨望하지 아니하는 사람도 있고, 스승이나 벗을 허물하지 아니하는 사람도 있으며, 世上을 恨歎하지 아니하는 사람도 있으나, 하늘을 怨望하지 아니하는 사람은 드물다.

伯夷는 孝心으로 始作하여 友愛로 마치고, 忠誠으로 비롯하여 萬世의 信義로 마쳤는바 天下사람들을 避하면서도 하늘을 怨望하지 아니한 것을 볼 수 있다.

「論語」와 「孟子」에 보면 孔子와 孟子는 옛날의 여러 聖賢가운데서도 특별히 伯夷를 表彰한 것을 볼 수 있는데 뒤에 司馬遷도 孔子와 孟子의 이러한 뜻을 이어 받아 史記를 엮을 때 伯夷를 列傳 第一章에 敍述하였다.

伯夷는 본래 殷나라 諸候國인 孤竹國의 王子였다. 司馬貞의 「史

記索隱」에 따르면 아버지의 이름은 初요 字는 子朝로서 세 아들을 두었으니 長子가 伯夷로 이름은 允이요 字는 公信이며, 季子가 叔齊로서 이름은 致요 字는 公達이라고 하였다. 父王 初가 臨終에 季子 叔齊로 君位에 오르도록 遺命하고 卒世하였는바, 叔齊는 天倫의 適統을 重視하여 長子 伯夷에게 군위를 讓與하려 하였다. 이에 伯夷는 아버지의 遺命이니 어길 수 없다고 하였으나 自身이 나라 안에 있으므로 해서 叔齊가 君位에 나아가려 하지 아니 하므로 마침내 나라를 버리고 北海로 逃亡하여 가서 숨어 버렸다. 叔齊도 또한 長子가 있는데 庶子가 君位에 나아가는 것은 天倫에 어그러진 것이므로 伯夷에게 讓與하였지만 自身이 나라 안에 있음으로 해서 伯夷가 아버지의 遺命을 주장하고 君位에 오르지 아니 하므로 마침내 나라를 버리고 逃亡하여 버린 까닭에 나라 사람들은 하는 수 없이 그 仲子를 君으로 세웠던 것이다.

이 때는 商나라 天子 紂가 暴惡한 政治를 하였든 까닭에 伯夷와 叔齊는 北海에서 서로 만나 함께 海濱에서 세상을 마치려 하였든바, 周나라 文王이 늙은 이를 잘 奉養한다는 말을 듣고 "어찌 그에게로 돌아가 歸依하지 않겠는가"하여 文王에게로 돌아갔던 것이다. 文王이 卒世하고 武王이 王位에 올라 天下의 八百 諸候들과 더불어 商나라 紂의 改悛을 기다렸으나 殘暴함을 그치지 아니 하므로 마침내 武王은 文王의 仁德을 大義名分으로 하고 紂를 征伐하기 위하여 東쪽으로 向해 나아갈 때에 伯夷 叔齊는 武王의 말고삐를 끌어 잡아당기며 諫하기를 "아버지(文王)가 돌아 가셨는데 葬事도 다 아니 치르고 이에 戰爭을 일으키려 하니 孝道라 하겠는가? 臣下로서 임금을 죽이는 것을 仁이라 하겠는가?"[1]라고 戰爭의 中止를 要請하였다.

이에 左右의 武士들이 그를 죽이려 할때 太公望이 "義로운 선

비이다"라고 말하면서 부축하여 놓아 보냈다. 武王이 紂를 討伐
하여 목베이고 商나라가 멸망된 뒤에 武王이 天子로 오로게 됨
에 伯夷와 叔齊는 이를 부끄럽게 생각하여 周나라 곡식을 먹지
않기로 하고 首陽山에 들어가 고사리를 캐먹다가 주려서 죽게
되는데 이르러 노래를 지었다고 하는바 그 歌辭는 다음과 같다.

> "저 首陽山에 올라가리,
> 고사리나 캐리로다.
> 暴力으로 暴惡을 갈아 치움이여!
> 잘못을 알지 못함이로다.
> 옛 임금들의 禪讓하는 道가 忽然히 없어졌네.
> 나는 어디로 갈 것인가?
> 아아! 떠나갈 것이여,
> 命이 다 하였도다."[2]

이와 같이 노래를 부르고 드디어 굶어서 죽으니 伯夷叔齊의
淸廉한 一生은 百世의 淸風을 일으키게 되었다. 伯夷의 平生에서
보여준 言行은 그의 學問과 思想을 짐작하게 하는바 그의 學問
은 利害 得失이나 따지는 功利의 學이 아닐 뿐만 아니라 生老病
死나 論하는 術數의 學도 아니며, 그의 思想은 한 時代에 얽매
인 現實主義가 아니 였을 뿐만 아니라 自然에 執着하는 虛無主
義도 아니었다. 그런 까닭에 그의 言行에서는 財物을 탐냈던 흔

---

1) 「父死不葬하여 爰及干戈를 可謂孝乎아 以臣弑君을 可謂仁乎아.」(史
　記 卷六十一 伯夷列傳第一).
2) 「登彼西山兮여 采其薇矣로다
　　以暴易暴兮여 不知其非矣로다
　　神農虞夏忽焉沒兮여 我安適歸矣아
　　于嗟徂兮여 命之衰矣로다.」(史記 卷六十一 伯夷列傳第一).

적이 없고, 이름을 드날리려는 자취가 없으며, 權勢를 뽐내려는 모습이 없고, 生命을 믿는 氣勢가 없다.

伯夷는 오직 아버지의 命令에 순종하여 孝道를 다하였으니 天倫을 어기지 아니 하였고, 眞理를 숨기지 아니하여 忠誠을 다하였으니 人倫을 그르치지 아니 하였으며, 어지러운 世上을 避하여 버렸으니 자기 몸을 더럽히지 아니 하였고, 하늘을 怨望하지 아니 하였으니 萬民을 져버리지 아니 하였다.

第2節 伯夷의 淸廉思想

밝은 하늘은 事物을 新鮮하게 化育하고, 맑은 물은 山川을 秀麗하게 이루며, 맑은 바람은 사람을 淸廉하게 만든다. 淸은 天氣를 保存함이요, 廉은 人欲을 버림이다. 이제 伯夷의 淸風이 萬代에 흐트러지지 아니한 까닭을 밝혀서 그 德을 기리고자 한다. 伯夷는 아버지의 遺命을 받들어 나라를 辭讓하였고, 叔齊는 天倫의 宗法을 들어 君位를 辭讓하였는바 伯夷는 天倫의 宗法을 따르지 아니 하였고, 叔齊는 아버지의 遺命을 지키지 아니 하였다. 아버지의 命令이 人事의 儀則에 어긋날 때 아들은 마땅히 幾諫하여 父母로 하여금 옳지 아니한데로 나아가지 아니하게 하는 것이 孝이다. 그러나 어버이가 臨終에 내린 遺命이면 이미 諫할 수 없는 것이요, 孝子는 어버이의 뜻에 順應하는 것 보다 큰 것이 없는 것이라, 마땅히 그 뜻을 恭遜히 이어 받아 그 일을 받드는 것이 옳다. 따라서 伯夷의 態度는 天心에서 우러나온 至誠으로서 鬼神에게 물어봐도 떳떳한 行動이다.

한편 어버이의 至嚴한 遺命이라 할지라도 天倫의 秩序는 바꿀 수가 없는 것이요, 孝子는 어버이를 禮로서 섬기는 것보다 더 큰 것이 없으니 마땅히 道를 지키는 것도 또한 옳다. 그러므로 叔齊의 態度는 純粹한 知性에서 말미암은 明覺으로써 天下에 보여도 堂堂한 行動이다.

伯夷는 떳떳하게 아버지의 德을 이루었고, 叔齊는 당당하게 하늘의 道를 이룬 것으로 兄弟가 나아가는 모습은 다르지만 다같이 仁을 말미암아 成就한 것이다.

이것은 다같이 사람에게는 相對가 없는 眞理로서 兄의 길도 옳고 동생의 길도 옳은 兩是同善이다. 그러므로 兄이 옳은 길을 따르므로서 동생이 그른 사람이 되거나 반대로 아우가 옳은 것을 지킴으로서 兄이 그른 사람이 되는 形式論理의 矛循이 여기에는 있지 아니 한 것이다.

사람이 私欲에서 나온 行爲는 이것이 옳으면 저것이 글러야 하고, 이것이 惡하면 저것이 善해야 되는 平面的 思考에 의하여 判斷된 것이나 天理의 公仁에서 起源하는 行動은 이것도 옳고 저것도 또한 옳으며, 이래도 善하고 저래도 善할 수 있는 立體的 思考에 의하여서만 判斷할 수 있다.

私欲은 個體를 分離하여 彼此로 나누는 까닭에 論理가 서로 다투게 되는 것이요, 公仁은 全體를 종합하여 彼我를 統一하는 까닭에 論理의 다툼이 일어날 수가 없게 되는 것이다. 그런 까닭에 仁은 公이라고 하는 것이요, 하루라도 私欲을 克服하고 天理를 恢復하면 天下가 仁으로 돌아 간다고 하는 것이다.

伯夷와 叔齊가 仁道精神으로 서로 나라를 辭讓하므로서 父子의 天倫을 다하였고, 兄弟의 倫理를 온전히 하여 한 家庭을 道德으로 넘치게 하였으니 이것은 天下를 道德으로 化成하게 하는 것으로서 한 나라를 얻고 잃은 조그마한 일은 가릴 바가 아닌 것이다. 伯夷와 叔齊는 한 번 나라를 버린 뒤에 富貴와 權勢를 다른데서 얻으려 하지 아니하였다. 한 번 나라를 떠나 北海로 가서 숨어 버렸으니 여기에서 잃은 것을 저기 가서 찾으려는 사람과는 다르다. 한 번 버린 것을 두 번 다시 생각하지 아니하는 것은 어진사람이 아니면 아니 되는바 欲心이 있는 사람은 적은 것을 버리고 큰 것을 얻으려 하며, 꾀가 있는 사람은 먼저 주고 나중에 찾으려 한다. 伯夷와 叔齊는 天子를 찾아가지도 아니 하였을 뿐만 아니라 뒤에도 故國의 땅을 다시 지나가지도 아니 하였으니 나라를 한 번 辭讓한 뒤로부터 다시는 富貴權勢를 想像함이 없었든 것이다. 이러한 態度는 堅貞高潔한 品格에서 나온 것으로 本來부터 世俗의 打算的인 행동이 아니었음을 알 수 있는 것이다.

그런 까닭에 北海에 숨어서 一切의 世俗的인 富貴功名을 超越하고 오직 天下에 仁者가 나오기를 기다렸든바, 文王이 仁으로 나라를 다스려 紀綱을 維新하고, 病弱者, 홀아비, 과부 및 늙은이, 孤兒들을 잘 保護한다는 말을 듣고서 '어찌 文王에게로 歸化하지 아니 할 것인가, 라고 하여 文王에게로 갔던 것이다. 이때에 太公呂尙도 紂의 暴惡한 世上을 避하여 東海의 濱에 숨어 있었든바, 文王이 仁政으로나라를 復與시킨다는 말을 듣고 文王에게로 歸化하였던 것이다. 北海에 숨은 늙은이 伯夷와 東海에 숨은 늙은이 太公이 文王의 仁政을 衷心으로 믿고 周나라로 歸化하게 됨으로서 天下의 늙은이들이 周나라로 돌아오게 되었고, 天下의 늙은이가 文王에게로 돌아감으로서 萬民이 文王을 받들게 되였다.

萬民이 文王의 德을 받들게 됨으로 三分天下에 周나라는 그 둘을 두게 되었으나 文王은 殷나라를 빼았지 아니하고 오히려 紂를 天子로 섬겼다. 이때에 太公은 周나라에 벼슬하여 文王이

師尙父로 섬겼으나 伯夷와 叔齊는 벼슬길에 나아가지 아니하고
周나라의 社會保障制度에 末年을 依支하고 있었다.

　文王이 돌아가시고 武王이 王位에 올라 위로 文王의 뜻을 이
어받고 仁政을 널리 베풀어 백성을 사랑하며, 아래로 周公, 召
公, 太公望, 畢公, 榮公, 太顚, 閎夭, 散宜生, 南宮連 等의 直言을
容納하고 八百諸候들을 中心으로 한 天下의 輿論을 받아들여 淫
亂無道하여 酒池肉林에 貪溺하고 炮烙의 刑으로 良民을 虐殺하
여 暴政을 일삼는 紂를 征伐하려 하였다. 이때 商나라 紂는 이
미 가까운 忠臣들로부터 버림을 받았는바 賢臣 微子의 直諫을
들어주지 아니하여 微子는 紂를 버리고 떠나가 버렸으며, 忠臣
比干의 強諫을 들어주지 아니 하였을 뿐만 아니라 오히려 比干
을 죽여버렸고, 仁人 箕子를 獄에 가두어 버림으로서 紂는 위로
天命을 저버리고, 아래로 忠臣의 말을 어겨 바야흐로 天下萬民의
共敵이 되어 버림으로서 天子가 아니라 한사람의 獨夫에 不過하
였던 것이다. 그런 까닭에 武王이 紂를 征伐하는 것은 하늘의
뜻에 順하고 萬民의 마음에 一致한 것으로서 易姓革命의 正當性
이 있었던 것이다. 그러나 伯夷와 叔齊는 出征하는 武王의 말고
삐를 잡아당기며 이것을 말렸는바 여기에 伯夷의 高潔한 淸廉思
想의 精髓가 있는 것이다.

　이러한 伯夷의 精神을 理解한 까닭에 太公이 義人이라고 主張
하여 武臣의 칼날에서 求하여 주었던 것이다. 그렇다면 伯夷와
太公은 同一한 義理精神을 가지고 있으면서도 太公은 武王을 섬
겨 征伐의 길에 나아가고, 伯夷는 武王의 征伐을 말리는 相異한
길을 나아갈 수 있을까? 伯夷가 義人이면 太公은 伯夷의 말을
들었어야 할 것이요, 太公이 옳으면 伯夷가 太公을 따랐어야 할
것이다. 그런데도 伯夷와 叔齊는 끝끝내 戰爭을 反對하고 太公은

마침내 征伐을 遂行하였던 것이다.

聖人들에 있어서 이와 같은 行動의 差異는 자주 볼 수 있는 것으로 그와 같이 다른 까닭을 깨닫지 못하면 義理의 無窮함을 理解하지 못하는 것이다.

禹와 稷은 平和로운 世上에서 大洪水를 다스리는 責任을 맡아 그의 집 문앞을 세 번이나 지나가면서도 들어가기 아니 하였으나 顔子는 어지러운 世上을 만나 가난한 동네에서 한 대바구니의 밥과 한 바가지의 물로 살면서 그 즐거움을 고치지 아니하였다. 禹 稷은 天下의 患難을 救濟하는데 한 몸을 다 바쳤으나 顔子는 어지러운 세상을 피하여 자기의 즐거운 바를 즐겼다. 이와 같은 차이가 있음에도 불구하고 孟子는 禹稷과 顔回가 다같이 道가 같다고 하였으며 만일 處地를 바꾸면 다 그러하리라고 하였든 것이다.

또한 曾子가 武城에 살 때에 越나라의 寇가 侵入하여 오니 서둘러 避難하여 버렸고, 子思가 衛나라에 있을 때 齊나라의 寇가 侵入하여 오니 내가 떠나가면 임금은 누구와 더불어 지킬 것인가 하여 그곳을 지켰다. 曾子는 손님의 身分이었으니 避難하는 것이 義理요 子思는 臣下의 身分이었으니 城을 지키는 것이 義理였다. 그런 까닭에 孟子는 曾子와 子思의 道가 같은 것이며 身分을 바꾸면 다 그러하리라고 하였다. (孟子 離婁章句下) 이와 같이 옛날 聖人의 言行이 같지 아니하는 것은 道가 같지 아니하여서가 아니라 시대가 같지 아니하고, 處地가 같지 아니하며, 身分이 같지 아니하는 까닭이니 만일 만나는 바가 동일하다면 言行이 동일하지 아니할 수 없는 것이다. 왜냐하면 聖賢은 私欲을 克服한 까닭에 마음이 利害得失에 얽매이지 아니하고 天理의 道心을 涵養한 까닭에 義理만을 지킬 따름인 것이다.

그러나 伯夷와 太公은 時代가 同一하고 事業이 같은데도 불구

하고 言行이 서로 相反하니 後世사람으로서 理解하기 어려운 바
가 있다.

　紂의 暴政은 殘虐의 極度에 達하여 天命을 이미 거역하였을
뿐만 아니라 人心이 離叛하여 萬人의 共敵이 되었고, 武王은 이
미 文王의 仁政을 이어 받아 天下의 民心을 얻었을 뿐만 아니라
紂의 虐政에 시달리는 民人을 塗炭에서 건져 주어야 하는 天命
이 있었다. 그런 까닭에 武王으로 하여금 紂를 征伐하게 하는
太公望의 主張은 一毫의 私心이 없는 것이며 더욱이 天下의 與
論에 一致한 行動이었다. 事體가 이와 같은데도 불구하고 伯夷와
叔齊는 天下의 與論에 奮然히 反對하고 武王의 行爲를 不孝不忠
이라고 規定하였다. 伯夷와 叔齊가 이와 같이 主張하는 까닭은
무엇인가? 武王의 天命을 否定한 것도 아니요, 紂의 悔改를 期待
한 것도 아니다. 武王은 이미 三分天下에 둘을 두었고, 八百諸候
의 自發的인 參與가 있었으며, 衝天하는 天下의 與論이 일어난
까닭에 武王이 天命을 얻은 事實은 否定할 수가 없는 것이요,
紂는 이미 民心을 잃었을 뿐만 아니라 親戚까지도 離反하였고,
側近에서는 오직 妖姬와 奸徒로 가득차 紂의 改過遷善은 到底히
期待할 수가 없었든 것이다. 그러므로 이와 같은 事實은 明若觀
火하여 伯夷叔齊의 反對하는 理由가 아니다. 伯夷는 또한 王統을
尊重하여 易姓革命을 否定하고 塗炭에서 헤매는 民人을 저버려
서가 아니다.

　古代聖世에서는 王統은 子子孫孫으로 承繼하지 아니 하였다.
天下는 天下사람의 天下요 한 사람의 天下가 아닌 까닭에 天下
사람 가운데서 가장 어진이를 推戴하였던바, 堯는 舜에게 舜은
禹에게 異姓으로 禪位히였든 것이다. 오직 民心을 얻으면 나라를
얻는 것이요 民心을 잃으면 나라를 잃는 것이다. 따라서 武王은

仁政을 베풀었으니 自然히 天下를 얻어야 할 것이요, 紂는 暴政을 行하였으니 當然히 나라를 잃어야 하는 것이다. 同時에 虐政에 얽매인 國民을 보고도 解放시켜 주는 일을 反對할 수는 없다. 聖人은 恒常 民人을 救濟하는 것으로 일을 삼는바 堯舜은 洪水와 猛獸로부터 人間을 解放시켜 주었고, 湯武는 暴虐한 法網으로부터 人間을 解放시켜 주었으며, 孔孟은 異端邪說로부터 人間을 解放시켜 주었다. 人間은 自然에 拘束될때 自由를 누리지 못하고, 法網에 束縛될때 平等을 얻지 못하여, 思想에 團束될때 仁愛를 느끼지 못한 것이다. 사람에게 自由와 平等과 仁愛가 없는 것 보다 심한 것은 없는 것이므로 商의 良民을 時急히 解放시켜 주는 일은 힘을 다하여 도와주지 못할망정 反對할 理由가 없다. 이와 같이 武王과 太公望은 天意를 받들고 人心에 順應하여 一毫의 私心도 없이 天下의 正義로은 일을 遂行하려고 하였으나 伯夷와 叔齊는 斷然히 反對하였다. 伯夷가 絶對로 反對하였든 까닭은 自然스러운 天罰을 기다리지 아니하고 當爲律에 根據한 人罰을 反對한 것이요, 天下萬民이 撥亂 反正하는 것을 그르다고 하는 것이 아니라 武王이 紂를 懲罰하는 것을 反對한 것이다.

天下에는 動機가 純粹하고 方法이 正當하며 目的이 充實하여도 오히려 즐겁지 아니한 것이 있다. 祭祀와 疾病과 戰爭은 아무리 잘 치루어도 도리어 즐겁지 아니한 것이요, 사람으로서 사람의 罪를 懲罰하는 것이 또한 즐겁지 아니한 것이다. 따라서 伯夷는 옳지 아니한 일을 反對한 것이 아니라 즐겁지 아니한 일을 反對한 것이요, 아름답지 아니한 것을 말리는 것이 아니라 깨끗하지 못한 것을 말렸든 것이다. 罪가 한 몸에 넘치면 사람이 이를 裁判하는 것이나 惡이 하늘에 차면 하늘이 이를 審判한다. 사람이 준 벌은 오히려 가벼우려니와 하늘이 준 벌은 무거

읍나니, 사람의 裁判은 人事의 當然한 法則에 依하여 判斷되지만
하늘의 審判은 天理의 自然한 節度에 依하여 判決되는 것이다.
그런 까닭에 사람이 준 벌은 時間과 場所에 限界가 있는 것이요,
하늘이 준 벌은 時間과 場所에 限界가 없는 것이다. 限界가 있
는 罰은 벗어날 수 있으니 가벼운 것이요, 限界가 없는 罰은 絶
對로 벗어날 수 없으므로 무거운 것이다.

　天理의 絶對的인 眞理가 이와 같을 진대 暴虐한 紂를 征伐하
는 일이 十分 옳은 것이기는 하나 天罰을 기다리지 아니하고 人
罰을 내리는 것은 즐겁지 못한 것이요, 또한 한 몸의 安危를 돌
아보지 아니하고 天命을 받들고 人心에 順應하여 떨쳐 일어나는
일은 비록 아름답기는 하나 바야흐로 돌아가신 아버지의 葬禮도
마치기 前에 諸候國으로서 天子國을 치는 것은 깨끗하지는 아니
한 것이다.

　天下萬事에는 때가 있는바 때가 오기前에 나아가는 것은 아무
리 私心이 없었다 할지라도 天心에 一致하였다고는 볼 수 없다.
天意에 順應하는 것과 天心에 一致하는 것은 다르다. 天意에 順
應하는 것은 天과 人이 分離된 狀態에서 다만 天意를 받드는데
不過한 것이요, 天心에 一致한 것은 天人이 合一하여 舍己從天한
것으로 思慮가 없어도 渾然天成한 것이다. 이 境地에 到達하지
아니하면 바야흐로 깨끗하다고 말할 수가 없는바, 높은 知性과
넓은 仁德이 아니면 이와 같이 깨끗한 伯夷의 精神을 理解하지
못하게 된다.

　武王의 革命도 順天 應人하는 大義가 있지만 堯舜의 參天 新
民하는 仁德과 같이 至善 高潔하지는 못한 것이다. 그러므로 伯
夷가 反對하였든 뜻은 武王을 聖君의 道理로 받들고자 하는 忠
誠心에서 나온 것이다. 正道를 直諫하는 것은 勇敢하고 忠直한

사람이 아니면 하지 못하는바 伯夷는 天下의 興亡盛衰를 두려워 하였기 때문이 아니라 大道의 有無 存沒을 두려워하였든 것이요, 紂가 滅亡할 것을 걱정하였든 것이 아니라 武王이 聖君이 안될 까를 걱정하였든 것이다. 그러나 周公과 太公望은 武王을 도와 부득이 天下의 어지러움을 다스리지 아니할 수 없었든 바 暴君 의 虐政에서 시달리면서 救援의 손길을 목마르게 기다리는 저들 의 所望을 저버릴 수가 없었기 때문이다. 따라서 武王은 商나라 國民에게 盟誓하여 알리기를 "나를 두려워 말라, 내가 와서 紂를 征伐하는 것은 本來 너희들을 安寧하게 하려 함이니 百姓을 敵 하지 아니한다."라고 征伐의 大意를 밝히고 나아가니 마침내 紂 는 自殺하여 버리고 紂를 도와 暴虐하였든 奄國을 征伐한지 三 年에 그 임금을 목 베고 紂의 姦臣인 飛廉을 쫓아 海邊에서 죽 이니 天子사람이 크게 기뻐하였다.

　이에 武王은 天下萬民의 즐거움을 이루어 줌으로서 위로 天命 을 받고, 아래로 諸候들의 우러러 높임을 받아 天子의 位에 올 라 周나라가 마침내 天下를 두게 되었다. 이에 伯夷와 叔齊는 征伐로서 天下를 얻은 것을 羞恥스럽게 여기고 周나라 穀食을 먹지 아니 하는 것이 옳다하여 首陽山에 숨어서 고사리를 캐 먹 다가 굶어 죽어버렸다. 이것은 깨끗하지 못한 世上을 숨어버리는 極端的인 伯夷의 淸廉精神인바 비록 天下사람이 모두 混濁할지 라도 自己만은 到底히 거기에 섞 일수 없었든 까닭에 萬民이 武 王에게 즐겁게 돌아가는 때에 그는 훨훨 떠나가 버린 것이다.

　무릇 물러가도 좋고 있어도 좋을 때 머물러 있으면 깨끗함을 傷하고, 지켜도 좋고 버려도 좋을 때 버리면 純粹함을 해친다. 그런 까닭에 志士는 항상 草野로 물러갈 것을 잊지 아니하고, 勇士는 항상 生命을 버릴 것을 잊지 아니한 것이다. 伯夷와 叔

齊는 周나라를 떠나가지 아니 하여도 될 자리에서 떠나가 버렸으니 淸廉함을 損傷하지 아니하였고, 義理를 지켜 生命을 버리지 아니 하여도 될 자리에서 生命을 버렸으니 마침내 純粹함을 해치지 아니하였다. 오직 숨어 가지고 孤高한 뜻을 推求하였으며, 一貫하는 義理로서 一生을 마쳤는바, 바야흐로 伯夷의 崇高한 淸廉思想은 萬代에 人間의 高貴함을 밝혔다고 하겠다.

第3節 伊尹의 自任精神

伊尹은 夏나라 末葉의 隱遁處士로 有莘의 땅에서 밭 갈면서 堯舜의 道를 즐겨 正義와 道德이 아니거든 그에게 天下로서 祿을 줄지라도 돌아보지 아니 하였으며, 高官大爵으로 招聘하여도 쳐다보지도 아니 하였고, 正義와 道德이 아니면 비록 草芥라도 남에게 주지 아니하며 또한 받지도 아니하였다. 成湯이 伊尹의 賢明함을 알고 사람을 보내 幣帛으로 초빙하실 때 淡淡하게 말하기를 "내가 어찌 湯의 초빙하는 幣帛으로서 움직이게 되리오 내 어찌 밭이랑 가운데 살면서 이로 말미암아 堯舜의 道를 즐김만 같으리오."하여 스스로 高尙한 뜻을 즐기고 淸廉한 節介를 닦았다. 그러나 "湯이 세 번 使臣을 보내 초빙하신대 이윽고 幡然히 뜻을 바꾸어 말하기를 내가 밭 이랑가운데 살면서 이로 말미암아 堯舜의 道를 즐기는 것 보다는 차라리 내가 이 임금으로 하여금 堯舜같은 임금이 되게 하며 이 백성들로 하여금 堯舜의 백성이 되게 하여 내가 몸소 이를 친히 보는 것이 더욱 좋지 않으랴." (孟子 萬章上)라고 하였다. 이것은 홀로 즐기는 것 보다는 萬民과 더불어 즐기는 것이 좋고, 자기만 깨끗한 것 보다는 天下와 더불어 깨끗한 것이 더욱 좋은 것인 까닭에 오로지 한 몸의 高潔함을 조용히 이룩 하려는 態度에서 힘차게 天下의 道를 밝히려는 積極的인 姿勢로 나아갈 것을 決斷한 것이다. 그러나 이와 같은 決斷에는 危險이 따르는바 비록 처음에는 高潔한 생각으로 나아가지만 마침내 道를 밝히지 못할 수가 있을 뿐만 아니라 自己의 몸까지 더럽히게 될 수도 있는 까닭이다.

만일 形勢가 如意치 못하여 세상에 道를 밝히지는 못하였으나, 자신의 高潔한 志操만이라도 간직한다면 오히려 多幸이려니와 뜻하지 아니 하였든 誘惑에 굽혀 몸을 더럽히는데 이른다면 차라리 나아가지 아니함만 못하게 될 수도 있는 것이다. 그런 까닭에 君子는 確信이 있을 때에만 나아가는 것인바, 아무리 所望스러운 일이라 할지라도 成敗利鈍을 期約할 수 없는 일에는 가볍게 나설 수가 없는바가 있다. 그렇다면 伊尹은 무엇을 根據로 하여 世上에 나아가려는 確信을 세웠는가?

常時에 成湯은 仁政을 베풀어 그 德化가 禽獸에게 미치고 어진 선비를 四方에서 가려쓰므로 어진 臣下가 많았다. 따라서 伊尹이 나아가 湯을 섬기지 아니하여도 湯의 諸侯國은 이미 넉넉하여 不足함이 없었던 것이다. 君子는 있어도 좋고 없어도 좋은 자리에는 나아가지 아니 하는 것이므로 湯을 위하여 伊尹이 일어서야 할 意味가 없는 것이다. 다만 夏나라의 天子 桀이 殘惡한 政事를 行하여 世上을 크게 어지럽힌 까닭에 이를 바로 잡는 것은 매우 火急한 일이나 桀의 모진 마음을 착한 마음으로 바로 잡을 수 있을지는 아무도 確信할 수 없는 것이다. 따라서 伊尹은 湯을 위하여서는 이에 도와 줄 것이 없고, 桀을 위하여서는 成功을 確信할 수도 없는바 힘차게 나아가야 될 아무런 理由가 없다. 만일 어진 湯을 도와 暴君 桀을 征伐하기 위하여 일어선 것이라면 이것은 처음부터 以臣伐君하는 不純한 생각이니 伊尹

이 取할바가 아니요, 塗炭에서 헤매는 民人을 解放시켜 주기 위
하여 떨쳐 일어선 것이라면 이것은 處士가 걱정할 일이 아닌 것
으로 伊尹이 알바 아닌 것이다. 義理가 이와 같을 진대 伊尹은
왜 일어섰는가?

그는 堯舜의 道를 自任한 것이다. 스스로 자기의 道를 確信한
까닭에 成敗를 가리지 아니하였고, 하늘이 준 使命을 達觀한 까
닭에 治亂을 가리지 아니 하였던 것으로 스스로 다음과 같이 말
하였다. "하늘이 이 백성을 내는 것은 먼저 아는 이로 하여금
뒤에 아는 이를 가르치게 하며, 먼저 깨달은 이로 하여금 뒤에
깨달은 이를 깨우치게 하심이니, 나는 하늘이 낸 사람 가운데
먼저 깨달은 사람으로서 내가 장차 이 道로서 백성을 깨우치려
고 할진대 내가 그들을 깨우치지 않으면 그 누구 이리오." (孟子
萬章上)라고 한 것은 自身이 堯舜의 大中全正한 道統을 이어받
은 몸으로서 자기가 이 道를 밝히지 아니하면 使命을 저버린 것
으로 確信한 말이다. 그런 까닭에 자기는 道를 다할 따름이요
일의 成敗는 돌아볼 바 아니며 時代的 使命을 다 하고자 하는지
라 治世와 亂世를 살필 바 아니었다.

伊尹이 이와 같이 자기의 責務와 使命을 다 하기 위하여 일어
난 까닭에 말하기를 "누군들 섬기면 임금이 아니며, 누군들 부리
면 백성이 아니리오."라고 하여 "治世에도 나아가고 亂世에도 나
아가서"(孟子 萬章上) 한 몸바쳐 國家社會에 正道를 밝혀 이바지
하여야 되는 義理를 主張하였다. 伊尹의 이러한 責任感과 使命意
識은 누구나 가질 수 있는 것이 아니다. 바야흐로한 集團에서
最高의 智慧와 德性을 가진 사람이 아니면 이와 같은 自信이 나
올 수가 없다. 한 고을에서 가장 어진이는 마땅히 한 고을을 이
끌어야 하는 使命이 있고, 天下에서 가장 어진이는 마땅히 天下

를 어질게 바로 잡아야 하는 責任이 있다. 그래서 伊尹은 스스로 天下의 賢人임을 自信하고 亂世를 바로잡아 生民을 塗炭에서 救濟하여 주는 것을 自己의 責任으로 삼았든 바 "匹夫匹婦라도 더불어 堯舜과 같은 仁政의 恩澤을 입지 아니한 사람이 있으면 마치 自己가 그 사람을 구덩이 속으로 밀어 넣은 것 같이 생각하였던 것이다." (孟子 萬章上) 이것은 天下에 대한 자기 責任의 重大性을 깊이 自覺한 것인바 바야흐로 仁者의 態度다. 天下에 대한 자기의 責務가 이와 같이 莫重한 까닭에 態度를 豹變하여 成湯에게 나아갔고 湯은 다시 桀에게 그를 推薦하였다.

湯이 伊尹을 桀에게 推薦한 것은 伊尹으로 하여금 桀을 받들게 하여 亂政을 바로잡게 함이요, 伊尹이 桀을 찾아간 것은 天子인 桀의 모진 마음을 바로 잡지 아니 하고서는 到底히 天下를 匡正할 수가 없었기 때문이다. 그러나 桀은 이미 어진이를 좋아하지 아니하여 伊尹을 받아들이지 아니하였다. 그래도 伊尹은 계속하여 桀에게 찾아가기를 다섯 차례나 하였지만 마침내 들어주지 아니한 까닭에 湯을 도와 桀을 征伐하여 버렸다.

伊尹이 湯을 도와 桀을 征伐한 까닭은 堯舜의 德治政治를 實現하기 위하여 부득이 하였던 것이다. 德治主義는 國民으로부터 始作하는 것이 아니라 統治者로부터 비롯한 것이다. 萬人으로 하여금 모두 善德을 닦기 위하여서는 먼저 統治者 자신부터 仁德을 밝혀야 되는 것이다. 德이란 물과 같아서 높은데서 시작하여 낮은데로 흘러가고, 가까운데서 말미암마 먼데로 미쳐가는 것이다. 德治主義는 먼저 最高의 有德者를 指導者로 推戴하지 않으면 않된다.

하늘에 하나의 太陽이 떠오르면 八紘이 明澄하여지고, 나라에 한 사람의 어진임금이 오르면 四海가 가즈런하여 지는 것이다.

太陽이 없이는 萬物이 生長할 수 없는 것처럼 어진 統治者없이
는 德性이 啓發될 수 없는 까닭에 天下에 뜻을 둔 선비는 政界
에 나아감에 반듯이 統治者의 마음을 바로 잡는 것으로 根本을
삼는다. 따라서 伊尹은 한 번 일어나 번거로히 다섯 차례에 걸
쳐 暴虐한 桀에게 나아가 그의 殘惡한 心術을 바로 잡을 수 있
는 機會를 얻으려 하였으나, 마침내 이와 같은 忠心은 容納되지
못하였다. 대저 선비의 進退는 一般的으로 政治人은 諫하는 말을
들어주지 않으면 물러가는 것이요, 行政官은 補職이 없으면 물러
가는 것이며, 罪없는 百姓을 죽이면 선비가 떠나가고, 허물없이
선비를 죽이면 賢人이 숨어버린다. 義理가 이와 같을진대 伊尹은
어찌하여 숨어 버리지 아니하고, 오히려 桀을 征伐하였을까? 統
治者의 暴惡함이 極度에 達하여 到底히 바로 잡을 수 없고, 다
른 사람에 의하여 이루어진 罪惡이 아니라 자기 자신에 의하여
이루어진 罪惡이 하늘에 찰때에는 天理를 따르고 人心에 쫓아서
부득이 革命을 하지 않을 수 없는 것이다.

　이것은 天下萬民을 解放시키려는 目的이 征伐의 手段을 正當
化시키는 原理로서 權道인바, 權道란 非常措置요, 常道의 限界를
벗어난 일을 天理로서 裁斷하는 것이다. 그러므로 伊尹은 桀의
暴虐함을 人間의 義理로서는 이미 바로 잡을 수 없는 까닭에 征
伐의 非常手段으로 革命을 하였고, 어진 湯으로 하여금 天子의
자리에 오르게 하여 堯舜의 仁政을 베풀게 하였던 것이다.

　사람은 統治者가 아니면 바르게 살수가 없고, 임금은 百姓이
아니면 다스릴 수가 없는 것으로 비록 上下貴賤의 分別은 없을
수 없는 것이나 그 根本은 하나의 道德으로 맺어진 一體이다.
따라서 統治者는 사람을 사랑하고 사람을 保護하며 사람을 敎養
하는 것으로 일을 삼아야 하는 것이요, 國民은 統治者를 尊敬하

고 社稷을 保護하며 國法을 遵守하는 것으로 일을 삼아야 하는 것이다. 그래서 統治者의 愛民 保民 養民思想과 國民의 敬君 忠國 遵法의 精神이 混然調和하여 天下에 充滿할때에 비로소 完全한 德治政治가 이루어지는바 이것은 人間의 忠信을 바탕으로 한 政治體制인 것이다.

德性政治는 이와 같이 "人間의 本性은 善하다"는 眞實을 기초로 하여 樹立된 制度인 까닭에 統治者와 國民의 관계는 忠信을 바탕으로 한 一體共存의 關係인 것이다. 따라서 國民은 統治者의 忠信함을 믿는 까닭에 生死與奪의 絶對權能에 복종하는 것이요, 統治者는 國民의 忠信함을 믿는 까닭에 進退語默의 絶對自由에 順從하는 것이다. 統治者의 絶對權能과 國民의 絶對自由는 忠信을 바탕으로 할 때에는 서로 補益하는 調和關係에 있으나, 만일 統治者가 奸巧한 狹詐로서 絶對의 權力을 휘두른다면 이것은 國民의 自由와는 矛循關係에 놓이게 되고 나아가서 반드시 國民의 自由를 限定하게 된다.

統治者가 國民의 自由를 拘束하면 國民은 絶對의 權能에 不服하게 되고, 國民이 不服하면 統治者는 暴惡으로 다스리는바 統治者의 心術이 이와 같은데 이르면 國法의 行使가 公平하지 못하게 되는 것이요, 國法이 公平하지 못하면 民心이 離叛할 것이며, 民心이 離叛하면 義務感이 사라져 버리는 것이다. 나라가 이와 같은데 이르면 存在理由가 없는 것이요, 存在理由가 없다면 하늘이 滅亡시켜 버리는 것이다. 統治者는 마땅히 天下의 근심을 가장 먼저 근심하고 天下의 즐거움을 가장 뒤에 즐겨야 하는 使命이 있는바 이와 反對로 天下의 즐거움만 먼저 즐기려 하거나 더 나아가 百姓이 싫어하는 것만 골라서 좋아 한다면 이것은 統治者가 統治者답지 못한 것이요, 統治者가 統治者답지 아니할때 그는 이미 統治者가 아닌 匹夫요 獨夫에 지나지 아니하는 것이며, 이와 같은 獨夫를 討伐하는 것은 以臣伐君이 아니라 撥亂反正이다.

　桀의 暴政이 극도에 이르러 참다못한 百姓들은 차라리 온 世上이 滅亡하여 버리기를 바라게까지 되었는데 湯이 救援의 征伐을 시작하니 眞實로 四方에서 백성들이 일어나 마지하는바 되었으니 이것은 칼과 槍을 쓰지 아니한 征伐이었다. 이와 같은 撥亂反正은 天道다. 伊尹은 天道를 받들어 暴虐한 桀을 征伐하고 어진 湯을 세움으로서 日月을 씻어서 宇宙를 맑게 한 것이요, 紀綱을 維新하여 社會를 淸新하게 한 것이다. 伊尹이 湯을 도와 天下에 堯舜의 仁政을 펴더니 湯이 돌아가심에 太子인 太丁은 일찍 죽고 外丙과 仲壬을 거쳐 太丁의 아들 太甲이 王位에 올랐던바, 政事를 行한지 三年에 湯의 法制를 뒤엎고 暴虐亂德함으로 이에 伊尹은 太甲을 桐宮으로 追放하여 버리고 自身이 國政을 攝行하여 諸候의 朝賀를 받았다. 太甲이 桐宮에 追放되어 잘못을 뉘우치고 자기를 責望하니 전날의 허물을 고쳐 善으로 옮아가서 仁義를 말미암은지 三年에 伊尹이 다시 太甲을 맞이하여 國政을 넘겨준대 太甲이 德을 닦아 諸候가 모두 歸服하게 되었고 百姓이 이에 安寧하였다. 伊尹의 이와 같은 일은 古今에 없는 일이었다. 대개 帝王을 追放할 수는 없을뿐더러 만일에 德을 어지럽혀 追放을 시킨다 하여도 나라에 하루라도 帝王이 없을 수가 없는 까닭에 곧 새로운 사람으로 帝位에 오르게 하여야 되며, 또한 失政의 責任者를 改過하였다고 해서 復位케 하는 일은 古今에도 드물다. 後世의 權臣이 微弱한 君王의 조그마한 瑕疵를 트집 잡아 追放하는 수가 있지만 이때에 그들은 絶對로 改過遷善을 기다리지 않을뿐더러 이것을 奇貨로 僭稱하여 버렸으니 이것은 伊尹의 敎訓과는 다르다.

伊尹은 國家를 위하여 太甲을 追放한 것이요, 자기의 權勢를 위함이 아니며, 太甲의 改過遷善을 기다린 것으로서 새로운 사람을 세우지도 아니하였고, 帝王이 闕位되었는데도 불구하고 자기의 本分을 넘어가지 아니하여 다만 國政만을 執行하였을 뿐더러 太甲이 前罪를 뉘우치고 仁義를 말미암자 곧 復位시켜 秋毫도 干涉함이 없었는바 이것은 伊尹의 淸廉無垢한 德性에서 나타난 敎訓이다. 帝王이 하루아침에 改過하면 臣下는 지난 일을 念頭에 간직하여서는 아니 된다. 臣下가 帝王의 지난 허물을 마음속에 간직하면 帝王을 믿지 못할 것이요, 믿지 못한다면 반드시 干涉을 할 것이니, 이것은 不忠이요, 僭濫한 짓이다.

伊尹은 國家의 大臣으로서 오직 忠誠을 다하고 才能을 다하여 帝王을 바르게 섬겼던 까닭에 太甲을 追放하였으나 天下는 이를 以臣放君이라고 생각하지 아니 하였고, 이미 또 復位시켰으나 太甲은 이를 伊尹의 專擅이라고 생각하지 아니 하였든 바, 이와 같이 天子로부터 萬民에 이르기까지 伊尹의 淸廉한 높은 뜻을 疑心 함이 없었든 것은 그가 天下의 道를 위하여 自任하였을 따름이요, 得失에 마음이 흔들리거나, 榮辱에 뜻이 옮기지 아니함을 뚜렷하게 알았던 까닭이다.

무릇 君子의 마음가짐은 푸른 하늘의 太陽과 같이 光明正大하게 간직하는 까닭에 窮巷僻村의 漁蕉들도 믿어 의심하지 아니하는 바가 되는 것이요, 賢人의 몸가짐은 天下의 가장 바른 자리에 特立獨行하는 까닭에 天子의 權能으로도 옮길 수 없는바가 있는 것이다. 따라서 賢人君子는 道德이 아니면 卿相의 작위도 돌아보지 아니하며, 仁義가 아니면 千金의 富貴도 쳐다보지 아니하는 淸廉高潔한 精神이 있는 것이다.

비록 天下를 自任한다고 할지라도 이러한 淸廉高潔한 思想이

없다면 반듯이 자기 몸을 더럽힐 것이요, 자기의 몸을 한 번 더
럽히면 절대로 道를 自任할 수는 없는 것이다. 대저 自身을 깨
끗이 하여 天子를 맑게한 사람은 있어도 自身을 더럽혀 가지고
世上을 맑게 한 사람은 있지 아니하였다.

伊尹은 본래 有莘의 땅에서 밭갈며 堯舜의 道를 즐기고 道義
를 지켜 淸廉高潔하게 一生을 마치려 하였으나, 成湯의 세번 초
빙함에 翻然히 뜻을 고쳐 斯道를 自任하고, 세상에 나와 번거로
히 다섯 차례나 桀을 찾아 갔으면서도 禮를 어기지 아니하였고,
湯을 도와 桀을 征伐 하였으면서도 道를 넘어가지 아니하였고,
太甲을 復位 하였으면서도 德을 잊지 아니하였다. 그는 草野에
있으나 朝廷에 나가서나 한결같이 道義로 一貫하여 道義가 아니
면 草芥도 주고받지 아니 하였을 뿐만 아니라 天下도 또한 주고
받지 아니 하였으니, 그에게는 오직 道義가 있을 뿐이요, 草芥와
天下의 大小輕重따위의 다름은 있지 않았던 것이다. 이와 같은
伊尹의 淸廉剛明한 自任精神은 萬代에 人道의 偉大한 眞理를 밝
혔다.

第4節 柳下惠의 敦厚思想

柳下惠는 春秋시대 魯나라 大夫로서 僖公을 섬긴 어진 사람이
었다. 姓은 展이요 이름은 獲이며 字는 禽인바 柳下의 地方을
食邑으로 받고 諡號가 惠인 까닭에 柳下惠라고 일컷는 바이다.

柳下惠는 春秋시대의 어지러운 세상에 살면서도 伯夷처럼 물
러가서 숨어버리지도 아니하였고, 伊尹처럼 나아가서 天下를 匡
正하려고 自任하지도 아니 하였던바, 다만 現實에 適應하여 平凡
하게 살면서도 자기의 德을 敦篤하게 기르고 道義를 깨끗하게

지켜, 孟子로부터 聖人의 稱號를 들었다. 伊尹과 같이 堯舜의 道를 實現하는 功德도 이루지 못하였고, 伯夷와 같이 堯舜의 道를 守護하는 義理도 세우지 아니 하였는데, 어찌하여 獨立特行이 없는 柳下惠를 孔子와 孟子는 仁人과 聖人으로 칭찬하였는가? 그는 魯나라 사람으로 一生을 魯나라에서 살았을 뿐이며, 벼슬길에 나오라면 나가고 물러가라면 물러가서 官職의 高下를 가리지 아니하였고, 있으라면 있고 가라면 가서 社會의 淸濁을 돌아보지 아니하였을 뿐이다.

官職의 高下를 가리지 아니하고 社會의 淸濁을 돌아보지 아니하는 것은 對外的인 情況이 자기에게 관계가 없다는 態度이다. 君子가 社會에서 生活함에 때를 만나면 積極的으로 社會에 參與하여 大衆을 敎化하고, 때를 만나지 못하면 草野에 숨어 홀로 자기의 몸을 닦는 것인데, 柳下惠는 애당초부터 때의 만나고 못나는 것을 살피지 아니하였다.

때를 살피지 아니한 까닭에 官職의 高下나 社會의 淸濁이 문제 될 것이 없고, 다만 祖國이 자기를 必要로 하느냐 않느냐만이 문제가 되었던 것이다. 祖國에 살면서 祖國의 부름을 拒絶하고 자기의 뜻만을 高尙히 하여 굽히려하지 아니 하는 것은 祖國을 저버리는 行爲라 할 수 있고 國家에 忠誠스럽지 못하는 것이 될 수 있다. 따라서 柳下惠는 祖國의 부름 앞에서 언제나 자기의 뜻을 낮추어 欣然히 나아가서 職分을 다하였던 것이다. 柳下惠가 일찌기 獄官으로 있을 때 세 번이나 黜斥을 당하였어도 祖國인 魯나라를 버리고 다른 나라로 떠나가지 아니 하였으며, 벼슬길에 나아가서는 到底히 道를 굽혀서 職分을 더럽히지 아니하였다. 그런 까닭에 孔子는 그를 稱讚함에 있어서 三公으로도 그의 節介를 바꾸지 아니하는 人物이라고 하였고, 孟子는 말하기를

"柳下惠는 汚濁한 임금을 섬기더라도 부끄럽게 여기지 아니하며, 작은 벼슬이라도 얕보지 아니하여, 벼슬길에 나아가서는 賢明함을 숨기지 아니하고, 반듯이 正道로서 行하며, 버림을 받아 追放되어도 怨望하지 아니하며, 謀害를 받아 困窮하여도 근심하지 않더라." (孟子 萬章下)고 하였다. 이와 같이 柳下惠의 姿勢는 현재의 자기位置에서 자기道理를 다할 따름이요, 그밖에 것은 돌아보지 아니하는 君子의 態度인바 現實은 否定할 수 없을뿐더러 祖國의 부름에 피할 수 없는 使命이 있는 까닭에 뜻을 낮추어 모든 事物과 調和하면서도 자기의 節介는 高潔하게 지켜서 到底히 道를 구부리지 아니한 것이다.

天下를 위하는 일은 작은 일이 아니므로 辭讓할 수 있으나, 祖國을 위하는 일은 큰일이 아니더라도 辭讓하지 못할 바가 있고, 뜻을 낮추어 現實에 調和하면서도 正道를 지키면 자기의 節介라도 깨끗하게 간직할 수 있을 것이다. 正道를 구부려 曲學阿世하면 뜻도 高潔하게 간직할 수가 없다. 따라서 柳下惠는 祖國 앞에서 모름지기 뜻을 낮추면서도 職分을 더럽히지 아니하였고, 자기의 몸은 굽힐지라도 道를 구부리지는 아니하였다. 더욱이 祖國이 자기를 버릴 때에 一毫의 怨恨이 없고 小人輩들의 謀陷을 받아 한 몸이 곤란할 때에도 근심하지 않는 것은 오직 忠誠스러운 道義를 다할 따름이요, 한 몸의 榮枯盛衰에는 秋毫도 관계하지 아니하는 姿勢이다. 이와 같은 姿勢는 敦厚한 德性을 이루지 아니 하고서는 確立될 수 없는 姿勢인바 널리 國家와 民族을 사랑하는 仁愛사상과 가까이 현실을 達觀하는 知性이 있음으로서 언제나 자기의 道義를 다 할 수 있는 能力이 있어야만 되는 것이다. 만일에 자기의 道義를 다하지 못하는 사람이라면 비록 불타는 愛國心과 피 끓는 情熱이 있다고 할지라도 그 말이 公正하

지 못하고 그 行動이 方正하지 못할 것이요, 言行이 公平方直하
지 못하다면 절대로 忠誠을 하지 못할 것이다. 따라서 君子는
언제나 어디서나 자기의 道義를 다한 까닭에 그 말이 天理에 벗
어나지 아니하고, 그 行動이 人倫에 어긋나지 아니하는 것이므로
모름지기 자기의 몸을 굽혀서 나라에 忠誠을 하는 사람은 있으
려니와 자기의 道를 굽혀서 나라에 忠誠을 할 수는 없는 것이다.

柳下惠는 敦厚한 德性을 길러 現實에 調和하면서도 자기의 道
義를 다하여 말이 天理에 符合하고 行動이 倫理에 一致하여 職
分을 깨끗이 하면서 祖國에 忠誠을 다 하였는바, 이것은 바로
道로서 임금을 섬기는 것이요, 德으로서 國民을 다스리는 것이
니, 孔子로부터 어질다고 稱讚을 받게 되는 所以라고 할 것이다.
더욱이 柳下惠는 道를 곧게 하여 사람을 섬기다가 追放을 當하
여도 이를 怨望하지 아니하며 한 몸이 곤란한데 빠져서도 이를
근심하지 아니 하였는바, 이것은 이미 私欲을 克服하여 計算하는
마음이 없을 뿐만 아니라, 驕慢한 생각도 없는 것이니, 바야흐로
富貴功名을 超越하여 天理를 말미암을 따름인 것으로 動機의 純
粹性이 있는 까닭에 孟子로 부터 聖人의 稱號를 얻게 되었던 것
이다.

官職을 얻고 잃음에 기쁜 빛과 성내는 빛을 나타내는 것은 옛
사람들이 賤하게 여기는 것으로 생각이 깊고 度量이 넓은 사람
은 나아가고 물러감을 다르게 생각하지 아니하였다. 그러나 또한
官職에 任命되었을때 얼굴에 기쁜 빛을 띠우지 아니하고 追放을
당할 때 성낸 빛을 띠우지 아니 한다고 하여 반드시 聖人君子인
것은 아니다. 官職을 얻지 못하였을 때는 얻을 것을 걱정하고
官職을 얻었을 때는 또 잃을 것을 조심하면서도 名譽欲이 많은
사람은 高官大爵도 태연히 辭讓하는 것이요, 競爭心이 있는 사람

은 微官末職도 태연히 받는 것이다. 그러나 그들은 마침내 마음에 治足한 報答이 돌아오지 아니하면, 快快不樂하고 悻悻不快하야 動靜語默에 흔적이 나타난다. 이러한 사람들은 처음부터 私欲에서 나온 假飾이 섞인 것으로서 純粹한 動機를 말미암은 사람들과는 더불어 같이 論할 수 없는 것이다. 따라서 나아가고 물러감에 기쁘고 성내는 빛이 없는 것이 훌륭한 것이 아니라 스스로 怨望이나 걱정이 없어야만 마침내 聖人君子라고 할 수 있는 것이다.

怨望을 하는 사람은 자기의 주제를 모르는 것이요, 걱정을 하는 사람은 하늘의 뜻을 모르는 것이니, 仁者는 걱정하지 아니하고 智者는 怨望하지 아니 하는바, 仁과 智를 갖춘 다음에 비로소 聖人君子라고 할 수 있다. 柳下惠는 뜻을 낮추어 어지러운 政權 아래서도 벼슬을 하였으나 마침내 자기所任을 깨끗이 하여 祖國에 忠誠을 다하였고, 작은 벼슬에 나아가 몸을 辱되게 하였으나 怨望하고 걱정함이 없었으니 바야흐로 君子의 襟度를 이루었다.

대저 뜻을 높이고 몸을 깨끗이 하고자 하는 까닭은 道를 곧게 닦는 것이다. 柳下惠는 비록 뜻을 낮추고 몸을 더럽혔으나 道를 온건히 한 까닭에 그 節介가 오히려 빛나는 것이요, 現實에 參與하면서도 道를 지켜 世情과 妥協하지 않는 까닭에 그 志操가 더욱 아름다운 것이다. 孟子가 말하기를 "사람이 끊어 버리지 못할 자리에서 끊어 버리면 끊어 버리지 아니한 것이 없을 것이요, 두터울 데서 薄하게 하면 薄하지 아니한 것이 없을 것이다."라고 하였는데 祖國은 모름지기 끊지 못할 관계인 까닭에 柳下惠는 차마 끊지 못하여 자기의 뜻을 낮추어 政務에 나아간 것이요, 道를 지키는 일은 두터이 할 바요 몸을 깨끗이 하는 일은 다음 할 바인 까닭에 몸은 비록 굽혔을 지라도 道는 두터이 지켰던 것이다.

第5節 結 論

孔夫子는 사람을 알기 위하여서는 動機를 注視하고 方法을 靜觀하며 結果를 審察하여야 된다고 하였다. 動機에는 善惡이 있고 方法에는 是非가 있으며, 結果에는 美醜가 있는 까닭에 一律的으로 같이 論할 수가 없는 바가 있다. 더욱이 動機가 純粹하였다 할지라도 그 方法이 適當하지 못하여 그 結果가 充實하지 못할 수도 있는 까닭에 意志의 高下, 才能의 多少, 度量의 廣狹을 同質的으로 評할 수 없는 所以가 있는 것이다. 무릇 大人은 知仁勇의 德을 갖추어 孝悌忠信의 道를 말미암은 까닭에 그 動機가 天心과 合하고 方法이 天序와 合하여 그 結果가 天功과 합치는지라 凡人의 測量할바 아니다.

周나라 大王의 長子인 泰伯은 天下를 세 번 辭讓하여 버렸지만 사람들이 그 德을 기릴 줄 몰랐고, 微子는 紂의 庶兄으로서 暴君 紂를 떠나가 버렸고 箕子와 比干은 紂의 諸父로서 箕子는 미친척하고 比干은 紂의 虐政을 諫하다가 죽음을 당하였으나 사람들은 그들의 道가 모두 義理인줄 몰랐다. 모름지기 지극한 德은 흔적이 없고, 큰 道는 門이 없는 까닭에 聖人이 아니면 밝히지 못한다. 그러므로 泰伯의 德도 孔子에 의하여 表彰되고, 微子 箕子 比干의 道도 孔子에 의하여 彰明되었다. 德은 無限하고 道 또한 無窮하니 聖人도 따라서 範疇가 있는 것이 아니다. 각각 현재 자기의 處地에서 知·仁·勇의 德을 通達하고 親·義·別序·信의 五倫의 道를 通達하여 絶代의 功을 樹立하는 것이 聖人의 길이라 할 수 있을 뿐이다.

伯夷는 나라를 辭讓하는 動機가 純粹한 孝心에서 나왔고, 武王에게는 暴力으로 暴惡을 除去하려는 方法의 不當性을 諫한 것이요, 周나라가 天子를 얻음에 首陽山에 올라가 굶어 죽음으로서 自己節介를 充實하게 確立하였다. 이것은 知·仁·勇의 德을 通達한 것이요, 忠孝을 兼全한 것이며, 百世에 淸風을 이르키는 절대의 功績을 세운 것이다.

伊尹은 湯임금이 세 번 초빙하는데 미쳐서 翻然히 堯舜의 道를 天下에 밝힐 것으로 自任하니, 그 動機가 純粹하였고, 暴君 桀에게 번거로히 다섯 번이나 나아가 쓰이기를 要請한 뒤에 비로소 湯을 도와 桀을 征伐하였으니 그 方法이 穩當하였으며 太甲이 改過遷善하는데 이르러서 國政을 넘겨주고 다시는 干涉함이 없었으니 자기의 道理를 充實하게 이루었다. 이것은 德을 自覺하고 道를 自任하여 忠信의 道義를 天下에 밝힌 것인바 百世에 精氣를 빛내는 絶代의 功績을 세운 것이다.

柳下惠는 祖國의 부름 앞에 한 몸의 榮辱을 돌아보지 아니하고 欣然히 參與하였으니, 그 動機가 純粹하고 職務에 나아가서는 자기의 才能을 숨기지 아니하고 오직 道로서만 윗사람을 섬겼으니 그 方法이 正當하였고 마침내 追放을 當하여 곤란하여도 怨望하지 아니하고 또한 더불어 근심하지 아니하여 그 結果가 아름다웠다. 이것은 自己의 使命을 알고 道를 지켜 忠誠의 義理를 天下에 보여주는 것인바, 百世에 敦厚한 氣像을 알게 하는 絶對의 功績을 쌓은 것이다.

伯夷와 伊尹과 柳子惠는 각각 그 나아가는 行蹟은 달랐으나 그 말미암은 德性이 同一하였든 까닭에 모두 百世의 師表가 되었다. 伯夷는 醜惡한 것은 보지도 아니하고 듣지도 아니하며 어진 임금이 아니면 섬기지 아니하며 어진 백성이 아니면 부리지도 아니하여 治政에는 나아가고 亂政에는 물러가 淸慷한 것이 아니면 더불어 자리를 함께 하지 아니 하였으나, 伊尹은 醜惡한 것을 고쳐서 善美한 것으로 바꾸어야 할진대 어떤 임금인들 섬겨서 어진 임금이 되지 않으며, 어떤 百姓인들 부려서 착한 백성이 되지 않으랴고 하여 亂政일수록 더욱 나아가서 임금의 마음을 바로잡고 社會에 正義를 具現하려 하였다. 柳下惠는 醜惡한 것을 보고 들은들 그것이 나에게 무슨 相關이 있으랴 하여 汚濁한 임금을 섬기면서도 부끄러워하지 않고, 작은 벼슬도 사양하지 아니하여 亂政에도 나아가고 治政에도 나아가 醜惡한 것과 자리를 같이 하면서도 너는 너요 나는 나이니 네가 나를 어찌 더럽힐 것이냐 하여 홀로 道를 지켜 職分을 다할 따름이었다.

伯夷는 意志가 高尙한 사람이요, 伊尹은 才能이 神明한 사람이요, 柳下惠는 度量이 廣大한 사람이다. 意志가 高尙한 까닭에 참으로 淸廉할 수 있었고, 才能이 神明한 까닭에 힘차게 自任할 수 있었으며, 度量이 廣大한 까닭에 미쁘게 敦厚할 수 있었다. 이것은 모두 仁을 말미암아 義를 實行하는데서 나오는 德風이니, 그 出處進退의 道는 서로 다를지라도 그 根本은 仁義일 따름이다. 純粹한 仁義를 보지 못하면 意志가 高尙할 수 없고, 中正한 仁義를 알지 못하면 才能이 神明할 수 없으며, 公明한 仁義를 듣지 못하면 度量이 廣大할 수 없는 것으로 聖人의 行蹟이 비록 서로 크게 다른바가 있을지라도 各各 天理를 어김이 없는 것은 모두 仁義를 말미암았기 때문이다.

孔子는 時中하신 분으로 미리 期約하거나 固執하심이 없이 오직 仁을 말미암고 德에 依據하여 가히 벼슬할 만 하면 하고 물러갈 만 하면 물러가서 때에 맞게 行하였을 따름이었다. 그런 까닭에 孟子께서 네 聖人을 들어 말 하시기를 "伯夷는 聖人의 淸廉한 이요, 伊尹은 聖人의 自任한 이요, 柳下惠는 聖人의 調和한 이요, 孔子는 聖人의 時中한 이시다." (孟子 萬章下)라고 하였다.

第2章 春秋의 大義精神

第1節 序 論

  人類의 社會에는 반드시 뛰어난 英才가 있는바 이 사람을 뽑아서 指導者를 삼아 다스리면 和順하고, 가르치면 본받고, 이끌면 따라가나니, 이러한 뒤에야 秩序가 서고 協同을 이루며, 自由가 있는 것이다. 東洋의 歷史에서 볼 때 上古 盛時에는 聖王이 이어나와 天理에 順應하는 道德으로 政治를 하여 天下에 秩序를 확립하였고, 人倫에 副應하는 文化로 교육하여 나라에 文明을 이루었으며, 自治에 바탕한 民本으로 이끌어 가정에 自由를 賦與하였다. 그러나 세상에 오래도록 聖王이 다시 나오지 아니하므로 道德이 사라지고 智力이 일어나 바야흐로 君父를 弑害하는 亂臣賊子가 接踵하니 天下가 크게 混亂하고, 權勢를 龍斷하는 暴君 殘臣이 橫行하니 國民이 四方으로 離叛하며, 財貨를 獨占하는 政商謀利輩가 權力을 끼고 勢를 업으니 庶民이 두루 壓迫을 받았다.

  孔夫子께서는 이 때를 만나 바야흐로 聖王의 禮法과 制度와 文章이 영원히 사라질 것을 두려워하야 魯나라의 歷史인 春秋를 根據로히여 聖王의 大經大法을 編修하였는데 곧 魯隱公元年(周平王49年 BC722年)으로부터 魯哀公14年(周敬王39年 BC481年)까지 242년간의 事實을 記錄한 歷史이다. 여기에 無窮한 義理와 至極한 王道를 밝힘과 동시에 正當한 名稱과 最善의 文章을 보인 까닭에 經으로 받들어 千秋萬歲에 治道의 거울로 삼았다. 따라서 春秋는 歷史의 意味이외에 政治의 義理, 行政의 法則, 事業의 方法이 含縮되어 있어서 쉽게 理解할 수 없는 점도 있다. 그러므로 春秋의 傳은 左氏傳, 公羊傳, 穀梁傳 등이 있는바 朱子는 左氏傳이 가장 史實에 가까우며, 公羊傳과 穀梁傳은 義理에 조금 더 밝다고 하여 春秋學은 左氏傳의 史實資料를 바탕으로 하고 二書를 參考하도록 하였다.

漢나라 董仲舒는 春秋를 지극히 연구하여 「春秋繁露」를 지어 春秋의 요지를 밝히려 하였으나 그 散漫함을 면치 못하고 그가 밝힌 春秋十旨도 枝葉的인 문제에 불과하므로, 그 大義 奧旨를 터득하는 데는 반드시 伊川先生의 「春秋傳」을 硏究하여야 하는데, 伊川선생도 春秋大義가 數十條라고만 말하고 그 具體的인 條目은 밝히지 아니하였으니, 帝王은 四書五經을 두루 硏究하여 進退存亡의 理와 興亡盛衰의 道를 깨달아 治亂去就의 勢와 吉凶悔吝의 機에 밝아 寬猛疾徐의 權과 卷舒用舍의 節을 얻어서 그 大義를 스스로 깨닫지 않으면 안 된다.

春秋는 天子의 일인까닭에 聖王이 아닌 사람이 敢히 議論할바 아니나 三代의 禮樂을 밝혀 뒷날의 英才에게 보여주는 것이 오늘에 사는 스승의 責務인지라 孔子께서는 "나를 알 것도 오직 春秋며, 나를 죄 할 것도 오직 春秋인저"3)라고 하였으니 有德한 사람이 있어도 훌륭한 制度가 없으면 能力을 發揮하지 못하고, 훌륭한 制度가 있어도 有德한 사람이 없으면 機能을 發動하지 못하는 것이다. 그러므로 有德한 사람과 훌륭한 制度가 갖추어진 뒤에 아름다운 政治가 이룩되는 까닭에 뒷날의 英才를 위하여

---

3) 「孔子曰 知我者도 其唯春秋乎며 罪我者도 其唯春秋乎인저.」(孟子 勝文公下).

先王의 政治原理와 行政法則 및 事業方法을 밝힌 것은 斯道의
復興을 위하여 不得已한 일이다.

　天子의 일이란 天下를 經綸하여 天道를 밝히고 正義를 세우는
것으로서 반드시 禮樂을 議論하고 法度를 制定하며 文章을 稽考
히야 行動의 倫理를 같게 하고, 言語의 文法을 같게 하며, 事物
의 規格을 같게 하는 것이라, 지극히 公明正大한 聖王이 아니면
普遍妥當한 中庸의 道를 지키지 못한 까닭에 가볍게 議論할 수
없는 所以가 있다.

　孔子께서 말하시기를 "天下에 道가 있으면 禮樂征伐이 天子로
부터 나오고, 天下에 道가 없으면 禮樂征伐이 諸候로 부터 나오
나니, 諸候로부터 나오면 대개 十代에 잃지 않음이 드물고, 大夫
로부터 나오면 五代에 잃지 않음이 드물며, 陪臣이 國命을 잡으
면 三代에 잃지 않음이 드물다"[4]라고 하여 聖人의 大眼目 아니
면 永遠한 眞理를 보지 못한 까닭에 臨機措置에 지나지 않아서
오래가지 못하여 무너짐을 밝혔다. 臨機措置의 便法이 일어나면
根本의 大體를 버려두고 枝葉의 小體만을 추구하는 까닭에 일은
갈수록 어그러져 마침내 本末이 섞이고 앞뒤가 바뀌어 世上이
어지러워지는바 이때를 당하면 勢力을 가진 사람은 위에서 現實
主義를 내세워 暴力을 行使하고, 智略이 있는 사람은 四方에서
功利主義를 내세워 邪說을 일으켜 바야흐로 世態는 天下에 다시
聖王의 德性과 制度가 있는 줄을 모르게 된다. 이렇게 되면 學
者가 어찌 자기의 分數만을 지키는 것으로 만족하여 오똑이 앉

───────────

4) 「孔子曰 天下에 有道면 則禮樂征伐이 自天子出하고 天下에 無道면
　則禮樂征伐이 自諸候出하나니 自諸候出이면 蓋十世에 希不失矣요
　自大夫出이면 五世에 希不失矣요 陪臣이 執命이면 三世에 希不失
　矣니라.」(論語 季氏).

아만 있으리요? 그러므로 孔夫子께서 春秋를 編修한 까닭을 孟
子는 자주 설명하였는바 "世道가 衰微하여 邪說과 暴行이 일어
나 신하가 그 임금을 죽임도 있고, 아들이 그 아비를 죽임도 있
는지라 孔子가 두려워하야 春秋를 著作하셨다"5)라고 하였고 "孔
子께서 春秋를 完成하시니 亂臣賊子가 두려워하였다"6)라고도 하
였으며, 또한 "聖王의 자취가 사라지니 詩가 없어지고, 詩가 없
어진 뒤에 春秋를 著作하니라, 晋나라의 乘이나 楚나라의 檮杌이
나 魯나라의 春秋는 한 가지로서 그 일인즉 齊나라 桓公과 晋나
라 文公이요, 그 文章인즉 史이니, 孔子께서 말씀하시기를 그 義
理인즉은 내가 가만히 取擇하였노라, 라고 하시니라"7)고 하였다.
이와 같이 孔夫子께서 春秋를 編修한 까닭은 聖王의 禮樂과 制
度와 文章을 밝혀 天下사람들로 하여금 人間의 義理를 알게 하
며, 임금의 本分과 臣下의 分數를 밝혀 治者로 하여금 天賦의
責務를 다하게 하며, 政治의 禮義와 行政의 公平을 밝혀 후세의
英才로 하여금 大同世界의 理想으로 나아가게 하는 것이라고 하
겠다.

　人間이 義理를 알 때에 不義한 處事와 非禮의 行爲를 부끄러
워 할 것이요, 이를 부끄러워한다면 邪說과 暴行은 사라질 것이
며, 治者가 天賦의 責務를 다 할 때에 體統이 서고 紀綱이 이룩
될 것이요, 體統이 서고 紀綱이 이룩되면 亂臣賊子는 나오지 아
니할 것이며, 英才가 大同世界의 理想으로 나아간다면 道德을 닦

---

5) 「世衰道微하야 邪說暴行이 有作하야 臣弑其君者有之하며 子弑其父
　者有之라 孔子懼하야 作春秋하시다.」(孟子 滕文公下).
6) 「孔子成春秋하니 而亂臣賊子가 懼하니라.」(上同).
7) 「孟子曰 王者之跡이 熄하니 而詩亡이요 詩亡然後에 春秋를 作하니
　라, 晋之乘과 楚之檮杌과 魯之春秋는 一也니 其事則齊桓晋文이오 其
　文則史니 孔子曰 其義則丘가 竊取之矣로라 하시니라.」(孟子 離婁下).

고 倫理를 밝힐 것이요. 道德을 닦고 倫理를 밝히면 人類가 하나로 돌아갈 것이다. 따라서 春秋의 大義는 無窮한 義理와 適當한 禮法을 볼 수 있을 뿐만 아니라 合理的 處事와 公平한 判斷을 볼 수 있으므로 後世의 英才는 여기에서 일을 處理하는 要領과 道를 實踐하는 模範을 본받은 것이다. 春秋는 天子의 일이라고 할 때에 이것은 政治에 있어서 禮樂의 度數를 規定하고, 行政에 있어서 賞罰의 權柄을 執行하는 行爲임을 意味한다. 따라서 春秋는 天子가 하여야 될 일만을 記錄한 것이 아니요, 政治에 參與한 모든 사람들의 身分에 適合한 禮樂이 敍述되고 있는 것이다. 그러므로 春秋는 天子의 일 뿐만 아니라 公卿大夫와 士庶人의 政治參與方法과 職分이 나타나 있고, 또한 行政施行方法 및 結果까지도 밝히고 있다.

儒學에 있어서 政治의 體制와 行政의 要體는 이미 周易이나 書經 및 詩經 禮記에 두루 갖추어 있다. 대체로 周易은 政治의 哲學과 行政의 原則을 밝히고, 書經은 政治의 姿勢와 行政의 機構를 밝혔으며, 詩經은 政治의 作用과 行政의 結果를 보이고, 禮記는 政治의 理想과 行政의 實務를 말하였다. 대체로 儒學에 있어서의 政治의 哲學은 天理를 받들어 正義를 밝히는 것이요, 政治의 姿勢는 中和를 이룩하여 天命을 받드는 것이며, 政治의 作用은 明德을 베풀어 스스로 維新시키는 것이요, 政治의 理想은 大同世界를 이룩하는 것이다. 이러한 체제를 갖춘 政治를 王道政治라 하는 바 春秋는 이러한 思想을 綜合하여 具體的 事實에다 適用하므로서 그 大義를 더욱 細密하게 알 수가 있는 것이다. 또한 儒學에 있어서의 行政의 原則은 大中至正한 道로서 民心에 順應하는 것이요, 行政의 機構는 洪範九疇와 六府三司요, 行政의 結果는 백성을 利롭고, 즐겁게 하여 그 功德을 잊지 못하게 하는 것이요, 行政의 實務는 禮樂을 닦아 賞罰을 施行하는 것이다.

이러한 사업을 갖춘 行政을 民本行政이라 하는 바 春秋는 이러한 精神을 集約하여 歷史的 史實에다 適用하므로서 그 大法을 더욱 자상하게 알 수가 있는 것이다. 비록 周易·書經·詩經·禮記에서 이미 政治의 道와 行政의 法을 말하여 王道政治의 理想을 提示하고 民本行政의 實務를 밝혔다고 할지라도, 春秋에서 드러낸 政治의 大義와 行政의 評價는 그 大體의 重大性과 現實批判의 緻密性을 보인 것으로서 지극히 高貴한 經傳이 되는 것이다.

더욱이 斯道에 있어서 行政의 原則은 이미 書經에서 正德·利用·厚生의 三大綱領으로 밝혔다. "禹가 말하기를 아! 帝王이여 생각하소서 道德만이 政治를 善하게 하고, 行政은 國民을 養育함에 있나니 水火金木土穀이 오직 닦이며, 德을 바르게 하며, 用器를 便利하게 하며 生活을 豊富하게 함이 오직 調和하여 아홉가지 功이 오직 베풀어져서 아홉 가지 베품을 오직 노래하면 아름다움으로서 戒愼하시며, 威嚴으로서 督勵하시며, 아홉 가지 노래로서 勸勉하야 하여금 허물지 마소서"[8] 正德이란 國民의 德性을 바르게 하는 것으로 孝悌忠信의 人倫을 바르게 하는 것이며, 利用이란 國民의 日常用器를 便利하게 하는 것으로 農工商의 機械를 發明하고 財貨를 相通시키는 것이며, 厚生은 國民의 生活을 豊富하게 하는 것으로 衣食住의 生活環境을 改善하는 것이다. 이 세 가지는 行政의 三大原則으로서 正德은 天道를 본받음이요, 利用은 地道를 본받음이며 厚生은 人道를 바르게 함으로서 愛民,

---

8) 「禹曰 於라 帝여 念哉하소서 德唯善政이요, 政在養民하니 水火金木土穀이 唯修하며 正德利用厚生이 惟和하야 九功이 惟敍를 惟歌어든 戒之用休하며 董之用威하며 勸之以九歌하며 俾勿壞하소서.」(書傳 大禹謨).

利民, 養民의 精神을 發揮하는 原理이다. 또한 나라를 다스리는 基本 政策은 足食, 足兵, 民信之라고 論語에서 밝혔는바 "子貢이 政策에 대하여 물으니 孔子께서 말씀하시기를 食量을 豊足하게 하고, 兵士를 具足케 하며, 백성이 믿는 것이라"9)라고 하였다. 足食은 經濟政策이요, 足兵은 國防政策이며, 民信之는 教育政策인 바 施政의 차례가 첫째 經濟開發 둘째 國防完備 셋째가 教育 向上임을 밝히고, 이어서 政策의 重要性에 있어서는 教育이 가장 重大하고 經濟가 다음이며 國防이 가장 끝임을 밝혀서 施政의 目標를 모두 밝혔다.

政治의 原理도 行政의 原則이나 施政의 目標와 다를 것이 없으나 그 度量과 體制에 있어서 더욱 廣大한 意味가 있다. 行政은 實際의 功効가 가장 重要한 것이나 政治는 義理의 公明이 더욱 重大한 것인 바, 庶民은 行政의 實効에는 敏感하면서도 政治의 義理에는 어둡고, 士君子는 政治의 義理에는 分明하면서도 行政의 實効에는 너그러운바 이것은 政治가 原則을 基礎로 하고, 行政은 現實을 根據로 하는 까닭이다. 대저 原則을 바르게 세우지 아니하면 現實을 바로 잡을 수가 없는 까닭에 聖人은 먼저 政治의 體制를 갖출 것을 말하였다. 그러나 政治의 體制를 갖추어 밝힌 것은 春秋와 같이 分明함이 없는 바 春秋는 政治의 原理로서 첫째, 道德精神 둘째, 文化精神 셋째, 民本精神을 밝히고 있다. 道德精神은 天理에 純粹中正함이요, 文化精神은 事物에 條理秩序를 갖춤이며, 民本精神은 民衆의 公論에 充實하는 것인데 이것이 春秋의 三大精神이요, 同時에 政治의 三大原理로서 萬古에 빛나는 絶對不變의 眞理이다.

---

9) 「子貢問政한대 子曰 足食하며 足兵하며 民信之矣니라.」(論語 顏淵).

　　道德精神이란 國家體制가 道德을 根本으로 하여 세우는 것으로서 國民의 信任을 바탕으로 한 것이다. 따라서 天命을 이어받아 人心에 和應하는 政治制度를 王道라고 하여 높이고 智力을 모아 權勢를 부리는 政治制度를 覇道라하여 卑賤하게 보는 尊王賤覇의 精神이 春秋의 要義이다. 文化精神은 國家의 本義가 人類를 保護하고 人倫을 바르게 하는데 있어서 아름다운 禮樂을 創造하고 卑俗한 流行을 물리치는 尊夏攘夷의 精神이 또한 春秋의 奧義이다. 民本精神은 政治의 體制가 民心을 收拾하여 中庸을 쓰는 것으로 言路를 廣開하고 백성의 輿論을 重視하는 重民輕君의 精神이 또한 春秋의 微意이다.

　　道德精神은 天命思想으로 나타나 王을 天王이라 일컬어 天命을 받들도록 하였으니 春秋書法에 반드시 天時를 밝혔으며 天子의 德은 記錄하면서도 功은 記錄하지 아니하여 順天應時의 大原則을 세워 政治의 正道로 삼은 것이며, 文化精神은 正名主義로 나타나 임금이 임금다웁고 臣下가 臣下다우며 백성이 백성다울 때에는 時年月日을 갖추어 쓰고도 또한 爵位氏名字를 바르게 기록하여 그 아름다움을 襃賞하였고, 임금이 임금답지 못하고 臣下가 臣下답지 못하며 백성이 백성답지 못하면 時年月日을 갖추지 아니하고 爵位氏名字를 낮추어 그 醜惡함을 貶黜하였으니 襃善貶惡의 大原則을 세워 敎育의 指標로 삼은 것이며, 民本精神은 一統思想으로 나타나 民意의 歸一處가 곧 公論이며 公論의 正當性은 곧 天心의 發露로 認定되는 바, 民意에 順應하여 먼저 內政을 닦을 때엔 天災地變도 自然의 變化로 記錄될 뿐이나, 民意를 離叛하고 外務에만 힘 쓸 때에는 天災地變을 亂政의 懲罰로 記錄하였으며, 極惡한 暴君亂臣이 殺害되었을땐 나라 사람이 죽였다고 하여 그 죽임의 當然性을 밝혔다. "蔡나라 사람이 陳佗를 죽였다." 「蔡人

殺陳佗」(春秋桓公六年) 이와 같이 滅私奉公의 大原則을 세워서 經濟의 常法으로 삼았다. 대저 道德은 政治의 正道요, 文化는 敎育의 指標이며, 民本은 經濟의 常法이라 聖人께서도 恒常謹愼하였던 것이다. 지극한 德性이 아니면 善惡을 밝게 분별하지 못하고 善惡을 분별하지 못하면 道德은 숨어버리며, 높은 知性이 아니면 是非를 옳게 가리지 못하고 是非를 가리지 못하면 文化는 사라지며, 넓은 度量이 아니면 正邪를 알지 못하고 正邪를 알지 못하면 民本은 잃어버린다. 옛날 성대한 때에는 반드시 지극한 德性과 높은 知性과 넓은 度量을 갖춘 聖王 賢哲이 이어 나와 至極한 政治를 하였고 아름다운 文化를 이룩하였으나 한 번 善惡이 섞이고, 是非가 얽히며, 正邪가 엉키면 忠臣과 逆賊을 구별할 수가 없고 祥福과 禍淫을 분별 할 수가 없으며 子孫과 敵徒를 살필 수가 없게 되어 마침내 흐르는 피가 천리에 뻗치고 屍體가 들판에 가득히 딩굴지니 政治에 參與한 사람들의 德性과 知性과 度量이 지극히 重大하지 아니한가! 그러므로 孔夫子께서는 大中至正한 道와 光明正大한 德을 밝혀서 天下의 公器를 드러내 사람으로서 主體를 삼고, 堯舜로서 標的을 삼으며, 禹湯으로 準則을 삼으며, 文武로서 벼리를 삼으며, 周公으로서 기준을 삼아 春秋를 編修 하여 天下國家의 名分을 定하고, 是非를 가리며, 善惡을 밝혀, 禮義로서 敦化하는 大道를 길이길이 전하였다.

春秋의 序論은 伊川先生의 春秋傳序에 잘 나타나 있으므로 이제 이를 번역하여 보인다.

『하늘이 사람을 낳음에 반드시 特出한 人材가 있나니 뽑아서 君長을 삼아 다스리므로서 다툼이 멈추고, 이끌므로서 삶을 이루고, 가르치므로서 倫理가 밝혀지나니 그런뒤에 사람의 道가 서고, 하늘의 道가 이루며, 땅의 道가 평평하나니 堯舜二帝이상은

聖賢이 世世로 나와 때를 따라서 振作시키니 風氣에 알맞게 和
順하여 나아가고, 天道를 앞질러서 人文을 開明하지 아니하야 각
각 때를 따라서 政事를 세웠다. 禹湯文武의 三王이 이어서 일어
남에 미쳐서 天地人의 三重이 이미 갖추어지니 子丑寅으로 正月
을 세우고, 忠質文을 바꾸어 崇尙하야 사람의 道를 갖추었노라.

하늘의 運數는 도는지라 聖王이 이미 다시 나오지 아니하니
天下를 둔 사람이 비록 옛날의 자취를 본 뜨고자 하나 또한 私
私로운 생각으로 망녕되이 할 따름이라 일이 그릇되니 秦나라가
亥月을 세워 正月로 삼는데 이르고, 道가 어그러지니 漢나라가
智力으로 世上을 버티는데 오로지 한지라, 어찌 다시 先王의 道
를 알리요.

夫子께서 周나라 末期를 당하여 聖人이 다시 나오지 아니할
새 天性에 順하고 때에 맞는 다스림이 다시 있지 아니한지라,
이에 春秋를 지어 百王이 바꾸지 못하는 大法을 만드니 三王에
다 稽考하여도 그릇되지 아니하고, 天地에다 세워도 어그러지지
아니하며, 鬼神에게 물어봐도 의심이 없고, 百世로서 聖人을 기
다려 보아도 疑惑되지 아니한 原理이다. 先儒의 傳에 말하기를
子游와 子夏가 한 마디도 도울 수가 없었다고 하였으니 말을 도
와주기를 期待한 것이 아니요, 말이 여기에 더불을 수가 없었을
따름이다. 이 道는 오직 顔子만이 일찍이 들었나니 夏나라의 時
를 行하고, 殷나라의 수레를 타며, 周나라의 衣冠을 입고, 音樂
은 舜임금의 韶舞라 하니 이것이 그 準的이다.

後世에는 歷史로서 春秋를 보고는 善을 襃賞하고 惡을 貶黜하
였다고 말할 따름이요, 世上을 經營하는 大法에 이르러서는 알지
못하노라.

春秋의 大義는 數十이니 그 義理가 자못 커서 뚜렷함이 해와

별 같은지라 이에 쉽게 보이나 오직 그 微妙한 말씀과 隱密한 意義로 때에 따라 措置함에 마땅함을 따르는 것은 알기가 어렵다. 혹 누르기도하고 혹 놓아주기도 하며, 혹 주기도 하고 혹 빼앗기도 하며, 혹 나가기도 하고 혹 물러나기도 하며, 혹 숨기기도하고 혹 나타내기도 하여 義理의 安定와 文質의 的中과 寬猛의 適宜와 是非의 公正을 얻었나니 이에 일을 처리하는 저울이요, 道를 헤아리는 模範이니라, 대저 百物을 본 다음에 造物者의 神秘함을 깨닫고, 모든 材料를 모은 다음에 집을 짓는 씀씀이를 아는 것이라, 한 가지 일 한 가지 義理에서 聖人의 마음씀을 들여다보고자하면 上智가 아니면 잘 할 수 없다. 그러므로 春秋를 배우는 사람은 반드시 천천히 깊이 들어가 말없이 기억하여 마음으로 通達한 뒤에야 그 隱微한데 이를 것이다.

　後世에 王이 春秋의 大義를 알면 비록 德性이 禹湯같지 못하더라도 오히려 가이 三代의 다스림을 본받을 수 있으려니와, 秦나라 以下로는 그 學問이 전하지 못한지라, 나는 聖人의 뜻이 後世에 밝혀지지 못한 것을 哀悼하야 傳을 지어 밝히노니 하여금 後世사람이 그 文章을 通하고 義理를 추구하며 그 뜻을 터득하여 그 運用을 본 받으면 三代를 回復할 것이다. 이 傳은 비록 聖人의 經驗과 理性을 다 하지는 못하였으나 學者가 그 門을 얻어 들어가는데는 거의 될 것이다. 崇寧二年四月乙亥 伊川 程頤는 序하노라』

　「春秋傳序」

　「天地生民이 必有出類之才하나니 起而君長之하면 治之而爭奪息하며, 導之而生養遂하며 敎之而倫理明하나니 然後에 人道立하고 天道成하고 地道平이니라, 二帝而上은 聖賢이 世出하야 隨時有作하니 順乎風氣之宜하고 不先天以開人하니 各因時而立政이라.

曁乎三王迭興하야　三重旣備하니　子丑寅之建正하고　忠質文之更尙
하야　人道備矣러라　天運이　周矣라　聖王旣不復作하니　有天下者가
雖欲倣古之迹이나　亦私意妄爲而已라　事之繆하니　秦至以建亥爲正
이요, 道之悖하니　漢專以智力持世라　豈復知先王之道也리오. 夫子
當周之末하사　以聖人不復作也할새　順天應時之治가　不復有也라,
於是에　作春秋하야　爲百王不易之大法하니　所以考諸三王而不繆하
며　建諸天地而不悖하며　質諸鬼神而無疑하며　百世以俟聖人而不惑
者也라, 先儒之傳에　曰　游夏不能贊一辭라하니　辭不待贊也요, 言
不能與於斯耳라　斯道也는　惟顔子嘗聞之矣하니　行夏之時하며　乘
殷之輅하며　服周之冕하며　樂則韶舞라하나니　此其準的也라. 後世
以史視春秋하고　謂褒善貶惡而已요　至於經世之大法은　則不知也라.
春秋大義數十이니　其義雖大하야　炳如日星하니　乃易見也나　惟其
微辭隱義로　時措從宜者는　爲難知也라. 或抑或縱하고　或與或奪하
며　或進或退하며　或微或顯하야　而得乎義理之安하며　文質之中하
며　寬猛之宜하며　是非之公하나니　乃制事之權衡이요, 揆道之模範
也라　夫觀百物然後에　識化工之神하며　聚衆材然後에　知作室之用
하나니　於一事一義에　而欲窺聖人之用心은　非上智면　不能也라.

　故로　學春秋者는　必優游涵泳하며　默識心通하야　然後에　能造其
微也라　後王이　知春秋之義하면　則德雖非禹湯이라도　尙可以法三
代之治하려니와　自秦而下는　其學不傳이라　予悼夫聖人之志가　不
明於後世也하야　故로　作傳以明之하노니, 俾後之人이　通其文而求
其義하고　得其意而法其用하면　則三代可復也라　是傳也는　雖未能
極聖人之蘊奧나　庶幾學者로　得其門而入矣리라.

　崇寧二年四月乙亥에　伊川　程頤는　序하노라.」(二程全書　春秋傳)

第2節　道德精神

　　聖王은 道德仁義禮智로 天下를 다스렸는바 이것이 정치의 最上이요, 法令과 刑罰은 治具의 末端이다. 儒學의 政治原理는 德治主義로서 法治主義가 아니다. 政治는 사람이 主體인 까닭에 사람으로서 사람을 다스리는 것인바 人間性의 共通原理인 德으로서 다스리는 것이며 동시에 萬人으로 하여금 스스로 말미암도록하는 政治原理이다. 그러나 法治는 사람이 사람을 다스리는 것이 아니라 法이 사람을 다스리는 것으로 法이 主體로 君臨하고 사람은 오히려 客體로 轉落되어 法을 본받고 法을 따라 가다가 마침내 法에 拘束당하는데 이른다. 그러므로 聖王은 德을 힘쓰고 法을 힘쓰지 아니하는바 "孔夫子께서 말씀하시기를 法令으로 이끌고 刑罰로서 가지런히 하면 백성이 刑罰을 벗어나선 부끄러움이 없고, 德으로 이끌고 禮로 가즈런히 하면 부끄러움도 있고 또한 바르게 되니라"10)하고 하여 人間의 心術作用과 政治의 實際的 效果에 의하여 法治主義보다는 德治主義의 優越性을 말하였다.

　　政治의 本義가 살아있는 사람으로서 살아있는 사람을 다스리자는 것이요. 政治의 現實이 被動的 從屬보다는 能動的 參與를 要求하는 까닭에 法令의 他律的 同一化보다는 道德의 自律的 調和가 더욱 政治目的에 符合하는 것이다. 그러므로 德治主義는 天子로부터 庶人에 이르기까지 政治에 參與하는 모든 사람이 다같이 自己의 몸을 닦는 것으로 根本을 삼도록 하여 스스로의 自律能力을 涵養하도록한다. 人格의 自律性이 없이는 政治의 自治力이 있을 수 없는 까닭에 특히 政治의 核心人物들에게는 人格의

---

10) 「子曰 道之以政하고 齊之以刑하면 民免而無恥요 道之以德하고 齊之以禮하면 有恥且格이니라.」(論語 爲政).

自律能力이 必須要件이 되는 것이다.

政治의 原理가 이러한 까닭에 「大學」에서 말하기를 "大人의 學問은 밝은 德을 밝히는데 있고, 國民을 새롭게 하는데 있으며, 至善에 머므름에 있나니라"[11]라고 하였다. 이것은 政治의 核心 人物들이 먼저 밝은 德性을 밝혀 大衆의 模範이 되어야만 一般 大衆의 생각을 刷新하여 至善의 德治를 이룩할 수 있음을 말한 德治遂行의 三段階이다. 이처럼 聖王의 政治는 德으로 德을 다스리는 까닭에 德治主義요 사람이 사람을 다스리는 까닭에 人本主義이며 自律로서 스스로를 다스리는 까닭에 自治主義이다. 그러므로 聖王의 政治體裁는 天時를 規定하는 年號와 領土를 規定하는 國號와 人德을 規定하는 王號가 있는바 年號는 天道를 본받아 德으로 다스리는 象徵이며, 國號는 土地를 規定하여 그 地域은 自治領土임을 象徵하며, 王號는 그때의 사람이 그때의 사람을 다스렸음을 象徵한다. 따라서 年號는 天道를 본받고, 國號는 地道를 본받으며 王號는 人道를 본받은바, 天道는 天下의 普遍的 原理인 까닭에 年號는 天子에게만 있어서 모든 諸候國에 두루 通用하며, 地道는 그 地域의 生理인 까닭에 國號는 나라 안에서만 使用하며, 人道는 人格의 道理인 까닭에 王號는 그 사람에게만 適用한다. 그러므로 사람이 바뀌면 諡號를 바꾸어야하고, 나라가 바뀌면 國號를 바꾸어야하며, 天下가 바뀌면 年號가 바뀌어야한다. 따라서 年號는 天下를 統一한 天子國의 象徵이며, 國號는 地方을 統治하는 自立國의 象徵이며, 年號는 政事를 執行한 政府의 象徵이 되는데 만일 天下에 道德이 사라지면 年號가 쓰이지 아니하고, 나라에 自治力이 없으면 國號를 일컬으지 아니하

---

11) 「大學之道는 在明明德하고 在親民하며 在止於至善이니라.」(大學).

며, 政府에 文明이 없으면 諡號가 들어나지 못한다. 孔夫子는 春秋에서 대체로 年月日時의 存亡으로 禮義의 有無를 밝혔고, 國號地名의 有無로 治亂存亡을 밝혔으며, 氏名字號의 號稱으로 是非善惡을 밝혔다.

　春秋는 "元年春王正月"로서 始作되는데 이것은 聖人이 全編의 大綱을 밝힌 微辭로서 그 本義를 밝게 아는 이가 드물다. 元年은 魯隱公이 行政을 執行하기 시작하는 해요, 春은 天時가 流行하는 四季節가운데 처음 절기이며, 王은 周나라 平王이요, 正月은 夏나라 歷의 寅月로서 正月을 삼는 그 正月이다. 이 句節의 語順은 應當普遍槪念으로부터 具體的 槪念으로 들어가도록 「天王四十九年冬正月魯隱公元年公卽位」라고 하던가 아니면 「元年冬天王正月公卽位」라고 하던가 또 아니면 「元年春王三月」이라고 하여야 한다. 첫째로 年號槪念에 의하여 春王正月이 먼저 나와야 하는데 王號槪念인 元年(隱公)이 앞에 나왔다. 이것은 魯나라 歷史記錄인 까닭에 主體確立을 위한 史法이라고 하나 그럴 수는 없다. 魯나라는 周나라의 諸侯國으로 周나라 天子의 權威를 앞설 수는 없는 것이다. 그런데도 諸侯를 앞으로 하고 天子를 뒤로 한 것은 平王이 天子로서의 道德을 베풀지 못한 까닭에 天下에 天道가 끊어진 것을 밝히려함이다. 또한 天道는 子月에서 풀리기 시작하고, 地道는 丑月에서 풀리기 시작하며, 人道는 寅月에서 풀리기 시작하는 것이라, 夏나라는 人道의 自發的統治를 이어받은 까닭에 寅月을 正月로 세워 忠直함을 崇尙하였고, 殷나라는 地道의 自然的 統治를 본받은 까닭에 子月을 正月로 세워 質朴함을 崇尙하였으며, 周나라는 天道의 自律的 統治를 본받은 까닭에 子月을 正月로 세워 文化를 崇尙하였다. 따라서 周나라 正月은 夏나라 冬至달로서 天時가 겨울이라 春王正月이라 할 수 없으며 만일 天時와 王正月

이 一致되는 때를 밝히려 하면 반듯이 周나라 三月에 該當되는 夏나라 正月이어야만 된다. 그렇다면 聖人은 이미 春秋에서 周나라 曆을 쓰지 아니함을 알 수 있다. 이것은 天王을 뒤로하여 天子가 天子로서의 責務를 다하지 못한 것을 밝혔을 뿐만 아니라 周나라의 道德이 다시 일어나지 못할 것을 알고, 天運이 돌아가는지라 다시 人統으로 이어받은 것으로 假定하여 새로운 政治行政의 紀綱을 밝힌 것이라 아니할 수 없다. 伊川先生은 傳에서 "周나라 正月은 봄이 아니니 天時를 빌려다 本義를 세웠을 따름이요, 平王의 때에 天道가 끊어졌으므로 春秋는 周나라를 假託하여 王法을 바로 한 것이다"12)라고 하였다.

둘째로 魯나라의 國號가 빠진 것은 무슨 까닭인가? 물론 魯나라의 歷史인 까닭에 일컬을 必要가 없다고 하겠으나 諸侯國은 마땅히 天子로부터 받은 封土를 한 치도 잃어버림이 없이 잘 지켜야 하는 責任이 있는바, 國體를 바로하지 못하여 社稷을 온전히 못하거나, 까닭 없이 남의 땅을 탐내어 侵略하는 것은 나라가 어지러울 것이요, 나라가 어지러우면 自治力量이 없는 것이므로 國號를 쓰지 아니한 것이다.

셋째로 隱公과 公卽位를 쓰지 아니한 까닭은 諸侯는 마땅히 위로 天命을 받들고, 아래로 民心에 順應하여 國家에 文明을 이룩하는 使命이 있거늘, 天子를 蔑視하여 天子의 命을 받지 아니하고 스스로 卽位하며, 天子가 崩하여도 奔問하지 아니하고 自立獨裁하니 이는 文明한 君主가 아닌 까닭에 모두 쓰지 아니한 것이다.

政治를 하는 사람은 마땅히 위로 天時를 따르고 아래로 地理를 因緣하여 事物을 開發하며, 聖人의 心法을 이어받고 民衆의

---

12) 「周正月은 非春也니 假時以立義爾요, 平王之時에 王道絶矣라 春秋는 假周以正王法이라.」(春秋傳).

뜻을 通達하여 業務를 完遂하여야 하는바 한결같이 주어진 道德的 使命이 있는 것이다.

人望에 의하여 推戴된 사람은 사람에 對한 義務가 있을 뿐이나 天命에 의하여 推戴된 사람은 하늘에 對한 使命이 있는데 사람에 對한 義務를 完遂하는 것이 功이요, 하늘에 對한 使命을 成就하는 것이 德이다. 그러므로 功을 세우기는 쉬어도 德을 이루기는 어려운 것이라, 左傳에 이르기를 "豹는 들으니 最上은 德을 세움이요, 그 다음은 功을 세움이요, 그 다음은 言論을 세움이니 비록 오래되어도 버리지 아니한지라 이것을 썩지 아니함이라 하나이다"13)라고 하여 政治는 功을 세움 보다도 德을 세우는 것이 더욱 高貴함을 말하였다. 따라서 옛날 聖王은 德을 말하고 功을 밝히지 아니하였으니 堯임금은 功을 舜에게 돌려 欽明文思의 德을 세웠으며, 舜임금은 功을 禹에게 돌려 濬哲文明의 德을 세웠다고 書經에서 말하였다. 그러므로 天子는 德을 記念하고, 諸候는 功을 記念하며, 大夫는 惠를 記念하는 것인데 天子를 功으로 顯彰하는 것은 無德을 懲戒함이요, 諸候를 恩惠로 表彰하는 것은 無禮를 懲罰함이다.

「中庸」에서 天子의 使命 아홉 가지를 規定하였는바 말하기를 "무릇 天下國家를 다스림에 아홉 가지 常經이 있나니 말하면 몸을 닦음과, 어진이를 높힘과, 어버이를 친함과, 大臣을 높임과, 衆臣을 아낌과 庶民을 사랑함과, 百工을 오게 함과, 먼 나라 사람을 부드럽게 대접함과, 諸候를 생각 함이니라"14)라고 하여 九

---

13) 「豹聞之하니 大上은 有立德이요, 其次는 有立功이요, 其次는 有立言이니 雖久不廢라 此之謂不朽이니라.」(左傳襄公24年).
14) 「凡爲天下國家엔 有九經하니 曰 修身也와 尊賢也와 親親也와 敬大臣也와 體群臣也와 子庶民也와 來百工也와 柔遠人也와 懷諸候也니라.」(中庸).

經의 條目과 그 먼저하고 나중에 할바의 次序까지 밝혔는데 天
子의 所任 아홉 가지가 모두 德을 세우는 根本原理이며, 특히
修身이 바탕임을 보여주고 있는 것이다. 이어서 또 이 아홉 가
지 德을 베풀 때에 나타나는 功效를 말하였는바 "몸을 닦으면
道가 確立되고, 어진이를 높이면 疑惑되지 아니하고, 어버이를
和親하면 諸父와 昆弟가 怨望하지 아니하고, 大臣을 恭敬하면 眩
亂하지 아니하고, 모든 臣下를 體察하면 선비가 禮를 報答함이
무겁고, 庶民을 子息처럼 돌보면 百姓이 따르고, 百工이 오면 財
政과 用具가 豊足하고, 먼나라 사람을 부드럽게 하면 四方사람이
돌아오고, 諸候를 편안케 하면 天下가 두려워 하니라"15)라고 하
여 天子가 몸을 닦아 最高統治者로서의 人格을 完成할때 바야흐
로 至極한 道를 建立하게 될 것이요. 至極한 大道가 確立될 때
에 여덟 가지 使命을 바르게 成就하여 저와 같은 結果를 이룩할
수 있음을 밝혔는데 이것은 곧 書傳洪範에서 말한 皇極思想에서
淵源한 것으로 모름직이 임금은 모든 일에 至極한 道理를 이룩
하여 세우므로서 萬民이 이를 본받아 따르게 됨을 밝히는 것이
니 말하기를 "다섯째에 皇極은 임금이 그 至極함이 있는 것을
세움이니 이에 五福을 걷우어서 그 庶民에게 베풀어 주면 오직
이에 그 庶民이 너의 至極한 德性의 感化속에서 또한 너의 至極
한 道德을 保存하여 주리라"16)라고 하였다. 이것은 最高統治者
는 國家의 元首인 까닭에 政治의 主體일 뿐만 아니라 萬人의 師

---

15) 「修身則道立하고 尊賢則不惑하고 親親則諸父昆弟不怨하고 敬大臣
則不眩하고 體群臣則士之報禮가 重하고 子庶民則百姓이 勸하고 來
百工則財用이 足하고 柔遠人則四方이 歸之하고 懷諸候則天下畏之
니라.」(中庸).

16) 「五皇極은 皇建其有極이니 斂時五福하야 用敷錫厥庶民하면 惟時厥
庶民이 于汝極에 錫汝保極하리라.」(書經 洪範).

表임을 强調한 것으로 마땅히 政治行政의 機能뿐만 아니라 敎育
文化의 機能도 다 해야 됨을 말한 것이다.

覇道政治아래의 君主는 흔히 이 敎育文化의 機能을 忘却하고
政治行政의 機能을 完遂하는 것으로 自足하고 마는데 이것이 國
家를 興盛하게 하면서도 人文을 開發하지 못하는 까닭인 것이다.

爵位가 높아도 德이 없으면 民衆은 본받지 아니하고, 德이 있
어도 爵位가 없으면 民衆은 따르지 아니하는바 德과 爵位가 갖
추어진 다음에 大衆은 즐겁게 따라 본받은 까닭에 王道政治에
있어서 天王의 倫理道德을 重視한 것이다. 天子의 倫理道德은 敎
育과 文化의 機能에 대한 重大性 때문만이 아니라 또한 政治와
行政의 機能에서도 民心을 說服케하여 自然스런 政治 效果를 이
룩되게 하는바 곧 堯舜의 억지로 함이 없는 政治 (無爲之治)를
가져오는 것이다. 그러므로 中庸에서는 계속하여 九經의 重要事
業을 밝혔는데 "沐浴齋戒하여 마음과 몸을 깨끗하게 하고 衣服
을 盛大하게 하야 禮가 아니면 움직이지 아니함은 몸을 닦는 原
理요, 讒佞을 내쫓고 아첨을 멀리하며 財貨를 卑賤히 하고 德을
貴重히 함은 賢哲을 勸獎하는 原理요, 그 爵位를 높이고 그 俸
祿을 무겁게 하며 그 좋고 싫음을 함께 하는 것은 어버이와 親
함을 勸獎하는 原理요, 官職을 盛大히 하고 使令을 맡기는 것은
大臣을 勸勉하는 原理요, 信任을 眞實되게 하고 俸祿을 무겁게
하는 것은 선비를 勸進하는 原理요, 使役을 마땅한 時期에 하고
稅金을 가볍게 함은 百姓을 勸業하는 原理요, 날로 省察하며 달
로 考試하야 等級에 따라 飮食을 내리고 칭찬하는 것은 百工을
勸業하는 原理요, 가는 이를 歡送하고 오는 이를 歡迎하며 착한
사람을 기리며 잘하지 못함을 어여삐 여김은 먼 나라 사람을 부
드럽게 하는 原理요, 끊어진 世代를 이어주고 荒廢한 나라를 일

으켜 주며, 混亂을 바로 잡고 危難을 붙잡아 주며, 朝貢과 聘問
을 定時로 하며 가는 것을 두터이하고 오는 것을 엷게 함은 諸
候를 편안케 하는 原理이니라"[17]라고 하여 모든 일이 德에 힘쓴
일임을 지적하였다. 더욱이 이와 같은 德을 닦으려 할때 그 核
心의 原理는 精誠뿐임을 다음과 같이 말하였다. "무릇 天下國家
를 다스리는 데는 九經이 있나니 그것을 行하는 原理는 하나이
니라"[18]라 하였는데 이 하나가 곧 "誠"임을 이어서 밝혔다. 誠
은 自彊不息함이요, 毋自欺함이며, 眞實無妄함으로 곧 剛健, 正
直, 公明함이다. 스스로 剛健하니 天下를 主宰하면서도 두려움이
없고, 스스로 正直하니 百姓을 보살피면서도 근심이 없으며, 스
스로 公明하니 萬機를 決裁하면서도 疑惑이 없는바, 모름지기 이
와 같은 知仁勇을 닦아야만 저와 같이 九經의 治績을 쌓을 수
있음을 聖人은 밝혔다.

天下의 根本은 國家에 있고, 國家의 근본은 家庭에 있으며, 家
庭의 근본은 한 사람에게 있고, 한 사람의 근본은 마음에 있는
즉, 天子의 마음이 誠實할 때에 바야흐로 朝廷에 紀綱이 서고,
社會에 正義가 具現되며, 行政에 公明이 이룩되는 까닭에 聖人은
統治者의 道德精神을 지극히 强調한 것이다.

孟子는 말하기를 "오직 大人이어야 능히 임금의 마음속에 그
릇됨을 바로 잡으리니, 임금이 어질면 어질지 아니함이 없고, 임

---

17) 「齊明盛服하여 非禮不動은 所以修身也요, 去讒遠色하며 賤貨而貴德
은 所以勸賢也요, 尊其位하여 重其祿하며 同其好惡는 所以勸親親也
요, 官盛任使는 所以勸大臣也요, 忠信重祿은 所以勸士也요, 時使薄
斂은 所以勸百姓也요 日省日試하야 旣禀稱事는 所以勸百工也요, 送
往迎來하며 嘉善而矜不能은 所以柔遠人也요, 繼絕世하며 擧廢國하
며 治亂持危하며 朝聘以時하며 厚往而薄來는 所以懷諸候也니라.」
(中庸).
18) 「凡爲天下國家에 有九經하니 所以行之者는 一也니라.」(中庸).

금이 義로우면 의롭지 않음이 없으며, 임금이 바르면 바르지 않음이 없나니 한결같이 임금을 바르게 함에 國家가 安定하니라"[19]라고 하여 統治者의 道德精神은 天下의 治亂이 매여 있는바 君王 스스로 光明正大한 心術을 存養할 뿐만 아니라 師傅나 大臣도 그 잘못을 바로 잡는데 오로지하여 받들어야 함을 밝혔다. 政治는 본래 사람을 바르게 成就시키자는 것인데 自己自身이 굽어가지고 남을 곧게 펼 수가 없는 것이라, 公卿뿐만 아니라 諫官까지도 임금의 마음을 바로 잡는데 머뭇거림이 없어야 하는 것이다.

그러므로 仁義道德으로 임금을 섬기지 아니한 것은 모두 罪惡인바 孟子는 말하기를 "임금의 惡을 助長함은 그 罪가 적고, 임금의 惡을 先導함은 그 罪가 큰데 오늘날의 大夫는 모두 임금의 惡을 先導하니, 그러므로 오늘날의 大夫는 오늘날의 諸侯에게 罪人이니라"[20]라고 하여 曲直을 分別함이 없이 順從만하는 것도 오히려 罪가 된다고 하였다. 天王은 政治의 主體이므로 中正의 姿勢를 갖추어 항상 舍己從天하여야 되고, 行政을 함에는 天下의 賢人을 뽑아 委任하며, 大臣(宰相)은 政治原理를 받들어 國務行政을 主管하는바 公明의 姿勢를 갖추어 항상 舍己從人하여야 된다. 그러므로 大臣은 宮中의 幕僚가 아니라 獨立된 府中의 首班으로서 行政原則에 따라 施政할 使命이 있는 것이다. 따라서 人臣의 責務는 君心의 잘못을 바로 잡는 것인바, 大臣이 한번 節介를 굽히면 마침내 道까지 굽혀서 비록 朝廷에 있어도 德을 베

---

19) 「惟大人이어야 爲能格君心之非니 君仁이면 莫不仁이요 君義면 莫不義며 君正이면 莫不正이니 一正君而 國定矣니라.」(孟子 離婁上).
20) 「長君之惡은 其罪小하고 逢君之惡은 其罪大하니 今之大夫가 皆逢君之惡하나니 故曰 今之大夫는 今之諸候之罪人也니라.」(孟子 告子下).

풀지 못하리니 한갓 자리를 메우는 存在에 不過할 뿐 아니라 오히려 罪惡을 庇護하는 것이 되는 것이다. 그러므로 孔夫子는 말하기를 "大臣은 道로서 임금을 섬기다가 할 수 없으면 떠나는 것"21)이라 하여 道德政治가 아니면 절대로 政治에 參與할 수 없는 義理를 밝혔다. 이러한 道德政治를 이룩하는 과정에 忠誠과 義理가 드러나게 되는 것이므로 나라님의 아름다움을 따르는 것이 忠이요, 나라님의 惡함을 바로 잡는 것이 敬이다. 忠과 敬을 다하려 할 때에 大臣의 禮는 莫重한 所任이 되는바, 貧富를 超脫하여 物質에 흔들리지 아니하고, 生死를 達視하여 威武에 屈服하지 아니하며, 名利를 超越하여 世俗에 물들지 아니하여야 모름지기 泰山처럼 움직이지 아니하는 뜻을 세워서 마침내 節介를 잃지 아니할 것이요, 河海처럼 蕩蕩한 氣像을 세워서 마침내 몸을 더럽히지 아니할 것이며, 日月처럼 빛나는 마음을 밝혀서 德을 損傷하지 않을 것이다.

바야흐로 이와 같은 人格을 닦은 사람이어야만 禮節에 어긋남이 없이 나라님을 섬길 수 있는 까닭에 孟子는 말하기를 "임금을 섬김에 義理가 없으며, 나아가고 물러감에 禮節이 없고, 말함에 先人의 道를 비방한 사람은 오히려 답답하니, 그러므로 말하기를 임금에게 어려운 일을 勸責하는 것을 恭遜이라 일컬으며, 善道를 陳述하고 邪心을 막아 버리는 것을 敬虔이라 일컬으며, 우리 임금은 어찌할 수 없다고 하는 것을 亂賊이라 일컬으니라"22)라고 하여 나라님으로 하여금 至極한 道德政治를 베풀도록

---

21) 「子曰 大臣은 以道事君이니 不可則止니라.」(論語).

22) 「事君無義하며 進退無禮하고 言하면 則非先王之道者는 猶沓沓也니라 故로 曰責難於君을 謂之恭이요, 陳善閉邪를 謂之敬이요, 吾君不能을 謂之賊이라 하니라.」(孟子 離婁下).

받들지 아니하면 大臣의 資格이 없는 것을 말하였다. 政治는 行政으로서 功效가 나타나고, 行政은 政治로서 原則이 세워지는 까닭에 政治의 主體인 天子와 行政의 主宰인 宰相이 서로 輔益하지 아니하면 지극히 善美한 道德을 이룩할 수 없는 것이므로 大臣의 機能이 이와 같이 重大함을 明白하게 밝힌 것이다. 孟子는 말하기를 "아래로서 위를 恭敬하는 것을 貴한 이를 貴히여김이라 하고, 위로서 아래를 恭敬하는 것을 어진이를 尊重함이라 하나니, 貴한 이를 貴히함과 어진이를 尊重함이 그 뜻이 同一하다"23) 라고 하였다.

더욱이 天下는 天下사람의 天下요, 한 사람의 天下가 아닌 까닭에 道德政治를 베푸는 天子나 宰相은 天下萬民을 위하는 最善의 길을 따를 뿐인지라 官爵의 世襲을 要求하지 아니한다. 天下國家의 最高統治者는 마땅히 그 時代에 나온 最高의 知性과 最善의 德性과 最大의 度量을 갖춘 人材를 推戴하여야만 가장 아름다운 國家를 이룩할 수 있는 까닭에 上古에는 天下의 어진이에게 禪讓하였고 世襲하지 아니하였다.

堯임금은 舜에게, 舜임금은 禹에게 禪讓하였던바 禹임금에 와서 아들에게 世襲하였으니 이로부터 世襲法이 나왔다. 그러나 世襲法이라 하여도 世子는 政治에 關與함이 全혀 없었고 다만 登極한 以後에 父祖의 事業을 繼承完遂하였을 따름이니 오히려 國基를 흔들지 아니하는 次善策은 되었던 것이다. 그러나 후세에 와서는 世子가 政治에 關與하고, 王子가 다투게 됨으로 어리석은 世子가 朝廷을 더럽히고 奸巧한 權臣이 職權을 傳承하여 國家를 어지럽게 하였던 것이다.

---

23) 「用下敬上을 謂之貴貴요, 用上敬下를 謂之尊賢이니 貴貴尊賢이 其義一也니라.」(孟子 萬章下).

道德政治는 世子의 政治參與를 嚴禁함과 同時에 臣下의 官爵世襲을 絶禁한다. 孔子는 曹나라 太子가 外交에 나서는 것을 꾸짖었으니 말하기를 "겨울에 曹나라 諸侯가 그 世子 射姑를 시켜 朝賀를 왔다"[24]라고 하였는데 程子는 이에 말하기를 曹伯이 병이 있어 친히 갈 수 없는 까닭에 그 世子를 使節로 보냈으나 이것은 危亂을 取하는 道라고 하였다. 임금이 스스로 할 수 없을 때에는 당연이 大臣이 代行하여야 하는 것이 原則인바, 大臣을 제쳐놓고 世子가 攝政을 하는 것은 國家公共集團을 家族私事集團으로 誤認한 處事로 이러한 思考는 將次 國家를 危亂케 하고 마는 것이다.

孔子는 王子뿐만 아니라 王의 兄弟까지도 王權의 代行을 비난하는바 말하기를 "齊나라 임금이 그 아우 年을 使臣으로 聘問하여오다"[25]라고 하였다. 諸侯는 마땅히 兄弟의 義理를 저버려서는 안 되지만 지나치게 寵愛하고 信任하여 大臣을 제치고 國政을 委任하는 것은 있을 수 없는 것을 밝혔다. 또한 孔子는 官吏의 世襲制를 排斥하였는바 말하기를 "夏 四月 辛卯에 尹氏가 卒하다"[26] 라고 하였는데 程子가 말하기를 尹氏는 王朝의 世卿인데 옛날에는 德이 있으면 爵位를 주고 功이 있으면 世祿을 주었으나 官職은 絶對로 世襲시키지 아니하였다. 이래서 俊傑이 官位에 있어서 모든 業績이 다같이 빛났는데, 周나라가 衰退하니 벼슬하는 사람이 모두 官職을 世襲하여 政事가 이로부터 敗亡하였다. 尹氏가 世世로 王官을 하였으므로 그 죽음에 尹氏라고 하였다. 이것은 尹氏를 꾸짖은 것으로 官職을 世世로 獨占하므로

---

24) 「冬에 曹伯이 使其世子射姑로 來朝하다.」(春秋 桓公九年).
25) 「齊候가 使其弟年으로 來聘하다.」(春秋 隱公七年).
26) 「夏四月辛卯 尹氏卒.」(春秋 隱公三年).

서 英才의 政治行政에 參與하는 길을 막고 國家社會의 發展을 沮害한 罪惡이 큰 것을 밝힌 것이다.

道德政治에서는 또한 后妃의 政事干與도 있을 수 없다. 夫婦는 人倫의 根本으로서 內外의 禮가 있으니 각각 닦을 바가 있는 것이다. 君子는 家庭을 바르게 하여 天下를 바르게 하는 까닭에 먼저 后妃의 德을 바로 하도록 한다. 夫婦는 陰陽의 道가 있는 바 陽은 陰을 統御하고 陰은 陽을 承順하는 것이라, 바야흐로 夫婦一體로서 后妃의 地位는 君王에 짝하여 妻는 夫人이라 일컫으고 妾은 號를 일컫어 높이지만 그 本分은 君王을 內助하는 것이지 君王의 일을 함께 한 것은 아니다. 그러므로 絶對로 君王의 일에 干與할 수가 없는 것이요, 비록 君王이 돌아갔다고 하더라도 國政에 나타날 수는 없는 것이다. 夫婦는 一身同體이니 君王이 돌아가면 身分도 바꾸어 未亡人으로 自處하여야 되는 것이다. 孔子는 말씀하시기를 "12月 乙卯에 夫人 子氏가 薨하다"[27]라고 하였는바 程子는 말하기를 公이 살아있으므로 葬이라고 쓰지 않았으니 여기에서 夫婦의 義를 볼 수 있다고 하였다. 즉 婦人은 죽어도 남편이 살아있으면 葬事치렀다고 쓰지 아니한 것은 婦人은 남편과 運命을 같이 한 까닭에 婦人은 스스로 獨立할 수 없음을 보인 것으로 남편을 葬事 할 때까지 기다리게 하는 것이다.

모름지기 天王은 위로 天命을 받들고 아래로 人心을 모으는 天下 公共의 職務를 遂行함에 賢人을 사귀고 君子를 친하여 반드시 公論에 따른 政事를 펴야 된다. 만일 털끝만큼이라도 私意 偏見이 介入되면, 마침내 道德政治를 할 수 없는데 이르게 될

---

27) 「十有二月乙卯에 夫人子氏가 薨하다.」(春秋 隱公一年).

것이니 根源에서 毫釐의 差異가 생기면 마침내 末端이 이르러선 千里의 어그러짐이 나타나는바 君王의 一念이 나라를 일으키기도 하고 나라를 망하게도 하는 것이다. 그러므로 禮記에 말하기를 "公事는 私私로이 議論하지 아니 하니라"[28)라고 하였다.

國家의 三大要素는 土地와 國民과 制度이다. 土地는 하늘이 준 것으로 悠久한 祖上으로부터 물려받은 것이며, 國民은 하늘이 낸 것으로 어버이로부터 血肉을 이어받은 것이며, 制度는 聖人이 制定한 것으로 하늘의 뜻을 살피고 사람의 마음을 더듬어 現實社會에서 理想世界를 이룩하는 原理이다. 그러므로 土地는 永遠히 保存하여야만 되고, 國民은 一生을 安寧하게 保護하여야만 되며, 制度는 法으로 安全하게 保障하여야만 된다. 國家에 있어서 國土가 가장 重要한 까닭에 國土를 開發保存하는 責務는 君王에게 있는 것이요, 國民이 그 다음 重要한 까닭에 國民을 開化保護하는 責任은 卿大夫에게 있는 것이며, 制度가 끝으로 重要한 까닭에 制度를 遵守保障하는 責務는 선비에게 있는 것이다. 禮記에서 말하기를 "나라님은 國土를 위하여 죽으며, 大夫는 國民大衆을 위하여 죽으며, 선비는 制度를 위하여 죽느니라"[29)라고 하였다. 君王이 國土를 잃어버리면 君王일 수가 없으며, 大夫가 民衆을 저버리면 大夫일 수가 없으며, 선비가 制度를 잊어버리면 선비일 수가 없는 것이다.

그러므로 또 말하기를 "天子는 外出이라 말하지 아니하고, 諸侯는 살아서 이름을 부르지 아니하며, 君子는 惡을 親하지 아니하나니, 諸侯가 土地를 喪失하면 이름을 부르고, 同姓의 나라를

---

28) 「公事不私議.」(曲禮).
29) 「國君은 死社稷하고, 大夫는 死衆하며 士는 死制니라.」(曲禮).

滅하면 이름을 부르나니라.”30)고 하였다. 天子는 모름지기 天下로서 天下를 삼는 까닭에 밖이 없는 것인바 內外遠近을 나누고 親疎厚薄을 달리함은 一視同仁하는 聖王의 度量이 아니다. 그러므로 소위 天子가 大同世界를 建設하지 못하고, 天下一統을 完遂하지 못하면 外出이라고 하여 君子가 外面하는 것이며, 諸侯는 國家의 代表로서 公人인 까닭에 살아서는 私私로운 이름을 부르지 아니하고 오직 죽은 뒤에 이름을 쓰는바 대개 諸侯의 義務는 國土를 保全하는 것보다 큰 것이 없는 까닭에 만일 諸侯가 失地를 하면 이름을 써서 賤待하는 것이요, 同姓은 親할 바로서 相扶相助하여야 하거늘 同姓의 國家를 滅하는 것은 大惡이므로 또한 이름을 써서 끊어 버린 것이다.

孔子는 春秋에서 “天王이 外出하여 鄭나라에 머물렀다.”31)라고 하였고 또 “蔡나라 임금 獻舞가 돌아오다”32)라고 하며 또 “衛나라 임금 燬이 邢을 滅하다.”33)라고 하여 王을 비방하고 諸侯를 賤待하였던 것이다. 天王은 마땅히 德을 밝혀 天下國家를 保全하는 것으로 일을 삼아야 하는바, 仁者는 天下에 對敵할 이가 없는 것이다. 堯임금은 밝게 생각하고 恭遜하게 辭讓하여 그 德이 四海에 끼치고 上下에 미쳤으니 書傳에 말하기를 “큰 德을 잘 밝혀 九族을 親하고, 九族이 이미 和睦하여 百姓이 均明하며, 百姓이 昭明하여 萬邦이 協和하니, 黎民이 아, 感化되어 이에 和樂하니라.”34)라

---

30) 「天子는 不言出이오 諸侯는 不生名이니 君子는 不親惡이라 諸侯가 失地하면 名하고 滅同姓하면 名이니라.」(曲禮下).
31) 「天王이 出하야 居于鄭하다.」(春秋).
32) 「蔡侯獻舞가 歸하다.」(春秋).
33) 「衛侯燬이 滅邢하다.」(春秋).
34) 「克明俊德하야 以親九族하고 九族旣睦하야 平章百姓하며 百姓昭明하여 協和萬邦하니 黎民이 於變時雍하니라.」(堯典).

고 하였다. 德은 內外가 없는 까닭에 境界가 없고, 境界가 없는 까
닭에 敵이 없으며, 敵이 없는 까닭에 土地를 잃어버림이 없는 것
이다. 그러므로 左傳에 말하기를 "옛날에 天子의 守護함은 四夷에
있었는데, 天子가 卑劣하니 守護함이 諸候에 있으며, 諸候의 守護
함은 四隣에 있었는데, 諸候가 卑劣하니 守護함이 四境에있나니,
그 네 변방을 愼重히 하여 그 네 나라와 協助를 맺어, 백성들이 그
들판에서 편안히 산다면 봄 여름 가을의 일들이 이루어져 백성이
안으로 근심이 없고, 밖으로 두려움이 없을 터인즉 나라에 城이
무슨 소용 있겠는가?"35)라고 하여 天子와 諸候는 모름지기 道德
을 닦아 光明正大한 政治를 함으로서 自己나라 뿐만 아니라 이웃
나라까지 安全을 보장하여 주는 것이 國土를 守護하는 最上의 原
理요, 道德을 따라 公平正直한 政治를 함으로서 이웃나라와 外交
하여 自己 나라를 守護하는 것이 그 다음이며, 道德을 저버리고
巧詐姦弄한 統治를 함으로서 오로지 武器만을 開發하고, 武力만을
增强하며, 全國土를 要塞化하여 이웃나라와 怨恨을 맺고 天下사람
의 발길을 끊어서 國土를 保存하려는 것은 歷代의 庸君이 하는 짓
인바 下策일 따름이라, 비록 옴 힘을 다하여 지키려 하지만 어찌
오래가겠는가?

　上德은 말이 없어도 믿고, 中德은 말한 뒤에 믿으며, 下德은
말을 하여도 믿지 아니하나니 나라에 道德이 있으면 나라사이에
協約이 必要하지 안을 것이요, 나라에 道德이 없으면 비록 盟約
이 있다하여도 소용이 없는 까닭에 孔子는 春秋에서 잦은 會盟

---

35) 「古者에 天子는 守가 在四隣하더니, 天子가 卑하므로 守가 在諸候
　　하며, 諸候의 守護함은 在四隣 있었는데 諸候가 卑하므로 守가 在
　　四竟하니 愼其四竟하며 結其四援하며 民狎其野하면 三務成功하야
　　民無內憂하고 而又無外懼하리니 國焉用城이리오.」(左傳 昭公23年).

을 列擧하여 天下에 信義가 없는 것을 꾸짖었다. 天下는 天下사람의 것이요, 國土는 國民의 것인 까닭에 누가 주거나 빼앗을 수가 없는 것이다. 그러므로 春秋에서는 國土를 남에게 빼앗기는 것도 꾸짖었지만, 남의 國土를 빼앗는 것을 또한 비난하였다.

　孟子는 春秋에 義戰이 없다고 하였는바 義戰이란 征伐을 말하는 것이다. 征이란 天子가 諸候國의 罪를 聲討하고 懲罰하여 바로 잡아주는 것이요, 伐은 諸候國이 諸候國의 惡을 聲明하고 處理하여 바로 잡아주는 것이다. 그러므로 征과 伐은 애당초 道德精神에서 말미암은 것이라, 國土를 짓밟고, 國民을 해치며, 國法을 어지럽힘이 전혀 없는 것이다. 湯임금이 桀을 征伐하고, 武王이 紂를 征伐하는 것과 같아, 仁義로 不仁, 不義를 聲討할 따름인 것이다. 그러나 戰爭, 侵略, 襲擊, 包圍, 入城, 取土, 滅國 等은 義戰이 아니다. 戰爭은 한갓 勢力을 다툼이요, 侵略은 私欲을 채우는 것이며, 襲擊은 利得을 빼앗는 것이며, 包圍는 生民을 괴롭히는 것이며, 入城은 生民을 죽이는 것이며, 取土는 國土를 强奪하는 것이며, 滅國은 制度를 없애는 것이니, 道德이 있는 나라가 차마 할 짓이 아니다. 이 가운데서도 惡의 輕重과 罪의 大小가 있는바 戰爭, 侵略은 宣戰布告가 있는 것이니 좀 나은 것이요, 襲擊, 包圍는 奇巧邪術로서 하니 더 나쁘고, 生民을 殺傷하는 入城과, 君王을 죽이는 取土와, 士大夫를 죽게 하는 滅國은 極惡大罪로서 반드시 天罰을 받게 되는 것이다. 따라서 이에는 반듯이 復讐의 義理가 있는 것이니 戰爭에서만은 君父가 죽지 않은 限 復讐의 義理가 없으나 만일 休戰條約이 不平等하거나, 抗服하여 城下의 盟約이 있다면, 國家間에 服從의 義理가 없으니 여기에서도 雪恥復讐의 義理가 있게 된다. 그 以下의 行爲에는 말할 것 없고, 만일 入城, 取土, 滅國에는 九世뿐만 아니라 萬代

에라도 復讎救國의 義理가 있는 것이다.

朱子는 말하기를 "대저 春秋의 法이 임금이 弑殺당함에 賊을 討伐하지 아니하면 葬事치렀다고 쓰지 아니한 것이니, 바로 復讎의 大義가 重大하고, 거두어 葬事치르는 常禮를 輕微하게하야, 萬歲의 臣子로 이와 같은 非常한 變亂을 당하면, 반드시 능히 討賊復讎한 뒤에 그 君親을 葬事치름이 있게 하는 것을 보여 주는 것이요, 그렇지 못하면 비록 棺槨衣衾이 至極히 隆崇하더라도 眞實로 골짜구니에 버린 것과 다름이 없으니 그 義理가 깊고도 뚜렷하다 할 것이다."36)라고 하였으니 治世에는 스스로 잘 다스려 外國의 干涉을 받지 아니하고, 亂世에는 復讎의 義理를 저버리지 아니하여 부끄러움을 씻어 나라를 지키는 데에 忠孝를 하는 道理를 보이는 것이다.

周易에서 말하기를 "君子는 敬으로 內心을 正直하게 하고, 義로서 外貌를 方正 하게 하야, 敬과 義가 確立되면 德이 외롭지 아니하니라."37)라고 하였으니 나라도 또한 誠敬으로 內政을 닦고 正義로 外交를 맺으면 孤立하지 아니하는 까닭에 옛사람은 國際間에 會盟을 함에도 반드시 자기나라를 잘 다스릴 것으로 盟誓를 하였다. 春秋때는 비록 仁義가 사라졌으나 그 制度는 아직 남아 蔡丘의 會에서 諸侯들이 다음과 같이 盟約하였다.

"첫째로, 不孝子를 목 베며, 世子를 바꾸지 아니하며, 妾을 妻

---

36) 「夫春秋之法이 君弑에 賊不討하면 則不書葬者하니 正以復讎之大義 爲重이요 而掩葬之常禮爲輕하야 以示萬歲臣子로 遭此非常之變하면 則必能討賊復讎然後에 爲有以葬其君親者요, 不則雖棺槨衣衾이 極於隆厚라도 實與委之於壑으로 無異니 其義可謂深切著明矣라.」(朱子大全 答張敬夫書).

37) 「君子는 敬以直內하고 義以方外하야 敬義立하면 而德이 不孤하니라.」(坤文言).

로 삼지 아니한다.

　둘째로, 어진이를 높이고, 人才를 敎育하여 德있는 이를 表彰한다.

　셋째로, 늙은이를 恭敬하고, 어린이를 慈愛하며, 나그네를 돌본다.

　넷째로, 土大夫의 官爵을 世襲하지 아니하며, 官職을 兼任시키지 아니하며, 人才를 가려 뽑으며, 大夫를 마음대로 죽이지 아니한다.

　다섯째로, 河川을 구부러지게 막지 아니하며, 糧穀을 모두 사드리지 아니하며, 官爵을 封함에 널리 알리지 아니함이 없게 한다."38)라고 하였으니 勿論 이 葵丘의 盟約은 形式에 그치고 말았으나 옛사람의 外交의 原理를 알 수 있는 것으로 모두 至極한 道德의 原則이 아님이 없다. 대저 明王이어야 天下의 善를 모두 合一하여 純粹無雜한 政治, 終始不息한 行政, 內外無間한 施政을 하여 바야흐로 國家를 빛내고, 天下를 太平하게 할 것이다.

第3節　文化精神

　사람은 하늘로부터 天理의 本性과 本然의 形色을 받아 태어났으니, 仁義禮智의 性과 惻隱·羞惡·辭讓·是非의 마음(心)과 喜·怒·哀·懼·愛·惡·欲의 情에 天然의 條理가 있는 것이요, 耳目口鼻의 形氣와 四肢百骸의 行色에 自然의 秩序가 있는 것이다. 그러므로 心德에 하나의 原理를 세워 公平한 條理를 간직하고 行實에 하나의 準則을 세워 方正한 秩序를 갖추어야 하는바, 天然의 公平한 條理를 充實하게 간직할 때 文彩가 나는 것이요,

---

38) 「初命曰 誅不孝하며 無易樹子하며 無以妾爲妻라, 再命曰 尊賢育才하야 以彰有德이라, 三命曰 敬老慈幼하며 無忘賓旅라, 四命曰 士無世官하며 官事無攝하며 取士必得하며 無專殺大夫라, 五命曰 無曲防하며 無遏糴하며 無有封而不告라.」(孟子 告子下).

自然의 方正한 秩序를 아름답게 갖출 때 光輝가 있는 것이다. 이 文彩와 光輝가 곧 文化이니 天然의 條理는 스스로 文彩나고, 自然의 秩序는 스스로 光輝가 있는 것이다.

君子는 이와 같은 人間의 文化를 이룩할 뿐만 아니라 事物가 운데서도 條理를 찾고 秩序를 세워 天下의 文明을 밝히는바 宇宙에는 本體界의 絶對的 眞理가 存在하므로 現象界의 相對的 事物이 生成하는데 本體界와 現象界가 둘이 아니니 眞理와 事物이 서로 떨어져 있는 것이 아니다. 그러므로 日常 生活 가운데 事物을 處理함에 當然한 道理가 있는 것이요, 이 당연한 道理를 다하여 本然의 眞理를 남김없이 갖추고, 現象의 事實을 빠짐없이 드러내 마침내 天然의 條理를 文彩나게 하고, 自然의 秩序를 光輝있게 한다.

聖王은 政治를 함에 있어서 人間의 文化 뿐만 아니라 事物의 文明까지 이룩하였는바 條理있는 政治, 秩序있는 行政이 아니면 아름답게 여기지 아니하였다. 따라서 政治에 條理가 없는 것을 亂政이라하고, 行政에 秩序가 없는 것을 失政이라 하나니 孔子는 春秋에서 이것을 가장 꾸짖었다. 君父가 文明하지 못하여 亂德失道 하므로서 大臣이 放恣하고 群臣이 橫議하나니 마침내 나라가 망하고 몸이 죽게 되는 것이다. 孔子는 「周易」에서 말하기를 "臣下가 그 임금을 죽이고, 아들이 그 아비를 죽이는 것은 하루아침 하루저녁의 緣故가 아니라, 그 말미암아 오는바가 漸漸된 것이니 그것을 辯別함이 일찍 辯別하지 못함을 말미암은 것이다."39)라고 하여 萬事에 條理秩序를 잃어서는 안 됨을 밝혔다. 그러나 心性에 中和를 이룩하여 事物에 中節을 이루기는 지극히 어려워 天

---

39) 「臣弑其君하며 子弑其父가 非一朝一夕之故라 其所由來者가 漸矣니 由辯之不早辯也라.」(坤文言).

下에서 가장 큰 根本을 세우고, 天下에서 最高의 普遍的인 道를
行하지 아니하면 안 되는 것으로 사랑하는 마음에는 分別이 있
고, 恭敬하는 마음에는 等級이 있으니 分別의 條理를 알고, 等級
의 秩序를 깨달아야 할 뿐 아니라, 事物은 가지런하지 못하여 本
末과 終始가 있으니 또한 先後厚薄이 없을 수 없는데 歲時・日
月・星辰은 돌아가고, 民心도 한결같지 아니하며, 事物도 同一하
지 아니하며, 官職도 一定하지 아니하며, 始終도 均一하지 아니
하니 이와 같은 사이에서 어떻게 저와 같은 條理와 秩序를 잃지
아니할 수 있겠는가? 그런 까닭에 모름지기 선비는 天下事物에
卽接하여 天下의 理致를 窮究하는 格物工夫와 자기心性에 反歸
하여 固有의 理性을 知覺하는 致知工夫를 하여 事物의 理致에
밝고 自己의 良知에 뚜렷하고자 한다.

　事物의 理致에 밝을 때 事物을 文彩나게 할 수 있는 것이요,
自己의 良知에 뚜렷할 때 自身을 光輝있게 할 수 있는 것이다.
事物은 物質이요, 良知는 精神이니, 物質은 有限하고 精神은 無
限한바, 有限한 物質에 無限한 精神을 갖추는 것이 곧 本來의
世界이며 本然의 境界이다. 그러므로 本來의 世界는 物質속에 있
으면서도 物質을 超越하고, 本然의 境界는 現實속에 있으면서도
現實을 超脫하나니 그 지키는바가 物質의 現實에 있는 것이 아
니요 精神의 本然에 있는 까닭이다. 君子가 섬기는 바는 無限한
精神의 本義에 있는 까닭에 마침내 悠久廣大하므로 神聖하나니
文化이어야만 능히 神聖할 수가 있는 것이다.

　한갓 있는 것만을 알고 없는 것을 알지 못하며, 같은 것만을
보고 다른 것을 보지 못하며, 속만 깨닫고 밖을 깨닫지 못하면,
어떻게 無限이라고 할 수 있을 것인가? 孔子는 春秋 242年間의
有限한 史實에 古今・上下・內外의 無限한 精神을 網羅하였다.

그러므로 君子가 말하기를 "春秋의 헤아림은 말이 隱微하면서도 뜻이 顯著하며, 일을 記錄하면서도 文章이 簡約하며, 辭氣가 和順하면서도 篇章을 이루며, 事實을 直言하면서도 人格을 더럽히지 아니하며, 惡을 懲罰하면서도 善을 勸奬하였으니, 聖人이 아니면 누가 그것을 編修할 것인가."40)라고 하였다. 規矩準繩이 없이는 萬物의 方圓平直을 살필 수 없고, 仁義禮智가 없이는 天下의 中正公明을 헤아릴 수 없는바 五色을 섞어 버리면 찬란한 文彩는 사라지고, 五音을 섞어 버리면 協和의 倫理가 없어진다.

政治에는 本末이 있고, 行政에는 先後가 있는데 原理는 根本이요, 現實은 枝末인바 枝末을 안으로 하고 根本을 밖으로 하면 亂政이라 일컫고, 愛民은 先始요 敬君은 後終인데 後終을 取하고 先始를 버리면 失政이라 일컫나니, 春秋에서 孔子는 亂邦은 夷狄으로 깎고 正邦은 中夏로 높이었는바 韓退之는 말하기를 "孔子께서 「春秋」를 지음에 諸候가 夷禮를 쓰면 夷狄으로 하고, 夷狄이 中國文化로 나아가면 中國으로 하였다."41)라고 하여 文化의 尺度에 따라 國家를 評하였음을 밝혔다. 모름지기 廣大함을 이루고도 精微함을 다하며, 高明함을 至極히 하면서도 中庸을 말미암으며, 옛 것을 익히면서도 새 것을 알며, 두터이 調和하면서도 禮節을 높이는 사람이 아니면 누가 本末의 條理를 세워 文彩를 내고, 先後의 秩序를 찾아 倫理를 세울 것인가?

禮儀를 優雅하게 갖추고 制度를 公平하게 定하며 文書를 簡潔하게 쓰는 것은 文化政治의 體制를 갖춤이요, 車輛의 軌道를 같

---

40) 「君子曰 春秋之稱은 微而顯하며, 志而晦하며 婉而成章하며 盡而不汚하며 懲惡而勸善하나니 非聖人이면 誰能修之리오.」(左傳成公14年).
41) 「孔子之作春秋也에 諸候用夷禮면 夷之하고, 夷狄進於中國則 中國之하다.」韓退之 (原道).

게 하고 文書의 文體를 같게 하며 行動의 倫理를 같게 하는 것
은 文化行政의 體系를 갖춤이다. 禮儀는 天文, 地理, 人心을 살
펴 萬人에 通達하여야 될 뿐만 아니라, 天地鬼神에까지 通達하는
것이어야 된다. 天下에는 父子, 兄弟, 夫婦, 君臣, 長幼, 朋友, 賓
客 等의 關係가 있고, 飮食, 衣服, 住居, 事業, 機器, 度量, 數制
等의 事物을 더불어 살며, 冠 昏 喪 祭 射 御 朝 聘 등의 過程
이 있으니 統體의 條理를 밝혀 時間의 先後와 空間의 遠近과 人
間의 親疏를 秩序있게 바로 하는 儀禮가 아니면 優雅하지 못하
며, 制度는 天時, 地勢, 人情을 살펴 人生에 通用하여야 될 뿐
아니라 天下萬物에까지 通用하는 것이어야 된다.

　天地에는 水 火 雷 風 山 澤 等의 物象이 있고, 乾坤에는 陰
陽의 氣와 五行의 數가 있어서, 萬物이 上下四方에 벌려있으면서
도 往來不窮하니 時宜에 適中하고 地域에 合當하며 人情에 便安
한 制度가 아니면 公平하지 못하며, 文書는 天象 地形 人心을
살펴 聰明睿智하게 傳達될뿐만 아니라 嚴肅神聖함이 우러나와야
된다.

　天地事物에는 尊卑 貴賤과 長短大小가 있으며, 사람의 感情에
는 喜·怒·哀·樂·愛·惡·懼가 있으니 窮巷에 외로이 살아도
五官은 天下의 일을 느끼고, 是非善惡을 隱密한 속에서 가리므로
複雜한 說明이 오히려 도움이 되지 아니한다. 그러므로 文書는
日月처럼 뚜렷하고, 山海처럼 集約하여 簡潔明確하게 하므로서
神聖함이 우러난다. 車輛의 軌道를 같게 함은 사람이 쓰는 것을
統一하여 有無를 相通하고, 文物을 交流시켜 國家를 均等하게 開
發하려 함이요, 文書의 文體를 같게 함은 人心을 統一하여 國政
의 公論을 밝히기 위함이요, 行動의 倫理를 같게 하는 것은 生
活風習을 세워 國民을 調和시키려 함이다.

저와 같은 體制를 갖추어야 法度를 헤아려 政治의 文化가 이룩되고, 이와 같은 體系를 갖추어야 法令을 지켜 行政의 文化가 나타나는바 體制는 있어도 體系가 없으면 文明이 드러나지 아니하고, 體系는 있어도 體制가 없으면 文德이 갖추어지지 아니한다. 聖王은 스스로 文德을 갖추어 天下를 文明하게 다스리는바 政治의 體制를 온전히 세우고도 또한 行政의 體系를 두루 갖춘 까닭이다. 孟子는 말하기를 "오늘날 어진 마음과 어질다는 소문이 있으면서도 백성들이 그 惠澤을 입지 못하고, 後世에 본받음직 하지 못한 것은 先王의 法度를 施行하지 아니함이다. 그러므로 한갓 善心이 족히 政治를 하지 못하고, 한갓 良法이 스스로 行政할 수 없는 것이라 하니라."[42]라고 하였다. 政治에 參與한 사람이 비록 善良하다 하여도 아름다운 政治體制를 갖추지 아니하면 文化政治를 할 수 없고, 行政의 法制가 훌륭하다 하여도 賢能한 執行者가 없으면 文化行政을 할 수 없는 까닭에 옛날 어진 사람들이 天下國家를 말함에 반드시 堯舜의 道, 湯武의 法을 일컫은 것이다.

舜은 堯임금을 섬기되 天下의 善을 모두 모아 어진 行政을 함으로서 文明을 이룩하여 堯를 聖君이 되게 하였고, 堯는 舜을 부리되 天地의 德을 모두 밝혀 어진 政治를 함으로서 文德을 갖추어 舜을 聖臣이 되게 하였다. 임금이 이미 天地의 條理를 세운 聖君이요 臣下가 또한 天下의 秩序를 세운 聖臣이니, 그 百姓인들 어찌 聖民이 아닌가? 天下에 條理와 秩序를 해치는 것은 한두 가지가 아니니, 天地의 災殃과 夷狄猛獸와 亂臣賊子와 邪說

---

42) 「今有仁心仁聞而民不被其澤하야 不可法於後世者는 不行先王之道也일새니라 故로 曰 徒善이 不足以爲政이요, 徒法이 不能以自行이라 하나라.」(孟子 滕文公下).

暴行이 그 큰 것이다. 미리미리 이것을 막지 못하면 한 때 세워
졌다하더라도 다시 허물어지고 만다. 그러므로 聖王의 文化政事
는 이것을 막는데 게을리 하지 아니한 바, 治山·治水를 하는
것은 災殃을 막는 根本이요, 禮義廉恥를 가르치는 것은 禍亂을
막는 基本이며, 義理道德을 밝히는 것은 悖逆을 막는 根源이요,
性理本心을 깨우치는 것은 淫邪를 물리치는 根柢이니, 그 源初를
막아 버리면 紀綱이 무너지지 아니하며, 한갓 그 末終을 다스리
려 한다면 일은 갈수록 어지러워져서 마침내 다스리려 하여도
다스리지 못한데 이를 것이니 어찌 滅亡하지 아니할 것인가?

禹는 洪水를 막아 天下를 太平케 하였고, 湯武는 暴虐을 除去
하여 天下를 安寧하게 하였으며, 周公은 禮樂을 펴서 無禮·無道
함을 懲罰하니 百姓이 便安하였으며, 孔子는 「春秋」를 編修하여
使命과 分數를 밝히니 사람들이 悖倫逆賊을 부끄럽게 알았으며,
孟子는 善性 良知를 깨우쳐 사람의 마음을 바로 잡으니 社會에
淫辭 邪說이 사라졌다. 後世의 哲人이 文化政治를 함에도 반드시
이것을 거울로 하지 아니하면 비록 뜻이 있다하여도 일을 시작
하기 전에 紛亂이 먼저 쏟아질 것이다.

孔子는 文化政治를 施行함에 먼저 國家의 機能固定을 主張하
였고, 孟子는 文化行政을 實施함에 먼저 國民의 生活安定을 主張
하였는바, 國家의 機能을 固定하지 아니하고서는 政治의 條理를
세울 수 없는 까닭에 孔子는 正名思想을 밝혔고, 國民의 生活을
安定기키지 아니하고서는 行政의 秩序를 찾을 수 없는 까닭에
孟子는 王道精神을 말하였다. 正名思想은 名實이 相符하여야 되
는 것으로 「論語」에서 "子路가 말하기를 衛나라 임금이 夫子를
待遇하여 政治를 한다면 夫子께서는 장차 무엇부터 먼저 하시겠
읍니까? 孔子께서 말씀 하시기를 반드시 名分을 바르게 하겠도

다! 子路가 말하기를 이럴 수가 있을까? 夫子의 迂遠하심이여
어찌 그렇게 해서 바로 잡겠읍니까? 孔子께서 말씀하시기를 賤
薄하도다 由(子路名)여! 君子는 그 알지 못한 바에는 모두 제쳐
놓은 것이다. 名分이 바르지 아니하면 말이 順調롭지 못하고, 말
이 順調롭지 아니하면 일이 이루어지지 못하고, 일이 이루어지지
아니하면 禮樂이 일어나지 못하고, 禮樂이 일어나지 아니하면 刑
罰이 適中하지 못하고, 刑罰이 適中하지 아니하면 백성이 손발을
둘 데가 없나니라. 그러므로 君子는 名分으로 하여야 반드시 말
할 수 있으며, 말을 함에 반드시 實行할 수 있을 것이니, 君子는
그 말에 대하여 苟且한 바가 없을 따름이니라"[43]라고 하였으니
國家의 政事를 議論·制定·執行함에 있어서 官名과 職分을 바
르게 하지 아니하고서는 政治의 원래 機能을 發揮할 수 없는 것
이요, 政治의 各機能을 發揮하지 못하면 政治의 條理는 찾을 수
가 없게 된다. 그러므로 文化政治를 함에 있어서 먼저 原來의
體系를 찾아야 하고 原來의 體系를 찾기 위하여 各各 本來의 官
名職分에 充實하여야 하며, 自己의 官名職分에 充實하기 위하여
는 스스로 節度를 지켜서 남의 職責을 干涉하지도 말고, 自己의
職分을 遺棄하지도 아니하여야 된다. 임금은 임금다웁고, 臣下는
臣下다워서 먼저 紀綱의 紊亂을 바로 잡아 固定시키면 바야흐로
政治의 體系있는 機能이 發揮되어 議論이 바르게 되고, 制定이

---

43) 「子路가 曰 衛君이 待子하야 而爲政하면 子는 將奚先이니고 子가
   曰 必也正名인저, 子路가 曰 有是哉라 子之迂也여 奚其正이리오,
   子가 曰 野哉라 由也여 君子는 於其所不知에 蓋闕如也니라, 名이
   不正하면 則言이 不順하고, 言이 不順하면 則事가 不成하며, 事가
   不成하면 則禮樂이 不興하고 禮樂이 不興하면 則刑罰이 不中하고,
   刑罰이 不中하면 則民이 無所措手足이니라 故로 君子는 名之에 必
   可言也요, 言之에 必可行也니 君子는 於其言에 無所苟而已矣니라.」
   (論語 子路).

順調로워지며, 執行이 成功하므로 制度가 아름다워지고 法令이
公正하여 질 것이다.

　王道精神은 仁政을 폄에 반드시 먼저 國民의 基本生業을 保障
하여 주어야 되는 것으로 孟子가 말하기를 "恒常의 生業이 없어
도, 恒久的인 마음이 있는 것은 오직 선비가 잘 하거니와, 저 백
성은 곧 恒常의 生業이 없으면, 따라서 恒久的인 마음도 없나니,
진실로 恒久的인 마음이 없으면 放蕩하며, 偏辟하며, 邪惡하며,
奢侈함을 하지 않음이 없는 것이니, 罪惡에 빠진데 이른 뒤에야
法에 따라서 罰주면 이것은 백성을 그물질하는 것이다. 어찌 어
진 사람이 자리에 있으면서 백성을 그물질 할 수 있으리요! 이
런 까닭에 밝은 임금은 國民의 産業을 制度化하되, 반드시 우러
러 父母를 섬기는데 足하게 하고, 아래로는 妻子를 먹여 살리는
데 足하게 하야, 豐年에는 죽을 때까지 배부르고, 凶年에도 굶어
죽는데서 벗어나게 하나니, 그런 뒤에 善으로 쫓아 나아가게 하
는 까닭으로 백성들이 그것을 따라감이 쉬운 것이다. 오늘날엔
백성들의 産業을 制定하되 위로는 족히 父母를 섬기지 못하고,
아래로는 족히 妻子를 먹여 살리지 못하게 하야 豐年에도 죽을
때까지 苦生만하고, 凶年에 굶어 죽는 데를 벗어나지 못하니, 이
에 오직 죽음에서 救해 내는데도 넉넉하지 못할가 두려워하는지
라, 어느 틈에 禮義를 닦으리오, 王이 어진 行政을 하고자 하시
면 어찌 仁政을 施行하는 根本으로 돌아가지 않겠읍니까? 五畝
의 집안에 뽕나무로서 심으면 50살 된 이는 비단옷을 입을 것이
며, 닭, 돼지, 개 등을 기름에 때를 잃지 아니하면 70살 된 노인
은 고기를 먹을 것이며, 百畝의 밭을 耕作함에 그 때를 빼앗지
아니하면 여덟 식구의 집은 주림이 없을 것이며, 學校의 敎育을
愼重히 하여 孝悌의 本義로서 거듭 가르치면 頒白老人이 길에서

이고 지지 아니할 것이니, 늙은이가 비단옷을 입고 고기를 먹으며 민중이 배고프지 않고 춥지 않으면 그러고서도 王道政治를 못할 이 있지 아니한 것이다."44)라고 하였다.

國家의 行政을 協同自治함에 있어서 國民의 生活이 安定되지 아니하면 人心을 收拾할 수 없고, 人心을 收拾하지 못하면 自治行政을 할 수가 없는 까닭에 밝은 임금은 秩序있는 行政을 펴려함에 있어서 반드시 國家의 産業을 開發하여 國民의 生活을 먼저 安定시켜야 하는바, 孟子는 基本生活의 標準을 "산 사람을 養育하고, 죽은 사람을 喪葬하는데 遺憾이 없는 程度(養生喪死에 無憾)이다."라고 하였다. 住民이 協力하는 地方自治를 이룩하기 위하여는 이러한 程度의 生活을 保障하는 것이 最優先의 切要인 까닭에 刑罰을 줄이고, 稅金을 가볍게 하여, 生業에 從事하도록 하며, 土地의 境界를 바로하고, 山水의 資源을 共同開發하여 産業을 發達시키고, 土農工商의 利益을 均等하게 하여 富의 偏在를 막아야 한다. 이렇게 한 뒤에 孝悌·忠信의 本義로서 教育을 하

---

44) 「孟子曰 無恒產이라도 而有恒心者는 惟士爲能이어니와 若民은 則無恒產이면 因無恒心이니 苟無恒心이면 放辟邪侈를 無不爲已니 及陷於罪然後에 從而刑之면 是는 罔民也니 焉有仁人이 在位하야 罔民을 而可爲也리오, 是故로 明君이 制民之產하되 必使仰足以事父母하고 俯足以畜妻子하야 樂歲에 終身飽하고 凶年에 免於死亡하나니 然後에 驅而之善이라 故로 民之從之也가 輕하나이다.
今也에 制民之產하되 仰不足以事父母하며 俯不足以畜妻子하야 樂歲에 終身苦하고 凶年에 不免於死亡하나니 此에 惟救死라도 而恐不贍이어니 奚暇에 治禮義哉리오, 王欲行之면 則盍反其本矣니잇고, 五畝之宅에 樹之以桑이면 五十者는 可以衣帛矣며 鷄豚狗彘之畜을 無失其時면 七十者는 可以食肉矣며 百畝之田을 勿奪其時면 八口之家는 可以無飢矣며 謹庠序之教하야 申之以孝悌之義면 頒白者는 不負戴於道路矣리니, 老者가 衣帛食肉하며, 黎民이 不飢不寒이요 然而不王者는 未之有也이니라.」(孟子 梁惠王上).

면 自己의 權利와 義務를 알아서 實踐할 것이며, 自發的으로 參
與하고 能動的으로 順從하여 바야흐로 行政의 調和있는 秩序가
이룩되어 風敎가 아름다워지고, 社會가 새로워 질 것이다.

　正名思想은 根源的으로 出處去就의 義理를 밝히고, 王道精神은
基本的으로 淸廉正直의 性品을 닦는 것인바, 國民이 淸廉正直을
崇尙하고, 官吏가 出處去就에 分明하면 文化政治는 스스로 이룩
되는 것이다. 하늘에는 盈虛消息의 條理가 있으니 사람에게는 出
處進退의 道義가 있는바 公職의 任務를 完遂할만하면 나아가고,
適合하지 아니하면 물러나와 위로 公職을 더럽히지 아니하고, 아
래로 한 몸을 부끄럽게 아니하여야 한다. 明道先生은 말하기를
“다스리는 道理는 뜻을 세우며, 職務를 責任지며, 어진이를 뽑아
쓰는데 있다.”45)고 하였다. 意志가 確立되지 아니하면 出處가 眞
實하지 못 할 것이며, 職務를 責任지지 아니하면 去就가 正直하
지 못할 것이며, 어진 이를 뽑아 쓰지 아니하면 進退가 公明하
시 못할 것이다.

　君子는 現在의 自己位置에서 行動하나니 官職이 없으면 政務를
圖謀할 수가 없는 것이요, 官職이 있으면 思慮가 그 爵位를 벗어
날 수가 없는 것이다. 君子가 崇尙하는 것은 自己의 眞實·正
直·公明인 까닭에 志操를 굽혀 出處를 妄靈되이 하지 아니하며,
責任을 피하여 去就를 苟且하게 하지 아니하며, 賢能을 숨겨 進
退를 邪惡하게 하지 아니한바, 따라서 임금이 臣下를 부리되 나
오게 할 때나 물러가게 할 때나 모두 禮로서 하여 富貴하게도 하
고 貧賤하게도 하며, 즐겁게 살게도 하고 悲慘하게 죽게도 할 수
있으나, 節操를 빼앗아 辱되게 할 수는 없는 것이며, 臣下가 임금

---

45)「治道는 在於立志하며 責任하며 求賢이니라.」(程書 明道語錄).

을 섬기되 나아갈 때나 물러갈 때나, 모두 忠으로서 하여 禮義를 무겁게 알고, 廉恥를 닦아 차라리 忠直으로서 罰을 받을지언정 苟且하게 迎合하여 榮華를 추구하지 아니하나니, 마침내 어려운 일을 만나서도 苟且하게 빠져 나아감이 없는 것이다. 모든 士君子는 어지러운 時代를 만나거나 어지러운 나라를 만나거나, 待遇가 疎忽하거나, 뜻이 맞지 아니하면, 언제든지 勇退할 自由가 있지만, 內政이 艱難하던가, 外敵이 侵犯할 때에는 絶對로 一身의 安危만을 위하여 물러갈 수가 없다. 다만 늙고 병들어 물러나는 것은 언제든지 어느 곳에서든지 물러가도 좋은 것이다.

임금이 國民을 위하되 잘 다스려질 때나 못다스려질 때나 어짐으로서하여 쓸 때에도 仁賢을 살피고, 버릴 때에도 賢能을 살펴, 적당한 人材를 적합한 자리에 두어야 한다. 사람은 各各 잘한 것이 있고 잘 못한 것이 있는바 스스로 自身을 過大評價하고 남을 過小評價하여서는 안 된다. 賢人은 그 當時에 뛰어난 사람이니 어느 때나 없는 것이 아니고 다만 널리 찾지 아니하였을 뿐이니 모름지기 君子는 公明을 흐려서는 안 된다. 君子는 스스로 快足한 道가 있는 까닭에 바깥에서 追求함이 없는지라 萬事에 誠意自足하나니, 「論語」에 보면 "孔子께서 顔淵에게 일러 말하시기를 써주면 道를 施行하고, 버리면 道를 감춰두는 것은 오직 나와 너에게 이러함이 있는 진저!"[46]라고 하여 天下에 어떤 것도 君子의 마음을 얽어맬 수는 없음을 밝혔다.

하늘에는 元亨利貞의 秩序가 있으니 사람에게는 淸廉公平의 禮義가 있는바 公事의 公金을 받을 데서 받고, 쓸데서 써, 안으로 國家의 公金을 도적질 하지 아니하고, 밖으로 國民의 財貨를

---

46) 「子謂顔淵하시되 日用之면 則行하고 舍之면 則藏은 惟我與爾에 有是夫인저.」(論語 述而).

빼앗지 아니하여야 한다. 明道先生은 말하기를 "보고 들으며, 혜아리고 생각하며, 움직이고 만든 것이 모두 天道이니, 사람은 다만 그 가운데서 眞實과 虛妄을 밝게 깨달아야 한다."[47]라고 하였다. 보고 듣는데 誠實하지 아니하면 取捨에 廉恥가 없을 것이며, 헤아리고 생각하는데 敬愼하지 아니하면 與受에 淸白이 없을 것이며, 움직이고 만든데 正直하지 아니하면 出納에 公正함이 없을 것이다. 取捨에 廉恥가 없으면 弱者는 强者의 勞役이 되고, 與受에 淸白이 없으면 貧者는 富者의 勞役이 되며, 出納에 公正이 없으면 賤者는 貴者의 勞役이 되어 弱小한 生民이 膏血을 바치고 굶어 죽어도 强大한 盜賊들은 오히려 洽足할 줄을 모를 것이니 어찌 行政을 할 수가 있겠는가?

君子는 人欲을 막고 天理를 保存하나니 한 가지의 不義를 行하여 목숨을 살린다 하여도 하지 아니하고, 한 사람의 罪없는 이를 죽여서 天下를 얻는다 하여도 하지 아니하여, 義가 아니면 天下도 받지 아니하며, 義가 아니면 깃털 하나라도 주지 아니한다. 그러므로 벼슬을 하는 것이 道를 펴기 위함이지 祿을 추구함이 아니며, 가난하고 賤함이 義를 지키기 위함이지 가난을 즐김이 아니다. 視聽과 思慮와 動作에 天道가 매여 있으니 널리 보고, 살펴 들으며, 신중하게 헤아리고, 밝게 생각하며, 돈독하게 움직이고, 공경스럽게 받들어 임금은 德을 어기지 아니하고, 大夫는 公利를 거두어들이지 아니하며, 官吏는 게으르지 아니하고, 선비가 분수에 넘친 벼슬을 하지 아니하면, 백성들도 이에 家庭問題를 國家에 告訴하지 아니 할 것이며, 살길을 찾아 옮겨 다니지 아니할 것이며, 職業을 찾아 떠돌아다니지 아니할 것이다.

---

47) 「視聽과 思慮와 動作이 皆天也니 人은 但於其中에 要識得眞與妄爾라.」(明道語錄).

家庭問題가 社會問題로 번지지 아니하고 父母妻子가 四方으로 헤어지기 아니하며 士農工商이 떠돌아다니지 아니한 다음에 行政을 할 수가 있는 것이다. 그러므로 먼저 國家財政을 公平하게 執行하여야 命令이 正義로울 것이요, 命令이 正義로워야 백성들의 非行을 禁止시킬 수가 있는바, 孟子는 王道行政의 基本이 士農工商의 生活安定에 있음을 다음과 같이 거듭 말하였다. "옛날에 文王이 岐땅을 다스림은 農耕者에겐 井田制에 依하여 十分의 一을 稅로 하였으며, 벼슬한 선비에게는 子孫에게까지 祿을 支給하였으며, 關門이나 市場에서는 商工人에게 稅金을 받지 아니하였으며, 山林漁場에 禁法을 設置하지 아니하여 公共의 利得을 國家에서 獨占하지 아니하였으며, 罪人을 罰하되 妻子에게 連累시키지 아니하였으니, 늙어서 부인이 없는 것이 홀아비요, 늙어서 남편 없는 것이 과부며, 늙어서 자식 없는 것이 홀몸이요, 어려서 애비 없는 것이 고아이니, 이 넷은 天下의 어려운 백성으로 하소연할데 없는 사람이거늘 文王이 政治를 일으켜 어진 行政을 베풀되 반드시 이 넷을 먼저 돌보시니 「詩經」에 이르기를 어려운 날에 富者는 오히려 견딜 수 있으려니와 이 외로운 이들이 슬프도다."48)라고 하였다.

높은 자리에 있으면서 利慾을 貪하면 天下의 窮民이 먼저 파리해지나니 비록 直接 그들의 것을 빼앗지 않았다고 할지라도, 마침내 그들을 괴롭히는 것이다. 소위 선비가 벼슬을 하며 國家를 安定시킨다면서, 어찌 廉恥없이 홀아비, 과부, 홀몸, 고아를

---

48) 「孟子曰 昔者에 文王之治岐也는 耕者에 九一하며 仕者에 世祿하며 關市에 譏而不征하며, 澤梁에 無禁하며, 罪人에 不孥하였으니 老而無妻曰 鰥이요, 老而無夫曰寡요, 老而無子曰獨이요, 幼而無父曰孤니 此四者는 天下之窮民而 無告者어늘 文王이 發政施仁하시되 必先斯四者하시니 詩云哿矣富人이려니와 哀此煢獨이라하니라.」(梁惠王下).

괴롭힐 것인가? 天下의 公利를 훔친 사람들은 不義한 사람이요, 窮民의 私利를 빼앗는 사람은 不仁한 사람이니 不仁·不義하고서 살아있는 것은 僥倖히 버티고 있을 뿐이다. 그러므로 君子는 進退去就의 義理에 밝아 天道에 즐거웁고, 淸廉剛直의 性品을 닦아 天命에 便安하여 自然의 條理를 文彩나게 하고 當然의 秩序를 節度있게 하나니, 自然의 條理를 文彩나게 하므로서 나라에 禮樂敎化가 일어나고, 當然의 秩序를 節度있게 하므로서 社會에 典章文物이 갖추어지는바 마침내 人文을 드러내고 國家를 神聖하게 하는 것이다. 世界에서 文化가 가장 높은 나라이어야만 世界의 中心이 될 수 있는 것이니 春秋에서 中夏 또는 中國이란 文化中心國을 일컬음이요, 地域의 位置를 일컬음이 아닌 것이다.

第4節 民本精神

春秋는 王道로서 國家를 다스리는 法이다. 王道란 大道를 뜻하는 것으로 天地의 大道로서 統治를 하기 위해서는 必須的으로 統治者의 使命自覺을 要求한다. 天下는 天下 사람의 것이요 國家는 國民의 것인 까닭에 "國民을 親近히 할 것이요 强壓할 수 없다. 國民이 오직 國家의 根本이니 根本이 튼튼해야 나라가 安寧하다."49)라고 「書傳」에서 말하였고 國家를 構成하는 國民, 領土, 法制의 三要素 가운데 오직 國民이 主體요, 領土는 國民이 살 터전이며, 法制는 國民이 살아가는 길이다.

君王의 자리는 法制에 의하여 만들어진 것이며, 國民을 잘살게 하기 위하여 있는 까닭에 國家의 最高統治者는 언제나 國民

---

49) 「民은 可近이요 不可下라 民惟邦本이니 本固라야 邦寧이니라.」(書傳 五子之歌).

의 意思에 和應해야 된다. 비록 君王의 尊嚴으로도 반드시 국민이 좋아하는 바를 좋아 하여야 하며, 국민이 싫어하는 바를 싫어하여야 하는 義理가 있는데, 「大學」에서 말하기를 "사람이 싫어하는 바를 좋아하고, 사람이 좋아하는 바를 싫어함은 이를 일컬어 사람의 本性을 어기는 것이라 하나니 災殃이 반드시 그 몸에 미칠 것이다."50)라고 警告하고, 더 나아가 天命을 받아 天王이 되는 것은 오직 民心을 얻는데 있음을 다음과 같이 말하였다. "큰 命은 쉽지 않다 하니, 大衆을 얻으면 나라를 얻고, 大衆을 잃으면 나라를 잃는다는 말이다."51) 春秋精神은 大一統主義인 까닭에 世界主義를 主張한다. 天子는 天命을 얻은 오직 한 사람이 天下를 統治하는 法을 밝히고 있다. 그러므로 天子는 天王이라 일커르고 있는바 "秋七月에 天王이 宰官 喧으로 하여금 惠公仲子의 喪에 賻儀하러 오게 했다."52) 天子 또는 天王이라고 하는 말은 天命을 받들어 天下를 統治함을 意味한다. 그러므로 하나의 世界에 두 사람의 天王(天子)이 共存할 수 없는 大一統思想이 있게 된바, 곧 大同思想의 發露다. 大一統主義는 첫째 天下에서 가장 어진이 한 사람이 天子가 되어 大同世界를 建設하는 것으로 곧 大人一王의 統治요, 둘째 天命을 받들어 天地의 大道를 確立하여 公明 正直한 오직 한 마음으로 行政하는 것으로 곧 大道一德의 政治며, 셋째 四海 同胞를 差別없이 사랑하여 萬民을 親愛하는 것으로 곧 大衆一體의 行政이다. 이와 같은 大一統主義는 위로 上帝를 받들고, 아래로 萬民을 사랑할 수 있는 至極한

---

50) 「好人之所惡하며 惡人之所好함은 是謂拂人之性이라 災必逮夫身이니라.」(大學).
51) 「峻命不易라하니 道得衆則得國하고 失衆則失國이니라.」(大學).
52) 「秋七月에 天王이 使宰 喧으로 來歸惠公仲子之賻하다.」(春秋 隱公元年).

德性이 있어야만 實現할 수가 있다. 왜냐하면 天命과 民心은 當時에 가장 어진이에게로 돌아가기 때문이다. 그러나 天命은 보이거나 들리는 것이 아니므로 그 所在를 쉽게 알 수 있는 것이 아닌 까닭에 마침내 民心의 돌아가는 바를 살피지 아니할 수 없다.

民心으로 天意를 살필 때 民心과 天意가 一致할 수 있는 根據는 하늘이 萬民을 탄생시킴에 가장 온전한 形色을 갖추고, 理性을 賦與하여, 高度의 知覺力을 갖게 하였으니, 사람은 누구나 天意를 知覺할 수 있는 까닭에 大衆의 意思는 곧 天意의 發露가 될 수 것는 것이다. 사람이 知覺하는 專達媒體는 대개 네 가지인데 느낌으로 아는 感覺傳達, 말로 아는 言語傳達, 마음으로 아는 心志傳達, 理性으로 아는 道理傳達이다. 이러한 傳達媒體는 모두 先天的으로 하늘이 준 것이다. 그러므로 純粹한 五官의 感覺은 天然의 感應이요, 正直한 사람의 言語는 하늘의 소리며, 中正한 良心의 知覺은 天意의 發露며, 高明한 理性의 實體는 바로 天理의 本然이다.

이와 같이 사람은 至極한 傳達媒體를 가지고 있는 까닭에 民心으로 天命을 推理할 수 있을 뿐만 아니리, 사람과 하늘은 하나의 理로 貫通하고 있는 까닭에 마침내 사람의 知覺은 天意에 一致하는데까지 이르는 것이다. 따라서 民心이 있는 곳에 곧 天理가 있는바, 「書經」에서 말하기를 "하늘의 귀 밝으며 눈 밝음이 우리 國民으로부터 귀 밝고, 눈 밝으며, 하늘의 좋아하고 싫어함이 우리 國民으로부터 좋아하고 싫어하는지라, 위에 하늘과 아래에 사람이 서로 통하니, 恭敬할지어다 임금이여."53)라고 하였다. 이에 天命을 알기 위해서는 오직 民心의 돌아가는 바를 살피는

---

53) 「天聰明이 自我民聰明하며, 天明畏는 自我民明威라 達于上下니 敬哉어다 有土여.」(書傳 皐陶謨).

길 밖에 없음을 다음과 같이 거듭 말하였다. "하늘의 보심이 우리 國民으로부터 하시며, 하늘의 들으심이 우리 國民의 들음으로부터 하신다."54)라고 하여 국민의 普遍的인 與論(衆論)은 合理的인 眞實이며, 萬民의 一般的인 公論은 天理에 一致하는 絶對的眞理임을 밝히고 있다.

天下國家의 成立基本이 人類일뿐만 아니라, 人間의 本性은 하늘이 준 明德이요, 人類의 意志는 곧 天意인 까닭에 孔子는 春秋에서 民本精神을 가르치고, 孟子는 民本政治를 主張한 것이다.

王道政治가 國民의 政治를 主張하고 政客의 專橫을 반대하는 所以가 바로 여기에 있다. 孔子는 國民의 政治生活까지도 강조하였는바 "어떤 사람이 孔子에게 말하기를 先生은 왜 政治를 하지 않으십니까 한 대, 孔子께서 말씀하시기를 「書傳」에 말하기를 오직 孝할진저, 오직 효도하야 兄弟에게 友愛하고, 政事에까지 베풀어 진다하니, 이것도 또한 政治生活이거늘 어찌 政治하는 이만을 한다고 하겠는가."55)라고 하여 모는 사람은 朝廷에 있으나 草野에 있으나 國家政治를 떠날 수 없음을 말하였다. 民本思想의 構造가 이와 같은 까닭에 그 政治의 바탕이 言論의 自由에서 부터 시작된다. 感覺的인 傳達은 表皮에 그칠 수 있고, 心志的인 傳達은 暗示에 그칠 수 있고, 道理的인 傳達은 推想에 그칠 수 있는바, 言語가 大衆社會에서 가장 正確하게 傳達시킬 수 있는 道具가 된다.

社會에 言論의 自由가 있어야만 사람들이 正直하게 말하는 것

---

54) 「天視는 自我民視요, 天聽은 自我民聽이라.」(書傳 泰誓中).
55) 「或謂孔子曰 子奚不爲政이닛고 子曰 書云孝乎인저 惟孝하야 友于兄弟하야 施於有政이라하니 是亦爲政이어늘 奚其爲爲政이리요.」(論語 爲政).

이요, 正直하게 所見을 말하여야만 여러 사람이 주장하는 衆論이 있는 것이요, 衆論이 밝혀져야만 過半數가 贊同하는 與論이 일어나는 것이며, 與論이 있어야만 全體가 呼應하는 公論이 이루어지는 것이며, 公論이 있어야만 天命을 알 수가 있는 까닭에 國事를 處理함에 順天 應人의 民本政治를 할 수 있는 것이다. 오늘날 民主政治는 多數決의 原則에 依하여, 過半數 以上이 主張하는 與論에 合理的 眞實性을 認定하고, 그것을 바탕으로 統治하는 與論政治의 機構인바, 이와 같은 法治共和의 政體에서도 言論의 自由를 尊重하는데, 하물며 公論에 따라 天命에 一致하는 王道政治에 있어서야 言論의 自由는 生命보다도 貴重한 것이다. 民衆의 公論에 充實함이 곧 天命을 받드는 原理인 까닭에 王道政治는 먼저 言路를 廣開하여, 市井의 流言蜚語와 草野의 橫說竪說까지도 모두 容納하여 公論의 形成을 促進하므로서 一人의 獨裁나 獨斷이 나올 수 있는 原因을 除去한다.

「書經」에서는 "아름다운 말이 숨을 곳이 없게 하고, 草野에 賢人을 버려둠이 없게 하야, 萬邦이 고루 편하게 하되, 大衆에게 물어서 自己의 意思를 버리고 大衆의 公論을 따르시다."56)라고 말하고 있다. 大衆의 公論은 天命과 一致하는 原理가 있는 까닭에 天命을 받아 君王이 된 最高統治者는 마땅히 公論을 天命으로 받아들이지 않을 수 없는 義務가 있다.

公論의 絶對的 眞理性 때문에 天下國家에는 實質的으로 公論의 主體인 국민이 가장 貴重한 存在가 되었다. 孟子는 "國民이 가장 貴重하고, 國家가 그 다음이며, 임금이 가장 輕微하니라, 이런 까닭으로 民衆에게 信任을 얻으면 天子가 되고, 天子에게

---

56) 「嘉言이 罔攸伏하고 野無遺賢하야 萬邦이 咸寧이로되 稽于衆하야 舍己從人 하시다.」(書傳 大禹謨).

信任을 얻으면 諸侯가 되고, 諸侯에게 信任을 얻으면 大夫가 되
느니라, 諸侯가 國家를 危殆롭게하면 갈아 치우고, 좋은 犧牲과
깨끗한 祭需로 때에 맞추어 祭祀를 지냈으되, 그런데도 가물거나
洪水가 나면 國家를 갈아 치우느니라."57)고 하였다. 임금은 國家
를 위하여 있는 것인데 도리어 國家를 해칠때 그 存在價値가 없
는 것이며, 나라는 국민을 위하여 있는 것인데 도리어 국민을
不幸하게 할때 그 保存意味가 없는 것이므로 국민은 幸福한 나
라와 賢明한 指導者를 세울 權利가 있음을 밝히고 있다. 이러한
思想은 「書經」 洪範에서 이미 國家政治의 大法으로 밝혔는바, 그
大義를 간추려 보면 한결같이 국민을 위하는 것을 基本으로 하
고 있는데 이러한 原則이 어그러졌을 때 나라가 維持될 수 없음
을 거듭 强調하였다.

첫째, 五行으로 自然의 原理를 利用하여 國民의 生活을 豊饒
롭게 할 것.

둘째, 五事로서 人間의 資質을 開發하여 國民의 品格을 涵養
시킬것.

셋째, 八政으로 政府의 行政業務를 分類하여 各部長官에게 委
任하고, 宰相으로 하여금 國務를 總理하게 할 것.

넷째, 五紀로서 歲月日時를 바르게 算定하여 萬事에 때가 있
게 할 것.

다섯째, 皇極으로 最高統治者는 公明正大한 人格의 模範을 보
여 國民의 標準이 될 것.

---

57) 「孟子曰 民이 爲貴하고 社稷이 次之하며 君이 爲輕하니라, 是故로
得乎丘民이 而爲天子요, 得乎天子가 爲諸侯요, 得乎諸侯가 爲大夫
니라, 諸侯가 危社稷하면 則變置하고, 犧牲이 旣成하며 粢盛이 旣
潔하야 祭祀以時하되 然以旱乾水溢하면 則變置社稷하느니라.」(孟子
盡心下).

여섯째, 三德으로 國政을 公平正直하게 執行하여, 明朗한 社會, 健全한 風俗을 이룩할 것.

일곱째, 稽疑로서 國事를 處理함에 公論이 없을 때에는 與論과 衆論을 살펴서 天意를 찾을 것.

여덟째, 庶徵으로 氣候의 變化와 地方의 實情을 살펴, 治山과 治水를 잘하고, 現實로 나타난 結果를 政治行政에 反映할 것.

아홉째, 五福으로 福祉社會를 이룩하여 危害와 疾病을 除去하며, 敎育을 널리 베풀며, 가난을 救濟하며, 社會惡을 根絶하고, 人心을 敦厚하게 하여 사람마다 오래살고 豊足하고, 몸과 마음이 편안하고, 善德을 좋아하여 幸福한 一生을 마칠 수 있도록 할 것.58) 이 아홉 가지 範疇가 곧 '洪範九疇'인데 東洋五千年의 治道에 大原則이 되었던 것이다.

이 「洪範」에서는 또 一時公論과 萬世公論을 分析하고, 一時의 公論보다는 萬世의 公論을 推究 할 것을 敎示하고 있는바, 春秋는 물론 萬世의 公論으로 歷史를 審判하였으니, 孔子가 萬世公論으로 行政할 것을 主張한 所以다. 한 時代의 公論은 人心이 一致한바요, 萬世의 公論은 天意가 있는 바이다. 天意는 眞理에서 나오는 까닭에 永遠한 것이요, 人心은 現實에서 생기는 까닭에 一時的인데 現實이 眞理를 離脫하였을때 人心은 天意와 合一할 수 없게 된다. 따라서 옛 사람은 거북과 산가지(龜筮)로 점을 쳐서 天意를 探知하는 手段으로 活用하였는바, 天意를 把握하여 萬世公論에 充實하려는 崇高한 意志를 볼 수 있다. 洪範에서는 다

---

58) 「初一은 曰 五行이요, 次二는 曰 敬用五事요, 次三은 曰 農用八政이요, 次四는 曰 協用五紀요, 次五는 曰 建用皇極이요, 次六은 曰 乂用三德이요, 次七은 曰 明用稽疑요, 次八은 曰 念用庶徵이요, 次九는 曰 嚮用五福이요 威用六極이니라.」(書傳 洪範).

음과 같이 말하고 있다.

"임금이 커다란 疑惑 있으면, 이에 마음으로 생각해 보고, 朝廷에
議論해 보고, 庶民에게 물어보고, 天意를(卜筮)알아 보아야 한다.

㉠ 임금이 찬성하고, 天意가 찬성하며, 朝廷이 찬성하고, 庶民
이 찬성하면, 이를 일러 大同이라 하나니, 萬世公論인지라 몸에
기운이 나고 後世에까지 吉할 것이다.

㉡ 임금이 찬성하고, 天意가 찬성하면, 朝廷이 拒逆하고, 庶民
이 拒逆하여도, 天意를 따른지라 吉하다.

㉢ 朝廷이 찬성하고, 天意가 찬성하면, 임금이 拒逆하고, 庶民
이 拒逆하여도 天意를 따른지라 吉하다.

㉣ 庶民이 찬성하고, 天意가 찬성하면, 임금이 거역하고, 朝廷
이 거역하여도, 天意를 따른지라 吉하다.

㉤ 임금이 찬성하고, 天意는 알 수 없으며, 朝廷이 拒逆하고,
庶民이 拒逆하면, 國內事는 吉할 수도 있으나 國際問題는 凶하다.

㉥ 天意가 人心에 反對되면, 가만히 있으면 吉하지만 억지로
動作하면 凶하다.59)

龜筮는 占을 쳐서 天地鬼神의 意思를 啓示받는 原理인데, 天
意는 곧 天理가 있는 바이다. 이와 같은 「洪範」의 根本思想은

---

59) 「汝則有大疑어든 謀及乃心하며 謀及卿士하며 謀及庶人하며 謀及卜
　　筮하라. 汝則從하며 龜從하며 筮從하며 卿士從하며 庶民從이면 是
　　之謂大同이니 身其康彊하며 子孫이 其逢吉하리라.
　　汝則從하며 龜從하며 筮從하면 卿士가 逆하며 庶民이 逆하여도 吉
　　하리라.
　　卿士從하며 龜從하며 筮從하면 汝則逆하며 庶民이 逆하여도 吉하리라.
　　庶民이 從하며 龜從하며 筮從하면 汝則逆하며 卿士逆하여도 吉하리라.
　　汝則從하며 龜從이오 筮逆하며 卿士逆하며 庶民이 逆하면 作內는
　　吉하나 作外는 凶하리라.
　　龜筮가 共違于人하면 用靜은 吉하고 用作은 凶하리라.」(書傳).

天理를 政治一般에 俱現하려는 것으로서 天意의 露出은 임금일
수도, 朝廷大臣일수도, 一般 庶民일수도 있는 것을 밝히고, 이에
모름지기 저 天理를 찾아 施政할 것을 敎示한 것이다. 天理를
좇아 人心을 따르는 것이 最善이요, 天理를 좇아 人心을 거스리
는 것이 次善이며, 人心을 따르고 天理를 어기는 것이 凶이요,
天理를 어기고 人心도 거스리는 것이 大凶하다는 것은 人心의
一時的 公論은 天理의 萬世的 公論만 같지 못함을 具體的으로
밝힌 것이다. 特히 王道政治에서 公論形成의 主體가 자기 나라
사람이라는데 注目해야된다. 王道主義의 體制는 原則的으로 地域
自治制度로서 소위 封建制度이다. 따라서 住民自治를 理想으로
하는 까닭에 外國의 干涉이나 大國에 服從하는 것이 있을 수 없
다. 春秋에서 諸候들이 大國인 楚나라가 두려워서 服從하여 더불
어 盟約을 하니 孔子가 責望하여 말하기를 "冬十一月 丙申日에
成公이 楚人, 秦人, 宋人, 陳人, 衛人, 鄭人, 齊人, 曹人, 邾人, 薛
人, 鄅人과 蜀에서 盟約하다.60)라고 하여 諸候들을 모두 사람
(人)이라 일컬어 禮義와 廉恥가 없음을 責望하였다. 楚나라는 비
록 强大하지만 他國을 强制로 服從시키는 것은 以大事小의 仁德
을 저버리는 것이요, 其他의 나라는 떳떳하게 以小事大하는 知性
을 잊어버리고, 懦弱하게 겁을 먹고 屈服하는 것은 國家의 體統
을 잃어버린 것이다. 國家는 外勢에 服從하는 義理가 없는 까닭
에 戰爭時라 하더라도 降服이 없는바, 따라서 春秋에서는 남의
나라를 降服하도록 攻擊하는 것도 非禮요, 남의 나라에 降服하는
것도 無義라고 非難하고 있다. 더욱이 남의 나라를 屈服시키고,
干涉하거나 聯合管理를 하는 것은 天下의 大惡으로 孔子는 糾彈

---

60) 「冬十有一月 丙申에 公이 及楚人 秦人 宋人 陳人 衛人 鄭人 齊人
曹人 邾人 薛人 鄭人으로 盟于蜀하다.」(春秋 成公二年).

한다. "三月에 桓公이 齊候, 陳候, 鄭伯과 稷에서 會盟하야 宋나라의 混亂을 平定하다."[61] 程伊川先生은 이 말을 解說하여 말하기를 "宋나라가 그 임금을 죽였는데, 四國이 聯合管理하여 그 나라를 平定시켜 주었으니, 天下의 大惡이다."[62]라고 하여 國家의 聯合國管理를 꾸짖었다. 이와 같이 聯合國管理도 春秋의 大義는 容納하지 못하는데 하물며 다른 나라를 合倂하는 것은 極惡無道의 極致로서 天人이 共憤하는 것임으로 春秋에서는 비록 罪惡을 저지른 國家라 하더라도 合邦은 聲討한다. "冬十月에 楚人이 陳나라 夏徵舒를 죽이고, 丁亥日에 楚子가 陳나라에 入城하다."[63] 陳나라 夏徵舒가 임금을 弑害하였으므로 楚나라가 發兵하여 亂臣인 夏徵舒를 誅殺한 것은 正義라 할 수 있으나, 그것을 奇貨로 陳나라를 取得하려고 들어가는 것은 罪惡임을 밝히기 위하여 강제로 들어 왔다고 入字를 썼다.

이와 같이 이웃나라의 混亂을 틈타 攻擊하여 取하거나, 安定된 나라를 强制로 奪取하는 것을 孔子는 반드시 記錄하여서 罪惡을 暴露하여 萬世에 警告하였다. "여름 四月에 衛나라 桓公을 葬禮 치르다. 가을에 衛나라 軍隊가 邲나라에 侵入하다."[64]라고 入字를 써서 衛나라의 失道를 지적하였다. 이것은 衛나라 桓公이 죽었는데 邲나라가 이를 틈타 衛나라를 侵犯하였는바, 衛나라는 桓公의 葬禮를 치른 뒤, 곧 報復의 戰爭을 이르킨 것인바, 孔子

61) 「三月에 公이 會齊候 陳候 鄭伯于稷하야 以成宋亂하다.」(春秋 桓公二年).
62) 「宋이 弑其君할새 而四國이 共成定之하니 天下之大惡이라.」(春秋傳 桓公二年三月).
63) 「冬十月에 楚人이 殺陳夏徵舒하고 丁亥에 楚子가 入陳하다.」(春秋 宣公十一年).
64) 「夏四月에 葬桓公하다. 秋에 衛師가 入邲하다.」(春秋 隱公五年).

는 雪恥復讐의 戰爭을 認定하면서도 登極의 初期요 居喪中에 戰
爭을 일으켜 다른 나라를 侵入하는 것은 王道를 잃은 것으로 規
定하였고, 이어서 "겨울에 宋人이 長葛을 奪取하다."[65]라고 하여
宋나라가 鄭나라의 長葛 地方을 一年동안이나 包圍히여 기어코
奪取하는 殘忍無道한 行爲를 꾸짖었다.

　春秋精神은 한 말로 말하여 모든 나라는 外國의 干涉없이 국
민의 自然스런 公論에 따라 維持되어야 하는 天賦의 權利를 保
障 받고 있다는 것이다. 國民의 公論은 다른 나라의 干涉을 받
지 않을 뿐더러 그 國家의 누구도 强制로 彈壓할 수도 없음을
左傳에서는 明示하고 있다. "鄭나라 사람들이 鄕校에 모여서 政
事의 得失을 討論한대, 然明이 子産에게 일러 말하기를 鄕校를
헐이 버리는 것이 어떨까요, 子産이 말하기를 무엇 때문에 그러
겠느냐, 대저 사람들이 아침저녁으로 몰려와 놀면서 政事의 善惡
을 議論하므로서 그들이 잘한다고 하는 것은 내가 곧 實行하고,
그들이 잘못한다고 하는 것은 내가 곧 고치나니, 그들은 나의
스승이다. 어찌 鄕校를 헐까보냐, 나는 善德에 充實하므로서 怨
望을 줄인다는 말은 들었지만, 威壓으로 怨望을 막는다는 말은
듣지 못했다. 强制로 彈壓하면 어찌 곧 怨聲이 그치지 않겠는가
마는 오히려 河川을 막는 것과 같아서 크게 터져 汎濫하면 사람
이 많이 다칠터인데, 그때가선 내가 救濟할 수 없을 것이니, 항
상 터놓아서 하여금 意思를 통함만 갖지 못하고, 내가 與論을

----

65) 「冬에 宋人이 取長葛하다.」(春秋隱公六年).

들어서 參考하면 그만이다."66) 孔子는 이 말을 듣고 子産의 賢明함을 칭찬하였으니, 與論을 外面하고 天下의 仁善을 어디서 모을 수 있겠는가?

民本政治에서는 言論의 自由를 統制하는 國是의 制定을 強力히 反對한다. 한번 나라에서 國是를 制定하면 그 國是에 抵觸되는 말은 할 수가 없게 되므로서, 自由롭게 正直한 말을 할 수가 없을 뿐더러, 비록 民心이 전부 合一되어서 國是를 制定하였다고 할지라도, 그 民心이란 朝夕으로 變하고, 또한 天下의 事物도 날로 바뀌는데, 固定된 國是로 因하여 國事가 固着되기 때문이다. 한번 天命을 받아 天子가 되었다고 하여도, 그 天子가 大衆의 마음을 계속 얻지 못하거나, 善政을 한결같이 베풀지 못하거나, 언제나 眞實하지 못하고 때로 驕慢하고 奢侈하거나, 할 때에는 天命을 잃어 獨夫로 轉落됨을 大學과 孟子에서 거듭 밝힌바이다. 書經에서도 일찌기 말하기를 "오직 하늘은 私私로이 親함이 없고, 잘 恭敬한 이를 오직 親하시며, 民衆은 항상 그리워한 이가 없고, 仁愛心이 있는 이를 그리워하며, 鬼神은 항상 받아먹음이 없고, 지극히 정성스러운데서 받아먹나니, 天子의 자리는 어려운 진저."67)라고 하여, 國家의 最高 統治者는 敬, 仁, 誠으로 至極한 人格을 갖춘 俊傑만이 될 수 있음을 밝혔는바, 이것이 王道政治의 最高理想으로서 堯, 舜, 禹처럼 天位가 天下의 가장 어진이에

---

66) 「鄭人이 游于鄕校하야 以論執政한대 然明이 謂子産曰 毁鄕校면 如何
있고, 子産이 曰 何爲리오 夫人이 朝夕退而游焉하야 以議執政之善否
할새 其所善者는 吾則行之하고 其所惡者는 吾則改之하나니 是는 吾
師也라 若之何毁之리오 我는 聞忠善以損怨이요, 不聞作威以防怨이라
豈不遽止리오마는 然猶防川하야 大決所犯하면 傷人必多리니 吾不克
救也라 不如小決使道요, 不如吾聞而藥之也니라.」(左傳 襄公31年).

67) 「惟天 無親하사 克敬을 惟親하시며 民罔常懷하야 懷于有仁하며 鬼
神은 無常享하야 享于克誠하나니 天位는 艱哉라.」(書傳 太甲下).

게로 禪讓되는 原則인 것이다. 夏나라로부터는 王位가 어진이에게 이어지지(傳賢)못하고 아들에게 이어(傳子)졌었는데, 이것은 選擧制가 없는 古代에서 國家의 安定을 追求하는 次善策으로 認定하였었지만 그러나 國家官吏의 世襲은 絶對로 認定하지 않았다.

孔子는 春秋에서 官吏의 世襲을 痛烈하게 비방하였는바 다음과 같다. "여름 四月 辛卯일에 尹氏가 돌아가다. 가을에 武氏의 아들이 와서 天子의 賻儀를 要求하다."68) 伊川先生은 이 말에 대하여 春秋傳에서 뚜렷이 밝혔는바 "尹氏는 天子의 世卿이요, 武氏도 天子의 卿士인데, 모두 官職을 世襲받은 者이므로 春秋는 官吏 世襲하는 것을 反對하여 卿을 卿이라 쓰지 않고 氏라고 썼다"고 하였다. 옛날에는 德을 살펴서 爵을 주고, 功을 평가하여 祿을 주며, 能力을 보고 官職을 맡겼으므로 언제나 俊傑이 國事를 處理하게 되어 國家가 太平하고 國民이 安寧할 수 있었는데, 後世에 官吏의 世襲이 생기므로서 無能한 阿諂輩가 벼슬자리를 차지하게 되니, 國政이 이로 말미암아 腐敗하고, 國民이 이로부터 壓迫을 받았다.

春秋의 大義는 數十條目이나 모두 國家의 體統을 維持하고, 國民의 幸福을 講究하는 일로, 公明正直하야 權謀術數를 쓰지 말 것, 名分을 바로 하여 亂雜함이 없게 할 것, 經濟에 힘써 貧寒을 救濟할 것, 어진이를 登用하고 姦邪를 물리칠 것, 國法은 庶民을 水準으로 制定하여 士大夫도 지킬 것, 禮節은 士大夫를 基準으로 制定하여 庶民도 따를 것, (法은 大夫를 높이지 않고, 禮는 庶人을 낮추지 아니한다. 「禮記」 法不上大夫, 禮不下庶人) 禮義廉恥를 崇尙하여 風敎를 세울것, 사람의 善德을 드러내고 惡行을 덮

─────────────────

68) 「夏四月 辛卯에 尹氏가 卒하다. 秋에 武氏子가 來求賻하다.」(春秋 隱公三年).

어줄 것, 賞과 刑罰을 僭濫하지 말 것, 國事를 兼職하지 말 것, 임금은 몸소 將軍이 되어 戰爭에 參加하지 말 것, 長官은 外國에 나갔을 때 國家에 有利한 일은 專權處理할 것, 모든 民族과 國家는 平等히 對할 것, (中國이라도 無禮하면 낮추고, 夷狄이라도 禮義가 있으면 높일 것) 官職의 貴함보다도 德性의 尊을 인정할 것, 大國은 小國에 무엇을 要求하지 말 것, 滅國取邑에는 大復讐하여 雪恥할 것, 公務員은 家庭事로 인하여 國家公職을 辭任하지 못할 것, 임금은 臣下를 禮로 대하고 臣下는 임금에게 숨김이 없을 것, 따라서 臣下는 直言하고, 임금은 바른말로 인하여 處罰하지 말 것, 國家의 恥辱은 復讐 雪恥하되 報復만을 일삼지 말고 마땅함을 헤아릴 것, 이웃 나라와는 講信 修睦하여 慶吊事에 使臣이 往來할 것, 戰爭을 할 때엔 誠實을 다할 것, 史官은 歷史를 直筆할 것, 임금은 언제나 國家를 保存하고, 卿大夫는 國民을 保護하고, 선비는 法制를 守護할 것, 等等으로 大端히 많지만 民本政治에서 가장 重大한 것은 우선 言論의 自由이다.

　朱子는 나라에서 國是를 定하여 强制로 天下 萬人의 입을 틀어막는 것을 反對하여 다음과 같이 말하였다. "대저 소위 國是란 것은 어찌 저 天理에 順하고 人心에 合하야 온 天下가 다같이 옳다는 것이 아니겠는가! 진실로 온 天下가 다 옳다는 것이면 한 치의 땅이나 한 사람의 權力이 없어도, 天下에 아무도 그르다고 할 수 없는 것인데, 하물며 天下의 大權을 가지고 있는 國家일까보냐, 오직 天下 사람이 다같이 옳다고 하는 것과 一致하지 않은 까닭에 强制로 그것을 天下의 옳은 것으로 만들려고 하는 것이다. 그러므로 반드시 賞을 걸고 誘導하고, 刑罰을 嚴重히하여 督勵하나니, 그런 뒤에야 겨우 선비들의 같지 아니한 입을 劫주어 制壓하지만 天下의 眞正한 옳고 그른 것이야 마침내 속일 수가 없는 것이다."69) 國是가 公論과 一致하면 公論이 이미 이루어졌으니 國是를 다시 定할 必要가 없는 것이요, 公論과 어그러진 國是는 眞正한 民心이 아니므로 國是를 따로 定할 理由가 없는 것이다. 만일 民心에 離脫한 國是를 强制로 制定하면, 이는 사람의 입을 틀어막는 것으로 公論이 사라져서 마침내 王道政治를 하지 못하게 되는 重大한 事態에 이른다. 이러한 不幸한 事態를 警告하여, 朱子는 이어서 다음과 같이 嚴重하게 말하였다. "士大夫가 朝廷에 나가서 議論하고, 家庭에 물러와 이야기함에 한 마디 말이라도 國是에 一致하지 못하면, 國家의 姦黨妖邪로 指目하여 四凶의 罰이 따랐다. 대개 近世에는 國是를 嚴格하게 主張하였는바, 무서워서 벌벌 떨도록 하여 절대로 犯할 수 없게 함이 이때보다 지나침이 있지 않았으나, 마침내 公論이 實行되지 못하고 大禍에 이르게 되었다. 그 遺毒餘烈이 지금도 끝나지 않았는데 어찌 國是가 잘 定해지지 않아서 그랬겠는가? 오직 그 옳다는 바가 天下의 진정한 옳은 것이 아닌데도 지키기를 너무 지나치게 하여, 이에 위아래가 서로 따라가다 보니 바른 말을 듣지 못하므로 마침내 危亡에 이르면서도 깨닫지를 못하였다."70) 이와

---

69) 「夫所謂 國是者는 豈不謂夫順天理하고 合人心하야 而天下之所同是者耶아 誠天下之所同是也면 則雖無尺土一民之柄이라도 而天下莫得以爲非로니 況有天下之利勢者哉아 惟其不合乎天下之所同是하니 而彊欲天下之是之也라 故로 必懸賞하야 以誘之하고 嚴刑으로 以督之하나니 然後에 僅足以劫制士夫不齊之口하나 而天下之眞是非는 則有終不可誣者矣라.」(朱子大全 卷二十四與陳侍郞書).

70) 「士大夫가 出而議於朝하고 退而語乎家할새 一言之不合乎此면 則指以爲邦朋邦誣하야 而四凶之罪가 隨之라 蓋近世는 主張國是之嚴하야 澟乎其不可犯이 未有過於斯時者로되 而卒以公論不行하고 馴致大禍하니 其遺毒餘烈이 至今未已라 豈國是之不定而然哉아 惟其所是者가 非天下之眞是로되 而守之太過하니 是以로 上下相徇하야 直言이 不聞이라 卒以至於危亡하여도 而不悟也라.」(與陳傳郞書).

같이 宋나라 때 王安石의 무리가 國是를 嚴格히 主張함으로서 마침내 國家의 正氣를 꺾어 버리고, 나라를 오그라들게 하였는데, 그 큰 原因을 朱子는 公論이 나올 수 없게 한데 있다고 지적하였다.

春秋의 王法에서는 임금과 臣下가 오직 義로 맺어진 관계인 까닭에 임금은 禮義로 아랫사람을 부리고, 臣下는 忠義로서 윗사람을 섬겨야 하는바, 多幸이 國家의 公論이 임금에게 있을 때 臣下는 모름지기 임금의 命令에 充實하는 것이 곧 忠誠이 되는 바이지만, 만일 不幸하게도 公論이 朝廷이나 庶民에게 있을 때는 臣下들은 忠義의 莊嚴한 勇氣를 發揮하여 임금에게 公論을 숨김 없이 敢言 直諫하여서, 임금의 잘못된 마음을 바로 잡아야 하는 嚴肅한 使命과 責務가 있다. 어진 임금은 能動的으로 私門을 닫고 公道를 열어 言路를 廣開하여, 말 때문에 罪를 당하는 일이 없도록 하므로서, 東西南北에 上下의 말을 얻어 들을 수 있도록 하여야 하고, 밝은 臣下는 아침에 道를 임금에게 알리면 저녁에 죽어도 좋다는 信念으로, 君子의 行實을 다하여 凶吉禍福을 따지지 말고, 오직 自己의 禮義를 바르게 行할뿐이요 그 利得을 圖謀하지 아니하며, 自己의 道理를 다할 뿐이요 그 功名을 計算하지 아니 하여야 한다.

그러므로 春秋는 臣下의 諫爭하는 道理를 밝혀 처음엔 直言을 높이고, 다음은 直諫을 높이고, 다음은 爭諫을 높이고, 마음은 諫爭하여도 안 들으면 辭職한 것을 높이고, 마침내 死諫을 높였다. 孔子께서 말씀하시기를 "옛날에 天子에게 諫爭하는 臣下가 일곱 사람이 있으면 비록 無道하여도 天下를 잃지는 아니 하였고, 諸候에게 諫爭하는 臣下가 다섯 사람이 있으면 비록 無道하여도 그 나라를 잃지는 아니하였고, 大夫에게 諫爭하는 臣下가 세 사람이 있으면 비록 無道하여도 그 집을 잃지는 아니하였고, 선비에게 諫爭하는 벗이 있으면 곧 한 몸이 꽃다운 이름에서 빠지지는 아니하였다."[71]라고 엄중히 경고하였다. 公論은 이와 같이 天下·國·家·身의 存亡이 매어 있는 까닭에 王道政治에서는 三公과 諫官의 機構를 設置하여 임금은 반드시 行政을 함에 三公과 더불어 앉아서 議論하여야 하고, 諫官은 임금에게 公開諫爭하는 責務를 줄뿐만 아니라, 朝廷에 公論이 없을때 宰相까지도 彈劾할 수 있는 權限을 賦與하였던 것이다.

「左傳」에서 말하기를 "大臣이 公論에 和順하지 않은 것은 나라의 恥辱이다."[72]라고 하였고 「十八史略」에서는 宰相이 임금의 過失을 直諫하는 美德을 다음과 같이 말하였다. "唐나라 玄宗 21年에 韓休가 同平章事가 되었는데 韓休의 사람됨이 剛直하였다. 玄宗이 혹 宴會하고 遊樂하는 자리에서 까지도 조그만한 過失이 있으면, 문득 左右에 일러 말하기를 韓休가 알았는가 라고 물었는바, 그 말을 마치면 韓休의 諫疎가 이미 이르러 왔다. 左右사람이 말하기를 韓休가 宰相이 된 뒤로 陛下께서 옛날보다 많이 瘦瘠해졌읍니다 한데, 玄宗이 感歎하여 말하기를 나는 비록 瘦瘠할지라도 天下사람들이 살쪘다 라고 하였다. 韓休가 罷職한 뒤에는 張九齡이 그렇게 계속하였다."[73]

임금이 昏迷한데도 匡正할 수 없고, 國家가 危殆로운데도 救

71) 「昔者에 天子가 有爭臣七人이면 雖無道나 不失天下하고 諸候가 有爭臣五人이면 雖無道나 不失其國하고 大夫가 有爭臣三人이면 雖無道나 不失其家하고 士가 有爭友면 則身不離於令名하니라.」(孝經).
72) 「大臣不順이 國之恥也라.」(春秋左傳 襄公十七年).
73) 「唐玄宗二十一年에 韓休가 同平章事이어늘 休爲人이 峭直이라 上이 或宴遊에 小過면 輒謂左右曰 韓休知否아 言終에 諫疏已至러라 左右曰 休爲相으로 陛下殊瘦於舊니다. 上이 歎曰 吾雖瘠이라도 天下肥矣라 休가 罷하니 張九齡이 繼之하다.」(十八史略).

撜하지 못하고, 國民이 죽는데도 濟度할줄 모르고, 오직 그 임금의 잘못을 감추어 줄려고만 한다면, 이는 民賊으로서 사람들이 아래에서 怨懟할 것이요, 神靈이 위에서 憤怒 할 것이니, 天下에 어느 누가 容納할 것인가! 「詩經」에 말하기를 "높은 언덕이 溪谷되고, 깊은 溪谷이 丘陵되었네."74)라고 하였으니, 江河와 같은 度量으로 包容하지 못할 바가 없게 하야 蒭蕘의 말이라도 반드시 取擇할 때에 公論의 돌아가는 바에 어그러지지 아니할 수가 있을 것이다. 「周易」에서는 天下의 뜻을 會通하여, 天下의 職務를 모두 完成하는 길을 밝혔으니 말하기를 "이래서 天道에 밝으면서도 民情을 살피나니, 이에 精神을 興起하고 物質을 振興하야, 國民의 生活을 進步시킨다. 이런 까닭으로 문을 닫는 것을 地道라하고 문을 연 것을 天道라 하나니, 한번 닫으면 한번 열리는 것이 天地變化요, 갔다 왔다 하야 끝이 없는 것이 人情相通이요, 나타난 것이 自然現象이요, 모양 진 것이 世上의 形器인데, 그것을 制度化하여 實用하는 것을 法이라하고, 交通에 便利하게하야 國民이 다같이 活用하는 것을 神明이라 한다."75)라고 하여 人情疎通에 나타난 現象을 直視하고, 國民生活의 이루어진 形態를 明察할때, 누구나 實用할 수 있는 法度를 制定할 수 있고, 어데서나 活用할 수 있는 文化를 創造할 수 있음을 밝혔다.

　王道政治는 이와 같이 天道의 普遍性과 民情의 特殊性을 모두 統攝하므로서, 널리는 世界主義를 指向하고 가까이는 國家主義를

---

74) 「高岸爲谷하고 深谷爲陵이라.」(詩經).

75) 「是以로 明於天之道하야 而察於民之故하나니 是興神物하야 以前民用이라 是故로 闔戶를 謂之坤이요 闢戶를 謂之乾이니 一闔一闢을 謂之變이요 往來不窮을 謂之通이요, 見을 謂之象이요, 形을 乃謂之器요 制而用之를 謂之法이요 利用出入하야 民咸用之를 謂之神이라.」(周易繫辭傳).

擁護하는바, 聖王의 仁愛와 正義를 바탕한 人道主義는 治國 平天下의 大同思想으로 擴充되어 마침내 國家思想과 世界精神이 오직 하나로 大一統하는 境地에 이르렀다.

王道와 霸道는 指導者의 人格에 달여 있다. 天地의 眞理와 人類의 心性을 體得한 指導者는 天意와 民心을 綜合統一할 수 있는 까닭에 王道政治를 할 것이요, 民心의 歸一處를 알지 못하면 누구나 霸權統治를 할 수 밖에 없을 것이다. 完全者 앞에서는 모두 平等하고 不完全者 앞에서는 모두 不平等하며, 스스로 넉넉한 사람은 항상 넉넉하고 스스로 不足한 사람은 언제나 不足하다. 사람이 하늘 앞에서 完全하고, 法 위에서 平等하지, 人類가 내 앞에서 平等하고, 萬物이 내 아래서 完全한 것이 아니다. 사람은 적어도 어떠한 경우라도 사람답게 잘 대접받아야하며, 먹고 살아야 하며 늘 사랑받아야 하는 天賦의 權利가 있다.

第3章 周易의 義理思想

第1節 序 論

「易學」은 宇宙의 廣大無邊한 原理를 「卦」와 「爻」로 表象한 圖書인 까닭에 그 內容을 한말로 敍述하기는 매우 어려운 것이다. 따라서 『易學』은 研究觀察하는 사람의 處地와 狀況에 따라 다르게 理解되는 일이 흔히 있었고, 오늘날에도 自己의 見解만이 가장 正當한 것이라고 主張할 수 없는 바가 있다. 그것은 『易學』이 人類史上 가장 오래된 學問이며 同時에 形而上學과 形而下學을 統合한 內容인 까닭에 그 全體와 大用을 把握하는 데는 能力이 限界가 있는 까닭이다. 그래서 殷周時代에는 "卜筮"로서 理解하였고, 漢代에는 "陰陽五行의 命理"로 把握하였으며, 宋代에는 "德性의 性理"로 밝혔고, 淸代에는 "實在의 情理"로 받아들였으며, 오늘 날에는 "現實의 科學"으로 分析을 하려는 듯 하다. 이와 같이 「易」을 어떻게 理解하느냐에 따라 宇宙觀과 人生觀이 달라지고 學派와 敎派가 나누어지게 되는 뜻을 살펴야 되는바 「四書」와 「易經」, 「詩經」, 「書經」, 「禮記」, 「春秋」를 綜合的으로 공부하고 여기에서 涵養한 德性으로 事理를 省察하여 가지고 「易」을 判斷하는 것이 第一要件 이라고 할 수 있을 것이다.

「易」는 본래 「連山」, 「歸藏」, 「周易」의 三易이 있었다고 하나 孔子는 「連山」, 「歸藏」에 對하여는 말하지 않았으며, 다만 「周易」

을 贊하였을 뿐이다. 「周易」의 "周"는 國名이요, "易"은 書名인데 孔子가 여기에 十翼의 繫辭를 贊한 까닭에 「易經」이라고 하는 것이다. 孔子는 當時에 思想을 集大成하면서 四種의 책을 記述하였는데 易·書·詩·春秋이다. 康節 邵先生은 "孔子가 伏犧로부터 내려온 「易」을 풀었고, 堯舜으로부터 내려온 「書」를 쓰고, 文武로부터 내려온 「詩經」을 간추리고, 桓文으로부터 내려온 「春秋」를 다듬었다."76)고 하였는바, 同時에 그는 "「易」은 사람을 살리는 몫이 되고, 「書」는 사람을 자라게 하는 몫이 되고, 「詩」는 사람을 모으게 하는 몫이 되고, 「春秋」는 사람을 보호하는 몫이 된다."77)고 하였다. 참으로 經書는 이와 같이 分類할 수 있는데 「周易」은 「中庸」을 짝하여 쉽게 窮理할 수 있고, 「書經」은 「大學」을 짝하여 쉽게 盡性할 수 있으며, 「詩經」은 「論語」를 짝하여 쉽게 通情할 수 있고, 「春秋」는 「孟子」를 짝하여 쉽게 至命할 수 있는바, 四書가 中心이 되고 易·書·詩·春秋가 春夏秋冬 東西南北으로 分類하여 天時와 地理 및 人和의 經緯를 網羅한 聖人의 깊은 뜻을 찾아 볼 수 있는 것이다.

따라서 「易·庸」은 設計書요, 「書·學」은 執行書이며, 「詩·論」은 結果書요, 「春·孟」은 批判書라고 할 수 있는데, 이 가운데서도 「易庸」을 重視하는 까닭은 그것이 設計書이기 때문이다. 設計는 百事의 根本이요 萬物의 性命이 관계되는 것이기 때문에 넓게 살펴야 되고, 먼 앞을 내다봐야 하는 嚴肅性이 있는 것이다.

---

76) 孔子가 讚易은 自犧軒而下요, 序書는 自堯舜而下요, 刪詩는 自文武而下요, 修春秋는 自桓文而下라. (皇極經世 觀物內篇).

77) 易은 爲生民之府요, 書는 爲長民之府요, 詩는 爲收民之府요, 春秋는 爲藏民之府라 號民之庶謂之萬이나 雖曰萬之又萬이라도 其庶는 能出此聖人之四府者乎인저, 昊天之四府者는 時也요, 聖人之四府者는 經也라. (前揭書).

그러므로 設計者는 義理를 생각하여야 되는 것이요, 執行者는 德
性을 닦아야 되는 것이며, 結果를 입은 사람은 感情을 얻어야
되는 것이요, 批判者는 使命을 지켜야 되는 것인바, 設計圖에 義
理가 들어있지 않으면 執行書에 德性이 빠지고, 影響을 받은 사
람은 感情이 막히며, 批判文에는 使命이 없어져버리는 것이다.
그래서 「易」을 배우는 사람에게는 먼저 義理를 밝혀야 된다고
하는데 周易 說卦傳에서 말하기를 "道德에 和順하면서도, 義에 바
르게 하여 理를 窮究하고, 性을 極盡히 하여서 命에 이른다."78)고
하였으니, 義에 바르게 하는 것을 强調함을 알 수 있을 뿐만 아
니라, 伊川先生은 聖人이 "經을 지은 것은 본래 道를 밝히려 하
는 것인데 오늘날 사람들이 만약에 義理를 먼저 밝히지 않는다
면 마침내 經을 硏究할 수 없다.79)고 하였으며, 朱子는 "위로 義
理의 本源에 關係한바 없고, 아래로 人事의 訓誡에 바탕한 바
없다면, 무엇 때문에 苦心極力하여 그 眞理를 求할 까보냐,"80)고
하였다.

더욱이 五經가운데에서도, 「周易」의 義理思想을 으뜸으로 친
것을 볼 수 있는 바 濂溪 周先生이 "「易」은 五經의 根源이요.
天地鬼神의 깊은 뜻이 있다"81)고 한데 대하여, 朱子는 "易의 書
됨은 文字의 始祖이며, 義理의 머리가 되는 原理가 있다"82)고

---

78) 觀變化於陰陽而立卦하고 發揮於剛柔而生爻하며 和順於道德而理於義
　　하야 窮理盡性以至於命이라. (周易 說卦第一章).
79) 聖人이 作經은 本欲明道니 今人若不先明義理면 不可治經이라.(周易
　　傳義大全 易說綱領程子曰).
80) 然이나 上無所關於義理之本源하고 下無所資於人事之訓戒면 則又何
　　必苦心 極力하야 以求於此而欲必得之哉아.(上揭書 朱子曰).
81) 易은 何止요 五經之源이요, 其天地鬼神之奧乎인저.(周濂溪 通書 精蘊).
82) 易之爲書는 所以爲文字之祖요, 義理之宗也라.(上揭文 朱子註<性理
　　大全卷一>).

註하였다. 이와 같이 「周易」의 義理思想은 아무리 鼓吹되어도 다함이 없는 높은 次元의 義理가 內包되어 있다고 할 때에 그 義理를 밝혀서 自己를 바르게 하지 않고서는 窮理·盡性·至命할 수 없음을 알 수 있는 것이다. 따라서 「周易」은 먼저 義理의 源頭處를 밝히기 爲하여 배워야 하고, 또 義理를 實行하기 爲하여 研究하여야 되는데 孔子가 못내 「易」을 研究하는 것을 아쉬워 말한 "한 오십 살 먹어서도 周易을 배우면 큰 허물은 없을 진저."[83]도 理解할 수 있게 되는 것이다.

「易」을 배움에 있어서 義理의 源頭處를 밝히기 위해서는 먼저 宇宙의 根源者를 찾아야 되는데 繫辭에서는 그것을 太極이라고 하였다. 즉 "變易하는 現象속에는 太極이 있는데 이것이 兩儀를 生成하고, 兩儀는 四象을 生成하며, 四象이 八卦를 生成하나니 八卦는 吉凶을 定하고, 吉凶은 大業을 生成한다."고 「繫辭」上篇에서 밝히고 있다. 이것은 變化하는 多數가운데 不變하는 唯一者가 있는 것이며, 그 唯一者가 어떻게 또는 어떤 形式으로 多數를 統御하고 있느냐하면, 唯一者는 二를 스스로 內包하고 있고, 二는 四를 內在하고 있으며, 四는 八을 內成하고 있는 것으로서, 唯一者를 全體의 根源으로 해서 變數인 二·四·八의 三變으로 八卦가 이루어짐을 보인 것인데 이와 같은 八卦 즉 單卦의 生成은 直列變化로서 意境의 表象이라고 하겠다. 그렇다면 八卦에서 六十四卦의 發生過程은 어떤 것인가 하는 점이 重要하다. 왜냐하면 宇宙의 生成過程이 곧 六十四卦의 發生過程이 되는 까닭이다.

「周易」에서는 그 課程을 이야기한다. 즉 "八卦가 벌어짐으로써 意象이 그 가운데 있는데, 그것을 因緣하여 거듭함으로서 六爻가

---

83) 子曰 加我數年하야 五十而學易이라도 可以無大過矣인저.(論語 述而).

그 가운데 있게 된다.”84)고 하였다. 이것은 八卦가 서로 짝을 지어서 重卦(六爻)가 形成되는 것으로서 8卦×8卦는 64卦가 이루어짐을 말하는 것인데 單卦가 直列變化로 生成되는데 반하여 重卦는 平列變化로 形成되는 點에 留意하여야 한다. 六十四卦는 物象인테 意象에서 物象이 이루어지는 幾를 明確하게 認識하지 못한다면 이에 「周易」을 理解할 수 없게 되기 때문이다.

直列變化에서 平列變化가 벌어지는 모양을 “寂然不動하야 感而遂通한다”고 말하고 있다. 이와 같은 變化로 이루어진 六十四卦 三百八十四爻로 이루어진 것이 「易」인데, 그 生成課程에서 重要한 點이 세 가지가 있다. 첫째 唯一者인 太極의 問題이요. 둘째가 單卦의 意境論理요, 셋째가 重卦의 物境現象이다.

太極은 陰陽의 中位體가 되는 것이고, 單卦는 剛柔의 正位體가 되는 것이며, 重卦는 仁義의 應位體가 되는 것이다. 그러므로 重卦는 이 세 가지 內容을 모두 包攝하고 있는 까닭에 「說卦傳」에서 다음과 같이 말하고 있다. “옛날에 聖人이 易을 지은 것은 장차 性命의 道理에 順應코자 함 이니 그래서 天道를 세워서 陰과 陽이라 하고, 地道를 세워서 柔와 剛이라 하며, 人道를 세워서 仁과 義라고 하였다. 天地人 三才를 兼하여 그것을 두 爻씩 表象하는 까닭에 「易」이 六畫으로 卦가 이루어지며, 陰陽을 가르고 剛柔을 바꾸어 쓰는 까닭에 「易」이 六位로써 단원을 이룬다.”85)고 하였다. 卦가운데의 陰陽·剛柔·仁義의 문제는 天道·地道·人道의 問題가

---

84) 八卦成列하니 象在其中矣요, 因而重之하니 爻在其中矣라.(繫辭下第一章).

85) 昔者에 聖人이 作易也는 將以順性命之理하니 是以로 立天之道曰 陰與陽이요, 立地之道曰 柔與剛이요. 立人之道曰 仁與義라 兼三才而兩之니 故易六畫 而成卦하고 分陰分陽하야 迭用剛柔하니 故로 六位而成章이라.(說卦傳第二章).

되는 것이며, 天道의 動靜, 地道의 闔闢, 人道의 性命이 어떠한 관계 속에 있느냐하는 문제를 밝힘으로써 「周易」의 義理思想은 스스로 그 內容이 드러나는 기틀이 될 것이며, 그 形式을 파악하는 척도가 이루어질 것이다.

第2節 主和思想

天道는 陰陽의 動靜으로 나타나고 陰陽의 動靜은 時間性을 의미하는 바 時間은 變化의 槪念이다. 宇宙에는 한순간도 流轉變化하지 않는 것은 있을 수 없음을 天道로 規定하여 「繫辭」에서 말함을 볼 수 있다. "「易」의 말씀은 잊을 수가 없다. 그 道는 한없이 옮기고 變動하여 定處가 없고, 六合의 虛空에 두루 流轉하여 上下에 常住處가 없으며, 剛柔도 서로 바뀌어 定法이 될 수 없는데, 오직 變化하는 가운데서의 지나는 바 일뿐이다."86) "「易」의 글됨은 처음에서 끝까지가 바탕이 되는 것인데, 六爻가 서로 섞인 것은 오직 當時의 變化物일 뿐이다."87) 따라서 天道의 유구한 時間위에서 볼 때 一切는 無常한 것이며 物我가 區別되지 못하고 自己라는 것도 宇宙變化의 한 바탕에 불과한 것으로 이러한 原理를 「易」에서는 「變易」이라고 하였다.

「變易」의 原理는 繼起的 또는 連續的 變化의 體係인데 따라서 數의 槪念과 一致한다. 時間의 繼續性이 數의 連續性과 一致한다는 意味는 數에서는 超絶이 없음을 말한다. 時間은 또한 空間의

---

86) 易之爲書也는 不可遠하며 爲道也는 屢遷하야 變動不居하며 周流六虛하야 上下無常하며 剛柔相易하야 不可爲典要라 唯變所適이니라. (繫辭下第八章).
87) 易之謂書也는 原始要終을 以爲質也요, 六爻相雜이 唯其時物也라. (繫辭下第九章).

推移過程이라고 할 수 있는데 이것은 時間의 內容을 말함이다. 따라서 時間의 形式은 數요, 그 內容은 空間의 推移過程이다. 그러므로 時間은 곧 空間을 떠나서 獨存할 수 없음을 말함과 同時에 時間을 떠나서 空間의 推移가 있을 수 없음을 말 한 것이다. 이것은 空間內의 事物은 時間의 形式에 있어서 超絶 不可能과 內容에 있어서 不可不變化性이라는 制約을 벗어날 수 없는 存在임을 意味한다. 이 벗어날 수 없는 制約 또는 限界가 命인데, 天道의 制約을 곧 天命이라고 하는 바 宇宙의 모든 存在는 天命을 벗어날 수 없는 것이고, 벗어 날 수 없는 眞理인 까닭에 그것을 綱常이라고 하는 것이다.

一切의 存在는 綱常을 犯하지 못하는 까닭에 時中하지 아니치 못하는바 時中은 곧 調和이다. 調和는 天道에 對한 調和로서 天道變化를 明哲하게 파악하지 않고는 變化無雙한 天道에 調和할 수 없게 되는 까닭에 時中之道에서는 前知를 要求한다.

天道變化는 形式에 있어서 超絶이 없는 까닭에 前知가 可能한 것으로 六爻의 動이 初爻에서 上爻로 漸漸 차례차례로 變化하여 감을 말한다. 卽爻의 變化는 積因結果로서 일어난 것이요, 緣故없이는 아무것도 일어날 수 없음을 나타낸 것이다. 그래서 「易」에서는 初爻의 象을 重視하였는데 坤象初六에서 履霜堅冰至를 말하고 있다. 즉 서리를 밟아 가면 두꺼운 어름에 이르게 된다는 말은 곧 서리를 보면 머지않아 얼음이 얼 것을 前知할 수 있음을 말한다. 坤文言傳에서 이 말을 풀어 다음과 같이 말 하였다.

"善을 쌓은 집은 반드시 뒤에 慶事가 있고, 不善을 쌓은 집은 반드시 뒤에 災殃이 있는 것이다. 臣下가 그 임금을 죽이고 자식이 그 아비를 죽이는 것이 一朝一夕의 緣故가 아닌 것이니, 말미암아 온 바가 漸漸 쌓여서 그리된 것이요, 그것을 辨別함에 있어서 일찍 辨別하지 못한데서 말이암은 것이다. 「易」에서 履霜 堅冰至라고 하는 것은 대개 承順함을 말하는 것이다."88) 여기서 보여주는 內容은 天命은 有報한다는 것, 즉 「積善必有慶 積不善 必有殃」이요, 마음은 天命은 알 수 있는 것인데 (非一朝一夕之 故) 前知하여야 된다는 것이고, 마지막으로 知天命 하는 것은 天 命에 承順하여 善을 쌓으려는 것이다.

「易」에서는 緣故를 幾라고 하는데 幾는 움직임의 隱微함으로써 吉하거나 凶하는 것을 먼저 보는 것이라고 定義하고 "君子는 幾 를 보고 動作하는 것이요, 하루 종일 結果를 기다리지 않는다."89) 고 하였다. 이와 같이 「易」에서는 天命에 承順하기 위하여 '知幾' 할 것을 주장하고 있는 바 「中庸」에서도 前知로 表現하여 强調함 을 볼 수 있다. "至誠의 道는 前知할 수 있는데 국가가 장차 興할 려면 반드시 상서로움이 있고 국가가 장차 亡하려면 반드시 요망 한 조짐이 있으니 「易」의 原理에서도 보이고, 現象에서도 發動하 는 것이다. 그러니 禍福이 장차 이르러 오는데 있어서 善을 반드 시 먼저 알아야 하고, 不善을 반드시 먼저 알아야 되는 것이니, 故로 至誠은 神과 같은 것이다."90) 前知는 靈感的 判斷이 아니라 本體界의 論理的 判斷과 現象界의 綜合的 觀察에 依하여 推出된 知能임을 알 수 있는 것으로 明哲한 知能의 開發이 없이는 前知 가 不可能 함도 알 수 있는 것이다. 따라서 明哲한 知能이 아니

---

88) 積善之家는 必有餘慶하고 積不善之家는 必有餘殃하니 臣弑其君하고 子弑其父가 非一朝一夕之故라 其所由來者가 漸矣니 由辨之不早辨也 라 易曰 履霜堅永至라하니 蓋言順也라. (坤文言傳).

89) 子曰……幾者는 動之微니, 吉之先見者也라 君子는 見幾而作이니 不 俟終日하니다. (繫辭下第5章).

90) 至誠之道는 可以前知니 國家가 將興에 必有禎祥하고 國家가 將亡에 必 有妖蘖하니 見乎蓍龜하고 動乎四體하야 禍福將至에 善을 必先知之하고 不善을 必先知之하나니 故로 至誠은 如神이니라. (中庸第24章).

면 天道에의 調和가 不可能하고 天道와의 不調和는 道를 떠나간 것이요, 至命할 수 없음을 말한다.

至命이란 個體를 全體化하는 것이다. 즉 天道앞에 有限한 個體가 無限한 全體에로 同化하는 것이다. 故로 至命의 境地는 悠久無限한 渾然敦化의 世界로서 化學的 中化의 境地이다. 이와 같은 調和의 原理를 張子는 다음과 같이 말하고 있다. "乾은 아버지 坤은 어머니인데 나의 몸은 이 混然한 속에 있다. 그런 까닭에 天地의 一切 氣象이 나의 實體요, 天地의 一切 原理가 나의 本性이며, 國民은 나의 同胞兄弟요, 萬物은 나의 더부살이인 것이다."[91] 이러한 全體의 境界에서는 自我를 克服하여 全體의 질서로 돌아가는 까닭에 仁의 世界가 열리는 것이며 一切는 自己와 卽接 關係 함으로서 親親·仁民·愛物의 交分이 우러나는 것이며, 個體의 平等性이 있는 가운데서 전체의 보편성이 구현되는 것이다.

따라서 天地의 모든 事物은 自己와 關係가 없는 存在가 아니요, 自己와 떨어질 수 없는 相對的 平等關係에 있는 것이며, 同時에 먼저 達人, 成物이 이루어질 때에 그 속에서 達己, 成己가 可能하게 되는 原理가 나오게 된다. 여기에서 孔子의 殺身成仁하는 義理精神이 淵源하는 바 이 義理精神은 天道의 義理요 主和의 義理이며, 곧 時中의 義理인 것이다.

殺身成仁하는 義理思想은 自己를 主張하지 않는바 오히려 먼저 베푸는 것으로서 孔子도 辭讓하는 境地이다. "君子의 道가 네 가지 있는데 나는(孔子) 한 가지도 잘 하는 것이 없는 것 같다. 아들에게 要求하는 바로서 아버지 섬기는 일을 잘하지 못하고,

---

91) 乾稱父요 坤稱母라 予玆藐은 乃混然中處하니 故로 天地之塞은 吾其體요, 天地之帥는 五其性이라 民은 吾同胞요 物은 吾與也라. (張橫渠西銘).

臣下에게 要求하는 바로서 임금 섬기는 것을 잘하지 못하고, 아
우에게 바라는 바로서 형님 섬기는 일을 잘하지 못하고, 벗에게
바라는 바로서 먼저 베푸는 것을 잘하지 못한다, 떳떳한 德은
行하고 떳떳한 말은 삼가하여, 不足한 바가 있으면 德行을 더욱
힘쓰고, 하고 싶은 말은 있어도 다하지 않으며, 항상 말할 때에
는 實行할 것을 돌아보고, 행동할 때에는 말을 생각하여야 하니
君子가 어찌 篤實하지 않으리요."92) 이러한 原理는 自己의 存在
가 人倫과 物理와 事業을 떠나서 存在할 수 없는데서 나온 것으
로 純粹하게 自己의 使命을 다하는 態度이며, 綱常에 承順하는
調和의 義理이며, 이러한 天道를 잠간도 떠날 수 없을 뿐만 아
니라, 만일 이와 같은 天命을 떠나면 道가 아니 되는 까닭에 戒
愼恐懼하여 上下를 觀察하여 前後를 돌아보고 左右에 귀를 기울
이지 않을 수 없게 되는 것이다. 이것이 天時에 調和하는 原理
이며 하늘을 따르는 時中之道이다.

第3節 主體思想

地道는 剛柔의 發揮로 나타나고, 剛柔의 發揮는 空間性을 의
미하는바 空間은 存在의 槪念이다. 宇宙의 無限廣大속에서 萬物
이 存在하고 있을때에 각각의 存在는 자기의 個體性을 충분히
發揮하여 盡性함으로서만 全體空間의 安定을 이룰 수 있는 것을
「易」에서 볼 수 있다. "天과 地는 位置를 定하며, 山과 澤은 氣

---

92) 君子之道가 四니 丘는 未能一焉이라 所求乎子로 以事父를 未能也하
며 所求乎臣으로 以事君을 未能也하며 所求乎弟로 以事兄을 未能也
하며 所求乎朋友로 先施之를 未能也로다. 庸德之行하며 庸言之謹하
야 有所不足이어든 不敢不勉하고 有餘라도 不敢盡하니 言顧行하며
行顧言하나니 君子가 胡不慥慥리오. (中庸第13章).

를 通하며, 雷와 風은 서로 衝突하지 않으며, 水와 火는 서로 害치지 아니하여 八卦가 서로 짝하여 조합되어 있다.'93) 이것은 伏犧八卦의 方位圖를 指摘하여 말하는 것인데 어느 一卦라도 그의 獨自性을 發揮하지 못할 때에는 八卦自體의 存立도 있을 수 없음을 뜻하는 것이다. 다시 말하면 天은 天性을 地는 地性을 각각 無限히 發揮할때에 오히려 天地가 定位置를 保有하며, 그렇지 못할 때 天地의 道가 무너져 버리게 되는 것이요, 雷風·山澤·水火가 모두 각각 自體의 屬性을 모두 發揮할 때에 宇宙가 바로 存在할 수 있음을 原理로 밝힌 것이라 하겠다. 여기에서 個體化의 論理가 나오는데 즉『天은 地가 아니요 地는 天이 아니며, 雷는 風이 아니고 風은 雷가 아니며, 山은 澤이 아니고 澤은 山이 아니며, 水는 火가 아니고 火는 水가 아니다.』라는 分析論理가 나오고, 따라서 自己는 他人이 아니고 自己는 오직 自己일 뿐이다라는 命題가 나온다.

八卦에서 뿐만 아니라 六十四卦 가운데 한 卦만 없어도 「易」이 되지 못하고 三百八十四爻 가운데 一爻만 없어도 「易」이 成立되지 못하는 것이므로 一卦 一爻의 價値性은 重大한 것이 아닐 수 없다. 따라서 價値觀에서 一卦와 六十三卦가 同一한 것이며, 一爻와 三百八十三爻가 同等한 것이 아닐 수 없게 된다. 그러므로 個體와 全體가 同等한 價値를 가지게 되는 것이다.

無限한 空間에서 個體가 獨立하며 自由스럽게 自我를 成就하여 生成하는 自主能力을 '性'이라고 하는 것인데 이러한 '性'은 모든 個體가 均一하게 가지고 있는 까닭에 存在의 原理가 되는 것이다. 그래서 이 '性'을 훌륭하게 存養할 때에 個體는 存在의

---

93) 天地定位하며 山澤通氣하며 雷風相薄하며 水火不相射하며 八卦相錯하니라. (說卦傳第3章).

의미가 있는 것이요, 이 性이 滅亡되었을 때에는 그 存在가 無
意味하게 되는 것이다.

「易」에서는 個體의 강건성을 특히 강조하는바 만일 個體의 강
건성이 없이는 「易」이 被動物이 되고 또한 「易」가운데 있는 太
極도 能動的 原理가 될 수 없기 때문이다. 太極의 主體性은 곧
「易」의 自律性이요, 個體의 自由性이 되는 것이다.

個體의 自由性이란 主觀的 判斷行爲體로서의 能動的 存在임을
意味하는 것인데, 이것은 다시 個體確認을 要求한다. 無限한 空
間內에서 자기 자신에 對한 存在認識은 現實을 淵源시킨 過去에
서 그 根源을 찾지 않을 수 없게 되는바, 따라서 主體思想에서는
歷史속에서 自己의 本來性을 찾게 되는 것이다. 그러므로 "「易」
에서 卦는 六爻씩으로 體가 이루어지는데 六十四卦는 모두 初爻
에서 上爻까지 가지고 있는바 이것은 本始에서 末終까지 모두
갖추어 짐으로서 卦體가 成立함을 말하는 것이다."94) 또한 「大
學」에서도 "物에는 本과 末이 있고, 事에는 終과 始이 있으니,
먼저 할바와 나중에 할바를 알면 道에 가까우니라."95)라고 하여
個體는 本末 始終에서 確認됨을 말하고 있다.

個體의 存在가 確認될 때에 主體의 絶對性 確立原理가 밝혀지
는 것이며, 그 原理는 異體와 無關係性인데 異體와 關係치 않음으
로서 自體의 絶對性을 守護하려고 한다. 왜냐하면 個體가 相對를
認定하게 되면 自己의 自由가 拘束당하여 主體性을 毁損하게 되
는 結果를 낳기 때문이다. 主體確立의 原理가 이와 같은 까닭에 「大
學」에서는 "絜矩之道"를 말하고 있다. "위에서 싫어하는 바로서

---

94) 易之爲書也는 原始要終을 以爲質이며 六爻相雜이 唯其時物이니라. (繫
辭下第九章).
95) 物有本末하고 事有終始하니 知所先後면 則近道矣라. (大學).

아래를 부리지 말며, 아래에서 싫어하는 바로서 위를 섬기지 말며, 앞에서 싫어한 바로서 뒤에를 먼저 하지 말며, 뒤에서 싫어하는 바로서 앞을 쫓지 말며, 오른편에서 싫어하는 바로서 왼편에 사귀지 말며, 왼편에서 싫어하는 바로서 오른편에 사귀지 말라. 이것을 헤아리면 법도에 맞는 絜矩之道라고 하니라."96) 이것은 上下四方의 異體에 대하여 相關함이 없이 判斷의 絶對的 自由性을 主張한 것이다. 이래서 周圍의 狀況에 구애되지 아니하고 獨自的 思惟判斷에 依한 能動的인 行動의 自由性을「絜矩之道」라고 말하는 것으로서 同時에 個體는 絶對獨立하는 主體가 確立된 存在임을 뜻하는 것이다. 이와 같은 個體의 自主性을「易」에서는 自彊不息이라고 乾象에서 말하고「大學」에서는 明明德이라 하며,「中庸」에서는 中立而不倚라 하고, 孟子는 正己而物正이라고 했으며, 韓退之는 篤近而擧遠이라고 原人에서 말하는바, 이것은 모두 人格의 主體定立을 크게 강조하는 것으로서 儒學의 특수성이 되는 것이라고 할 수 있다.

孔子는 正名思想을 主張하는바「易」에서도 重要한것은 爻의 正位가 되는데 있으며, 그 個體의 定立 또는 正位는 "아버지는 아버지 다웁고, 자식은 자식다우며, 형은 형다웁고, 아우는 아우다우며, 남편은 남편답고, 부인은 부인다워야 家道가 바르게 되고, 家庭을 바르게 하여야 天下가 安定된다."97)고 하였다. 각각의 特殊性의 根源은 外的要素일 수가 없는 것이다. 왜냐하면 그것이 外的要素로 이루어질 때 곧 거기에는 獨立性이 없기 때문

---

96) 所惡於上으로 毋以使下하며 所惡於下로 毋以事上하며 所惡於前으로 毋以先後하며 所惡於後로 毋以從前하며 所惡於右로 毋交於左하며 所惡於左로 毋以交於右하니 此之謂絜矩之道니라. (大學).

97) 父父 子子 兄兄 弟弟 夫夫 婦婦하야 而家道正하니 正家하야 天下定矣라. (易 家人彖傳).

이다. 그래서 特殊性의 根源은 內的 自體要素일수 밖에 없는데, 그것은 즉 本性에서 根源됨을 뜻하고 있다. 따라서 特殊性의 確立은 本性의 涵養에서 이루어짐을 알 수 있는 것이며, 또한 主體性의 파멸은 存在價値가 없어진 것을 意味하는 것이다. 그러한 까닭에 차라리 形質의 解體를 당할지언정 本性의 파멸을 감수하지 아니하는 原理가 있게 되는바, 孟子의 舍生取義의 義理精神이 바로 그것이다. 舍生取義의 義理精神은 主體性 守護의 義理이며, 個體生存의 道理로서 有限한 空間의 拘束에서 벗어나 無限한 精神의 領域에서 獨立과 自由를 固守하려는 강건한 主體思想이다.

　孟子는 이와 같은 境地를 다음과 같이 말하고 있다. "天下의 가장 넓은 곳에 살며, 天下의 가장 바른 자리에 서며, 天下의 大道를 行하되, 뜻을 얻으면 國民과 더불어 하고, 뜻을 얻지 못하면 홀로 그 道를 행하여, 富貴에도 이끌리지 않고, 貧賤에도 움직이지 아니하며, 威武에도 굴복당하지 아니하는데 이것을 大丈夫라고 한다."98) 이러한 境地가 窮達間에 本性을 다 發揮하는 絶對의 主體性인데, 이것은 동시에 全體를 個體化하는 것으로서 곧 盡性이며 無限한 全體를 자기 세계로 同化시킨 것이다.

　盡性의 世界는 自彊不息하여 燦然光化의 世界로서 物理的 混合의 境界이다. 이것은 地道가 廣大한 空間內에서 創造하는 地理이며, 同時에 尊卑貴賤의 秩序가 생기는 原理가 되는 것이라고 할 것인데 이것은 곧 個體가 個體다워야 하는 原理이며 自己는 自己다워야 하는 義理로서 스스로 헤아리면 법도에 맞는 진리의 주체를 완성한 「絜矩之道」이다.

---

98) 居天下之廣居하며 立天下之正位하며 行天下之大道하야 得志란 與民由之하고 不得之하면 獨行其道하야 富貴不能淫하며 貧賤不能移하며 威武不能屈하니 此之謂大丈夫니라. (孟子 滕文公下).

第4節 中和思相

天道의 陰陽動靜과 地道의 剛柔發揮는 곧 時中之道와 絜矩之道인데, 서로 矛循되는 槪念이 相互 承順統御하여 循環不已함으로서 오히려 宇宙가 悠久廣大하게 되는 原理를 「易」에서 볼 수 있다. 陰陽은 서로 矛循되지만 動靜에 있어서 相互 根源이 되어 주면서 變化하며, 剛柔는 서로 모순 되지마는 發揮에 있어서는 相互 本源이 되어 주고, 乾坤은 서로 모순 되지마는 元亨利貞함에 있어서는 相互 바탕이 되어서 生成變化가 이루어지는 原理가 「易」의 陰爻와 陽爻및 內卦와 外卦의 性質關係에서 나타나는 바, 이것은 서로 모순의 관계에 있으면서도 동시에 相生的 互根關係에 있음을 알 수 있게 된다. 따라서 獨陰, 獨陽이 있을 수 없고, 孤剛, 孤柔가 있을 수 없음도 알 수 있다. 이와 같은 관계를 「易」에서는 "乾道變化 各正性命"이라고 하였으며, 中庸에서는 "萬物이 함께 자라면서도 서로 害치지 아니하고, 道가 같이 진행하여도 서로 어그러지지 아니 한지라, 個體는 燦然하게 生成하고, 全體는 혼연하게 變化하니 이것이 天地의 道德이 큰 바이다."99)고 하였는데 이것은 陰陽兩極의 道가 같이 變化하면서도 서로 制約을 받지 아니하고, 剛柔兩端의 德이 동시에 作用하면서도 서로 拘束을 받지 아니함을 말하는 것으로 道德의 中和性을 말하는 것이라 하겠다.

道德의 中和는 天道와 地德의 中和인데 이것은 곧 命과 性의 中和이다. 宇宙는 天道와 地德이 쉽게 中和하는 까닭에 「易」에서는 易簡이라고 하는바, 이 易簡의 理를 窮究하므로서 個體의 道德律을 밝힐 수 있을 것이다.

---

99) 萬物이 並育하여도 而不相害하고 道가 並行하여도 而不相悖하나니 小德은 川流요 大德은 敦化라 此天地之所以爲大也니라. (中庸).

　易簡之理는 「易」에서 "乾이 主宰하고 坤은 承順하는 原理"100)
로 말하였다. 乾은 陽이요 剛하며, 坤은 陰이요 柔한 것으로 規
定하는데 이것은 天道와 地德의 完全調和로서 이루어짐을 말하
고 있는 것이다. "乾坤은 「易」의 門인데 乾은 陽이요 坤은 陰이
니, 陰陽이 德을 합하여 剛柔의 形體가 있으므로서 天地의 文理
를 體象하며, 神明의 德을 通한다."101)고 하는 것은 天文・地理
의 體象은 剛健・柔順의 道德으로 象法되며 剛한 象은 至命의
道요, 柔順한 법은 盡性의 덕으로서 至命하면서 同時에 盡性하는
것이 바로 神明의 德임을 말한 것이라고 하겠다. 이 剛健한 道
가 仁이요, 柔順한 德을 義라고 하는데, 仁은 樂天說命하는 까닭
에 崇高하고, 義는 事天立命하는 까닭에 廣大하며, 樂天說命者는
渾然 敦化하고 事天立命者는 燦然 光化한 것이다.

　朱子는 「太極圖」註에서 이러한 關係를 잘 밝혔는바 그가 宋代
性理學의 集大成者가된 所以가 바로 여기에 있음을 알 수 있다.
"天地人의 道는 각각 하나의 太極인데 陽이나 剛이나 仁은 소위
陽動이며 物의 始生하는 바탕이다. 陰이나 柔나 義는 소위 陰靜
이며 物의 成終하는 바탕이다. 이것이 바로 易이라는 것이요, 동
시에 三極의 도가 確立되는 것으로서 實은 하나의 太極이다. 그
러므로 易에 太極이 있다고 하는 것은 陽動 陰靜의 理致을 말하
는 것이다."102) 이것은 陽과 剛과 仁을 同一體系로 하고, 陰과

---

100) 乾知大始하고 坤作成物이라. (周易 繫辭上 第1章).
101) 子曰乾坤은 其易之門耶아 乾은 陽物也요 坤은 陰物他니 陰陽이 合
　　德하야 而剛柔有體하야 以體天地之撰하고 以通神明之德하니라.(易
　　繫辭下第六章).
102) 天地人之道는 各一〇也니, 陽也는 剛也요 仁也며 所謂◉也라. 物
　　之始也요 陰也는 柔也며 義也니 所謂◉也니 物之終也라 此所謂易
　　也니 而三極之道가 立焉이라 實則一〇也니 故曰易有太極은 ◉之
　　謂也라. (周濂溪 太極圖 朱子註 性理大全 卷一).

柔와 義를 동일체계로 하는 "乾仁道 坤義德"을 밝히는 明哲한 辨別이다. 通常의 學者가 여기에서 막히는 바 仁柔 義剛을 論하는 誤謬를 범한 것을 보게 된다. 이것은 結果的으로 乾坤을 잘못 理解하게 되고, 乾坤을 잘못 判斷하면 나라와 가정을 敗亡케 하는 것이다.

"乾仁道 坤義德"은 "修仁道 明義德"인 것이요, 이것이 곧 修道와 明道로서 成己, 成物하는 道요 正己, 物正 하는 德이며, 易簡의 義理이다.

易簡의 義理는 유구무량한 바 유구한 道理를 無窮히 닦아서 至命하고, 無疆한 德業을 無盡하게 밝혀서 盡性하여 內外本末을 모두 至誠大明케 하는 것이다. 「易」에서는 이것을 "盛德大業"이라고 하였으며, 伊川 先生은 "體用一源 顯徵無間"이라고 易傳序에서 말하였다.

그러므로 易簡의 義理는 隱微한 理를 살펴야 하며, 浩然한 氣를 길러야 하는 바, 隱微한 理를 살피는 것이 格物 致知이며, 浩然한 氣를 기르는 것이 誠意 正心으로서, 格物 致知는 客觀認識의 문제로 與物同體함으로서만 眞實을 파악할 수 있기 때문에 以物觀物하는 것이고, 誠意正心은 主觀存在의 문제로서 唯我獨立하여서만 誠實을 保存 할 수 있는 까닭에 以我觀我를 하여야 하는 것이다.

以物觀物과 以我觀我가 곧 窮理하는 것인데, 이것은 盡性 至命하기 위한 窮理이다. 「易」의 卦爻에서 가장 重視하는 것이 세 가지 原理인데 二와 五가 中이 되는 것, 또 一三五와 二四六이 正이 되는 것, 다음으로 初四·二五·三上이 應이 되는 것인데 이 中正應의 理致가 곧 命性理의 原理가 되는 것이다.

天時의 無窮한 變化속에서 時中하여 萬化의 中央에서 仁道를 다하는 것이 至命이요, 地理의 無盡한 生成가운데서 絜矩하여 萬物의 正位에서 義德을 다하는 것이 盡性이며, 天時, 地理의 無窮無盡한 生成變化속에서 中和하여 性命에 모두 應하려는 것이 窮理인 것이다. 따라서 窮理하여 盡性하고, 盡性하여 至命하며, 知命하여 時中하고, 時中하여 正位하여, 正位하여 正應하고, 正應하여 順理하는 "順逆의 原理"가 이 가운데 있게 되는 것이다.

그러므로 「易」에서 "行으로 나가는 것은 順數로 하고, 知能으로 理解하는 것은 逆敎로 한다."[103]고 하였다. 이것을 다하는 것이 中庸의 道인 바 中庸의 道는 知行의 順逆을 同時에 이룬 것이고, 誠明을 等一하게 하는 것이다. 誠은 知하고, 明은 行함으로서 知行合一이 곧 "中庸의 道"이다 이 道가 行해지고 밝혀지기가 어려움을 「中庸」에서는 다음과 같이 말하고 있다. "孔子께서 말씀하시기를 道가 行하여 지지 않음을 내가 알고 있노라. 知識人은 行이 따름이 없이 너무 알기만 하고, 어리석은 사람은 아는데도 미치지 못한다. 道가 밝혀지지 않음을 내가 알고 있노라. 賢者는 知識을 推究함이 없이 行만 지나치게 하고, 같지 않는 사람은 行하는 데도 미치지 못한다."[104]라고 하여 過와 不及이 없는 原理임을 밝혔다. 바로 이 過와 不及이 없는 原理가 中和요 最高의 義理로 定義되고 있는 것이다. 그래서 伊川先生은 「中」은 "天下의 正道"요 「庸」은 "天下의 定理"라고 「中庸」을 解題하였다.

---

103) 數往者順이요, 知來者逆이니 是故로 易은 逆數也라. (說卦傳第三章).
104) 子曰 道之不行也를 我知之矣로다 知者는 過之하고 愚者는 不及也라
　　道之不明也를 我知之矣로다. 賢者는 過之하고 不肖者는 不及也라.
　　(中庸).

第5節　易理의　體系

　「易」은 文字를 發明하기 以前에 人知를 다하여 宇宙의 原理를 엮은 圖書인 까닭에 難解性이 여기에 있는 것이다. 더욱이 天地의 物理와 人間의 事業을 六十四卦속에 蘊蓄한 까닭에 圖書는 간단하지만 義理가 無限히 깊고, 聖人의 象象繫辭가 있어 親切하지만 言近 指遠하여 오늘날의 文字言語의 豊富함 속에서도 오히려 「易」은 말하지 못하는 바가 있게 된다. 孔子께서 韋編三絶하시고도 오히려 不足하게 생각하신 것을 깊이 살펴볼 必要가 우리에게 있다. 「易」을 보는 것은 言語로 論理를 세우는 것이 아니요 心性으로 感得한 것이며, 心性으로 感得한 것이 아니라 性理로 體得한 것이기 때문이다. 새가 하늘로 날고, 고기는 연못으로 뛰는 것은 愚夫愚婦도 알지마는 그 새와 자기가 本質的으로 어떤 運命에 있으며, 存在價値의 本來性이 무엇이며, 根本的으로 나와는 어떠한 關係속에 있는가를 觀察하기에는 聖賢도 다하지 못할 바가 있는 까닭이다. 그러나 아무리 어렵다고 해도 중지할 수 없는 것은 사람이 사람답게 사는 眞理가 그 가운데에 있으므로 自暴自棄할 수가 없다.

　짧은 순간보다는 永久한 시간의 生命을 가지고, 좁은 地域보다는 廣大한 空間에서 活潑하게 살기 위해서는 「周易」의 "仁道"와 "義理思想"을 깊이 연구하여야 될 것이다. 「周易」은 天理를 밝히고 人心을 바로잡아 文明社會를 이룩하려는 것이 大命題이므로 옛사람들은 끊임없이 「易經」을 研究하여 宇宙自然의 根本 構造를 認識하였는바, 現象 世界에는 絶對不變한 太極의 理가 있으므로서 事物의 條理秩序가 維持되고, 相對可變的인 陰陽의 氣가 있으므로서 萬物의 生成變化에 體系가 있으며, 相生的 모순관계인 五行의 質이 있으므로서 萬物의 統制調節이 쉽게 이루어지는 진리를 깨달았다. 따라서 天地人物은 모두 絶對不變한 太極의 原理로 全體가 同化하여 혼연히 敦化하게 되었으며, 相對可變的인 陰陽의 元氣로 個體를 바르게 成就하여 燦然하게 光化하였으며, 相生的 모순관계인 五行의 本質로 現實을 調節하여 最善의 理想을 俱現하였던 것이다.

오늘날은 周易學이 衰微하여짐으로 凡事에 條理秩序가 갖추어지지 아니하고, 生成變化에 體系가 없으며, 統制調節이 쉽게 이루어 지지 아니한 까닭에 요즈음 사람들은 事業을 함에 힘을 배나 더 들이고 있으면서도 스스로 마음속에 快活한 느낌이 솟아나지 못하고 있는 것이다.

萬事萬物의 그 根本原理와 現象作用을 알아 合理的으로 調節할 수 있는 能力이 있으면 일도 쉽고 心氣도 쾌활할 것이다.

「周易」은 宇宙의 普遍的 眞理가 人間의 特殊的 狀況에서 구체적으로 어떻게 作用되는가를 밝힌 것이므로 곧 宇宙論과 人生論의 合一點을 摸索한다. 이것을 규명하기 위하여 나는 「周易」의 연구 방법으로 理數와 氣數 그리고 運數의 새로운 槪念을 提示하고저 한다.

天地에는 理가 있고, 陰陽의 世界에는 氣가 있으며, 萬物의 存在와 生成에는 數가 있는 까닭에 天地萬物의 理와 氣를 數로 標識하므로서 쉽게 認識할 수 있는 所以가 있다.

理는 本末·上下·內外·前後·左右의 關係條理만을 갖추고 있으므로 이를 나타내는 數를 理數라고 定義하고 이를 河圖의 1에서 10으로 證明하며, 氣는 大小·多小·輕重·長短·强弱의 實質要素를 가지고 있으므로 이를 나다내는 數를 氣數라고 定義하여 이를 洛書의 1에서 9로 證明한다. 또한 五行의 相生 相剋

의 原理와 四象, 八卦의 陰陽變化法側에 根據하여 特殊的 形勢를 判斷하고 普遍的 原理를 實現할 수 있는 調節能力을 運數라고 定義하고, 이 運數는 陰陽·剛柔·仁義의 當爲性이 있으므로 이를 數로 나타냄과 同時에 이를 「周易」의 八卦로서 證明한다.

이제 『易學』의 大命題인 "事物偶體의 特殊條件的 狀況에서 어떻게 宇宙全體의 普遍的 眞理를 實現할 것인가?"하는 말은 곧 "貧富·貴賤·賢愚·壽夭·健康, 虛弱이 고루지 못한 現實的 限界狀況에서 어떻게 父子·君臣·夫婦·長幼·朋友의 사이에 理想的 平等倫理를 實現할 것인가?"라는 말이 된다. 大易은 여기에서 中·正·應·比의 法則을 敎示하고 있다. 個體의 能力을 모두 發揮하여야만 本來 自己使命을 完遂할 수 있고, 貧富·生死의 불안·공포·절망으로부터 解放되어 自由롭고 幸福하면서도 永遠한 生活을 營爲하며, 個體로서의 完成뿐만 아니라 全體共榮의 和合社會를 이룩할 수 있는 길은.

첫째, 때를 따라 姿勢를 바꾸어 現在에 알맞게 하는 時中의 原理요,

둘째, 어디서나 한결같이 固有한 性理를 지켜 나가는 正位의 原理요,

셋째, 서로서로 有無相通하여 相扶相助하는 相應의 原理요,

넷째, 이웃의 救援을 받아 어려움을 이겨 나가는 親比의 原理이다. 이 中 正 應 比의 네 가지 生活法則은 氣數의 相對價値에서 보면 吉凶禍福을 논할 수 있겠으나 理數의 絶對價値에서 보면 窮達盛衰의 狀況差異만 있지 本質的으로 동일한 義理構造인 것이다.

『易學』을 理解하게 되면 이와 같이 本質的으로 동일한 義理의 絶對價値를 의식하게 되는 까닭에 氣數의 貧富·貴賤·賢愚·壽

夭・健康, 虛弱에 超然하는 大眠目이 열리고, 倫理 道德의 重大
性을 再認識 할 수 있는 것이다. 때가오면 全體人類의 理想을
俱現하는 使命을 다하고, 때를 못 만나면 自己理想 만이라도 守
護하는데 힘차며, 좋은 사람 만나면 서로 뭉쳐 일하고, 어려우면
도움도 받을 줄 아는 떳떳한 君子의 길이 있음을 알면, 人生을
초조하게만 살지 않을 것이다.

『易學』에서 宇宙의 根本構造를 認識하기 위하여서는 太極의
本體와 陰陽의 現象과 五行의 作用關係를 完全히 理解하어야만
事物의 條理와 體系를 알 수가 있다. 우리는 天地萬物을 研究할
때 크게 두 가지 모습을 볼 수 있다. 하나는 宇宙萬物이 廣大周
流하는 現象이요, 또 하나는 天地大道는 隱微獨立하는 眞理이다.

저 廣大周流하는 現象이 곧 이 隱微獨立하는 眞理속에서 이루
어 지고 있는 까닭에 이 眞理의 機能構造의 한 側面을 分別하여
보면 萬物을 創造하고 主宰하는 것을 "上帝"라하며, 絶對至上의
本體인 것을 "太極"이라고 하며, 形象世界를 造化하는 것을 "天"
이라하며, 循環變易하여 끝없이 流行하는 것을 "道"라 하며, 宇
宙全體를 大一統御하는 것을 "乾"이라 하는바, 모두 隱微獨立한
하나의 眞理에 대한 여러 機能的인 名稱이다. 그러므로 上帝・太
極・天・道・乾 等은 天地의 大原理를 밝히는 總槪念이다.

이와 같은 隱微한 眞理가 現象事物의 存在生成에 어떻게 關係
하는가를 구체적으로 發明하기 위하여 各各의 事物을 窮究하여
보면 個體事物의 作用이 玄妙한 것은 "神"이며, 文彩와 條理가
한결같이 共通的인 것은 "理"이며, 無形하지만 作用이 眞實한 元
質은 "氣"이며, 生成運行의 自然的인 限界는 "命"이며, 스스로
生長發育하는 能力은 "性"인바, 이것은 모두 萬物의 廣大周流하
는 現象의 한 構造的 性格을 規定하여 이름한 것이다.

　　그러므로 神·理·氣·命·性 等은 陰陽의 現象을 밝히는 總槪念인 것이다.

　　『性理學』에서는 隱微獨立한 大眞理를 "太極"이라 定義하고, 그 本義를 "理"라고 하며, 廣大周流한 全現象을 "陰陽"이라 定義함과 同時에, 그 本質을 "氣"라고 하여, 個體는 모두 太極之理가 陰陽의 正氣에서 發揮됨을 밝혔다.

　　太極은 形而上의 普遍的 絶對者이다. 이것은 至尊의 絶對性과, 至神의 主宰力과, 至誠의 眞實性과, 至明의 知覺力이 있어서 스스로는 唯一者이면서도 動靜兩體의 原理를 함께 가지고 있는 것이다. 動靜의 서로 다른 原理를 動靜의 相對性 原理라고 하는데 이 動靜의 相對性原理가 곧 하나의 太極의 絶對原理인 까닭에 이 太極의 本體原理에 依하여 現象의 陰陽相對的 世界가 열리게 되는 것이다. 太極이 "動하는 理와 靜하는 理"가 있는 까닭으로 太虛의 氣가 動해서 陽이 되고, 靜해서 陰이 되며, 陰陽의 動靜 升降이 이미 나타나면 淸濁厚薄의 天地創造와 偏全粹駁의 萬物生成은 그 가운데 있는 것이다. 그러면 太極之理와 太虛之氣는 하나인가 둘인가. 만일 둘이라면 어느 것이 먼저인가?

　　理數는 質量의 差等이 없는 絶對同等의 數이다. 그러므로 太極의 唯一理와 動靜의 相對的 理는 根本的으로 差異가 없는 同一原理이다. 그러나 氣數는 質量의 差等이 있는 相對等差의 數이다. 그러므로 大虛의 唯一氣는 無形無限한 氣이나 陰陽의 相對的 氣는 有形有限한 바 이에 太虛의 氣와 陰陽의 氣는 本質的으로 같으면서도 現象的으로는 다르다.

　　따라서 太極과 太虛는 그 普遍的 唯一者로서는 같으나, 絶對的 構造의 不變과 可變에서는 다르다. 즉 太極은 永遠히 不變한 것인데 太虛는 無窮하게 變易하는 것이다. 그러나 太極과 太虛는

다 같이 無始無終한 不滅의 眞元으로 하나인 까닭에 周濂溪는 "理와 氣가 妙하게 合하여 있다." <陰陽一太極也> 말했고, 程子는 "까마득하고 아득히 아무런 징조가 없을 때 이미 온갖 萬物의 理致는 뚜렷이 있었다." <冲漠無眹 萬象森然>라고 하여 理先氣後의 絶對的인 太極을 말하였고, 張横渠와 邵康節은 "太虛의 無形無限함이 氣의 本體이다." <太虛無形 氣之本體>라고 하여 太虛가 곧 元始의 普遍者임을 말하였다.

이와 같이 周濂溪는 陰陽과 太極은 同一하다고 하였고, 程子는 太極이 形而上의 絶對理라고 말하고, 張子와 邵子는 太虛가 無形의 無限한 氣라고 말한데 대하여 朱子는 太虛의 普遍性과 太極의 絶對性을 綜合하여 "理와 氣는 서로 떨어진 것도 아니며, 서로 섞인 것도 아니라, 하나이면서 둘이요, 둘이면서 하나다." <理氣不相離 亦不相雜 一而二 二而一>는 것을 밝히고 "天地創造의 始源을 論하면 理先氣後요, 萬物의 生成하는 것을 觀察하면 氣先理後이다."라고 定論을 내렸다.

太極 또는 太虛가 本來 天地의 絶對 原理냐, 또는 元來 萬物의 普遍 元氣냐? 하는 見解差異는 곧 人生論의 根底에 대한 差異이므로 太極의 絶對性을 主張한 唯理論은 반드시 率性의 絶對的 自由性을 重視하고, 德性을 崇高하게 하므로 凡事에서 順逆을 分別하여 順理의 活潑性을 높이고 逆天의 放縱을 嚴懲하여 天理를 保存하여 人欲을 막아 明德修道의 修養法으로 中和의 境地를 探究한다.

한편 太虛의 普遍性을 主張한 唯氣論은 자연히 天命의 普遍的 平等性을 重視하고 氣節을 宏潤하게 하므로 實事에서 公私를 分別하여 公明한 道義精神을 높이고 偏狭한 功利心을 嚴戒하며 靜虛無欲의 不動心法으로 修養하여 浩然한 氣槪를 涵養한다.

　　朱子는 이와 같은 두 가지 哲理를 모두 綜合하여 사람으로 하
여금 本性의 絶對 普遍한 것을 깨달아 스스로 大中至正의 人極을
定立하여 天地의 眞理를 밝히는 것으로 뜻을 세우고, 人間의 心靈
을 바로잡는 것으로 使命을 삼아서, 人生의 眞正한 意義를 밝혀야
된다고 하였다. 이와 같이 人生과 宇宙를 하나의 極으로 合一하는
『道學』이 우리나라에서는 크게 發展하였는바 徐花潭은 太虛之氣
는 湛一淸虛한 一氣인데 永遠히 存在한다고 하였고, 李退溪는 絶
對至善한 太極의 理가 現象界를 主宰한다고 하였으며, 李栗谷은
理氣는 妙合한데 理通氣局이라고 하였으며, 宋尤庵은 理와 氣는
混融無間하지만 理는 본래 理이고, 氣는 언제나 氣라고 하였다. 이
러한 理氣說은 스스로 明確하여 確固不動한 境地까지 硏究하여야
한다. 만일 여기에서 絶對不變의 힘을 얻지 못하면 至大 全剛하고
正直하며 明確한 人生觀을 定立하지 못하기 때문이다.

　　太極의 絶對性을 主張한 唯理論에서는 宇宙의 大原則으로 太
極이 있는 것처럼 人間의 行動標準으로 또한 人極이 있어야 하
는데 그것이 實際로 무엇이냐 하는 問題가 생긴다. 사람에게 있
어서 한 몸의 主體는 心인데, 이 心은 그 本體가 性이요, 그 作
用은 情·意·志이다. 太極은 理임을 主張하므로 人間에게 있어
서도 그 性理가 當然히 人極이 되어야 한다. 그러나 理나 性은
<無情意>, <無計度>, <無造作>하는 것이니, 實質的으로 一身을
主宰統制 할 수는 없고, 오직 心이 氣이므로 스스로 發動運用
할 수 있는 機能이 있는 까닭에 朱子는 "性爲太極, 心爲太極"이
라고 말하면서 心에는 道心뿐만 아니라 危殆不安한 人心도 있는
까닭에 性師心弟를 말하여 心氣를 精密하게 살펴 本心을 한결같
이 간직하도록 警戒하였다. 그러나 陸山象과 王陽明은 心爲太極
만을 主張하여 吾心이 곧 宇宙本體라고 하므로서 人間의 活潑性

을 强調하였으나 나의 自由意志에 따른 活潑性이 언제나 天意의 誠實性과 반드시 一致할 수 있는가를 또 研究해야할 課題라고 하겠다.

太極의 原理와 陰陽의 元氣의 構造的 條理와 體系를 認識하므로서 太極이 陰陽을 主宰統御하고, 陰陽이 太極을 運行發揮하는 것을 알 것이다.

動靜之理에는 變易之理와 不易之理와 易簡之理가 있는데

첫째: 變易하는 原理란 動靜의 眞理는 相對的이지만 動하는 理는 靜하는 理로 바뀌고, 靜하는 理는 動하는 理로 바뀌는 循環反復하는 眞理를 말한다. 太極의 動靜之理는 이와 같이 繼續變易하므로 太虛의 氣도 마침내 陰陽으로 往來消長하는 現象이 나타나는 것이다. 程子는 이것을 "動과 靜사이에는 一定한 端緒가 없고, 陰과 陽사이에는 一定한 始發點이 없다."<動靜無端, 陰陽無始>라고 하여 陰陽動靜의 反復往來가 끊임없이 繼續變易하므로 그 사이를 確然히 區分할 수 없을뿐만 아니라, 陽氣가 엉기면 곧 陰氣가 되고, 陰氣가 流行하면 곧 陽氣가 되는지라, 陰陽은 다만 相對的인 것만도 아닌 것이요, 또한 相生共存의 것이라 아니할 수 없다.

둘째: 不易之理란 動하는 理는 언제나 動하는 理요, 靜하는 理가 될 수 없고, 靜하는 理는 어디서나 靜하는 理요, 動하는 理가 될 수 없다. 이와 같은 動靜의 原理는 永遠히 그 自體原理가 바뀌지 아니하므로 이를 不易之理라 한다. 太極의 動靜하는 原理가 이와 같이 絶對不變하는 것이므로 太虛의 氣도 또한 陽氣는 陰氣가 아니며, 陰氣는 陽氣가 아니다. 따라서 陽氣이면서 陰氣인 氣나 陽氣도 陰氣도 아닌 氣가 眞正 있을 수 없는바, 朱子는 이것을 "動과 靜은 同時에 할 수 없고, 陰과 陽은 같은 자리에 있

을 수 없다."<動靜不同時 陰陽不同位>라고 하여 動靜의 一定不變하는 法則이 있음으로 말미암아 陰陽도 各各 一定不變한 現象이 있음을 밝혔다. 이것은 動靜이 相對的 矛循原理요, 陰陽이 矛循的 卽接關係에 있는 것을 말한다.

셋째: 易簡之理란 動하는 理와 靜하는 理가 서로 間斷없이 언제나 自然스럽게 調和하는 統一原則이다. 動하는 理는 靜하는 理의 反對요, 靜하는 理는 動하는 理의 反對인 까닭에 動靜에 스스로 發動과 制動機能이 갖추어져 서로 調節統一하는 原則이 있게 된다. 따라서 陽氣와 陰氣는 서로 反對的 機能인 까닭에 陽氣의 發散機能과 陰氣의 收縮機能이 서로 쉽게 調和統一되는 關係가 있다.

陰陽動靜이 서로 反對的 補完關係에 있으므로서 現象社會가 쉽게 調節和合하는바, 「中庸」에서 말하기를 "道가 並行하면서도 서로 어그러지지 않고, 萬物이 함께 살면서도 서로 해치지 않는다."<道 並行而不相悖, 萬物 並育而不相害>라고 하였다. 곧 陽은 陰에서 發動하고, 陰은 陽에서 이루어지는 까닭에 陰陽은 서로 分離하여 獨存할 수 없는 것이다. 이와 같은 動靜의 原理에 있어서의 始終條理에 따라 三大原則이 있는 까닭에 陰陽의 機能도 多樣하게 나타나는바, 그것을 體系的으로 分類하면 다음과 같다.(괄호안은 氣의 現象임)

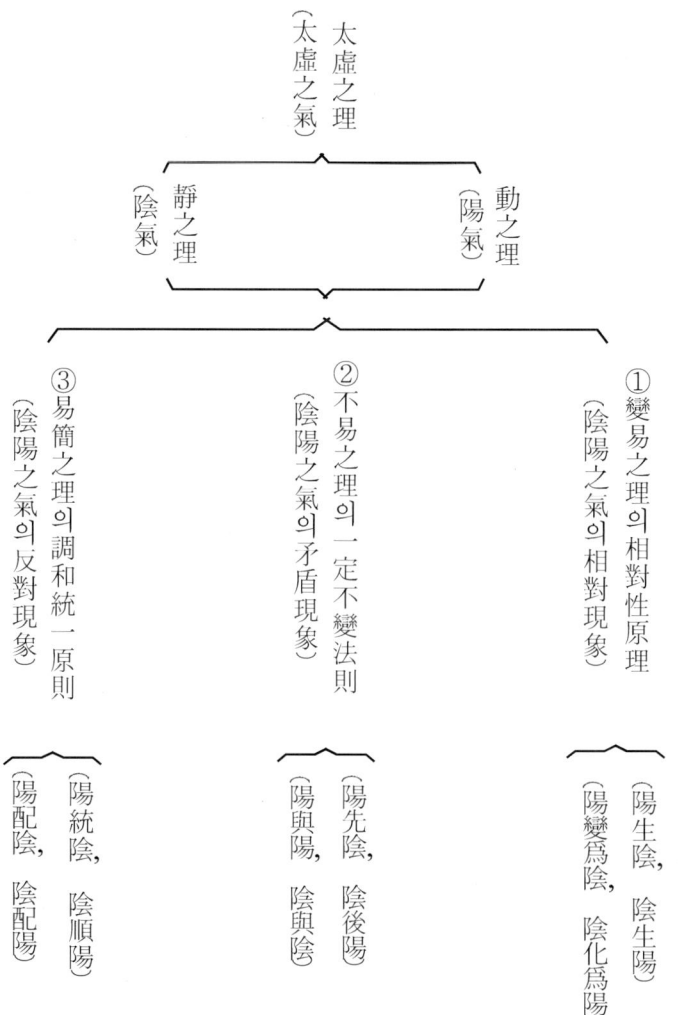

現象世界의 千態萬象이 모두 이러한 動靜의 原理와 陰陽의 造
化에서 이루어지고 있는바, 이 關係를 더욱 具體的으로 發明한
것이 五行의 質에 있어서 相生과 相克및 運行의 法則이다.

五行은 無形無限한 普遍的 太虛之氣가 有形有限한 相對的 陰陽之氣로 變化生成하면서 俱體的으로 局限된 다섯 가지 原質을 말하는데, 이것이 金·木·水·火·土의 五行이라고 하는 바이다. 그 相生順序는 木·火·土·金·水로 河圖의 運行順이며, 그 相剋順序는 水·火·金·木·土로 洛書의 運行逆順이요, 그 發展順序는 土·木·金·火·水로 洛書의 運行順인데 相生의 順序가 그 가운데 있다.

이와 같은 五行의 法則에 있어서 相生原理는 變易之道요, 相剋原理는 不易之道요, 發展原理는 易簡之道이니 五行의 作用法則은 陰陽의 動靜原理와 전혀 다름이 없는 것이다.

動靜相對의 理는 하나의 太極之理로서 理數의 始終條理法則이므로 動之理와 靜之理사이에는 何等의 質量的 價値의 等差가 있을 수 없고, 다만 機能的 關係의 差異만 있을 뿐이다. 그러나 動靜之理를 말미암아 생기는 陰陽의 氣는 하나의 太虛之氣에서 나왔으면서도 氣數의 質量體系이므로 陰氣와 陽氣 사이에는 質量的 價値의 差異뿐만 아니라 機能的 役割의 差異가 있다.

그러므로 陰陽의 現象은 動靜 語默 出處 行止의 조그만 差異로 부터 天地·開闢·晝夜·寒暑와 生死·健順 治亂·存亡에 이르는 큰 差異까지 있게 되지만 그 原理에 있어서는 동일한 것이다. 모름지기 「周易」을 아는 사람은 現實의 어떠한 處地에 있더라도 現在의 自己道理에 充實하므로서 天地에 떳떳하게 살 수 있는 까닭이 여기에 있다.

陰陽動靜의 相對原理는 더욱 具體的으로 發展하여, 動靜의 理는 四象의 原理로 分立하고, 陰陽의 氣는 五行의 質로 分化하여, 그 性能이 더욱 細密하면서도 그 作用이 더욱 오묘함을 알 수 있다. 河圖와 洛書의 五行 作用關係에서 相生, 相剋, 發展의 法則이 分明하여 진다.

河圖는 五行이 左旋하면서 相生하여 變易하는 體系인데, 洛書는 五行이 右旋하면서 相剋하는 關係에 있으나 그 發展進行은 亦是 左旋하면서 流行한다. 그러나 河圖에도 相生原理뿐만 아니라 亦是 相剋의 原理가 들어있고, 洛書에도 相剋의 原理뿐만 아니라 相生의 原理가 들어 있다. 그것을 그려보면 다음과 같다.

○ 河圖의 五行體系(例, 相生線→, 相剋線┄→ 發展線▷.)

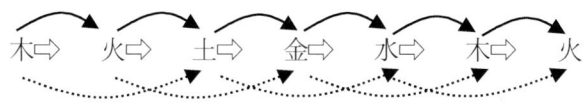

○ 洛書의 五行體系 (上例同)

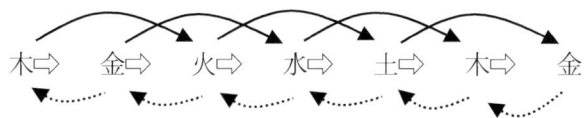

이와 같이 河圖는 "나무를 키우려면 열매를 따주워야 한다."는 法則이요, 洛書는 "뿌리가 죽을 때는 씨앗을 남긴다."는 法則이다. 河圖의 相生交代하는 變易法則과 洛書의 相剋交易하는 不易의 構造는 그 體系가 簡單하여 다같이 쉽게 調節統一되는 發展法則인바 이것이 곧 宇宙의 自然法則으로 陰陽은 서로 反對지만 서로 統合하고, 서로 相剋이지만 실로 相生하는 원리에서 根源한다. 이와 같은 自然法則의 現象을 整理하면 대개 다음과 같다.

五行:	木	火	金	水	土
四時:	春	夏	秋	冬	
天道:	元	亨	利	貞	
人性:	仁	禮	義	智	
四方:	東	南	西	北	中
人情:	愛	敬	宜	知	
物理:	生	長	消	滅	
事理:	始	盛	衰	亡	
五色:	靑	赤	白	黑	黃
五音:	角	徵	商	羽	宮
五臟:	脾	肺	肝	腎	心
五味:	酸	苦	辛	鹹	甘
四象:	少陽	老陽	少陰	老陰	
生數:	三	二	四	一	五
成數:	八	七	九	六	十

　　四象五行의 體系原理가 더욱 치밀하게 分類되어 秩序體系를 세운 것이 『周易八卦』의 運數이다. 伏犧八卦는 陰陽, 四象, 八卦로 生成發展하는 法則을 밝혀줌과 同時에 陽氣卦의 乾兌離震과 陰氣卦의 巽坎艮坤이 各各 四形式을 갖추어서 都合 八段階 流行原理를 보여 주고있다. 伏犧八卦는 乾과 坤, 震과 巽, 離와 坎, 兌와 艮이 서로 相對하여 矛循的 關係에 있으면서 震→離→兌→乾→巽→坎→艮→坤→震으로 無窮하게 循環하면서 生成하는 變易의 體系인데 그 全體는 곧 太極의 動靜之理일 뿐이다.

　　文王八卦는 陰陽이 交合하므로서 八卦가 形成調和하는 法則을 밝혀줌과 同時에 乾震坎艮의 陽卦와 坤巽離兌의 陰卦가 各各 四

形質을 갖추어 八個體의 調節法則을 나타내고 있다. 文王八卦는 現象속에서 陰陽의 相對的矛循을 解消하고, 균형 속에 和合하여 陽氣의 上昇과 陰氣의 下降하는 관계에 있으면서 艮→震→巽→離→坤→兌→乾→坎→艮으로 無限하게 發展流行하는 現實調節의 體系인데 그 全體는 곧 太虛의 陰陽現象일 뿐이다.

「周易」은 天地人物의 보편적인 眞理를 一般的 正道로 明確하게 解明함과 同時에 個體의 구체적 狀況에서의 細條理와 또는 特殊的 與件속에서 非常時의 臨機應變하는 權道를 모두 밝히기 위하여 卦의 爻로서 天地人의 관계를 設定하였다. 이는 窮理·盡性·至命의 大中至正한 道를 밝히기 위하여는 天地人의 관계를 밝혀내지 않고서는 完全하지 못하기 때문이다. 「周易」은 이 天地人의 動靜하는 狀況을 六爻로 設定하고, 그 가운데 時의 平陂往來의 象徵과 位의 貴賤上下의 意味를 부여하므로서 一般的 全體狀況과 特殊的 個體狀況을 複合的으로 理解할 수 있도록 하였다.

時點의 平陂往來와 處地의 貴賤上下속에 個體의 德性賢否와 才能有無를 밝히므로서 마침내 中正應比의 狀況眞理를 파악할 수 있게 되는 것이다. 現在의 狀況眞理를 파악하기 위하여는 「周易」의 卦가 生成하는 原理와 卦의 變易하는 法則까지도 알아야 되는 까닭에 이에 過去狀況과 未來狀況을 두루 觀察 하는바 「周易」硏究가 여기에 까지 이르면 스스로 萬事를 짐작할 수 있을 것이다.

한 卦의 所從來를 알지 못하면 現在의 切實한 使命을 모르고 居然히 때만을 기다리려 하거나, 現在의 狀況을 調節할줄 모르고 徒然히 安逸만을 追求 한다면, 마침내 「周易」의 本意를 잃어버릴 것이다. 聖賢의 作易動機는 絶對不變의 眞理를 論理的으로 顯示하여 人類로 하여금 倫理道德을 밝혀서 理想社會를 建設하려는데 있으며, 現象世界의 矛循을 克服하는 方法을 提示하여 人間行爲

의 體系를 定立하고 人間當爲의 法度를 지키게 하려는데 있으며, 萬物의 形象構造를 根原的으로 發明하여 사람으로 하여금 有限한 物質을 利用하여 無限한 文明生活을 이룩하므로서 아름다운 文化를 創造케 하려는데 있으며, 萬事의 本末終始와 그 發展法則을 明示하여 歷史變轉의 因果應報의 條理에 따라 사람으로 하여금 未來를 預測할 수 있도록 하는데 있다. 따라서 易學을 硏究한 사람은 이 事實을 銘心하여 큰 일에 있어서나 적은 일에 있어서나 이와 같은 眞理를 知覺하지 않으면 안 될 것이다. 끝으로 여기에 宋子의 周易에 대한 詩를 번역하여 이에 말을 맺는다.

讀易吟

聖人이 萬物을 開化함이
周易과 같은 것이 없나니,
伏犧의 要旨가 일찌기
羑里獄을 인연하여 傳하였도다.
비록 物性의 興衰하는 理致를 알았더라도
天心의 좋아하고 싫어하는
저울대를 깨닫지 못하네
算가치는 오히려 일이
어려울 것을 알지나,
구슬을 던지며 노는 이
누가 다시 先天의 原理를 玩味할까!
별은 흩어져 北極星을 向하니
伊川先生의 易傳이요
다시 朱子의 本義를 터득해야만 全體와 大用이 完全하리라.

(宋子大全 卷四)

結　語

人間의 性理를 自覺하고 人生의 道義를 追求하는 사람을 선비라고 한다. 선비는 항상 理性을 가지고 있어야 하며 現實문제에 透徹하여 最善을 模索할 수 있는 知能이 있어야 된다. 放心하거나 動心해서는 선비가 될 수 없고, 愚昧하거나 迷惑하여도 선비는 될 수 없다. 선비에게는 이와 같이 誠實한 意志와 明哲한 知覺이 있는 까닭에 그 理想이 높고 能力이 많으므로 人類의 先覺者가 되고 國家의 元氣가 되는 것이다.

선비의 사회적인 機能은 人體에 있어서 눈과 귀의 役割에 비길 수 있다. 눈과 귀가 없이는 한 몸이 스스로 앞길을 분명하게 살펴 정확하게 뜻대로 나아갈 수 없는 것처럼 선비가 없이는 人類의 安寧과 國家의 安全을 保障하기 어려운 것이다. 그러므로 人類의 歷史는 선비의 한마디 말과 한 가지 行動에 의하여 기쁨과 슬픔이 나누어 졌고, 治世와 亂世가 갈라졌던 것이다.

公明하고 氣槪있는 선비가 나오면 사람들이 生氣가 솟아나고 社會가 活氣에 넘쳐서 거리에 웃음소리가 퍼지며, 禮義를 지키고 廉恥를 아는 선비가 숨어버리면 사람들이 放恣하고 風俗이 亂雜하여 거리에 邪說이 일어나는 것이다. 선비의 社會的인 機能이 이와 같이 重大한 까닭에 東洋의 5000년 政治社會에서는 선비를 기르는 일을 늦추지 아니하였던 것이다.

선비는 一定한 職業도 없이 讀書修養을 계속하면서 밥먹고 옷

입으며 살 수 있는데 비록 하는 일도 없이 한갓 밥만 축내고 사는 것처럼 보이지만 선비가 떳떳할 수 있는 것은 人類의 所望과 國家의 期待가 그에게 있는 까닭이다. 그러므로 선비가 平生을 공부만하여도 人格을 高邁하게 닦고 道德을 널리 實踐하면 모든 사람이 敬慕하여 좋아하며 죽을 때까지 잊지 못하지만 이와 반대로 어물어물 僥倖이나 바라고 一身의 安逸만을 탐내여 現實에 妥協하여 曲學阿世하면 주위 사람들까지도 失望하여 등을 돌리고 만다. 그렇다면 선비의 姿勢가 모름지기 어떠해야 되겠는가? 스스로 선비의 意識을 가지고 다른 사람의 模範이 되도록 學問과 行實을 닦아야 한다.

人類의 最高理想을 敎示하는 學問은 무엇인가? 完全한 人間이 되어 和睦한 家庭에서 살면서 잘 다스려진 나라와 平和로운 世界를 建設하는 것이 마침내 人類의 所望이라면 그것은 聖賢의 學問이다. 또한 人間의 完全한 모습을 보여주는 行實은 무엇인가? 私欲을 버리고 天理의 大公을 自覺하여 어버이에게 孝道하고 나라에 忠誠하며 人類를 사랑하는 것이 모름지기 國家의 期待라면 이것은 中正한 行實이다. 선비가 聖賢의 學問을 배우고 中正한 行實을 갖추기 위하여는 다음의 몇 가지 姿勢가 必要하다.

첫째, 眞理探求의 讀書生活이 平生繼續될 것. 둘째, 理想追求의 意志와 努力을 그치지 말 것, 셋째, 公明正大한 理性으로 是非善惡을 正確히 分別하고 良心과 國法을 끝까지 守護할 것, 넷째, 自己의 分數를 지켜 使命과 責任을 完遂할 것, 다섯째, 日常生活이 淸潔·整齊·嚴肅하여 懈惰하지 말 것, 선비는 이와 같은 美德을 모두 갖추워야 하지만 意志의 程度와 能力의 限界가 사람마다 다르므로 水準에 따라 부득이 鄕土·國土·天下土로 나누어 지게 된다.

鄕士란 言行을 삼가이 하고 孝悌를 實踐하여 한 고을에 模範이 되는 선비요, 國士란 名節을 세워 나라를 빛내는 賢人이며, 天下士란 天地의 道德을 밝히고 人道를 높이는 君子이다.

선비의 度量과 規模에서 이와 같은 차이가 있을뿐만 아니라 또한 그 修養의 力点과 事業의 方法에 따라 그 行動方式이 달라지는데 곧 狷士·狂士·中行之士로 分類된다. 狷士는 선비가 지켜야 할 戒律을 徹底히 지켜 깨끗하지 아니한 일을 절대로 하지 않는 사람이요, 狂士는 뜻이 대단히 높고 말이 시원시원 하지만 行動을 세밀하게 단속하지는 못하는 사람이며, 中行之士는 해서는 안될 것이면 斷乎히 아니하고, 해야 될 것이면 決然히 行하는 사람이다. 狷士는 保守主義的인 理想家라고 할 수 있고, 狂士는 進取主義的인 理想家라고 할 수 있으며, 中行之士는 合理主義的인 理想家라고 할 수 있다. 狷士는 理想의 아름다움은 알지만 그것을 이룩하는 能力이 不足하므로 혹시나 墮落할까 두려워 한 것이다. 自己의 人格을 毁損하지 않기 위하여 戒律을 徹底히 지켜 나아가지만 이것이 빗나가면 남을 이기려는 競爭心을 가질 뿐만 아니라 世上까지 白眼視하게 되어 한낱 不平客으로 轉落하게 되고 만다.

狂士는 理想의 아름다움을 보고 자기의 力量을 돌아봄이 없이 果敢하게 投機하는 것이다. 現實을 正確하게 살피지 못하고 意欲이 앞섰기 때문에 虛荒되기 쉬운바 이것이 잘못되면 放蕩하게 될 뿐만 아니라 世人을 어지럽히는 夢想家로 墮落한다. 그러므로 선비는 理想을 높이 간직하되 物理에 밝고 人心에 通達하여 天時와 形勢와 能力을 아울러 살펴서 그때에 알맞고 그 자리에서 마땅한 中庸의 길을 實踐하는 中行之士가 되어야 한다.

中庸의 道가 때와 장소와 能力에 알맞는 時中의 길인 까닭에

中行之士의 길도 一定하지는 않다. 때를 만나면 세상에 나와 道德을 세우거나 功績을 세우거나 學說을 세울 수도 있으며, 비록 저와 같은 能力을 갖추었지만 때를 만나지 못하면 自己修養만을 계속하는 수도 있으며, 벼슬길에 있다가 滿足할줄을 알아서 물러나와 한 몸을 온전히 간직 할 수도 있으며, 자기의 能力이 不足함을 헤아리고 分數지켜서 숨어사는 것으로 편안할 수도 있으며, 淸廉한 節介를 스스로 간직하여 天下의 일에 干涉하는 것을 깨끗하게 여기지 아니할 수도 있으니 모름지기 선비는 現在의 自己位置에서 最善의 理想을 追求하므로서 事物에 適當함을 얻어 中道를 實行하여야 될 것이다. 그러나 선비의 行實에서 가장 留意할 것은 出處進退의 大義를 절대로 잊어서는 않된다.

선비의 進退에는 廣明正大한 名分이 있어야 되고, 困窮하거나 榮達하거나 선비가 지켜야할 道義가 있는 것을 銘心하여야 되며 더욱이 가장 警戒할 것은 晩節을 온전히 함이다. 선비로서 名聲이 한때 있었다고 할지라도 晩年의 老欲이 發動하여 아차하는 순간에 志操를 바꾸면 道를 즐겼던 攸好德과 順天命하는 考終命을 함께 喪失할 것이니 이미 君子가 아니었던 것이요, 오직 한낱의 鄕原이 出世를 위한 機會를 엿본 것으로 春秋史筆은 直書하였다.

● **저자** ●

서정기(徐正淇)

4.19혁명 선봉 및 민족통일전국학생 성대조직위원장
한국유학연구회 유교사상 편집인, 동양문화연구소 연구실장, 성균관 전학(典學)
한국청년유도회 회장 - 예법(관례, 향음주례, 사상견례)부흥운동 전개
동양문화연구소 부소장 및 소장 - 세계 속의 한국학운동 전개
건국대학교 대학원 철학과 박사학위 심사위원
민중유교연합 의장 - 한글제사축문 보급운동 전개
성균관유교진흥대책위원회 위원장 - 도덕성 회복과 새사람운동 전개
성균관유교문화연구위원회 위원장, 태학지 번역분과 위원장, 민주평화통일 자문위원회
상임위원, 성균관 유교신보 편집인 겸 주간 역임, 삼경역주 성균훈로상 수상, 성균관 태
학지 번역공로상 수상
현 (사)현정회 이사, 동양문화연구소 소장, (사)한국예절교육협회 상임고문, 김동식 장군
기념사업회 상임고문

● **주요 저서** ●

『세계 속의 韓國文化』, 『세계 속의 韓國精神』, 『세계 속의 韓國儒敎』,

『세계 속의 韓國禮節』, 『세계 속의 韓國流風』, 『정통가정의례』, 『민중유교사상』,

『전기소설 공자』, 『새시대를 위한 대학·중용』, 『새시대를 위한 춘추』(상·중·하),

『새시대를 위한 시경』(상·하), 『새시대를 위한 서경』(상·하),

『새시대를 위한 주역』(상·하), 『새시대를 여는 길』, 『根源探索』, 『도학통론』,

『성혼록』, 『김동식 장군』, 『아침햇살 영롱한 대나무 열매』,

『하늘로 날아라 못으로 뛰어라』 외 다수.

도 학 통 론

초판 인쇄	2005년 6월 25일
초판 발행	2005년 6월 25일
저 자	서정기
펴 낸 이	채종준
펴 낸 곳	한국학술정보㈜
	경기도 파주시 교하읍 문발리
	파주출판문화정보산업단지 526-2
	전화 031) 908-3181(대표) · 팩스 031) 908-3189
	홈페이지 http://www.kstudy.com
	e-mail(e-Book사업부) ebook@kstudy.com
등 록	제일산-115호(2000. 6. 19)
가 격	35,000원

ISBN 89-534-2482-8 94150 (paper book)
　　　 89-534-2483-6 98150 (e-Book)
　　　 89-534-2428-3 94150 (paper book set)
　　　 89-534-2459-3 98150 (e-book set)